山东省
乡村振兴调研
——六个典型案例探析

民盟山东省委 编

泥安儒　张春庆　张丽君 执笔

群言出版社
QUNYAN PRESS

图书在版编目（CIP）数据

山东省乡村振兴调研 ：六个典型案例探析 / 民盟山东省委编. -- 北京 ：群言出版社，2021.2
ISBN 978-7-5193-0636-6

Ⅰ. ①山… Ⅱ. ①民… Ⅲ. ①农村－社会主义建设－案例－山东 Ⅳ. ①F327.52

中国版本图书馆CIP数据核字(2021)第016136号

责任编辑：李　群
出版发行：群言出版社
地　　址：北京市东城区东厂胡同北巷1号（100006）
网　　址：www.qypublish.com（官网书城）
电子信箱：qunyancbs@126.com
联系电话：010-65267783　65263836
经　　销：全国新华书店

印　　刷：天津画中画印刷有限公司
版　　次：2021年2月出版　2021年2月第1次印刷
开　　本：880mm×1230mm　1/32
印　　张：14.25
字　　数：360千字
书　　号：ISBN 978-7-5193-0636-6
定　　价：98.00元

本书编委会

前　言

作为农业大省，中央对山东实施好这一战略寄予厚望。2018 年，习近平总书记在参加全国“两会”山东代表团审议和在山东视察时，都先后明确要求山东扎实实施乡村振兴战略，打造乡村振兴的齐鲁样板。

民盟有着深入调研的优良传统。2019 年 3 月，在中国民主同盟第十二届中央常务委员会第六次会议上，全国人大常委会副委员长、民盟中央主席丁仲礼提出，在全盟组织中开启“蹲点调查”新风尚，把民盟这一优良传统发扬光大。民盟山东省委决定即刻开启两项工作：一是围绕“壮大新型农业经营主体，带动传统农户致富”开展专题议政调研。二是在专题议政调研基础上，从山东各地选取几个不同类型的、具有典型示范意义的村庄，蹲点调查“解剖麻雀”。通过深入基层一线的蹲点调查，掌握全面真实、丰富生动的第一手资料，展现山东落实习近平总书记重要指示精神，高标准、多层次打造乡村振兴齐鲁样板的生动实践，为全面推进乡村振兴提供可资借鉴的样本。

“山东省乡村振兴调研”从 2019 年 3 月开始启动，到最后完稿历时近两年。民盟省委主委会把这项工作列为民盟山东省委“五大建设”重点任务，由盟员山东大学社会学教授泥安儒进行总体策划和专业指导，张成、刘保贞、朱振东、王希忠、许玲然、李爱珍 6 位在省级主流媒体和高校任职的盟员担任各调研组文字指导和编写工作，各市委会选拔了一批责任心强、综合素质高且方便蹲点入户调查的盟员组成调查组。

民盟山东省委先后多次召开研讨座谈会，制订工作原则、确定工作思路并分派工作任务；组织专家开展实地考察，筛选了6个调查村庄；举办培训班，开展入户调查及写作技术专题培训。此后各地调查组盟员利用假期和业余时间长期蹲点，形成了翔实的调查笔记和访谈记录。

本书稿的形成也经过了一个反复修改补充完善的过程，调查组和编写人员通过中期研讨、审稿研讨和多次线上线下讨论，经过认真细致的打磨，终于在2020年12月完稿。

这次乡村振兴调查范围涉及6个设区市，是一次发扬民盟优良传统、勇于探索、集体担当的行动。参与调研的各位盟员以及盟省委和淄博、潍坊、泰安、威海、临沂、菏泽6个市委会的机关工作人员，按照民盟山东省委的部署要求，齐心协力克服困难，做了大量工作。6个市委会驻会领导杨永、丁薇、徐建英、姜茂林、刘蕴、于新浩等，积极协调沟通，为实地调研提供了多方面的支持和保障。在蹲点调研和图书出版过程中，民盟中央宣传部、群言出版社，淄博、潍坊、泰安、威海、临沂、菏泽等市各级党委政府和统战部门给予了大力的支持和帮助。在此，谨对所有给予支持帮助的单位和同志表示诚挚的感谢。

习近平总书记强调，实施乡村振兴战略是一篇大文章。《山东省乡村振兴调研——六个典型案例探析》不过是管中窥豹，如果本书能对当前乡村振兴产生一定的启示，对下一步全面实施乡村振兴战略有所裨益，那我们的初衷就达到了。由于水平有限，书中不妥之处在所难免，恳请专家、学者及读者朋友批评指正。

本书编委会

2020年12月

目录

调研概述

泥安儒

2017 年 10 月， 党的十九大做出了“实施乡村振兴战略”的重大决策部署。2018 年 3 月 8 日，习近平总书记在参加十三届全国人大一次会议山东代表团的审议时指出，希望山东扎扎实实把乡村振兴战略实施好。再接再厉，在全面建成小康社会进程中、在社会主义现代化建设新征程中走在前列。2018 年 6 月，总书记视察山东时再次对实施乡村振兴战略做出重要部署。为贯彻落实党中央乡村振兴新战略，山东省提出了全力打造乡村振兴齐鲁样板的乡村发展计划，力争再接再厉，全省共力，加快建成具有山东特色的社会主义新农村。

为了全面、深入地了解近年来山东在乡村振兴方面所做的探索，民盟山东省委组织专业调查队伍成立课题组，从山东省西、中、东部的菏泽、泰安、临沂、淄博、潍坊和威海 6 市选择了 6 个不同类型的乡村，分别于 2019 和 2020 年对 6 村进行了个案调查和统计调查。通过两年间总计 8 个多月的实地调研，课题组取得了丰富的访谈资料、大量的调查数据和深入细致的实地体验，成功完成了本次调查活动。

一、调研背景

（一）乡村改造：现代化的肇始

现代化是人类文明进步的标志，是世界历史发展的必然进程。多数学者认为，现代化的直接表现就是农业转型为工业和农村的城镇化，现代化本质上是通过乡村改造使广大农村从传统社会步入现代社会的过程。

西方的乡村现代化进程起步较早。以英国为例，英国的乡村现代化是在工业化浪潮冲击下开始的，带有明显的内生型特点。英国工业革命之前，英国农村地区已经初显工业化的苗头。当时英国农村地区普遍出现家庭手工工场，并且随着农业生产率提高，乡村大量的剩余劳动力从农牧业流向城市，从事工业的人口比例持续上升。此时的乡村工业化还促进了城镇化的进程，兴起了介于村庄和城市之间的工业集镇。

与西方国家相比，中国的乡村现代化起步则相对较晚。19 世纪中后叶，中国是一个半封建半殖民地社会，一方面是一些城市出现了以近代工商业为主的资本主义经济，另一方面是广大农村的日渐凋敝，中国社会出现二元结构的特征。20 世纪初，中国面临着更深重的民族灾难的危局。面对中国社会（特别是中国农村）的发展困境，中国共产党和其他仁人志士提出了不同的改造乡村的主张、进行了不同的社会实验。

以毛泽东为代表的中国共产党提出的乡村改造设想是通过农民革命建设社会主义的新农村。毛泽东充分认识到了广大农民的历史作用，深刻地认识到了农民阶级的历史主动性在农村革命和新中国建设历史进程中的重大作用。毛泽东认为，农村、农民问题的核心和根本是土地，土地问题是解决千百年来存在于中国农村的不公平地权关系以及由此带来的阶级剥削问题。在新民主主义革命时期，中国共产党通过土地革命实现了千百万农民“耕者有其田”的理想，带来了农业生产力的解放，农民的精神面貌焕然一新，也彻底改变了中国农村千年不变的传统面貌。

梁漱溟等民盟领导人从社会改良的角度关注中国的乡村改造问

题。梁漱溟早年就极为关注中国的现代化问题，积极参与了与现代化相关的东西文化之辩，形成了别具一格的“乡村建设”思想。梁漱溟认为：近代中国社会的积贫积弱源于中国文化的崩溃，是“文化失调”的必然后果。而要想复兴中国文化只有从农村做起，要对中国农村进行改造和重建。梁漱溟始终重视教育尤其是农民成人教育的作用，认为治贫应先治愚。他受北欧“民众高等学校运动”的启发，希望首先通过民众教育开启民智然后再进行一系列乡村改造。1931—1937年，梁漱溟在山东邹平这个“乡村建设实验县”中进行了长达7年的“乡建”实验。在这7年中，邹平实验县主要进行了两大乡村改造工作：在农业领域上，实验县一方面，通过引进西方的科学技术，例如棉花种植、牲畜养殖技术提高农产品的产量和质量；另一方面，通过学习国外的“团体组织”，主要是丹麦的农业合作社，把各顾各家的散漫的小农组织起来，共同提高农业的比较效益、增加农民收入。在农民、农村问题上，实验县主要以“乡农学校”为组织机构，对村民进行教化和管理。梁漱溟重视传统文化的作用，在邹平实验县中他大力倡导移风易俗，号召民众“好学求进步”，尝试通过村民相互合作，在传统“乡约”的基础上实现“村治”。总之他希望通过乡村建设不仅实现乡村的现代化，而且实现中华文化的复兴。

（二）解决“三农”问题：新中国成立以来农村现代化的不懈努力

新中国成立后，党和国家一直重视农业、农民和农村问题。

在社会主义革命与建设时期，党中央将农业视为社会主义革命和建设事业的重要基础，通过土改、农村互助合作等方面的改革使中国农村发生了结构性变化，初步奠定了中国农村社会主义建设的制度基础。此后，党和政府组织广大农民群众大兴农田水利、大办农村教育和合作医疗，进一步改变了农村的面貌。

党的十一届三中全会开启的改革浪潮始于农村家庭联产承包责任制，从此后，广大农民高举建设农村小康社会的旗帜，中国农村的发展进入新的历史时期。家庭联产承包责任制极大地调动了农民的积极性，勤奋劳作、科学种田使农业产出得到了极大的提高。在农业大发展的基础上，乡镇企业的建立和兴旺又给广大农民带来了更多的收入，农民过上了前所未有的好日子。

但到 20 世纪 90 年代后期，农业发展进入了平台期，甚至瓶颈期，主要表现在三个方面：一是农业比较效益较低、乡镇企业竞争力下降有的地区农民收入的相对下降，城乡收入差距扩大；二是粗放式的经营造成了较严重的环境破坏，农村人居条件变得较为恶劣；三是基础设施、公共服务的城乡不均越来越明显，农村人口的外流愈演愈烈。有的基层干部向当时的朱镕基总理直接喊出了“农民真苦、农村真穷、农业真危险”的疾呼，“三农”问题又重新引起了社会的关注。

面对新时期的“三农”问题，党和政府高度重视。在 2003 年初召开的中央农村工作会议上，胡锦涛总书记明确提出把解决“三农”问题作为全党工作的重中之重；在十六届三中全会上，又把统筹城乡发展放在了“五个统筹”之首的位置；在十六届四中全会上，中央做出了我国已经总体上进入了“以工促农、以城带乡”新的发展阶段的基本判断；在十六届五中全会上，党中央提出了建设“社会主义新农村”的战略构想，制定了“生产发展、生活宽裕、乡风文明、村容整洁、治理民主”社会主义新农村建设的总方针。

此后，各级政府根据党中央的部署，积极落实建设中央“社会主义新农村”的战略目标。山东省也积极响应党中央的号召，以党中央对于建设“社会主义新农村”的战略构想为指导，依据山东省的实际情况出台了《山东省建设社会主义新农村总体规划(2006—2020 年)》，统筹城乡经济社会发展，坚持工业反哺农业、城市反哺农村和“多予少取放活”的方针，持之以恒开展了社会主义新农村建设工作。

（三）乡村振兴：中国特色社会主义新时代农村现代化的最新回应

党的十八大以来，以习近平总书记为首的党中央更加重视“三农”问题，更加注重农村的现代化问题。2012 年党的十八大报告首次明确城乡发展一体化是解决“三农”问题的根本途径。党中央高度重视农村改革的整体谋划和顶层设计，十八大及十八届三中、四中、五中全会都对深化农村改革进行了部署，制定了《深化农村改革综合性实施方案》，确立了农村改革的“四梁八柱”；在改革实践中始终坚持城乡统筹发展的基本原则，增加对农村的公共支出，逐步改善农村的基础设施状况，提高农村公共服务水平。持续推进社会主义新农村建设，建设美丽宜居乡村，狠抓农村党建工作，提高乡村治理水平，使乡风村貌得到了很大的改观；出台了一系列强农惠农政策，实现了农业连年丰收，农村一、二、三产初步融合，提高了农民的生活水平。

自从十九大报告提出“乡村振兴”战略构想后，党中央、国务院连续出台了一系列政策措施来指导乡村振兴战略的实施。2018 年 1 月 2 日公布的中央一号文件，即《中共中央国务院关于实施乡村振兴战略的意见》中指出，实施乡村振兴战略，是党的十九大做出的重大决策部署，是决胜全面建成小康社会、全面建设社会主义现代化国家的重大历史任务，是新时代“三农”工作的总抓手。2018 年 5 月 31 日，中共中央政治局召开会议，审议了《国家乡村振兴战略规划（2018—2022 年）》，并指出要加快推进乡村治理体系和治理能力现代化，加快推进农业农村现代化，走中国特色社会主义乡村振兴道路，让农业成为有奔头的产业，让农民成为有吸引力的职业，让农村成为安居乐业的美丽家园。2018 年 9 月，中共中央、国务院印发了《乡村振兴战略规划（2018—2022 年）》，并发出通知，要求各地区各部门结合实际认真贯彻落实。

党的十八大以来，山东省委省政府紧紧围绕中央部署，制定了一系列推动农村现代化的政策措施。2014 年，山东省贯彻党的十八届三中全会、中央城镇化工作会议和中央农村工作会议精神，出台了《山东省农村新型社区和新农村发展规划（2014—2030 年）》，明确了未来农村新型社区和新农村建设的指导思想、主要目标、规模布局和发展路径。2015 年 10 月 13 日，山东省委办公厅、省政府办公厅印发了《关于深入推进农村社区建设的实施意见》，着力创新农村基层社会治理，提升农村公共服务水平。2016 年山东省先后出台了《关于推进美丽乡村标准化建设的意见》和《山东省"十三五"农业和农村经济发展规划》，分别在美丽乡村建设及乡村经济发展方面给予了全面部署。

2018 年 3 月 8 日，习近平总书记参加十三届全国人大一次会议山东代表团审议时对山东乡村振兴工作提出了殷切希望，6 月，总书记在山东视察时再次强调，扎扎实实实施乡村振兴战略，打造乡村振兴的齐鲁样板。为响应党中央实施乡村振兴战略的号召，落实习近平总书记的讲话精神，山东省委、省政府制订了《山东省乡村振兴战略规划（2018—2022 年）》和《山东省推动乡村产业振兴工作方案》《山东省推动乡村人才振兴工作方案》《山东省推动乡村文化振兴工作方案》《山东省推动乡村生态振兴工作方案》《山东省推动乡村组织振兴工作方案》，为全省推动乡村振兴工作提供指导。

民盟中央秉承“奔走国是、关注民生”的优良传统，民盟中央主席丁仲礼指出：“乡村振兴是新时代的鸿篇巨制。民盟各级组织和广大盟员，要在乡村振兴的广阔天地中积极探索，大兴调查研究之风，获得第一手资料，总结出有党派特点的意见和建议。社会调查曾经是民盟先贤尤其是费孝通先生的‘看家本领’，民盟的后来人完全有必要把这个传统继承和发扬下去。这也是把民盟建设成为高素质的中国特色社会主义参政党，展示新气象、新作为、新面貌的必然要求。”民盟山东省委按照民盟中央要求，结合山东省实际，在省内选择了6个有代表性的调查点开展了本次乡村振兴调研活动。

二、调研的目的与意义

实施乡村振兴战略是新时代解决中国“三农”问题、实现农村乃至全社会现代化的新尝试。党的十八大，特别是十九大以来，山东省委省政府出台了一系列的政策措施，各地、各级政府根据当地的实际情况开展了积极的探索实践。我们调研就是希望通过走进乡村，全面深入地了解广大农民的“所做、所思、所想”。“所做”指的是乡村振兴实践。乡村振兴是村民一锹一镐的干出来的，不论是产业振兴还是文化振兴，也不论是生态振兴还是人才、组织振兴，都离不开广大干群的辛勤努力。我们想通过实地调研，了解山东村民近年来为乡村振兴干了什么，实事求是地反映其所作所为；“所思”是村民在乡村振兴实践中的感受，既包括他们的满意和欢喜，也包括他们的困惑和失望；“所想”是村民对未来的畅想，他们理想中的乡村振兴应该是什么样的，应该怎么实现这一理想？

近两年，全社会对乡村振兴的关注度越来越高，人们对乡村振兴的顶层设计没有大的异议，但是对于具体怎么做，管理者、学界、社会公众却往往存在不同的看法。我们希望通过在山东的实地调研回答有关新时代中国乡村发展的基本理论问题，也希望对山东省的乡村振兴工作总结经验、查找问题，提出可持续发展的建议，并期待进一步为其他地区的乡村振兴实践提供参考。

三、调研的内容与方法

（一）主要内容

（1）各调查村庄的基本情况：主要包括地理位置、村史、当前的经济社会状况；

（2）近年来各村乡村振兴的主要实践：主要对照乡村振兴的总要求——产业兴旺、生态宜居、乡风文明、治理有效、生活富裕，全面了解各村的工作事迹；

（3）近年来各村在乡村振兴工作中取得的成效；

（4）各村乡村振兴过程中碰到的问题、困难；

（5）乡村振兴过程中村民的工作和生活；

（6）村民对近年来乡村发展状况的评判；

（7）村民对乡村振兴的认识和评价：主要包括对乡村振兴政策的了解和看法、对各项政策措施的评价；

（8）村民对乡村振兴的期盼。

（二）调研方法

山东省乡村振兴的研究是个大课题。为了全面深入地研究这一重大课题，我们选用混合研究方式进行广泛细致的研究。

混合研究是近十几年来国际上新兴的一种社会研究方式，它将传统上泾渭分明的两类研究范式——量化研究（Quantitative Research）和质性研究（Qualitative Research）有机地结合了起来，既注重对所研究的社会现象进行全面把握、精确分析，又注重了解社会事件的历史背景，通过在事件发生的现场对社会事件的发生、发展过程进行深入细致的研究来对社会事件做出深度理解。

本课题具体采用个案研究和统计调查两种具体研究方法展开调研。个案研究（Case Study）指“以一个或多个个案（如个人、团体、组织、事件、社区等）为研究对象，通过细致、整体的分析，从而获得对研究对象深入、细致的了解和认识，并得出相关结论的方法”。个案研究属于质性研究范式，它强调研究者深入到研究对象的生活背景中，以深度访谈、半参与观察和文献研究等多种方式收集资料，并通过对这些资料的定性分析来理解和解释社会现象；统计调查俗称调查法（Survey Research Method），指的是研究者以问卷为工具，直接从取自总体的样本中收集量化资料，然后通过对量化资料的统计分析来认识社会现象及其规律的社会研究方式。统计调查是一种量化研究，它强调调查样本的代表性——从研究总体中选取有代表性的样本，收集资料过程的统一性——对样本中的每一个个体都采用结构性的调查问卷收集数量化的资料及分析资料的精确性——对资料进行统计分析。本次调研活动采用个案研究的方法在 2019 年对 6 个调查点进行了近半年的实地考察，详细了解了每个村的历史与一般状况、各村的乡村振兴实践、不同类型村民在乡村发展过程中的鲜活事迹，并在此基础上对收集的材料进行了分类整理和定性分析，得到了深入细致的调研发现；2020 年，我们又采用线下面访与线上自填问卷相结合的方式，对六村总计 640 名村民进行了两个多月的统计调查。调查问卷涉及村民基本生活状况、村民对近年乡村发展（包括生产、生活、环境、村风、村治等方面）的看法和评价、村民对乡村振兴的认知、评价和期盼等方面的 80 多个问题。通过统计调查，我们获取了大量的一手数据，又通过对这些数据的统计分析，我们了解了村民对近年来乡村发展和乡村振兴工作的认识、评价和期望。

四、调研的基本进程

（一）个案研究的主要进程

1. 确定调查主题

2019 年 5 月，山东省民盟召集山东大学从事乡村调研方面的专家组成课题组。课题组成员通过与省民盟领导的多次商讨，在文献综述的基础上确定了本次调研的主题：山东乡村振兴的实践与展望。

2. 定点

由于经济社会发展水平不同，山东各地的乡村振兴实践也各不相同。课题组决定先依典型选样的方式按区域发展水平的不同从山东省西、中、东 3 大区域选取了 6 个县（市、区），分别是菏泽的东明县、泰安的岱岳区、临沂的沂水县、淄博的沂源县、潍坊的寿光市和威海的荣成市；然后，通过与当地民盟反复协商在每县（市、区）选择一个有典型意义的村庄作为调查点（村）：东明县选择了竹林新村、岱岳区选择了丰山村、沂水县选择了桃棵子村、沂源县选择了龙庄社区、寿光市选择了崔岭西村、荣成市选择了院夼村（6 村在山东省的位置见下图）。

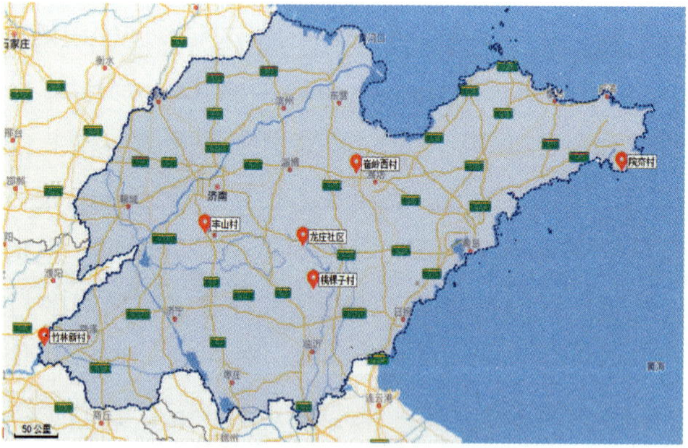

乡村振兴调研 6 个调查点示意图

2019 年 7 月，课题组成员到 6 个调查点进行了实地探查，与 6 市的盟领导、各村负责人就调研主题、调研方法等问题进行了认真深入的讨论。实地考察发现，6 村基本符合我们的调研要求，他们也愿意接受我们的调研，课题组最终确定了这 6 个村作为最终的调查点。

3. 确定调研内容

2019 年 5 月确定调研主题后，课题组一方面选定调查点，另一方面确定调研内容。个案研究不同于统计调查，不需要在实地调查之前制订出详尽的调查问卷，它只需要事先确定一个访谈大纲即可。课题组希望通过访员的深度访谈，深入了解被调查点的历史和现状，详细描述该调查点乡村振兴的具体历程，获取鲜明生动的感人故事，等等。

4. 访员的招募和培训

与统计调查相比，个案研究是一种非常依赖访谈员个人能力的研究方法，能否找到合格的访谈员是调研能否成功的关键。除了要求访谈员具有认真、诚恳、善于共情的个性，具有深度访谈研究的基本技巧外，能长期参与调查点村民的日常生活也是一个合格访谈员的重要条件。为了个案研究的成功，课题组决定从各调查点当地的盟员中全面筛选知识水平较高、热心参加实地调研、有充足时间驻村的盟员作为访谈员。经过反复筛选，2019 年 7 月底课题组初步确定了各点的访谈员队伍（每村 2—5 位访谈员）。8 月 6 日，课题组在省民盟会议室进行了为期一天的访谈员培训。培训内容主要包括对调查背景、调查目的意义的介绍，对调研主题、调查内容的介绍，各调查点特色的分析，个案研究技术、访谈工具使用方法、调查进程的说明等。培训既包括课题组负责人的讲解也包括参会者的互动讨论。培训后每位访谈员都拿到了访谈员工作手册（详见附录 1《个案研究访谈员工作手册》）、访谈大纲等工作材料。

5. 现场调研

2019 年 8—12 月，访谈员在各村通过“蹲点”的方式进行实地研究。

首先，访谈员以“立意选样”的方式选择访谈对象。选出的访谈对象要尽量体现对不同类型村民的典型性，每村选取约 30 人进行访谈。

其次，进行深度访谈。访谈员选择合适的时间与被访谈对象进行面对面的深度访谈。

再次，除深度访谈外，访谈员还采用半参与观察的方式实地查看村容村貌，了解村庄的变化。通过实地观察村民的行为了解民风民俗；访谈员也多方查看村志、村史展、村庄介绍等文献材料，以求从多个角度了解村庄历史和现状。

最后，在收集各种资料的同时，访谈员在现场对所获取的资料进行记录、整理，发现问题及时进行回访，最后通过定性分析对资料进行整合、分析。

6. 撰写调研报告

2020 年 3 月开始，各调查点开始在深入调研的基础上撰写各村调研报告。

2020 年 3—9 月，调研组采用线上、线下两种方式与报告撰写者多次讨论个案研究报告的撰写方式，统一了报告的风格、结构和体例。报告撰写者多番修改、几易其稿，最后于 2020 年 9 月底完成了 6 村的个案调研报告。

（二）统计调查的进程

受新冠疫情的影响，统计调查工作几经延宕，但大体上可以分成如下四个阶段：

1. 计划准备阶段

2019 年 11 月 1 日—2020 年 1 月 10 日，课题组进行了精心细致的计划准备工作。

首先，确定调查样本。本次统计调查的调查总体是6村的全体户籍村民。各村提供的人口数据显示（见表1），6村共有户籍人口11 816人，各村之间人口差异较大，最大的村（竹林新村）有5 120人，最小的村（丰山村）640人。至于样本容量的确定，课题组采用了经验法。国内农村调查专家和课题组专家长期进行乡村调查的经验表明，农村居民的社会分化相对较小，其社会态度的差异相对不大。只要充分照顾到农村居民的年龄差异、工作性质差异和性别差异，以相对较小的样本就能很好地反映调查总体的社会态度。据此，课题组以“大于村民总户数 10%，且每村不少于 50”的原则确定样本容量。考虑到被调查的6个村大小较为悬殊，课题组按“小村大比例、大村小比例”的标准调整各村的抽样比例，大村的抽样比是14%，小村的抽样比最高达到了近30%，最后抽出的样本总人数为640人，最大程度地保证了样本的代表性（见表 1）。抽样方法的确定也全面考虑了村民社会态度分化的状况和乡村调查的实际。课题组确定采用配额抽样的方法选取各村的调查样本：先请各村提供本村16岁以上户籍人口在年龄、工作性质方面构成表（例子见表 2），然后按照等比原则将每村的调查样本分配到每一个子项（格子）中，再按 1∶1 的比例在每个子项中按男女分配，最终选取出了每村的调查样本（例子见表3）。

表1 六村总人口数据与样本构成

村（社区）	户籍总人口（人）	总户数（户）	样本人数（人）	样本占户数比（%）
竹林新村	5 120	1 400	200	14%
丰山村	640	210	60	29%
桃棵子村	651	227	60	26%
龙庄社区	1 004	368	60	16%
崔岭西村	882	294	60	20%
院夼村	3 519	1 420	200	14%
总计	11 816	3 919	640	16%

表2　××村全村16岁以上户籍人口

职业 年龄段	Ⅰ务农（从事种植业、养殖业等）（人，%）		Ⅱ个体经营、在外打零工（人，%）		Ⅲ固定职业（工人、干部、专业人士等）（人，%）		Ⅳ其他（学生、军人、无业、退养等）（人，%）		小计（人，%）	
16—20岁	0	0	0	0	0	0	74	*9.8*	74	*9.8*
21—30岁	42	*5.6*	6	*0.8*	16	*2.1*	26	*3.4*	90	*11.9*
31—40岁	90	*11.9*	13	*1.7*	4	*0.5*	10	*1.3*	117	*15.5*
41—50岁	109	*14.4*	12	*1.6*	23	*3*	9	*1.2*	153	*20.3*
51—60岁	48	*6.4*	0	0	9	*1.2*	53	*6.7*	110	*14.6*
61—70岁	0	0	0	0	0	0	108	*14.3*	108	*14.3*
小计	289	*38.1*	31	*4.1*	52	*7.3*	280	*36.9*	652	*86.4*
71岁以上	103	*13.6*							103	*13.6*
总计	755					*100*			755	*100*

注：此处总人口为16岁以上户籍人口总量

表3　××村调查对象配额（人）

职业 年龄段	Ⅰ务农（从事种植业、养殖业等）	Ⅱ个体经营、在外打零工	Ⅲ固定职业（工人、干部、专业人士等）	Ⅳ其他（学生、军人、无业、退养等）	合计
16—20岁（人）	0	0	0	6（3男，3女）	6（3男，3女）
21—30岁（人）	3（2男，1女）	1（男）	1（1女）	2（1男，1女）	7（4男，3女）
31—40岁（人）	7（4男，3女）	1（1男）	1（女）	1（男）	10（6男，4女）
41—50岁（人）	8（4男，4女）	1（1男）	2（1男，1女）	1（1女）	12（6男，6女）
51—60岁（人）	4（2男，2女）	0	1（女）	4（2男，2女）	9（4男，5女）
61—70岁（人）	0	0	0	8（4男，4女）	8（4男，4女）
71岁以上（人）	8（4男，4女）				8（4男，4女）
总计（人）	60（31男，29女）				60（31男，29女）

除村民调查之外，课题组决定对6个村的村长进行了单独的问卷调查。

其次，确定调查内容。统计调查的调查内容既与个案研究有所照应，又有不同的研究视角。经反复讨论，课题组决定村民调查的内容主要包括村民基本信息，村民对本村近几年生产方面所发生的变化的感知和看法、对本村近几年居住环境方面所发生的变化的感知和看法、对本村近几年生活水平方面所发生的变化的感知和看法、对本村近几年村风村俗方面所发生的变化的感知和看法、对本村近几年社会治理方面所发生的变化的感知和看法，村民对实施乡村振兴战略的认知、评价和期许。村长调查的内容与村民调查基本相似，只是角度不同（从全村的角度而非一家一户的角度），另外也增加了对社区规划建设方面的调查内容。确定调查内容之后，课题组设计了初步的调查问卷，然后通过对约 20 位村民、村干部的试调查又对问卷进行了几次修改，到 2019 年 12 月底最终确定了两种调查问卷（详见附录 2《统计调查村民调查问卷》）。

再次，招募和培训访谈员。考虑到外来人在农村进行入户调查会存在诸多困难，课题组决定招募 6 村在济南上学的大学生作访谈员。这样，访谈员寒假回自己的村庄做调查既方便找到合乎配额要求的调查对象，也方便入户面访。经多方努力，课题组确定了 12 名访谈员（每村 2 名），于 2020 年 1 月 10 日进行了访谈员培训。访员培训的内容包括调查目的意义的介绍、配额抽样方法的讲解、问卷的讲解、调查注意事项的强调和奖惩措施及报酬的介绍等。此外，为了保障访员的利益，课题组还为每位访员购买了人身保险。

2. 收集资料阶段

收集资料阶段的工作比较复杂。

课题组考虑到平时农村青壮年村民大都在外地打工而不在村里，原计划利用春节时间进行问卷调查。访谈员培训时，课题组要求各村访谈员务必在 1 月 20 日—2 月 10 日完成入户问卷调查。但没想到的是，突如其来的新冠疫情打乱了我们的调查计划。1 月 25 日，山东各地开始封村，调查计划被迫延期。

2020 年 6 月，课题组企图以山东大学的研究生作访谈员进行入户问卷调查，但因北京局部地区发生疫情，研究生跨区活动受限，入户调查又被取消。

2020 年 7 月，课题组综合考虑各方面的因素，决定使用第一次调查招聘的访谈员和山东大学研究生分两批进行问卷调查。鉴于青壮劳力大都不在家，问卷使用方式分成了两种：一种是对符合配额抽样要求的老年人进行入户面访。老年人一般都在村里，既容易寻找又易于配合，但他们大多文化程度不高，访谈员应该持问卷对他们进行一对一的面访；另一种是对青壮年村民进行线上问卷调查。青壮年村民绝大多数都会使用智能手机，访谈员与他们联系后说明调查目的、要求和报酬，然后请他们在手机上利用“问卷星”App 填答调查问卷。到 8 月 15 日，经复核后补充调查，640 份村民调查问卷、6 份村长调查问卷最终完成。

3. 分析资料阶段

2020 年 8 月 16 日到 30 日，课题组对问卷进行录入整理，并采用 Spss（社会科学统计软件包）对数据进行了单、双变量的统计分析。

4. 报告撰写阶段

2020 年 9 月，课题组在统计分析的基础上，撰写完成了调查报告。

从 2020 年 10 月到 12 月，课题组成员对个案研究资料和统计调查数据又进行了深入阅读消化，通过文献研究了解了政界、学界和公众对中国乡村发展的不同看法，通过专家访谈（包括学术专家和实际工作领域的专家）、参加座谈会等方式对乡村振兴的重大理论和具体政策问题进行了多次研讨。在此基础上，我们对这次调研活动做出了最后总结，得出了基本结论并尝试着对山东乡村振兴工作提出了初步的发展建议。

竹林新村：黄河滩区起村台*

孟迎新　彭国良　刘保贞

一、竹林新村概况

（一）区位及现状

竹林新村属菏泽市东明县长兴集乡，地处黄河滩区腹地，东距菏泽市区约 53.2 公里，东北距东明县城约 22.1 公里，西偏北距河南省长垣市约 21.5 公里，距最近的黄河河道仅 3 公里。

竹林新村是国家为保障滩区群众居住安全而实施的安居脱贫工程的成果。2004 年，山东省利用亚洲开发银行贷款，加上财政配套资金在东明县长兴集乡境内开始淤垫大村台。黄河滩区村台建设工程采取在群众集中居住点就近淤筑特大型防洪村台的方式，按照可防御黄河花园口 12 370m^3/s 流量的标准设计，连片淤筑 4 米高的村台，这是一种安置滩区群众的全新尝试。

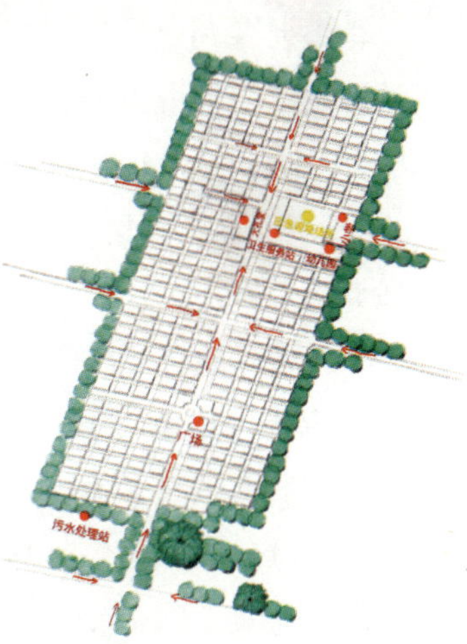

竹林新村全村示意图　**耿艳娜 绘**

*参与该村调研的还有：于新浩、姚慧娟、李显锋、唐立泽、许媛、苗永超

竹林新村大村台于2006年淤垫成功。2010年5月，村里正式启动村台上的房屋建设工作，搬迁工作至2016年全部完成。竹林新村村台搬迁工作历时6年多，共安置东竹林、西竹林、毛庄、刘乡、老刘乡5个滩区自然村，新村总人口共计1 400户，5 120人。

如今，在这座占地800亩、高约4米的大型村台上，可以看到一个建筑规模浩大、房屋布局整齐、居住环境美观的现代化新农村。统一样式的两层楼房错落有致，水泥硬化过的街道平坦整洁，家家户户都有一个门楼，门楼上镶嵌的瓷砖在阳光下闪闪发亮。整个竹林新村按照新型农村社区规划设计，户均宅基地面积 0.33 亩，主户型统一为上下（共）六间的二层楼房。村内基础设施配套齐全，居住条件较搬迁之前有了大幅度改观，搬迁群众在这座大型村台中过上了安居乐业的幸福生活。

（二）村庄简史

竹林村（为叙说方便，把整合前的5个自然村统称为竹林村）清末属长垣县竹林里（刘乡属大张里），民国初期属长垣县六区，1941 年属东垣县第一区，同年又属东明县一区，1955 年属刘楼中心乡，1958年属刘楼公社，1963年属长兴集公社（乡）至今。

5个自然村都有悠久的历史和文化，其中尤以东竹林村为甚。

据《宋氏家谱》记载，姚氏于明洪武元年（1368 年）从山西洪洞县迁来建村，因村旁有一片竹林，故定村名为竹林村。后因黄河水患，村庄东迁，形成东竹林村。东竹林村的商贸经济起步较早，清朝中叶发展到鼎盛。据《长垣县志》载：竹林渡口为来往水路交通要道，有船 20 余只。除官船外，其他船只由船户自备，运费由官署规定，并委派扛头负稽查、维护秩序之责。当时著名的有牛心船、大王船等数家船只在此摆渡，客商往来频繁，竹林集会相当繁荣。著名的老字号有宋氏天和堂药店、大兴粮行、奎盛当铺、荣合昌杂货店等，每到集会车水马龙，非常热闹，到了夜晚，各家店铺张灯结彩，生意通宵达旦，好不气派。当时该村共有粮行 13 家，旅店 2 家，药铺 3 家，还有徐家的板铺，宋季成家的染房，唐家的烟店，宋二宝的肉盒，宋双喜的胡辣汤，刘守忠、宋富运的枣糕，宋亭顺、宋三保的油馍，宋美成的大纰麻烫，郑大流的烧饼等，都别具特色，深受顾客好评。

曾经的竹林渡口连接鲁豫两省，市场繁荣　**毛吉志 绘**

东竹林的文艺活动也独具特色，早在清代就有宫廷杂艺传入该村。据《宋氏家谱》记载，乾隆十二年间，本村宋老太太（诰命夫人）从皇宫内院带回了文狮子艺术。文狮子艺术幽默、含蓄、耐人寻味，表演分六场：第一场，打击乐器“老六通”，进场鸣炮，打呼哨，然后回去领狮子出场，漩月牙四门斗；第二场，滚绣球；第三场，老和尚寺院上香，观星望斗；第四场，刘翠调戏老和尚；第五场，生小狮子；第六场，文狮蹿桌子。文狮子艺术一直流传至今。2003 年，村里成立秧歌队，段建中出资置办了乐器。在 2004 年至 2006 年元宵节全县文艺会演中，东竹林村被授予优秀奖；在县老年活动中心举办的九九重阳节秧歌舞比赛中获奖牌。

旧村文化活动 **杨青雷 摄**

东竹林村中的竹林寺作为文化古迹，相传清雍正年间为鼎盛时期，具有重要的历史价值。寺院建筑雄伟，寺前水池种莲，盛夏荷花飘香。寺内外广植花木，修竹万杆簇拥古刹，古木参天，曲径通幽，引人入胜。每当节日来临，众多香客纷至沓来，进香礼佛，香烟缭绕。后逢战乱，竹林寺被付之一炬，嘉庆年间官方重建竹林寺，又被洪水冲废。清朝末年，当地百姓出资在遗址上重建，复被淹没。2002 年再次重建竹林寺，占地 30 余亩，有大殿 5 间，厢房 4 间，5 尊佛像供于大殿，寺前有一池塘，名曰放生池，并有功德碑林等。

竹林寺 **毛吉志 绘**

二、乡村振兴实践

（一）村台缘起

竹林新村村台建设，缘于防黄河水患。据统计，自有记录以来的 2 500 多年间，黄河下游河道共有 5 次重大迁徙，26 次重大改道，决口 1 500 多次，平均下来，每五百年有一次大迁徙，每一个世纪有一次重大改道，每五年有三次决口。其中危害到菏泽境内的共有两次大迁徙，12 次改道。也就是说，这些黄河水灾的一半都波及了菏泽地区。

竹林村因地处黄河滩区，受尽黄河水患之苦。

1855 年，黄河于兰阳铜瓦厢决口改道。这是黄河的第五次也是最后一次大改道，结束了黄河数百年来夺淮入海的局面。溃水由封丘、兰仪、考城、长垣东下，由东明、曹州东注，至阳谷张秋穿运河，夺大清河，由利津县牡蛎嘴入海，淹没冀、鲁、豫 3 省 35 个州县。黄河在菏泽境内漫流 20 年，南北滚动百余里。河水分为三股，一股由赵王河走曹州府以南下注，两股由东明县南北二门分注，经濮州、范县，至张秋镇，汇流穿过运河归大清河。当时山东全省 5 府 20 多个州县普遍受灾。菏泽首当其冲，水势异常汹涌，郓城城墙数次被冲，几乎全毁。当时正值太平天国起义期间，清政府任黄水漫流，使这次黄河改道危害极大，河水所到之处皆为一片泽国，受灾后收成减少六成以上的村庄有 7 000 多个。直到 20 年后山东巡抚丁宝桢创修南岸障东堤，黄河才形成今天的河道，黄河滩区也由此形成。由于特殊的地理位置，滩区洪涝灾害频繁，有“三年两淹”之说。1855 年至 1949 年的 90 多年间，发生大水漫滩几十次，小型漫滩几乎年年都有。多年来，黄河滩区一直持续着“旱季人居此，汛期水茫茫。冬春见一麦，夏秋去逃荒”的景象。

为防止黄河泛滥，黄河大堤历史上曾多次加高加固。新中国成立后，为了解决黄河对黄河流域人民的危害问题，党和政府进行了 4 次规模较大的复堤工程，大堤增高到了 20 米，宽度达到 200 米。黄河大堤的加宽、加高，从根本上解除了黄河对大堤外人民的威胁，黄河不再给大堤外的广大人民带来危害。

滩区人民深受黄河水患之苦

毛吉志 绘

然而，广大滩区群众仍然长期遭受黄患的危害，生命财产得不到保障，生活质量很差。由于黄河滩区担负着特有的泄洪、滞洪功能，所以黄河滩区大大小小的黄泛灾害仍然常年不断。1982 年以前，位于滩区的竹林村基本处于三年两漫滩的状态，1971 年到 1982 年间更是达到了一年一漫滩。1975 年、1983 年、1996 年、1998 年、2003 年的黄河漫滩，都让滩区百姓陷入了巨大的苦难之中。突如其来的特大洪水像脱缰的野马，直冲滩区大地，吞噬了丰收在望的庄稼和成片的养殖基地，冲毁了房屋、公路、桥涵闸、供电设施及通信线路。洪流滚滚，惊涛骇浪，村庄成为一个个在水中或隐或现的“孤岛”，滩区群众的生命财产安全受到了严重威胁。

近年来，滩区群众的疾苦越来越引起党和国家领导人及地方各级党委政府的重视。2003 年 9 月 18 日，由于黄河兰考段蔡集生产堤决口，东明县 247 平方公里滩区被大水淹没，平均积水 1.6 米，焦园乡、长兴集乡两个乡镇的 135 个村庄近 10 万人被水围困，20 万亩秋季作物颗粒无收。东明灾情牵动着中央领导的心，10 月 3 日，当时的中共中央总书记、国家主席胡锦涛同志做出批示："要采取措施，确保被围困群众的安全，努力减少受灾损失，并安排好群众生活。"10月4 日，当时的国务院总理温家宝批示："请河南省采取措施排除生产堤险情，山东省妥善做好受灾群众转移安置工作，两省要加强协调配合。"10月 8 日，山东省省委召开常委会专题研究菏泽抗洪救灾工作。菏泽市以及省直各部门、各系统紧密协作，措施得力；各地积极行动起来，有钱出钱，有力出力，一方有难，八方支援；解放军指战员、武警官兵与灾区干部群众团结一心，协同作战。到 10 月底，黄河滩区险情得到有效控制，灾区群众无一人因灾死亡，灾区群众有饭吃，有衣穿，有房住，有病能医。12 月 14 日，胡锦涛主席视察东明黄河滩区，慰问困难群众，为滩区人民带来了党和政府的关怀，极大地鼓舞和振奋了受灾群众重建家园的信心。很快，国家和地方政府对滩区群众的安建工程相继展开。

竹林村村民的记忆里填满了黄患侵害的苦难史。虽然从 2003 年后没有发生过大规模的水灾，但村民们仍然不愿意回顾那些被黄河水侵害的经历，那段不堪回首的记忆，让他们说起来就是泪。

长期以来，由于水患的影响和滩区特殊的地理环境，竹林村留下了很多黄患"后遗症"：

（1）村庄基础设施落后，公共服务匮乏。以前，为了应对黄河水患，竹林村各家各户都尽最大力量淤高自家的房台。一有空闲，全家老少就齐上阵，拉土筑台，让自家房台成为高出村中道路的"高岗"，远远看去，就像一座座拔地而起的小山头。虽然各家房台抬高了，但村中的街道没有抬高，在越来越高的房台的映衬下街道反而显得更加低洼。

因房台的修建而变成沟壑的旧村道路　**杨青雷 摄**

这样的地形地势，一遇到下雨或黄河发大水，就会让村庄成为一片汪洋，洪水淹没了道路，到处泥泞不堪，村民难以出行。加之竹林村原来缺少通往滩外的大型柏油路，发生洪灾时，村民难以撤退出逃。出行不便，交通受阻，让滩区群众的生产生活质量受到了很大的影响，经济发展受到了严重制约。

受经济条件制约，竹林村的教育、文化、卫生等公共服务事业发展滞后。学校教学设施落后，优质师资力量匮乏，教育事业发展缓慢。乡村文化娱乐活动贫乏，没有文化娱乐场所，没有健身器材，一些宗教迷信活动却在村内颇有市场。诊所条件简陋，缺乏必要的医疗设备，医疗保健水平很低，孤寡老人的养老和弱势群体的社会保障也存在很大问题。村民除了种地，基本没有其他出路，大多青壮年劳动力选择外出务工，这也成为滩区群众增收的主要渠道。由于父母外出打工，义务教育阶段的留守儿童数量较多，缺

旧村状态　**杨青雷 摄**

少父母陪伴对他们的成长极为不利，给村里的稳定和谐也带来了较大的负面影响。

（2）村民居无定所，谋生不易。黄河水患导致竹林村百姓生活困难，衣食住行条件较差，尤其是居住条件异常恶劣，黄河水患的巨大破坏力一次次让百姓的房屋损毁倒塌。据统计，仅 2003 年 10 月的那场洪水，长兴集乡被冲毁房屋就达 11 700 余间，其中倒塌房屋 2 600 余间，变成危房的房屋 9 100 余间，淹死牲畜 2 300 余头，家禽 3.1 万余只，16 万亩即将收获的庄稼被淹没，全乡直接经济损失达 1.8 亿多元，全乡人均损失 3 000 余元。而竹林村的各项损失指标均在平均数值之上。频繁发生的洪灾，让村民的房子一次次被冲毁，毁了再盖，盖好了又被冲毁，形成了“三年攒钱、三年垫台、三年建房、三年还账，好不容易还完账，又来一场大水”的恶性循环。而每一次盖房，都需要花费一个家庭将近 10 年的收入。先淤房台，再盖房子，不仅要倾其所有，还会债台高筑。20 世纪八九十年代，竹林村一个三口之家年收入不足几千元，每年的收入里面，除去日常生活、农业生产资料、上学、就医等方面的开支，所剩无几。而修筑一处房台需要土方至少 1 000 立方米，需耗资 2 万元，盖 3 间平房 1 间厨房需耗资 4 万元。这导致很多家庭几辈人辛辛苦苦挣钱也建不起房子。

村民运土筑房台 **竹林新村 供稿**

一次次盖房无疑使竹林村村民的生活雪上加霜，每一场洪灾

加高房台　**竹林新村 供稿**

都让他们几年翻不过身来。竹林村今年 70 岁的农民画家毛吉志说："我这辈子主要精力都用在盖房子上了，一辈子盖了 5 次房，痛苦得很。建起来的房子，一涨水就被淹塌，没有地方住，还要再盖。"他从小喜欢画画，但因为以前生活贫困，大半辈子精力都消耗在了拉土筑房台和盖房上，几乎没有时间也没有心情去画画。现在，住进了竹林新村结实、宽敞、明亮、美观的二层楼房，他就把以前抗洪和盖房的经历都画了出来，用绘画反映竹林村的前世今生。他在一幅画上画了一间半房子，这是他生活的真实写照。有一年，他家的房子被洪水冲塌了，需要重新再盖，但全家人倾其所有，只盖了一间半房子，剩下的半间无论如何也盖不起来了。

竹林村村委会副主任刘湘泉回忆说，他从 10 岁开始，就跟着父母一起拉土筑台，在以后的 20 多年里，拉土从未间歇，工具从马车换成了拖拉机。但遇到大雨天气，全家人仍是提心吊胆，因为这种房台根本经不住洪水冲刷，洪水一淹，地基就动，地基一动，墙裂梁歪，房屋住不了几年就塌了。一到汛期，村民的生活就像一场噩梦，洪水会淹没道路和房台，直冲进房屋，田野会变成一片汪洋。有一年洪水灌进了他家里，屋里的锅碗瓢盆顺着水流全都漂走了，庄稼几乎绝收。

村民李凤英说起黄河水患更是一肚子苦水，"俺嫁人、生大儿子都赶上发大水，真是太惨了!"1975 年她出嫁那天，正逢黄河发大水，

房台、道路被大水冲得千疮百孔

竹林新村 供稿

水涨到一人多高，婆家租了条船去接。根据当地风俗，娘家人不能相陪。大喜的日子里，李凤英看着眼前的凄风苦雨，心里怎么也高兴不起来。到婆家后，没有热闹的亲朋聚会，她的记忆中，这次出嫁仅是“人被接过来了”，其他都被洪水搞得凄凄寥落。让李凤英没想到的是，她人生中的第二件大事——生孩子又遇到大水来袭。婚后第二年8月，李凤英马上就要临盆了，黄河水却汹涌袭来。水灾造成停电，家人只好打着手电筒照亮儿，才让接生婆把孩子接生下来。所幸她家的房台垫得比较高，全家人陪着她在被水淹了的屋子里勉强度日。每次发大水，水位一两个月后才能降下去，家家户户都被困在“孤岛”上，米面油盐都没法买，石磨冲毁了，只能煮家里存下的囫囵麦粒充饥。大水中实在过不下去，就整村搬出避难。

由于滩区特殊的地理条件，竹林村百姓筑房台建房难度很大，几户居住一个小避水台的情况并不鲜见，环境普遍较差。西竹林村唐尚德老兄弟俩，在迁建之前，两家共9口人长年居住在狭小破旧的三间堂屋和两间配房内，日常生活非常不便。

总之，黄河水患给竹林村百姓的生产、生活等都带来了巨大影响，导致贫困人口比例居高不下。所以，对竹林村的广大村民来说，走乡村振兴之路的第一步就是解决稳定居所问题。一次次修建住房，耗去了他们的时间和精力，消磨了他们的情感和意志，更花掉了他们毕生的劳动所得。所以，在改造黄河、减少水患的同时，帮助村民改变不稳定的居住状况，帮助他们修建“风雨不动安如山”的房子，让他们一劳永逸地居住在质量好的房子里，帮助他们实现“安居工程”，是让他们拔掉穷根、走上脱贫致富道路、实现乡村振兴的最佳路径。

（二）从房台到村台

为了让滩区百姓远离水患，免受水灾，政府筹集资金支持滩区百姓探索实现“安居工程”的模式和路径。近年来东明县落实上级政策，根据长兴集乡实际情况实施的“堤外搬迁工程”，特别是“大村台搬迁工程”取得了很好的效果。

2004—2006 年，国家出资实施“堤外搬迁工程”，长兴集乡在黄河大堤外征地，建设了 4 个农民新村，将大堤内侧临堤地势最低的 11 个自然村、1.2 万人搬迁到大堤外侧，解决了部分群众的居住安全问题。但搬迁工程浩大，资金投入巨大，工作繁重，遗留了不少问题，特别是新村新增人口宅基地不足，需要再征地的问题一直困扰着当地干部群众。从实施实效来看，堤外搬迁仅适合于大堤内侧附近的村庄，滩区纵深处的村庄实施堤外搬迁既不可能也不合适。在这种情况下，竹林村从 2004 年起，开始尝试另一种搬迁模式——大村台搬迁模式：先选出一处面积达 800—1 000 亩的空地，在此淤垫一个大“村台”，让村民在这个村台上重建家园，让周围 5 个自然村都进行整村搬迁，在这个村台上成立一个建筑现代化、管理现代化、生活方式现代化的新型社区。

村台是什么？村台是相对于房台而言的。房台是一家一户拉土淤垫的自家房屋地基，村台则是整个村庄的地基。房台是为防止房屋被黄河水淹没淤垫而成的“高岗”，村台则是村民为预防房屋被黄河水侵袭淤垫而成的“高台”。竹林新村连片淤筑的大村台面积达800亩，高4米多，可以防御黄河水12 370m³/s流量。这意味着当有12 370m³/s流量的黄河水袭来，仅能淹没这个4米高的村台2米多，村民可以在村台上高枕无忧地继续生活。这样的村台，能有效抵抗洪水的侵袭，真正帮助村民实现安居梦。

这么大的村台，怎么淤垫而成呢？需要那么多土，去哪里挖取呢？黄河滩区百姓的智慧不可估量，他们活用中华民族“靠山吃山，靠海吃海”的人生智慧，采取了“靠河用河”的方法，从黄河中“抽沙淤台”，即采用从黄河里抽取泥沙、让泥沙淤积的方式，把村台一点点淤实淤高，进而解决淤垫村台的用土问题。

房台遗址　**竹林新村 供稿**

正在建设中的村台　**竹林新村 供稿**

资金从哪里来？东明县通过亚行贷款筹集到一笔资金，后又申请到了山东省财政专项资金。有了启动资金后，长兴集乡面向社会招标，选取了一家拥有先进抽沙设备、经济实力雄厚的“抽沙淤土”公司，开始了漫长的“抽沙淤台”工程。

“抽沙淤台”需要怎样的程序？先是选址，选定一处离 5 个自然村都不远的地方作为村台。然后清障，清除这片土地上的房屋、庄稼、公共设施等障碍物。一切准备就绪后，淤台工作开始正式启动。淤垫村台是一个程序复杂、工期漫长的过程，既要讲求科学，也要借鉴老经验和土办法，具体过程如下：

围堰隔堤 **竹林新村 供稿**

挖排水渠 **竹林新村 供稿**

第一，筑围堰。先在选好的村台地址周围挖土，挖出地表以下半米深的好土，堆在村台周边，一来用于建台打堰，二来留着村台建好后“包边盖顶”用。

第二，挖排水渠。在村台周围挖完表土后，接着在台址周边挖一条深 2 米多、宽 3 米多的排水渠，以作为“抽沙淤台”排水之用。这些工作是一环扣一环的。如修水渠还牵扯到用地、赔偿、做村民思想工作等问题，需要按照顺序，一项工作接着一项工作地推进，直到工程顺利施工。

第三，建围墙。挖完排水渠，就开始打堰修建村台围墙了，就是沿着台址周围修一道 7—8 米宽、5—6 米高的围墙。修围墙用的土来自挖渠时挖出来的土，这两个工程可以同步进行，一边挖渠一边建围墙。

第四，挖台坑。围墙建好后，围起来的地方就形成了一个“湖”，也就是一个大大的“台坑”。竹林新村的 7 号村台呈长方形，南北向，面积约 800—1 000 亩。为了让面积如此巨大的台坑淤垫得结实牢固，施工人员又在中间增设了 1 条南北向的纵向围堰和 7 条东西向的横向围堰，这样整个台坑就被纵横交错的围堰分割成了 16 个小台坑。这些小的围堰与台坑周边的大围堰一样，也需要用淤土填积而成，因为淤土有一定的黏度，雨水冲刷不动，所以能够让村台变得更加坚固。大围堰和小围堰错落有致，形成一个整体，就如同盖高楼大厦打地基时扎好的钢筋笼子，形成了盖房子用的地梁，接下来吹沙填土时将黄河沙土淤积到小台坑里，可以起到巩固村台地基的作用。

挖台坑　**竹林新村 供稿**

抽沙淤台　**竹林新村 供稿**

第五，吹沙填土。村台地基框架形成后，接下来就要从黄河内引修排沙管道，进行“吹沙填土”，真正开始淤建村台了。引修完排沙管道还要架电线杆，因为机器从黄河里“吹沙填土”需要连接高压线，不然没法工作。从黄河到 7 号村台约 7 公里的距离，需要安装 8 条直径 40 多厘米的管道，安装在黄河河道内的螺旋桨搅动黄河水与泥沙，再通过电机将泥沙吸进管道，利用巨大压力运输到 7 公里外的村台上。由于距离远、压力不够大等原因，中间还需要安装压力泵，进行二次加压。电机一响，泥沙就会源源不断地流淌到村台的台坑里。

黄河水引过来后，泥沙沉下，清水顺着沟渠流走，这样日复一日，月复一月，整个村台的吹沙填土工作，持续了好几年。

黄河里的抽沙管道　**杨青雷 摄**

农民画家毛吉志画过一幅吹沙填土的画，他介绍道："我画的是用黄河泥沙淤岗（村台）的事，淤一层，清水流走了，撇下泥沙，这个村台就慢慢积成了。"

吹沙填土 **毛吉志 绘**

把上述环节综合起来看，"吹沙填土"就是采沙船从黄河深处抽出含沙量很大的浓稠黄水，这些黄水通过管道送到村台的台坑里，在台坑里沉淀多日后，泥沙留下来，澄清的水再疏导到前期挖好的水渠里，用于农田灌溉及其他方面。

正在沉沙的村台 **竹林新村 供稿**

新村台吹沙工程完成后，还要经过半年的自然沉降，然后进行人工夯实工作，将储存的淤土覆盖在村台上面，完成"包边盖顶"工作，防止雨水冲刷，裸露扬尘。村台建好后，周围还设计有排水设施和防洪沟渠，种有植被、防护林等，以保证大水浸泡、冲刷后村台不会被损坏。这样，整个村台建成后，竹林新村的地基也就打好了。

包边盖顶 **竹林新村 供稿**

夯筑村台 **杨青雷 摄**

大村台淤垫成型　**竹林新村 供稿**

（三）迁居新家园

村台建成后，2010 年竹林新村正式启动搬迁，本着“地相近，人相亲，俗相同”和“不增加生产半径”的原则进行整村搬迁，在基本保持原来的邻里关系和生活方式的前提下，帮助所有村民搬出旧房，实现了大家安居乐业的夙愿。这是东明县对黄河滩区脱贫迁建工作最实际、最有效、最受欢迎的探索和尝试。

由于老百姓安土重迁思想根深蒂固，觉得穷家难舍，所以刚开始搬迁的时候，有很多人不理解，不配合，尤其是老年人。村民毛吉志当时就有这样的想法，他说一辈子也不搬走，死也要死在老家，不进这个村台。县乡村干部经过调查摸底发现，大家不愿意搬迁除了“守老窝”的观念阻碍外，主要还有两个原因：一是觉得新房子设计的院子太小；二是采取自拆自建的方式，建房资金不够。为打消村民的顾虑，长兴集乡政府一边修改设计方案，扩大院落面积；一边琢磨制订奖励政策。

长兴集乡政府开始采取先报名先选址的举措激发百姓搬迁的积极性，谁先报名政府就先发放 2 000 块钱，并给予他一个选房址的顺

村民领取补贴款　**毛吉志 绘**

序号，让他按顺序在村台上挑选自家的房址。在盖房子的过程中继续进行奖励，盖到一层，发放 3 000 元补贴；盖好两层，又给 5 000 元。等到旧村复耕了，验收完，一家再给 3 万元补贴。新房盖好完成搬迁后，政府再对旧房子和旧房台的黏土、可用材料和树木进行购买，通过这种方式给予搬迁户很多补贴。

但即使有奖励，开始大家还是观望。僵持之际，竹林村村委会主任刘海江决定带头搬迁。2010 年 5 月，他和 6 户愿意搬迁的人家，一起在村台上搭起了帐篷，开始建新房。可搬过去的头一天晚上，就有人找起了碴儿。刘海江说，“当时搬的时候有二亩多麦子，被人用除草剂打了，看到以后让人心疼。”心疼归心疼，可房子还得继续建。等补贴拿到手，新房逐渐有了模样，许多村民心动了。大家看到房子、院子不像想象中那么小，水电齐全，各种配套设施都很完善，比老村的居住条件优越得多，他们就坐不住了，慢慢都开始建房搬迁了。

迁建过程中，政府给每户补助了 4 万元左右，旧村土地借助增减挂钩政策，等土地复耕后还可以置换出一部分资金。村民于庆东介绍说，此次搬迁他家获得各类资金共计 10 多万元，再加上自己的一部分钱，用了不到 20 万元就盖起了两层小洋楼，并于 2014 年 6 月搬进了竹林新村。

建新房　**竹林新村 供稿**

到 2015 年，竹林新村基本建成。2016 年，全部搬迁完成，安置毛庄、西竹林、东竹林、刘乡、老刘乡 5 个滩区自然村 1 400 多户、5 120 人。搬迁之后，对 5 个村的旧址进行复耕，腾出土地 1 190 亩。

新村新貌：进村道路　**杨青雷 摄**

新村新貌：村口 **杨青雷 摄**

整个新村按照新型农村社区规划设计，主户型统一为两层楼房、上下六间，柏油路、路灯、自来水、卫生室、学校、污水处理厂、娱乐活动广场等基础配套设施齐全，为滩区群众提供了安全优美的居住环境，让搬迁群众过上了安居乐业的生活，也从根本上解决了大多数滩区群众贫困的根本问题。如今的竹林新村：一排排漂亮的两层小洋楼鳞次栉比，干净整洁的街道，一流的学校、篮球场、文化广场、卫生室，还设立了公交站，让人仿佛置身于现代化的城镇社区。

新村新貌：运动场 **杨青雷 摄**

新村新貌：文化广场 **杨青雷 摄**

新村新貌：公交站 **杨青雷 摄**

新村与原来的老村相比简直天差地别，原来一遇到下大雨和黄河发大水，整个村子就成了一片“汪洋大海”，百姓的家就成了一座座裸露在垫高的房台上的“孤岛”。而现在，即使乌云压境、狂风肆虐、暴雨倾盆，竹林新村的所有房屋依然会安然矗立，笑对风雨。村民于庆东说：“以前住的房子一下雨就漏水，洪水来了担惊受怕，村里的土路也是一下雨就出不了门。而现在，新村淤高了，再也不怕洪水来袭了，这里跟城市的别墅区一样，什么都有，生活越来越好。”

竹林新村村民刘玉泉住了大半辈子“趴趴屋”，没想到晚年能搬进大别墅，家里被儿女们装修一新。一进气派的大门，映入眼帘的是一整面墙的“松鹤延年”壁画。宽敞的客厅，白色的地砖，时尚的电视背景墙，各种家电应有尽有。“我们家有三个卧室、两个卫生间、两个储物间，冬天有暖气，可暖和了。”刘玉泉笑着说。

村民刘玉泉家的庭院　**朱红勇 摄**

村民刘玉泉家的新客厅　**朱红勇 摄**

刘志华在竹林新村卫生室工作，如今的他生活安逸。他的家正房是一栋两层小楼，上下共有 6 个房间，沿街是两间配房，一间放杂物，一间做厨房。经历了垫台建房、雨冲房毁、打工重建的艰苦经历，刘志华对眼前的生活格外珍惜。“现在有了卫生间，有了自来水，真没想到生活能这么好！”在宽敞明亮的客厅内，刘志华抱着女儿笑着说。

村医刘志华抱着女儿在家中客厅合影　**竹林新村 供稿**

公路通了，房前绿了，垃圾少了，上学近了，去年家家户户还通上了暖气，这些看得见的变化在竹林新村悄然发生。在竹林新村中心广场周围，不足 50 米的距离就有 5 家超市。此外，村里还开了武馆、美容店。如今的竹林新村旧貌换新颜，较以前发生了天翻地覆的变化，奔腾不息的黄河水再也不能对他们的家园造成威胁，他们终于摆脱了“三年攒钱、三年垫台、三年建房、三年还账，好不容易还完账，又来一场大水”的恶性循环，摆脱了一辈子垫台子、盖房子却难逃因房致贫、因房返贫的艰辛命运，实现了安居乐业的梦想。现在，他们搬出了“穷窝”，走上了脱贫致富、乡村振兴的康庄大道。

（四）安居后的脱贫致富经

乡政府对5个自然村旧址上的房台、宅基地等进行复耕，腾出了1 190亩土地，并对这些土地进行统一规划管理，修建公路和水利设施，引来外地的企业流转土地，在这里兴建了两个高效农业园区，建成了秋葵种植基地。长兴集乡党委副书记王方领介绍说："乡里用竹林新村土地置换出来1 000多亩地，种了700亩秋葵，从6月摘到9月，一天需要两三百个劳动力，每人每天能赚六七十元钱。"村民毛吉志的老伴就在秋葵种植基地上班，每个月收入近两千元，几个月下来能挣万元左右，她高兴地说："谁也没想到会过上今天的好日子。"

村民摘秋葵挣工资　**竹林新村 供稿**

竹林新村村民陈更田是返乡创业者，他两年前在广州打工，跟着别人干防腐工程，一个月挣几千块钱，除去吃住等正常开销，还要供养家里的3个孩子，基本剩不下钱。去年回家过年，听说种植秋葵效益不错，就动了在家创业的念头，他和妻子孟美红商量后，决定承包200亩地种秋葵，与烟台一家蔬菜公司签订了种植合同，公司负责提供种子、技术，他负责种植管理，采摘好后公司回收。连续两年，他的秋葵都获得了丰收，今年秋葵价格每斤1.3元至1.6元，一亩地能挣4 000多元，三天与公司结一次账，收益非常可观。秋葵采摘旺季，他每天都要雇佣50多位村民帮忙采摘，每天要采摘10吨秋葵运往蔬菜公司，而村民也能获得每天 60 元的劳动报酬。

村民毛吉志触景生情，感慨万千，情不自禁地拿起画笔，画下了陈更田种的秋葵大丰收的景象。

陈更田的秋葵又获大丰收　**毛吉志 绘　央视报道截屏**

陈更田自己更是对未来充满信心。2020 年 9 月，央视记者来到黄河滩区进行采访，陈更田面对镜头踌躇满志地表示，现在一亩地纯收入 4 000 来块钱，有奔头，下一年打算再增加 100 亩。

陈更田接受央视记者采访　**央视报道截屏**

在实施小浪底工程之前，由于黄河水连年漫滩，滩区农业生产基本上处于“一麦一水”状态，夏季收一季小麦，秋季一片汪洋，所收粮食勉强维持温饱。大水泛滥淹没农田的年份，多是颗粒无收，百姓无法在家乡生活下去，只好外出逃荒。群众想发展大棚蔬菜，搞养殖，栽种果树等，但苦于水患，不敢去冒险尝试。另外，由于黄河屡次泛滥，对滩区土地不断冲刷，再加上修筑黄河防护大堤、生产堤和群众修筑村台取土等原因，造成滩区很多土地凹凸不平，水塘连片，茅草丛生，加之缺少项目资金投入，使得这些土地长期得不到有效开发利用，造成了土地资源的巨大浪费，群众迫切要求大搞土地开发利用。

“安居”之后，村民的心稳了，开始专心致力于经济建设。与此同时，外地商户也看到了竹林新村村民心气的改变，也愿意尝试在竹林新村进行生产投资。首先，竹林新村利用土地增减补偿资金和筹集到的其他经费集中对原来的坑洼土地进行修整，利用黄河滩区光照时间长、工业污染小、土地肥沃等特点，大力发展无公害生态农业，为广大百姓量身打造了一条致富路。2016 年至今，竹林新村建造了 40 多个大棚，发展绿色无公害芹菜、花菜等蔬菜的种植，同时提供技术和销售等方面的帮扶，实现贫困户年均增收近万元，并带动 30 多户村民发展无公害蔬菜种植 100 多亩。

竹林新村在发展特色农业的同时，还利用黄河滩区的土质和气候特点，大力发展生态养殖业和水产养殖业，进行豆丹养殖、鸡鸭鹅养殖、鱼虾养殖和莲藕种植，为百姓开辟了多条便捷高效的致富路。以豆丹（俗称豆虫）养殖为例，竹林新村种植能手刘兴豪介绍说：“我们村地处黄河滩区，土壤和水都没有污染，很多发展高效农业的本地人、外乡人看中了这里，带来了不少产业项目，给我们提供了发展的机会。我们种大豆，养豆虫，就是把过去人们恼恨的害虫，变成餐桌上的一道美食。”目前，竹林新村已有 200 多个种豆养虫的大棚，每个大棚每年可实现收入三四万元。竹林新村的豆虫养殖业始于 2017 年，是在驻村第一书记王培源的带领下，流转土地 1 500 余亩发展起来的，当年就取得了不错的效益，亩产 150 斤左右，市场价格每斤 100 元至 150 元不等，产品在市场上供不应求。靠养殖豆虫脱贫的村民荀维玥说："说起来也稀罕，以前打药都打不死，现在这豆虫可真娇贵，想养好并不是一件容易的事。"他还介绍了养豆虫的成功经验：首先是种好大豆。黄河滩区土质保湿性强，加之雨水充沛，日照时间长，非常适合种植大豆。其次是科学放养。将网棚里收集来的待孵化的豆虫卵，按照每亩 10 000 粒以上的标准散发到育苗棚里，几天后豆虫卵就会变成小豆虫，爬在豆叶上自然生长。

豆丹养殖：种植大豆的大棚　**杨青雷 摄**

豆丹养殖：正在产卵的豆丹蛾　**杨青雷 摄**

"每年 6 月份，就是大棚里豆虫丰收的时候，收购商们排队抢购，还有通过网上订货的，是个抢手货。"荀维玥说："别看这些豆虫其貌不扬，但它高蛋白，低脂肪，营养价值高，而且经过厨师们的精心加工，口感好，味道鲜，非常受欢迎。"

东明黄河滩区生态农业发展有限公司负责人刘兴昌也是豆丹养殖能手，他承包的生态大棚园距离陈更生的秋葵种植基地约 500 米。

大棚里种满了大豆，大豆叶上爬着很多体态丰硕、与蚕相似的豆虫，正大口大口地吃着豆叶，如同蚕啃桑叶，给人以生机勃发的感觉。今年大豆和豆虫的长势都非常好，又是一个丰收年。三年前，刘兴昌在连云港打工，在一次就餐中，他发现其中一种高档菜居然是老家最常见的豆虫，而且供不应求，颇有生意头脑的他看到了豆虫养殖市场的广阔前景，于是毅然决然地回到竹林新村，承包了 1 500 余亩土地，搞起了豆虫养殖。刘兴昌介绍说，大棚豆虫每年可养殖两茬，每茬有 35 天至 40 天的养殖时间，一亩地投入大约 2 000 元，每个大棚每年可收入三四万元。

像荀维玥、刘兴昌这样种豆养虫的村民很多，养殖豆丹成为竹林新村的重要致富产业。目前，竹林新村已成立了养殖专业合作社，让更多群众由土地流转“获租金”、就地打工“挣薪金”向入股合作社“拿股金分红”转变。截至目前，豆虫养殖已带动竹林新村 500 余名困难群众务工就业，扶持 200 多户贫困户脱贫。

豆丹养殖：布卵　**杨青雷 摄**

豆丹养殖：生长中的豆丹 **杨青雷 摄**

在竹林新村北 10 余里的黄河大堤西侧，有一处黄河滩生态农业产业园，吸引了包括竹林新村在内的很多农民在这里发展特色种植和特色养殖。依托该产业园成立的黄河滩生态农业发展有限公司，现已发展为集特色种养、农产品加工储运、休闲观光于一体的综合性农业产业基地。产业园内很多项目采取“公司+农户”经营模式，鼓励农户分包种养，参与经营，提供长期就业岗位 200 余个，吸收临时就业人员 1 000 余人，人均年务工收入可达 18 000 元。竹林新村一些农户在该产业园承包项目，或为别人务工，利用自己的聪明才智和勤劳的双手，均取得了可观的经济效益。

在竹林新村北部，新建了大面积的太阳能光伏大棚，每天的发电量很大，为百姓生活、生产用电带来了极大便利。在新村南部，建设了电子元器件厂、服装厂等厂子，专设了扶贫车间，解决了很多村民的就业问题，很多妇女在这些企业里务工，同时还能照顾家里的老人和孩子，做到了挣钱和照顾家庭两不误。很多人看到竹林新村是个具有巨大消费潜力的大市场，发挥各自的技术优势在村文化广场周围和中心街两侧开了各种店铺，有超市、饭店、理发店、美容院、养生馆、补习班等，形式多样，种类丰富，既方便了百姓的生活，也获取了不错的收益。

扶贫车间　**杨青雷 摄**

扶贫车间里劳动的村民　**杨青雷 摄**

最近几年，竹林新村村委会着重围绕环村公路、村里绿化等配套设施开展工作，在提升村民物质生活的同时，也积极利用现有旅游资源，做大做强旅游产业，定期举办广场舞比赛、“乡村大戏台”、送电影下乡等文娱活动，丰富了村民的文化生活。竹林新村在山东省和东明县实施乡村振兴战略规划的指导下，在大力培育特色农业、生态养殖业的同时，还大力发展农产品深加工和乡村旅游产业，确保实现搬得出、稳得住、可发展、能致富，在乡村振兴的道路上走得更快更远。

现在，东明县按照山东省统一规划，正在黄河滩区推进“两区同建”模式，以转变农民生产方式和生活方式、就地就近市民化为路径，同步推进农村产业园区和迁建社区建设。东明县按照“优质、高效、生态、绿色、安全”的现代农业发展要求，结合 24 个社区布局，为滩区群众量身打造脱贫路径，大力实施黄河滩区乡村振兴计划，塑造黄河滩区建设发展样板。

竹林新村大村台托起了百姓的安居梦，也带来了百姓满满的幸福感。随着居住条件的改善和物质生活水平的提高，乡风文明建设也取得了长足的进步。乡党委政府和村委会大力弘扬爱国爱村、遵纪守法、家庭和睦、邻里团结、勤俭自强、诚实守信等道德风尚，广大村民的思想、文化、道德水平不断提高，竹林新村逐步形成了崇尚文明、崇尚科学的社会风气，竹林新村正变得越来越美好。

竹林新村美好生活　**央视报道截屏**

三、乡村振兴中的竹林新村人

（一）村里来了好书记：扶贫第一书记王培源

王培源是竹林新村的第一书记，是带领全村群众脱贫解困走乡村振兴之路的领头人。虽然他已于 2018 年离开了竹林新村，但他的事迹仍在村里传颂。下面是我们根据村民的口述整理出的真实故事。

2016 年，竹林新村的搬迁工作基本完成，1 400 户人家实现了安居梦，百姓们都摩拳擦掌，准备走出脱贫攻坚的第一步。也正是在 2016 年初，东明县委、县政府启动了县直机关干部驻村结对帮带工作，供职于县民政局的王培源得知情况后主动请缨，要求到竹林新村担任驻村第一书记，就这样，竹林新村迎来了一位第一书记。

当时的竹林新村是省级贫困村，全村 1 400 户、5 120 人，贫困户 198 户，贫困人口 615 人，村中各种矛盾突出，是远近闻名的上访村，难题村。王培源上任以后，坚持听民声，知民情，问民计，帮助群众破解发展难题，深挖穷根，带领广大群众奏响脱贫曲，同奔致富路，帮助百姓做了大量脱贫致富的实事，被老百姓亲切地称为“贴心书记”。

王书记（左一）与村民协商搞脱贫致富项目

竹林新村 供稿

上任伊始，王培源就深入群众，扎根百姓，了解百姓疾苦，倾听百姓呼声。他深入调研，仔细梳理，找准百姓反映的问题症结，采取相应对策，逐一进行化解。驻村第一天，他就挨家挨户访贫问苦，掌握贫困家庭具体情况，制定帮扶措施。不到一周，就帮助村民解决了生活用电不畅的问题。他开展送温暖活动，走访慰问特困老党员、老干部 26 人，发放慰问金万余元；帮扶困难家庭 86 户，帮助 5 名特困生圆了大学梦，为困难群众捐赠棉衣棉被 120 余套；强化低保金透明管理，严格按照标准，对低保对象逐一进行清理规范、审查核实，并张榜公示，自觉接受群众监督；开展公益服务活动，联系县天健医院的专家定期进村为 108 名老党员进行爱心义诊；实施“光明工程”，新安装路灯 60 盏，为村小学安装体育器材 10 余套。

就任不久，王培源就对黄河滩区的区位优势和自然环境优势有了深入的了解。他了解到，竹林新村虽然一穷二白，但人均近 4 亩滩地，土地资源丰富，于是决定立足这些优势做文章。但是，竹林新村原来的产业基础极为薄弱，从哪里入手呢？他开始外出考察引进特色种植和特色养殖项目，几经周折，联系到连云港一家名为“盛世豆丹公司”的企业，与之洽谈豆丹合作养殖项目。王培源对村民说：“村子要发展，必须有产业。黄河滩区土壤肥沃，光照水资源丰富，最适合豆丹养殖。豆丹营养价值高，经济效益好，市场潜力大，我们要把握好这个机会，尽快盘活土地资源，引进这个增收致富项目。”连云港盛世豆丹公司也看中了黄河滩区的气候环境，准备在这里投资，但盛世豆丹公司对滩区土地流转及农田灌溉等问题心存顾虑，有所犹豫。王培源为抓住这个机会，赶紧组织召开了村“两委”会，一起商讨豆丹养殖的可行性。得到“两委”同意后，他又连夜召开了党员会议，听取党员的意见，统一了思想。但当村委会把这一养殖项目公布后，部分村民却对此心存疑虑：“没听说过豆虫也能吃，谁敢吃它呀，养这个

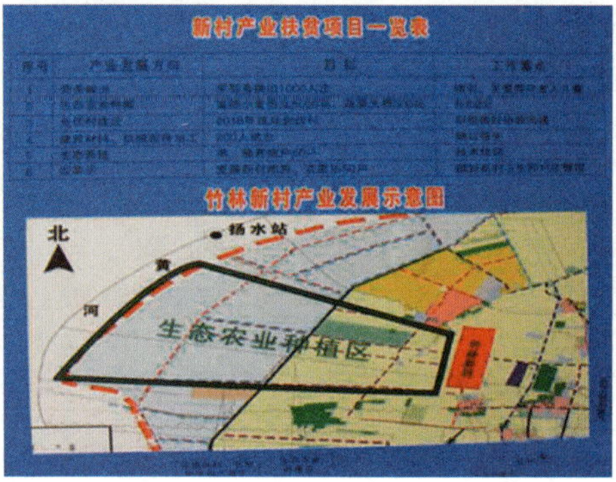

竹林新村产业扶贫项目 **竹林新村 供稿**

东西能赚钱吗？”为了让村民打消疑虑，王培源又走街串巷，苦口婆心地讲政策，算效益，最终赢得了村民的支持。就这样，不到半年，一个占地 1 500 亩、总投资 2 000 万元的豆丹养殖基地在黄河滩区建成了，这是全国规模最大的豆丹养殖基地。

在豆丹养殖基地建设初期，王培源吃住几乎都在养殖基地，他深知要想把豆丹养好，种植质量上乘的大豆是前提条件，于是他从外地购进大豆新品种，带领村民适时进行播种。由于黄河滩区土质半沙半淤，保湿性强，加之雨水充沛，日照时间长，种植的大豆长势喜人。然而就在基地翘首以盼、等待上卵的时候，却突然传来一个令人揪心的消息：连云港育卵基地那边因飞机打药，造成绝大多数种卵中毒死亡，导致竹林新村最后只能临时外购到 30 亩地的种卵。面对这一变故，王书记决定不等不靠，就先种好这 30 亩地的豆丹，为将来大面积种养蹚出路来。经过辛苦的劳动，豆丹养殖最终取得了很好的经济效益，每亩可以获得四五千元的收益，远比种麦子、玉米等粮食作物要好得多。良好的经济效益更加坚定了王书记和村民养殖豆丹的信心，他又率领村民扩大养殖规模，搭建反季节养殖大棚。为了加快大棚施工进度，王培源带领合作社及 30 名贫困群众冒着大雪加班加点赶工期，用了一个月时间，终于赶在春节前将大棚搭建完毕。最让百姓感动的是大年初三那天，按照技术管理要求，为了冻杀害虫，王培源组织人手从 1 500 米外的黄河抽水对棚内土地进行漫灌。由于抽水管道压力太大，多次出现管道爆裂情况，王培源几次到水里快速连线接管，双脚和衣服都湿透了，当时河边寒风刺骨，冻得他嘴唇发紫，双脚发抖站都站不住，但他依然坚持到浇灌完毕后才肯回去休息。因为这次操劳，他落下了迎风咳嗽的病根。在大家的悉心照料下，四月中旬大棚内豆苗茁壮成长，种卵如期孵化。但进入四月后，棚内气温快速升高，豆苗急需多次淋灌浇水，要求在五一前夕一定要解决架线打井等迫在眉睫的问题。为解决这里水利设施不配套、紧靠黄河却浇不上水的尴尬局面，王培源想尽各种办法，筹集资金 20 余万元，在田间地头加班加点，带领施工队伍奋战三天三夜，如期建造变压器 1 座，打造 600 米深水机井 6 眼，架起高压线路 2 000 米，一举解决了困扰滩区群众多年的灌溉难题，也让这个养殖项目走出了困境。

一分耕耘，一分收获，到了 6 月份，大棚里的豆丹喜获丰收，一个个成品豆丹个肥体圆，煞是喜人，引来了连云港、周口、临沂等地的收购商们排队抢购。大棚反季节养殖可以使豆丹每年养殖两茬，每个大棚每年可收入三四万元。

为了促进豆丹养殖项目良好运转，王培源还组织成立了东明鲁西南豆丹养殖专业合作社。合作社搭建拱形大棚 140 座，带领村贫困户搭建扶贫大棚 60 座，并长年聘请技术人员进行跟踪指导，让群众由土地流转“获租金”、就地打工“挣薪金”向入股合作社“拿股金分红”的方向转变，进一步增加了群众的收入。

豆丹养殖项目成功后，王培源并没有满足现状，而是以更大的魄力，带领群众打造“一村一品，一村一韵”品牌，因地制宜，开启了黄河滩农业生态园项目的建设。然而，在黄河滩区建设高标准的农业生态园谈何容易，王培源继续走招商引资之路，经人介绍与北京一家农业开发公司取得联系，力邀公司负责人到竹林新村考察。通过几次考察和商谈，竹林新村农业生态园项目终于启动，在竹林老村复耕的370 亩旧址上，建设集特色水果采摘、黄河鲤鱼垂钓、水上乐园、生态休闲观光于一体的黄河滩区农业生态园，总投资约 900 多万元。现在，生态园已初具规模，不久的将来，这里将是一幅果树飘香、花草悦目、鱼跃荷丛、游人如织的生态农业新景象。

王培源在帮助百姓脱贫致富方面还采取了很多别出心裁的举措。比如，他让村民充分利用大棚资源，一年收两季，夏季养豆丹，冬季种植新品种的芹菜、菜花等，不仅实现了土地资源的合理利用，也极大地提高了土地单产增收。此外，他还在西竹林村旧址上上马了一个规模达 60 亩的蔬菜大棚项目，建设了一个居家养老示范基地项目。在竹林新村脱贫致富、乡村振兴的路上，王培源功不可没，赢得了广大村民的喜爱和尊敬。

（二）丹青妙手绘家乡：毛吉志和他的《竹林史话》

一进村就听说村里有个大名鼎鼎的“农民漫画家”，叫毛吉志，他用淳朴的手描绘出了竹林新村的历史变迁。2019 年 10 月底的一天，我（在村民的陪同下）找到了毛吉志先生。毛先生给我的第一印象是沉稳厚重、饱经沧桑，脸上布满深深的皱纹，每道皱纹里似乎都写满了故事，让我有一种急于了解他的欲望。我做了简单的介绍，毛先生十分高兴地欢迎我的到来，随后让我跟他一起走进了文化广场南边的村图书馆。在此，我和毛先生进行了一天的深入交谈。

一开始，我和毛先生就竹林村的历史沿革进行了交流。提到竹林村的历史和由来，毛先生侃侃而谈，流露出了发自内心的自豪感。通过毛先生的介绍，我了解到竹林村在历史上多次搬迁的过程。因为村子坐落在黄河岸边，最早的竹林老村就在今天的黄河河床里，所以常年受到黄河水患的侵袭。关于竹林村名字的由来，毛先生是这样介绍的，在唐朝时，村子周围有一片茂密的竹林，长势十分好，竹林奇秀，风景优美，喜好游乐的唐玄宗李隆基路过此地时，看到如此茂密挺拔的竹林，大为惊讶，由衷地发出了“竹林清高”的感慨，并挥笔写下这四个大字，竹林村因此而得名。后来因为受黄河发大水的影响，竹林村搬迁到了今天竹林新村村台的脚下。之后同样是因为黄河水患的影响，竹林村搬到了竹林村台往东两公里的地方。后来在政府的大力支持和帮助下，竹林村才最终搬到了今天竹林新村村台这个位置。

毛先生生于斯长于斯，已经在这片土地上生活了70余年，见证了竹林新村从无到有的过程，也深刻体会到政府这么做给老百姓带来的便利。他说：“我至今还清晰地记得，在1973年，黄河发了一次大水，村庄里80%的房屋都已倒塌，剩下的20%也都成了危房。那一次的洪水来得比较猛，国家抽调部队参与了抗洪救灾。为减少损失，老百姓开始各家各户长年累月去拉土垫房台，但因为各家各户的房台没有连在一起，后来再发大水时，村民新盖的房屋又一次被冲毁，让广大村民遭受了巨大损失。”

毛吉志介绍村史馆 **朱红勇 摄**

毛先生痛苦地说：“这辈子我共盖了5次房子，盖好了被冲毁，冲毁了再盖。在我的脑海里，还时常涌现出小时候跟家人一起拉土筑房台、盖房子的场景。虽然我从小就喜欢绘画，但那时，连衣食住行这些最基本的问题都解决不了，根本没有精力，也没有心情去画画。”

说到这里，毛先生禁不住发出一声长叹，似乎要把多年积压的悲苦都发泄出来。我劝慰他道：“虽然往事不堪回首，但都已经过去了，重要的是你们现在搬进了大村台上的小洋楼，终于实现了安居梦，也有时间、有精力、有心情去实现梦想了。”

毛吉志的《竹林史话》 **竹林新村 供稿**

毛先生听后，站起身，从书架上取出一本《竹林史话》送给我，说：“是的，搬家竹林新村后，住在宽敞明亮的房子里，安全无忧，衣食无忧，养老无忧，我就有了创作的欲望，想着把以前发生的事都画出来，所以就有了这本画册的问世，竹林村的前世今生都在这本书里了。”

随后，毛先生兴致勃勃地向我介绍了竹林新村的建设情况，让我知晓了黄河滩区脱贫迁建第一村的具体迁建过程。从毛先生生动的描述里，我了解了竹林新村大村台“引黄淤垫”的复杂过程，了解了村民在搬迁前的顾虑和憧憬，了解了迁建资金的来源和各种补贴情况，了解了党和政府给予广大群众的暖心帮助。毛先生边讲述边翻动《竹林史话》的一张张画页，画上的内容都是迁建过程中真实的人物和故事再现。通过这些惟妙惟肖的场景，我对竹林新村的迁建过程有了形象的感知，对迁建过程中涌现出的人和事有了具体的印象，同时也对眼前的这位老人产生了由衷的敬佩。他本是一位普通的农民，但有着高雅的兴趣爱好，有着执着的艺术追求，有着丰富的精神世界。而他，不过是众多热爱当今幸福生活的竹林新村百姓中的一分子，他在用一种艺术、文雅的方式表达着对竹林新村的热爱。

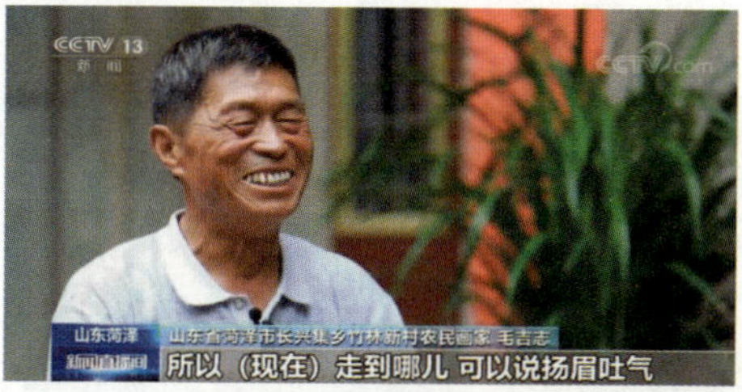

毛吉志接受央视记者采访 **央视报道截屏**

毛先生说："搬上大村台，住上小洋楼，实现了安居乐业的百年夙愿，竹林新村百姓再也不用担心黄河水作威作福了。自从2016年搬迁完毕后，各家各户都开始探寻脱贫的路子，各级领导也纷纷出谋划策探索致富良方，竹林新村开始呈现出欣欣向荣的乡村振兴格局。县委、县政府和长兴集乡党委政府帮助村里修了四通八达的柏油路，硬化路面修到了田间地头，给大家的生产、生活带来了极大便利，为百姓的致富创业提供了基础条件。其他服务设施、基础设施也得到了相应的配套建设，更多人因为村台的建设探索出了各式各样的乡村养殖、生态园、种植承包等致富方式，使大家的生活一步步摆脱贫穷走向了富足。村民们发挥自己的智慧摸索出来的致富模式，不仅改善了自己的生活，还带动了一批家乡人。"

"村民现在的心情怎样？"我问毛先生。

毛先生感慨地说："竹林新村的村台建设不仅改变了原先的村庄面貌，也改变了村民的生活和精神面貌，他们从内心深处真真切切地感受到这一举措所带来的好处，百姓从内心深处感谢党和政府时时处处为他们着想。"

"你今后有什么打算？"

他说："我将创作更多绘画作品，把乡村振兴过程中的点点滴滴记录下来，以此回报党和政府对我们的关怀。”

通过交谈，我还了解到毛先生不仅画画好，书法也很好。这让我感到十分震惊。我没有想到，坐在我面前的这样一个普通人有如此高超的艺术造诣。他告诉我说：“我从小就爱画画，小时候就与绘画结下了缘分，但这条路却是坎坷的。1967 年我刚初中毕业，父亲被打成右派，我也因此被人处处看不起。后来我成为民办教师，之后又进修了音体美，学到了一些绘画知识。30 岁那年，我认识了县文化馆的一个老师，才真正了解到一些绘画专业知识。在 1975 年的时候，我的绘画技艺已经崭露头角，文化馆的张老师就开始把我当作苗子培养。后来我随张老师去往省里的出版社，在那里看到了如何画连环画，认识到真正的画家应该是怎样的。此行不仅开阔了我的视野，也深深震撼鼓舞到我。其中有一个渔民的绘画经历深深地启发了我，这个渔民只是一个普通的渔民，但是他根据自己的生活经历，创作出了自己的生活画面，得到了外界的一致认可。从济南回来之后，我觉得自己的一生不能就这么平凡地度过，总得留下点什么，于是决心发挥自己的特长，要在绘画方面做出一些成绩。思前想后，我觉得应该把家乡的变迁和百姓的生活历程记录下来，成为家乡一笔永远的财富，这也就成了我创作《竹林史话》的初衷。”

毛吉志在创作 **杨青雷 摄**

据毛先生介绍，竹林新村建好以后，他看到黄河滩区奇迹般地涌现出了这么好的景象，于是有了创作灵感，开始创作关于竹林历史的连环画。他采用《清明上河图》的绘画技法，介绍了竹林村从清朝一直到竹林新村建成这一时间段的历史，并且每张图画下面都配有自己写的内容介绍。讲到这里，他说：“刚开始时字写得并不是很好，在绘画的基础上，我的书法得到了快速的提升。书画同源讲的就是这个道理。”

讲解完之后，毛先生带我去村里的文化馆参观，那里陈列着他的很多绘画作品。这些绘画给我带来的不仅是视觉上的冲击，还有心灵上的震撼，我感受到了眼前这位竹林人对这片土地的热爱。这一幅幅画面既展现了竹林新村的历史，也反映出竹林人对历史的尊重。他重点向我介绍了几幅：有一幅画描绘的是东明县第二个党支部在竹林村成立的情况，以此体现竹林村的红色历史非常悠久。还有一幅画上面画的是一位老光棍搬进竹林新村后娶上老婆的情景，这位老汉是毛先生的本家老叔，因以前家贫一直打光棍，在竹林新村建成后，60 岁的他娶到了一位比他小几岁的媳妇儿，成为一件远近闻名的新鲜事。《竹林史话》中的一幅幅绘画，都形象而真实地反映了竹林新村的历史和新村脱贫迁建给村民带来的巨大变化。

毛吉志讲解他的创作 **竹林新村 供稿**

毛先生在创作过程中也遇到了多种困难，比如不被家人支持，资金缺乏等，但他始终认为他有责任把它做下去，并坚持了下来。毛先生现在既是竹林文化的创作者，也是竹林文化的宣传者，他参与建设了竹林文化展览馆及文化长廊。这一行动也受到了各级党委、政府和各界人士的赞扬与支持。他说，他有责任继续宣传竹林文化，有义务丰富村民文化生活，他已经开始创作第二本连环画了。

（三）黄河滩区是我家：扎根乡村的村医刘志华

清晨薄雾慢慢消散，一排排二层小别墅慢慢呈现在人们的眼前。每家的小院里陆续传来长辈们唤孩子起床吃饭的声音，远远的乡间小路上也渐渐有了行人的身影。太阳刚刚升起，竹林新村的村民们就开始了热闹忙碌的一天。

一大早，竹林新村村医刘志华吃过早饭，步行两分钟就到了自己的工作地点——竹林新村卫生室。一打开门他就打扫卫生，检查药品，摆放各种医疗器械。做好一切准备工作后，他就正式开始了忙碌的一天。

刘志华身材高高瘦瘦，穿着一件很得体的休闲外套，戴着眼镜，非常斯文干净。当时他正给一位年纪比较大的老人拿药，老人应该是有点耳背，一个问题反复地问，刘医生就贴近他的耳朵特意放大音量一直耐心地解答。等他的工作暂时告一段落，我们说明了来意，他虽然略显紧张但还是高兴地和我们聊了起来。

通过交谈，我们了解到他是竹林新村卫生室四名村医之一，今年40 岁，已经从业 16 年了。2003 年，刘志华从原开封医学专科学校（2000 年已并入河南大学）毕业之后去了北京，在海淀区一个卫生室工作了 6 年多，之后回家乡就开始了乡村医生的工作生涯。问及他回乡的原因，他非常不好意思地笑了，说："如果我说我回来是为了回报家乡，你们肯定会觉得特别假。但我回来确实是因为想家，觉得还是家里人好，让我有归属感。"说到最后他的语气很郑重，表情很认真，可以让我们感觉出他话里的质朴和真诚。

随后当我们聊到滩区村台建设的有关情况时，刘医生打开了话匣子，很激动地表示这方面他特别有发言权，因为他全程参与了这次村台建设，算是见证者。

他说："竹林新村作为滩区原址搬迁成功的第一个案例，在刚开始的时候确实困难重重，但在各级领导的帮助和协调下都得到了有效解决，最终让村民顺利搬上了大村台，实现了安居梦。"竹林新村建成之后，村民的生活环境大大改善，生活质量明显提高。道路宽阔，绿化率高，村里通自来水，通暖气，有幼儿园、小学、乡村卫生室、银行网点，有休闲娱乐的广场，还有见证村庄变迁的博物馆"竹林故事"。刘医生说自己本有很多次机会可以走出去，但看到自己的家乡变化这么大，他打心眼儿里是非常愿意留在家乡发展的，想踏踏实实地为家乡办点实事。

刘志华在村卫生室工作　**竹林新村 供稿**

谈及自己的工作领域，刚刚还滔滔不绝的刘医生慢慢皱起了眉头，最让他觉得棘手的是现在农村合作医疗报销比例的调整，以及村民对农村合作医疗的不理解。村民觉得这几年缴纳的合作医疗费用越来越多，怎么在村里拿药报销的额度反而越来越少了呢？其实是农村合作医疗现在针对大病报销的比例增加了，日常门诊里的报销比例减少了，这个调整从总体来讲对民众是有利的，但对乡村卫生室来讲就不算好事了。门诊报销比例减少，村民看病拿药会很快把报销的额度用完，之后再看病拿药就自费了，村民就觉得贵，于是村卫生室为了照顾乡亲们，各项收费仅仅是收回成本。不过这么多年来，质朴的乡亲们对他们的工作给予了很大的支持，这给了刘志华很大的工作动力。

工作 16 年来，他一直坚持学习，大专毕业之后依然继续深造，函授了本科，后来获得了主治医师资格，还自费去学习推拿，并应用到自己平时的工作中。都说机会是留给有准备的人的，但当很多医院向他抛来橄榄枝时，他却都拒绝了，他说现在村里条件好了，自己家也是有楼有车，他很满足。另外他觉得现在这种工作状态就挺好，他家就在卫生室旁边，步行才需要两分钟，给乡亲们看病，大家都很信任他，这种感觉是别的地方给不了的。

我们问到他对未来的期待，他说村里还是外出务工的多，主要是本地经济收入来源少，村里的第一书记确实引进了很多项目，但还是缺乏更多的就业机会，希望这个问题能得到解决。最后还是希望大家的收入越来越多，日子越来越好，同时他也希望竹林新村的成功经验可以让更多的地方学到，让更多的村民享受到社会发展的福利。

在我们和刘医生交谈的过程中，发现他的工作是很忙碌的，但他始终很耐心、很认真地对待每一位病人，我们从他身上看到了普通乡村医生的质朴，也看到了新农村建设的光明前景。乡村医生的工作是平凡的，精神却是不平凡的。

（四）悬壶济世守健康：痴心不改的村医尹建胜

采访刘志华医生那天，在竹林新村卫生室里，我们还见到了另一位医生，他叫尹建胜，看上去 40 岁左右的样子，体格健壮，容光焕发，精神饱满，呈现出良好的精神面貌。当我们问起尹医生的从医经历，他为我们做了较为详细的介绍，他 2000 年从菏泽市卫生职业中等专业学校毕业，在东明县人民医院实习期满后，回到老家东竹林村做起了乡村医生。刚做乡医那些年，东竹林村地处黄河滩区，缺医少药，作为村里唯一的医生，他深知肩上的责任重大，一个人要担负全村 1 300 多人的预防保健和基本医疗工作。工作状态一年四季都是全天候服务，无论白天黑夜，刮风下雨，逢年过节，只要患者需要，他就全力以赴，尽快解除患者的痛苦。说到这里，尹医生发出几句感慨："俗话说，医者仁心，做医生的就要设身处地为患者着想，就要想方设法减轻他们的痛苦。这些年来，我一直鞭策自己要有大爱仁心，告诫自己无论何时何地，都要用生命守护百姓健康，我觉得我做到了。"我很佩服尹医生的思想境界，在心里默默为他点赞。

尹医生说，这些年来，他一直努力提高自己的医疗水平，因为他要承担全科医生的角色。面对的服务对象有耄耋老人，他们要求几块钱就能治愈疾病；有几个月大的婴儿，家长要求输液时一针成功。为了精进诊疗技能，他常常白天接诊晚上学习，理论结合实践，不断充实自己。后来，他去菏泽市立医院进修学习一年，医术获得了很大进步。此外，他还积极参加各种培训学习，并于 2010 年考取了国家职业助理医师。现在，他的医术获得了乡亲们的广泛信赖和赞誉，因为医术高，口碑好，2018 年，他获得了东明县"最美乡村医生"荣誉称号。

尹医生说，一直以来，他对老弱病残或常年卧床不起的患者，都是主动登门服务，不管什么时候，只要患者或者患者家属有需求，他都会随叫随到。因为黄河滩区地理位置特殊，经常发大水，这给他的出诊带来了极大不便。说到这里，他为我们讲述了 2003 年出诊时的情况。那年，黄河滩区发洪水，邻村一位 60 多岁的老太太突发言语不清，一侧肢体感觉运动障碍，当时的情况非常危急。一方面是洪水上涨迅速，村庄已被围成"孤岛"；另一方面是突发疾病的老人年迈病重，转诊困难，家属焦急万分。他意识到时间就是生命，所以不顾洪水湍急，毫不犹豫地踏上了老人家属撑来的小船，去给老人诊治疾病。在基本确定老人患急性腔隙性脑梗死的前提下，他为老人扎针输液，三瓶药液滴进老人身体后，病情慢慢有所好转。家属的感激，老人的微笑，就像一股无形的力量，使他忘记了险象环生的洪水，每天坚持去给老人扎针输液，这一坚持就是半个多月。看到老人身体康复，痊愈如初，他心里无比高兴，觉得一切付出都值得。

尹建胜医生为患者诊疗　**竹林新村 供稿**

尹医生还为我们讲述了他为竹林村百姓进行基本公共卫生服务的经历。2009 年，国家启动基本公共卫生服务，他积极投身其中，每天走街串巷，为村民们登记信息，检查身体，建起了 1 300 多份居民健康档案。他协助卫生院向乡亲们提供健康教育资料，开展公众健康咨询活动，举办健康知识讲座；协助卫生院开展老年人健康体检，参与老年人健康指导和危险因素干预；协助卫生院开展高血压、糖尿病筛查，并对高血压、糖尿病病人进行定期随访，给予病人饮食、运动、合理用药、合理就医方面的科学指导。尹医生讲述完这段经历，非常高兴地说，经过自己耐心细致的努力，村民的卫生健康意识提高了，预防疾病的心理增强了，这让他很有成就感。

尹医生在工作上是有心人。2017 年，他利用自己的摄影喜好，多次实地拍摄公共卫生人员的活动现场，制作完成了多个电子宣传册，用乡亲们喜闻乐见的方式，图文并茂地宣传国家基本公共卫生服务政策。他把电子宣传册发表在微信朋友圈里，获得了很高的点击率。其中一篇《公共卫生服务的阳光》一经发表，就得到了长兴集乡卫生院李守增院长的关注，并逐级上传至各级卫生主管部门，迅速得到了省市县相关领导的肯定，后发表在全国乡镇卫生院院长的微信群里，浏览量超过了 8 000 次。

尹医生说，现在卫生室搬到了竹林新村村台上，并完成了标准化建设，他的工作环境和乡亲们的就医环境有了很大改善。由于竹林新村人口较多，他的工作依然繁重，但乡亲们集中居住在村台上，他再也不用像以前那样蹚大水、爬房台地奔波劳顿了，他可以把更多时间用在为乡亲们提供有效服务上，用在提升自己的医疗水平上。尹医生骄傲地说，2017 年 5 月，省委书记刘家义来竹林新村实地考察滩区群众脱贫迁建工作，特别关心新村群众看病就医问题，特意参观了竹林卫生室，并给予了充分肯定。尹医生向我们表示，往后余生，他会继续用生命守护滩区百姓的身体健康，让乡亲们快快乐乐地享受来之不易的幸福生活。

（五）豆丹做成大文章：种植能手刘兴豪

刘兴豪是竹林新村的一位致富能手，他思想活跃，敢想敢干，敢为人先，在种植和养殖方面都取得了可喜的成绩，是远近闻名的致富能手。听村民说，他平时养豆丹，种樱桃，忙得很，走起路来脚下生风，不舍得休息片刻。果真，我们辗转了好几个地方，最终才在一大片樱桃林里见到他。

初冬天气，田野里寒风飕飕，而他正卷着裤腿干活，额头上布满了细密的汗珠，在阳光的照耀下闪闪发光。他正在认真查看樱桃树苗的生长状况，看到我们，他放下手中的农具，来到地头，热情地和我们打招呼。他大约 30 岁出头，一米七左右，体形偏瘦。给我们印象最深刻的是他的双手和双脚，他的手黢黑、粗糙、皲裂；脚上穿一双黑皮鞋，鞋上沾满了泥土。

刘兴豪很健谈，滔滔不绝地向我们介绍眼前的樱桃苗，他说：“这片樱桃苗是我和几户村民搞的试点，我们都知道，樱桃好吃树难栽，因为樱桃对土质的要求很高。我拿着咱们滩区的泥土样本找人进行了检测，检测的结果是这里的土质非常适合樱桃树的生长，但我还是不敢贸然让其他村民跟着一起种，所以我就先种植，做个试验，几年后如果成功了，再让他们跟着一起种植。”

现在，刘兴豪种植的樱桃树已经长到很高了，预计到明年就能挂果，到 2022 年就进入盛果期。刘兴豪对未来早已规划好了，他说到樱桃成熟期，他和种植户们不但要销售樱桃果实，还打算在樱桃花开时发展赏樱桃花的旅游业，到樱桃成熟时发展采摘业。他还打算把那些稍微磕了、碰了的樱桃酿成樱桃酒，这样更利于储藏和运输，销路更远，销量更大。

除了种植樱桃外，我们早已听闻他还是一位养殖豆丹的能手，还没等我们问到豆丹的养殖情况，他就如数家珍地讲起他与豆丹的故事。他向我们介绍豆丹是豆天蛾的幼虫，是一种以吃大豆叶、洋槐树叶为生的昆虫，体形优美，与蚕相似，喜欢在天然无毒、无公害的环境里生长，在山东大部分地区及苏北地区尤为多见，成熟之后会钻入地下蛰伏，待来年羽化为成虫。刘兴豪说豆丹是具有地方特色的美食，尤其是咱们黄河滩上养殖的豆丹，味道更为鲜美，营养更为丰富。刘兴豪高兴地说：“俗话说，一方水土养一方人，养豆虫也是这样，咱们黄河滩上养出的豆丹在国内是一流的。”他还说，豆丹不仅高蛋白，低脂肪，还具有降低胆固醇、防止高血压及动脉硬化、治疗胃寒疾病和营养不良等的特殊功效，是一种纯天然的绿色食品。

在他向我们娓娓描述豆丹的经济价值、食用价值及药用价值时，我们看到他脸上洋溢着希望和幸福。当我们问到豆丹的销路时，他高兴地说销路不成问题，甚至有点供不应求。他说："一开始村民也是不敢养豆丹，觉得它是一种害虫，担心没销路，害怕有风险，老百姓外出打工挣点钱不容易，就怕辛辛苦苦攒下的钱打水漂儿。村民的这点顾虑是可以理解的。我就自己先养，只要养成功了，真真正正赚到钱了，就不用苦口婆心地劝说了。"

刘兴豪（着红色上衣）在查看他的农田

竹林新村 供稿

用事实说话，说干就干，于是他成了竹林新村养殖豆丹的第一人，得到了当时的驻村第一书记王培源的鼓励和支持。

养豆丹时，为了得到技术支持，他和王培源书记没少想办法，最后通过县林业局领导的介绍，与扬州大学一位专门研究昆虫的教授取得联系，从而得到了技术支持。他感慨道："其实做任何一件事，都不是一帆风顺的，开始养殖时，我们都不会育卵，就从外地买，这样的话成本就高。在养殖过程中，由于豆虫对环境和食物的要求很高，需要在严格的无毒无害的情况下生长，这样我们买的豆虫卵就不一定能全部孵化，就是已经孵化出来的，有时也会因为食物问题受到折损。

豆虫的天敌是蚂蚁和蜘蛛，如果大棚门关得不严，蚂蚁、蜘蛛爬进来，豆虫卵也会很快被吃掉。前年就出现过这样的情况，门没关好，蜘蛛进来了，蜘蛛在大棚里繁殖得很快，把豆虫卵吃掉了不少，我们想尽了各种办法对付蜘蛛，最后找来了一群鸡放在棚里，很快把蜘蛛消灭了，才挽回了损失。”

听了这段豆虫、蜘蛛和鸡的故事，我们由衷地佩服刘兴豪的智慧。他对自己给出了很中肯的评价，说一遇到这些棘手的问题他会认真琢磨，有时候琢磨得一宿一宿睡不着觉，但是不管多难他都没有想过放弃。在他的坚持和努力下，豆丹养殖技术逐渐成熟，且具有了一定规模，并且现在他们自己也能育卵。今年，他们育的卵除了自己用之外，还卖了 80 多万元。在他的带动下，其他村民们也纷纷养殖，不再外出打工，在家乡就能致富。刘兴豪还说现在他们不仅仅满足于销售豆丹，还想着把豆丹酿成酒，他们已经开始研制豆丹酿酒技术了。

当我们问到他的理想时，刘兴豪说：“我不但要自己致富，还要带动更多人脱贫，只有所有人腰包鼓起来，日子富起来，那才是真的好。”说这番话时，我们分明看到他脸上的激动神情。

（六）滩区变成大农场：种粮大户王红生

在一位相熟村民的带领下，我们来到了种粮大户王红生家里。

王红生家里的小院干净整洁，在太阳的照射下，显得格外温暖。他的小孙女正在院子里玩耍，他的老伴王大嫂见到我们，问清楚来意后，把我们请到了屋里。王红生家的客厅里整齐地摆放着沙发，玻璃茶几上规整地放着水杯、纸巾盒等，地面扫得一尘不染。因为当时王红生不在家，我们便先和王大嫂攀谈了起来。王大嫂是个非常热情又健谈的人，还没等我们开口问，她就跟我们拉起家常来。从王大嫂的口中我们得知，他们有两个儿子，都已经成家立业，也都有了自己的孩子。令人羡慕的是，他们一大家子人相处得特别融洽，几乎没有拌过嘴。我看到王大嫂是个面善且明事理的人，禁不住夸赞道："这要归功于你和王大哥领得好啊！"

谈笑间，王红生大哥回来了他给我的第一印象是稳重、踏实、能干，又有些朴实的领导范儿。虽然已经50多岁了，却一点也不显老。寒暄几句之后，我们很快进入了谈话的正题。王大哥介绍说，他们家作为村里的种粮大户，每年都要打理140亩粮田。这140亩田地最初的时候并不是农耕用地，而是林场里的荒地，被王大哥租赁过来种成了粮田。他刚把林地改成耕种地的时候，因为土地碱性太强，不适合种植，也浪费了不少人力物力财力。王大哥说，前两年根本就没有收成，为了让土地变得肥沃，他们一家老小齐上阵，一次一次地往地里运鸡粪，给土地施肥，连他们自己都记不清楚运送了多少车鸡粪了。两个儿子被鸡粪熏得直喊恶心，一个劲地埋怨父亲不该承包这鬼见愁的田地，劝他放弃，而他却毅然选择了继续坚持。

终于等到了播种的时节，一年种两季，一茬小麦，一茬玉米，辛辛苦苦干了一年，才刚好收回成本。从王大哥的介绍中我们了解到，他们最近几年开始盈利了，现在种田也没有原来那么麻烦了，都是机器操作，播种有播种机，收割有收割机，不需要太多的人力投入。收完的玉米、小麦又有粮点直接收购，销路也不是问题，投入少，回报多，两个儿子也越来越支持。王大哥由衷地感慨道："这所有的成果都得益于村台的建造。新村改造空余出来不少的土地，给我们提供了承包的机会，也让土地能够得到更好更合理的利用。"王大哥也提出了一个现实问题，因为田地处在滩区，所以浇水不太方便。虽然农田里面都有机井，但是井里的水不太够用，每次需要等到开闸的时候才可以漫灌，如果有更方便的浇水措施和灌溉设备，收成一定会更好。

其实，王大哥并不是一开始就以种地为主要生路。他从 19 岁开始到 44 岁，一直在做窑厂，当时也是自己开窑、烧砖，干得红红火火。后来，响应国家号召，要走绿色环保的道路，于是关闭窑厂，开始承包种田。

因为种田面积大，经验多，王大哥也成了村里的红人。村里人在种田上有什么不懂的问题都来问他，他总是不吝赐教，倾情相助，把很多人带上了共同致富的道路。

谈起未来的规划，王大哥说想把种田变得更加科学化，机械化，希望能够用最少的投入得到最大的效益，并将之推广到全村。

（七）坚持初心不言弃：养鹅专家岳林

周日下午三点多，走过一段泥泞的小路，我们来到了岳林的蛋鹅养殖场，远远地就看到岳林在养殖场里忙活。看到我们来了，他马上迎了上来，热情地和我们打招呼。他自己介绍说他今年 31 岁，闺女上小学三年级。前些年他们夫妻两个人常年在外打工，孩子由老人照顾。随着孩子渐渐长大，老人的身体也一年不如一年，他们觉得再这样下去不是办法。后来村里进行了大村台建设，家乡有了很好的创业环境，政府也提供了很多乡村振兴的优惠政策，于是他们响应政府发出的在外青年回乡创业的号召，决定辞职回家创业，他自己戏称“老了，不疯了”。

刚回家的那段日子，他们也是一头雾水，不知道干什么，干过饭店，卖过烧烤，摆过地摊，最后因为客观条件的限制和自己经营不在行，都没能做好。一次偶然的机会他看到别的村里有养殖蛋鹅的，于是他就回家和妻子商量。妻子刚开始是不同意的，因为妻子家里有一个远房亲戚曾经养殖蛋鹅赔了不少钱，所以心里有抵触情绪。妻子的不支持他也理解，因为他的心里也没有实底儿。他把创业初期的顾虑给我们叙述了一番："我们都知道，鹅是直肠子，吃得特别多，鹅苗、饲料、打料机，再加上场地租赁费，这是一笔不小的投资，所以能不能回本都得另说，更别说赚钱了。"可是他又想，干什么事情没有风险，不试过怎么知道行不行。最后，他决定先考察考察再说，于是他就找到邻村的蛋鹅养殖场，在人家的养殖场给人家打了两个多月的工。这两个多月，岳林吃住都在养殖场，说是打工，其实是学技术。

据岳林介绍，他第一年进了 800 多只鹅苗，买了一台打料机，就这样他的养鹅经历开始了。由于没有经验，结果小鹅不慎患上了小鹅瘟，感染了鹅副黏毒病，死了不少，最后剩下 500 多只。后来在饲养的过程中没能很好地控料，导致这些鹅养得过于肥胖。肥胖第一增加成本，第二下蛋减少。再加上鹅蛋的价格也不高，所以第一年赔了大概 3 万多块钱。这下妻子更加埋怨和着急，说再也不养了，也让他死了这条心。可是他劝妻子说这些挫折都是正常的，再说哪有养殖一年就能赚十万八万的，干什么事情都是有赚有赔。

于是第二年他继续养殖，又进了 1 000 只鹅苗。有了上一年的经验，他知道要预防瘟疫必须先打疫苗，要及时对鹅场进行消毒，这两点他都及时做到了，所以避免了疫病的发生。再加上养殖过程中控料做得也特别到位，所以这次还算顺利，最主要的是这一年鹅蛋的价格也特别好，好的能卖九块多一个，所以这一年他们小赚了一笔。

岳林在喂鹅 **竹林新村 供稿**

当我问赚了多少时，他腼腆地笑笑说也没多少，反正没赔。说到这里时，我看到他的脸上写满了喜悦，一旁的妻子也乐得合不拢嘴。

蛋鹅养殖技术成熟了，养殖过程就顺利了很多。然而，岳林看到蛋鹅的养殖周期长，回本慢，于是，他又开始计划再养点肉鹅，肉鹅饲养周期短，一般 2—3 个月即可出栏。这样一来，蛋鹅和肉鹅养殖相结合、互补，资金这块也可以相互挪用。我笑着说这样的话你就可以赚得更多了，他听后还是腼腆一笑，接着说，“现在政策好，家里的房子是在村台上新建的，今年又刚买了新车。孩子听话，学习也好，老人天天能看到儿子、儿媳和孙女，心情也好，心情好了身体就好，一家人在一起，日子过得顺心随意。”说这些话时，我看到岳林的脸上洋溢着幸福和满足。

（八）女人创业不输男：宋爱丽的米线馆

正值初冬，天气有些微凉，我们又来到竹林新村。当车子缓缓驶入村子的时候，整洁的柏油道路、路两旁的文化宣传栏以及树木都让我们眼前一亮，路的北侧是敞亮的文化广场，恰逢送戏下乡，广场上显得十分热闹。

宋爱丽在洗刷餐具 **竹林新村 供稿**

在广场的侧后方，便是宋大姐的米线馆。因为常年的风吹日晒，原本醒目的招牌已经有些模糊，但是宋大姐的名气却没有因它削减分毫。宋爱丽，原毛庄村村民，2010 年搬迁至竹林新村，近十年来，一直积极创业，用勤劳的双手创造出一份平凡而又辉煌的事业。

我们来到宋大姐米线馆的时候已经过了午饭时间，大概下午两点钟。宋大姐当时刚忙完生意，正在店门口洗刷餐具，经热心村民的介绍，宋大姐知道了我们的来意，她立刻停下手中的活计，热情地为我们端茶倒水，爽朗地和我们攀谈起来。

宋大姐的米线馆经营至今已有大约十年的时间，近十年中，丈夫在外打工挣钱，一直是宋大姐一人照料餐馆。来到店里，我们发现整个店被宋大姐打扫得干干净净，面积虽小，五脏俱全。厨房和用餐区是隔离开来的，大理石桌面的各个餐桌上摆好了纸巾、辣椒、醋等调味品，供顾客使用。门的侧边有一台立柜式冰箱，里面有酸奶、绿茶、果粒橙等多种饮品。两边的墙面上简单粘贴着食物样品图片，图片的近旁点缀式挂着两三个中国结，给整个小店增添了很多生机。在与宋大姐的聊天中，正好有一位饮料供应商来送货，从他们的交谈中，看得出他们的关系处得非常好，说说笑笑，时而开开玩笑。我想，把生意伙伴做成了好朋友，这是宋大姐创业成功的秘诀之一吧，用宋大姐自己的话来说，就是诚信做人，实在做事。

别看餐馆现在经营得红红火火，客源不断，但其中的辛酸只有宋大姐一个人知道。宋大姐的米线店刚开始源于十字街口的一次摆外摊。那是在 2010 年，宋大姐一家刚刚搬来竹林新村不久，因为不愿意无所事事地待在家里，简单考察之后，宋大姐推着小车在十字街口卖起了烧烤、炸串，这是竹林新村十字街口的第一家小商贩。宋大姐说，原来住在老村时，村里人少，形不成气候，她没有做过生意，也拉不下来脸面卖东西，所以卖烧烤遇到第一笔生意时，顾客给钱的时候自己不好意思去接，也不懂如何去招揽、扩大客源。但随着竹林新村入住的人口越来越多，她的小推车生意也越来越好，宋大姐就考虑着把摊位稳定下来，这样白天晚上都能干，于是跟家人一商量，就租了一间小门面。

这间小门面，便是米线馆的前身，当时只是在炸串的基础上加入了冷饮。夏季过后，小店生意渐渐冷清起来。宋大姐看着街上来来往往的行人，再一次陷入了沉思。如果保持原状经营，小店就会慢慢失去活力，于是，她下定决心，出去学习一段时间。在外习得手艺和经验回来后，宋大姐给自己的小店里加入了米线、麻辣烫、刀削面等主食。因为有之前的客源，再加上小店经营品类丰富，生意也越来越红火，小店已经容纳不下越来越多的顾客，于是她又扩大规模，这才有了今天这个米线馆。

在交谈的过程中，宋大姐一直没有放下手中的活儿，几个碗碟被她反反复复洗了好多遍。宋大姐笑着说，现在竹林新村的人生活水平提高了，生活质量也提高了，无论哪个顾客到这里吃饭，都希望这里整洁卫生，能够获得舒适温暖的用餐体验，所以，她一定要为家乡人创造最洁净、最舒适的就餐环境。再加上她这个人一直都很爱干净，碗碟每次都会规规矩矩地洗上三遍，先冲水，再用洗洁精，再用水冲完后用抹布擦洗，最后再次冲水。宋大姐不仅爱整洁，对于每位顾客的餐食也一点都不惜料，生怕他们吃不饱。“饭店饭店，只要进来就是吃饭的，如果不能让他们吃饱，那还能叫饭店吗？”从这句话中，可以看出宋大姐的本分朴实。

谈起小店，宋大姐好像有说不完的话，眼中也一直闪烁着满足的光芒。说到高兴处，宋大姐还会爽朗地笑上几声，她告诉我们，每年暑假都是生意最好的时期，村里人嫌天气热不愿做饭，就一家人都到餐馆里来用餐，两个月下来能够收入两万元左右。宋大姐把她的生意兴隆、财源滚滚都归功于竹林新村的合并，是大村台建设给她带来了机会，帮助她实现了自我价值，更实现了创业致富的梦想。

对于这种创业模式，宋大姐是非常满意的，在家门口开店既能挣钱，又能顾家，闲暇的时候还可以照顾老人孩子。她的丈夫常年在外打工挣钱，她自己带着 3 个孩子，大儿子上了大学，二儿子在读高中，小女儿在家上学，陪在她的身边。最让她欣慰的是，3 个孩子学习成绩都不错，假期回来都会主动帮忙照看店里的生意。而宋大姐无论再忙，每天早上都会先给孩子做好早饭，让孩子吃了饭再去上学，对孩子照顾得无微不至。小饭馆加上几个孩子，宋大姐整天都是忙忙碌碌的，可她自己觉得很充实，希望给孩子们做个好榜样，说着宋大姐笑了起来。

明媚的阳光投射到宋大姐的脸上，是那么的温暖，和煦，一如她脸上的表情。

（九）巧手炸出最美味：徐大姐的油条摊

2019 年 1 月 8 日一大早，我走进了竹林新村。北方的初冬是萧瑟的，但竹林新村给人的感觉却是朝气蓬勃，一派忙碌的景象。远远望去一排排整齐的别墅格外引人瞩目，周围是广阔的麦田，新村里的道路开阔整洁，来来往往的村民们热情地相互打招呼，随后精神抖擞地开始了崭新的一天。

徐大姐在炸油条　**竹林新村 供稿**

到达竹林新村文化广场，这里有很多做生意的摊位。我一眼就注意到了炸油条的摊位，因为那里生意最好。摊位收拾得非常干净，远远望去油条的色泽也十分诱人。我就走过去与卖油条的大姐闲聊，她说她姓徐，旁边给她帮忙的是她妹妹，说到这我忽然意识到这位徐大姐就是我要了解的村民，真是无巧不成书啊，我和她就这样不期而遇了。

我向徐大姐表明了来意，她立刻变得很不好意思，一再表示自己不太会说话，生意也比较忙，怕怠慢了我。徐大姐的几句话让我觉得很温暖，我就跟她解释我们只是闲聊，不用停下手里的活儿。

徐大姐今年 55 岁，炸油条有三年的时间了。我问起她摆摊炸油条的原因，本来还乐呵呵的徐大姐忽然长长地叹了一口气，停了一会儿，才慢慢说："孩子他爸前两年得了脑梗，不能干重活了，俺们老百姓一个，没有文化，不能干重活，就挣不到钱了。他不能挣钱，我来挣，我身体好，有这门手艺，搬到竹林新村，人多，炸油条有市场，就干上这门生意了。用现在时髦的话说，就是'创业'。"说到这里，她笑了一下，继而神情凝重起来，接着讲述家里的情况："现在家里样样都需要用钱，俺妈年纪大了，瘫痪在床，得用钱；我还有个闺女上高三，眼瞅着就得考大学了，还得给她准备好学费，只要她能考上，我就愿意一直供她，我一直认为还是有文化好！"说到这里，徐大姐的情绪略显低落，之后笑了笑接着说："我还有个儿子，已经结婚有孩子了，他在外地打工，时不时地就会寄钱回来。说实话，家里都不图他啥，但儿子孝顺，我跟他爸都高兴！"从徐大姐的话语中，我能感受到她生活中的无奈和坚强，当然还有那些点点滴滴的欣慰。

徐大姐说既然选择了炸油条，就要干一行爱一行，就得干好！为了提高炸油条的手艺，她还特意跑到开封去学习。一晃三年过去了，从一开始的无人问津，到后来生意好得忙不过来，这中间的艰难可以

刚出锅的油条金黄酥嫩，香软可口 **竹林新村 供稿**

想象。但徐大姐一个人默默地坚持了下来，到后来实在忙不过来就让妹妹来帮忙了。谈及自己的生意，徐大姐满满的自信，大方地告诉我油条的用料，就是面加鸡蛋，不添加任何化学制剂，每十斤面放八个鸡蛋，炸油条的油都是好油，而且从来不重复使用，所以炸出来的油条色泽金黄，外酥里嫩。说到这，徐大姐的妹妹补充道，大姐都是这样大方地告诉别人用料配方，从来不藏着掖着。徐大姐也知道这样挣钱少，但她依然这么做，她始终认为做生意信誉和品质很重要，况且东西好吃了回头客就会多，可以薄利多销呀！

当我问她对现在的生活还有什么期待时，她说她对自己的现状很满足，现在村台建成后家里条件都好了，挣的钱可以贴补家用，摊位离家近，做生意不影响照顾丈夫和老人。儿子成家立业不用操心了，闺女也听话懂事，未来要是能顺利考上大学就更好了！最希望家里人都健健康康的，一家人齐心协力，一定可以把日子越过越好。她对未来的生活充满希望！

（十）习得手艺好回乡：许庆云和她的养生馆

从炸油条的徐大姐那里出来，我沿着竹林新村中间的南北大道漫步徜徉，目不暇接地欣赏着路两旁的景象，发现这里道路平整宽敞，房屋整齐美观，家家白墙红瓦，甚是美观。很多村民在房前屋后和路旁种植了花草树木，虽已至冬天，但仍有一些草木绿着，一些花儿开着。置身其间，我仿佛觉得自己不是在农村，而是在城市；不是在北方，而是在江南。

路的两旁，很多店铺的名字进入我的视野，城市里有的，这里也应有尽有。忽然，一个招牌上写着的“了奷女了养生会馆”几个大字映入我的眼帘，好有诗意的名字，开这家养生会馆的该是怎样一个女性呢？我心生好奇，打算进去了解下情况。

进入小店，一股淡淡的清香沁入我的心脾，让我顿觉神清气爽。一个面目清秀、身材高挑的女子热情地迎接我，我猜她就是这家店的老板了。我说明来意，她高兴地招呼我坐下，和我攀谈几句之后，她可能出于职业习惯，也可能看出了我长途奔波的疲惫，提出要给我做一下肩部按摩，让我放松一下，我爽快地答应了。她边给我按摩边聊起开这家店的过程。她说过去她几年一直在外打工学手艺，在北京一些美容店和养生会馆工作过，凭着自己的勤奋好学，她很得老板的器重，收入也很可观。2016 年，她的家搬进了竹林新村，她看到竹林新村规模大，人口多，人们的生活理念也越来越前卫时尚，于是有了回乡创业的想法。但当她把这个想法说给家人朋友听时，他们都表示不理解，觉得在穷乡僻壤开养生店简直就是天方夜谭，认为她是在自毁前程。而她坚持自己的想法，认为搬上大村台的竹林新村就像插上了快速发展的翅膀，会驶入乡村振兴的快车道，百姓的生活会越来越富裕，越来越美好。她认为回乡创业可以为家乡人服务，让家乡人在身心疲惫时能有一个放松自己的去处。所以，她信心满满地开了这家养生会馆。现在，她的店刚开两年多，顾客越来越多，生意很好。

听着她的介绍，我很感动，似乎看到了她在创业路上一直坚守自己的初心，我也因此改变了对当代年轻人的一些偏见。我问她叫什么名字，她指着营业执照让我看，她叫许庆云。

丰山村：泰山脚下绿意浓*

杨瑞　张成　刘磊

一、丰山村概况

（一）区位及现状

丰山村隶属于泰安市岱岳区道朗镇九女峰片区，位于镇政府驻地以北1公里处，西邻白马禅寺，东与104国道相连，距离京台高速下口3公里，地理位置优越。党的十八大以来，丰山村积极融入九女峰乡村旅游片区建设中，以农村综合性改革试点试验为契机，全面落实乡村振兴战略，高标准、高质量建设宜居、宜业、宜游的美丽村庄。

丰山村村口　**杨瑞 摄**

*参与该村调研的还有：徐建英、陈靖、李宁、王玲玲

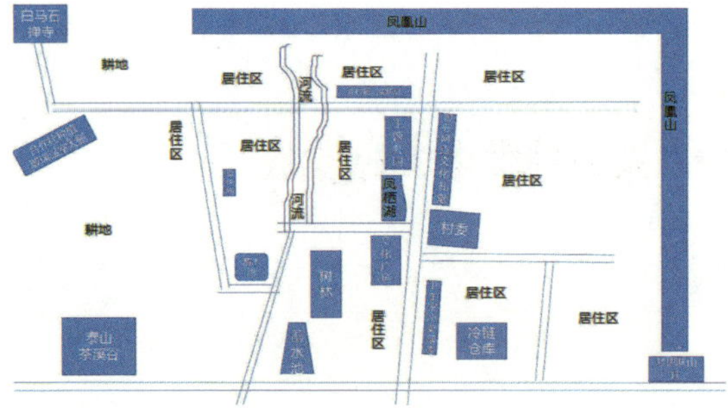

丰山村全村示意图 **杨瑞 绘**

九女峰片区是泰安市岱岳区近年来大力推动的乡村振兴示范区之一，覆盖丰山、里峪、八楼等 19 个行政村。这些行政村像珍珠一样散落在群山之中，由一条长 25 公里的凤凰山路将它们串珠成链。丰山村全村共 210 户、640 人，其中党员 32 人，村“两委”干部 4 人。丰山村总面积 4 000 余亩，有耕地 960 亩，果林地 1 200 亩，山林面积 1 470 亩，有大小水库 9 座，蓄水 30 万立方米。目前村里有养老院、卫生室等公共服务设施。

全村居民均为汉族，分为 7 大姓氏，姓氏较多且变动较大，其中陈姓人口 277 人，占总人口的 44%。目前，全村居民大多数以种田为主业，个体经营 5 户（百货商店、面粉加工、农产品收购站、磨坊、食用油加工），外出务工人员约 100 人。另外招商引资引入两个企业，分别是泰山茶溪谷和梦思味生态园。

泰山茶溪谷 **丰山村 供稿**

丰山村位于凤凰山山脚下，全村绿化面积达 85%，可谓郁郁葱葱。农业种植以黄精、葱种、山楂、核桃、板栗等经济作物为主，辅之以玉米、花生、地瓜、白菜、萝卜、大蒜等农作物。二、三产业主要是茶叶加工和生态旅游。

（二）村庄简史

九女峰片区有一片郁郁葱葱的环形山脉，名为凤凰山。山的前方有两条蜿蜒向南的小河，河中间有一座高台，取名凤凰台，丰山村就坐落在台上。村子的后方连接着多条山脊通向山顶，形似凤凰的尾巴。村子的两侧各有一座小山，像凤凰的翅膀，故此村之前名曰“凤凰庄”。明洪武二年（1369 年），靳式兄弟落户于此，后来，其他姓氏家族陆续迁入，形成村落。之后，一代代“凤凰庄”人在此繁衍生息，经过漫长岁月的不断发展，直至如今的规模。

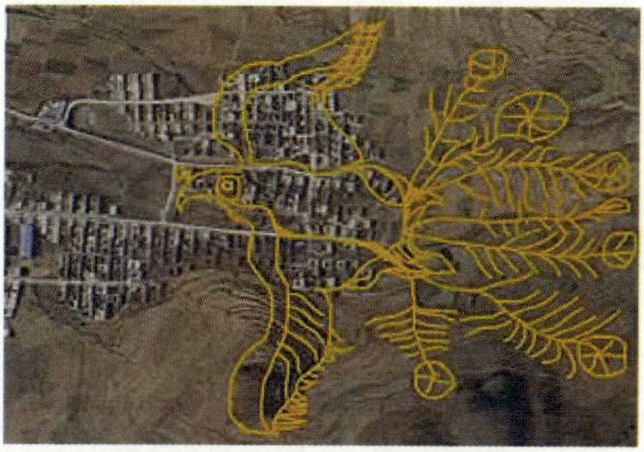

凤凰山俯瞰图　**丰山村 供稿**

20 世纪 50 年代，全国性的“植树造林、绿化祖国”运动传遍祖国的大江南北。凤凰庄人也积极响应，封山育林，随即更名为“封山”。之后“封山”人坚持不懈地对身后的大山进行综合治理。数年后，苍松翠柏成片，绿树成荫，核桃、板栗、苹果、山楂等多年生木本植物鳞次栉比，硕果累累，欣喜不已的“封山”人继而将村庄定名为“丰山村”。

二、乡村振兴实践

（一）着力产业升级转型，实现村民增收致富

过去，丰山村水利设施不完善，布局不合理，主要依靠传统的人力灌溉。再加上丰山村多为山林坡地，优质土壤资源较为匮乏，现代化机械难以普及使用，使得丰山村的种植结构基本上以耐旱型粮食作物（如地瓜、花生等）和传统果树（如核桃、板栗等）为主，产业结构单一。再者，村民对外接触较少，对市场环境的变化无法做出准确的预判和及时的应对，又缺乏现代化农耕技术和设备，加之信息闭塞，线下销售物流渠道不通畅，线上销售技术和设备不具备，农业生产一直效益不高，村民生活水平较低。

近年来，丰山村通过多方尝试探索出了一条在升级第一产业的同时，大力兴办第二产业；相应发展第三产业，村集体加强产业服务，多措并举实现产业振兴、村民致富的乡村发展之路。

1. 建立中药材专业合作社，实现种植业升级增效

为了解决传统种植业效益差的问题，丰山村全体村民可谓费尽心机。经过多方摸索，村里尝试用现代化的经营方式种植高附加值经济作物。2016 年 8 月，丰山村成立了丰草苑中药材专业合作社，决定通过种植泰山山脉的高端中药材黄精来实现传统种植业的升级，力争实现传统产业的增值增效。

当年，合作社就建设了中药材种植基地。基地位于丰山村西部，种植规模 2 000 余亩，全部采用宽行密植、滴灌节水、水肥一体化等现代化无公害栽培技术。

合作社坚持“入社自愿、退社自由、利益共享、风险共担、民主管理、自我发展”的组织原则运作，设置了综合办公室、购销服务部、技术服务部、股金服务部，制订运作程序，规范运行机制，完善管理

制度，确保合作社健康有序发展。合作社采取“五统一”措施，大大提高了工作效率。

一是统一种植。黄精生长周期长达3年以上，投资大，一般村民很难承受，所以只能采用合作社流转村民土地、组织集体种植的方法。仅流转土地部分，每年每亩地就可以稳定地为村民提供900元的收入。

二是统一服务。社员建棚所需化肥、种子、农药、塑料布等物资由合作社统一购置，以确保质优价廉，切实减少投资成本，创造直接效益。

三是统一标准。坚持“科技兴社、项目带动、服务三农”的办社宗旨，加强基地生产的全过程管理，严格控制化肥、农药的使用，提高黄精的品质和安全性。

四是统一收购。合作社按照每斤20元的内部价收购社员种植的黄精，解决农户销售难的后顾之忧，保障种植户的利益。

五是统一销售。线上建立微商销售渠道，线下与批发市场和各大茶庄建立良好的业务关系。对生产出来的黄精筛选分级后分成多种黄精加工产品。种子卖给邻村的黄精种植户，黄精茶和黄精片包装成有机保健礼品主要销往肥城等泰安市周边地区，另外合作社还与企业合作研发黄精功能性饮品等，产品供不应求。

合作社社员在种植黄精　**丰山村 供稿**

目前合作社已经从单纯生产黄精，发展到现在可以生产泰山四大名药（黄精、何首乌、四叶参、紫草）。合作社还建立电子商务网站平台，拓宽种植销售渠道，扩大影响力与知名度，提高了经济效益和村民收入。

2. 引外资助力农产品加工，加速第二产业的发展步伐

过去，丰山村几乎完全依赖农业，工业企业基本为零。党的十八大以来，丰山村决定正视现实，因势利导，通过外来投资大力发展有地方资源优势的茶叶种植加工业。

2012 年，丰山村引来外资成立了山东泰山茶溪谷农业发展有限公司。该公司通过几年的发展，在主抓茶叶生产的基础上，还建设了 5 000 平方米的综合楼，新建 7 000 平方米泰山茶产业研发工程中心、15 000 平方米泰山茶文化博览园、30 套特色化高端民宿、16 000 平方米南茶北藏、亲子茶仓等项目。公司总占地 3 000 余亩，目前已经形成了以茶为主题，以精品茶园为平台，集有机生态种植、生产加工、休闲观光旅游、科研科普、茶文化推广于一体的农业文旅综合体，先后注册了泰山茶溪谷、泰山猴王、泰山御芽、泰山窖藏等 12 个品牌商标，茶产品已连续 6 年通过有机茶认证。

在茶叶生产方面，公司以每年每亩 900 元的价格将村民的山岭薄地流转过来，建设好茶树越冬大棚、配备水肥一体化设备、栽植良种茶树后，再以大棚为单位，免费反承包给农户，反承包茶棚数量由农户自定。此后园区全程免费提供生产性农资、生态种植技术指导，采摘的茶树鲜叶按市场价回收，让农民“给企业干变为给自己干，就业变创业”，无须投入，无后顾之忧，踏踏实实挣钱。通过这种方式把一产种植业的利润全部让给村民，并通过二产、三产的收益再反哺一产，村民能够实实在在地受益。这一举措实行以后，村民平均收入由

原来的每天60—70元、每年2万—2.5万元，提高到现在的每天120—160元、每年4万—5.6万元，茶园的亩均收入也由原来的14 000元提高到现在的最高18 000元。村民在这个过程中，转变了思想，提高了技能，由农民转化为农业产业化工人，真正实践了乡村振兴中“授人以鱼不如授人以渔”的方针，实现了从“输血”到“造血”的转化。

在整个种植、加工的过程中，泰山茶溪谷始终坚持严格的有机管理标准，建园初期用挖掘机对园区土地进行深翻，施入大量的有机肥，之后连续三年荒草丛生，让其进行自然的生态恢复，真正实现了自然农法有机平衡。目前基地内已经形成完整健康的生物链，大量益虫抑制了茶树病虫害的发生。

村民在大棚里劳作 **茶溪谷公司 供稿**

除了抓好茶叶生产，公司还按照“以农为基、以水为魂、以绿为脉、农文旅结合”的发展思路，推动休闲观光农业与文化旅游产业深度融合，拉长农业、农民收入链，打造农业产业化经营“升级版”。全力营造以茶产业为主体的多元化、综合性田园综合体，力争把城市的资本和现代经营管理理念引入农村，实现生产、生活与生态的融合，从而衍生新业态，成为繁荣农村、富裕农民的新兴支柱产业。

优秀员工表彰大会 **茶溪谷公司 供稿**

下一步，公司将贯彻“强大自己、成就别人”的核心理念，在怎样帮助村民挣钱上下功夫，实施一对一、点对点帮扶工程，让技术人员带着茶苗和技术走进九女峰片区所有村子，在山东农业大学和泰安市农科院专家教授的支持下，争取两年内对各村的农耕资源完成种植监管，对适合种茶的地块进行合理规划，将物料技术免费输送到田间地头。实现新增就业 200 人，以此全面发挥泰山茶溪谷的引领作用，把九女峰片区打造成高端有机泰山茶的一面旗帜。

茶溪谷茶叶参加比赛获奖

丰山村 供稿

大量的投入换来的是各级政府和相关机构的表彰与认可，2019 年 6 月茶溪谷成为山东省首家通过中国森林认证的公司，被评为“全国青少年农业科普示范基地”“山东省省级农业标准化生产基地”“山东省省级扶贫龙头企业”“市级农业产业化重点龙头企业”“扶贫爱心单位”，园区被评为“省级农业科技示范园”、泰安市“工友创业园”、第一批“山东省农科驿站”，等等。

3. 狠抓生产服务，促进经济发展

近年来，丰山村积极采取各种措施努力搞好生产服务工作，为村经济发展提供了良好的保障条件。村里建立了电子商务网站，为村民提供网上浏览、特色产品销售、网上下单、商品配送、货款结算等一条龙服务。这项措施不但提高了农民收入，扩大产业规模，拓宽销售渠道，还便于村民及时了解市场行情的变化，提高产品知名度和研发水平，为丰山的经济发展提供了新途径。村委借助农业农村部的信息进村入户工程，在村委大院建立了“益农信息社”，为村民提供4个方面（惠民、育民、便民、公益）的六大服务（代购农业生产资料和生活用品；发布农产品、土特产、手工艺品等销售信息；推送农业政策、新技术、新产品、教育等信息；代缴话费、水电费、保险费、网络及电视费等；提供订票、婚庆、租车、旅游等商界中介业务；收发物流配送信件包裹及办理小额取款等服务）。村委推举两位懂农业、爱农村的村干部负责信息社的正常运转，并始终坚持货真价实、物美价廉、热情真诚的高效服务。

益农信息社 **杨瑞 摄**

泰山四大名药种植基地及全国农村综合性改革试点试验村标志牌　**杨瑞 摄**

泰山中草药科普基地　**杨瑞 摄**

丰山村还借助国家农村改革试点试验项目，建设冷库一座、高科技药材观光玻璃温室大棚一座，现均已对外承包经营，年收入 30 余万元，可安置 100 余人就业。丰山村已建成 700 亩的中药材教学科研基地，同时采用立体种植的理念在药材基地栽植榛子树，整个基地采用喷灌式节水灌溉，预计年可接待游客 6 000 人次，实现增收 10 万元。

药材基地冷库　**杨瑞 摄**

（二）改善自然环境，家园面貌一新

道朗镇打造“九女峰齐鲁乡村振兴样板示范基地”之前，丰山村是该镇典型的贫困村。全村几乎没有硬化的道路，更不用说亮化设施和绿化、美化的工程。每逢雨雪，泥泞的路面就让村民难以出行。那时村里也没有统一的垃圾收集管理方案和相应的污水排放管网，村民们往往随意丢弃垃圾，随意泼洒生活污水，全村的生活环境着实让人侧目掩鼻。

近年来，丰山村积极争取连片治理、小流域治理、荒山绿化等项目，先从外围入手，因地制宜整治大环境。

村子外围的丰山小流域总面积为 19 800 亩，呈北高南低之势，相对高差 425.8 米。此区域属北方土石山区侵蚀类型区，处于国家级水土流失重点治理区，现有水土流失面积 16 845 亩，年均土壤流失量 1.51 万吨。丰山村积极申请了“泰安市岱岳区道朗镇丰山村小流域水土保持生态文明重点建设项目”，建设梯田工程 6 459.45 亩；建设蓄水池 3 座，涵蓄保水能力 27.56 万立方米每平；栽植水土保持林 588.45 亩、经果林 1107 亩、封育治理 22167.3 亩。同时积极推行河长制，由村支书陈文华亲自担任苏家河丰山村段全长两公里的监督治理任务，实现了村庄外围水更清、岸更绿、景更美的生态目标。

丰山村旧景 **丰山村 供稿**

在整治外围大环境的同时，丰山村多措并举又进行了村内小环境的治理。内外环境的整治对促进该区域生态宜居具有积极作用。

丰山河段河长公示牌 **杨瑞 摄**

第一，改善路况环境，对村内主路和小巷全部进行了硬化和铺砖改造，实现道路三通，使泥泞路变成了柏油路；实现全村“户户通”，现在无论是下雨或下雪，车辆、行人都可以顺畅地出行。

村内硬化的主路 **杨瑞 摄**

村里的胡同小巷 **杨瑞 摄**

第二，投资520万元改善村内公共设施，修建凤栖湖健康主题公园，对凤栖湖进行了清淤和砌石墙护坡工作；还修建了石桥、红色长廊，沿湖铺设长达4.3公里的健康步道；建立健康广场，打造成村内公园。村里委任村干部陈学军为丰山村公共设施管护员，专门负责村中道路及凤栖湖广场的管护工作，保证了基础设施的长期健康运行。

健康步道及健康主题公园　**杨瑞 摄**

第三，安装太阳能装饰型路灯 150 多盏，既可亮化路面，又可通过路灯上的村标符号美化路况。沿着村路改造粉刷全村墙面，美化墙体，绘制美丽乡村宣传画 700 多平方米，设计了图文并茂的二十四节气迎门墙来打造文化大街，使丰山村变美了。同时在改造过程中下埋了电缆设备，给当地居民带来了切实的便利。

太阳能装饰路灯及路灯上的村标符号　**杨瑞 摄**

第四，配套了各类环卫设施并实现了厕所改造全覆盖等多项环保目标。垃圾外包管理、集中清运，每家每户免费发放可分类垃圾桶，回收企业进行定期清理，并在村内各个明显位置设立宣传栏，标明使用方法和责任列表。

村民家中的可分类垃圾桶 **杨瑞 摄**

第五，争取资金 20 万元新建 100 立方米蓄水池一座，总储水量 30 万立方米的大小水库 9 座，新钻 120 米深自来水井一口，还更换了村内全部自来水管道，保证村民都吃上干净安全的自来水。此外，丰山村根据“泰安市岱岳区镇村污水处理专项规划（2018—2030 年）”铺设污水管网对村民的生产生活污水进行汇集、处理。依托本村北高南低的地势落差从北向南铺设管网，在村南头设置污水处理规模为 47 吨/日的处理设备。这些举措完善了丰山的公共基础设施，改善了人居环境。

（三）党建引领方向，干群团结一心

九女峰片区各村党支部成立“九女峰党建联盟”，形成合力推动抱团发展。在丰山村，村委采用“党支部 + 合作社”模式，用村社联营的方法加快乡村振兴进程。丰山村坚持以支部建设为突破点，发挥党员带动作用，以产业发展为关键点，以环境提升为切入点，以群众致富为落脚点，紧抓“建强一个支部班子，发展一批特色产业，打造一个宜居环境，找准一条富民路子”的“四个一”工作思路，实现了村庄由乱到治、产业由弱到强、村民由穷到富的 3 个转变，使丰山村朝着“产业兴旺、生态宜居、乡风文明、治理有效、生活富裕”的目标迈开了坚实的步伐。

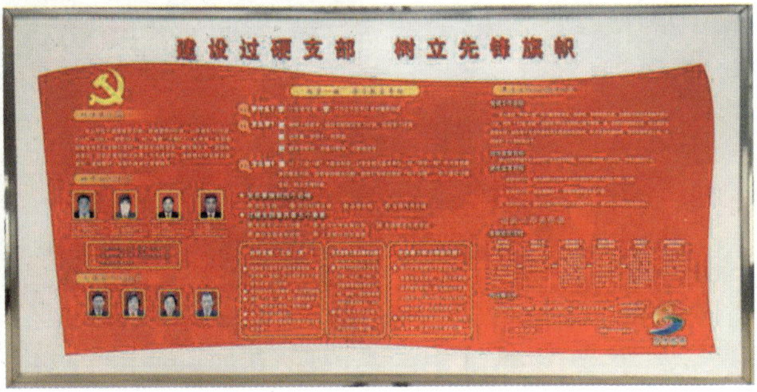

过硬党支部宣传栏　**杨瑞　摄**

在农村综合改革中，丰山村制定了《过硬党支部建设制度》《支部成员“双承诺双公开评议制度”》等规章制度，充分发挥了党支部“宣传党的主张、贯彻党的决定、领导基层治理、团结动员群众、推动改革发展”的战斗堡垒作用。同时，建好村民委员会和村集体经济组织，按章办事、依法经营、保全资产、促进增收，以组织振兴引领乡村振兴。

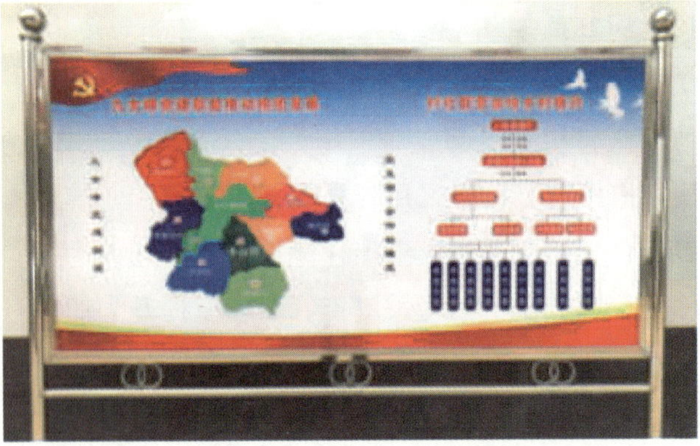

九女峰党建联盟　**杨瑞　摄**

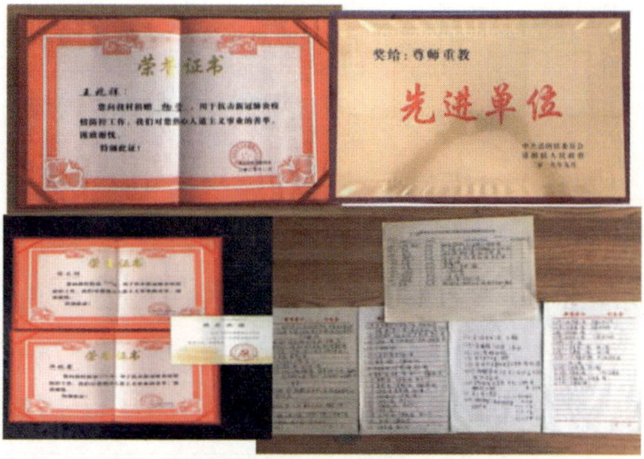

村委成员获得的荣誉证书　**杨瑞 摄**

丰山村村委始终致力于加强领导班子建设，提高党员干部素质，加快集体经济发展，健全配套保障机制。目前村“两委”的干部平均年龄 45 岁，大专以上学历 2 人，办事能力强，群众支持力度高。在村干部和 32 位党员的带领下，丰山村被定为全国农村综合性改革试点试验村，并获得了“民主法治示范村”“岱岳区普法依法治理工作先进单位”“道朗镇科学发展先进单位”“道朗镇对上争取先进单位”“尊师重教先进单位”等荣誉。

党支部主题日活动　**杨瑞 摄**

丰山村党组织始终以建设过硬支部、树立先锋旗帜为己任，不忘初心，牢记使命，定期开展“主题党日”活动，坚持“三会一课”制度、民主评议党员制度，使党员在维护群众利益、遵纪守法、科技致富、遵循社会公德、移风易俗等方面发挥先锋模范作用。丰山村党组织多次获得镇优秀党支部荣誉称号，其中一人获得岱岳区优秀共产党员称号。

在岱岳区党建部门的指导下，丰山村于村委大院显著位置设立了宣传栏，及时展示村情村貌和模范先锋党员的光辉形象；设置了“两学一做”学习教育专栏，明确党员要做到的4个合格及过硬支部需具备的5个要素，以此帮助村民统一思想、积极学习、努力进步，时刻监督党组织成员和党支部的一言一行；设立了年度工作目标公开栏，将本年度丰山村的党建目标、经济发展目标、民生实事目标、党员发展目标及各项大会的举办流程公开透明地展现给全体村民，让老百姓有盼头，有期望。

此外，丰山村建立了党群服务中心，下设人力资源社会保障服务站和便民服务站等职能机构，联合村妇联对村里的五保户及老年人群体定期开展志愿服务，每年都有面粉、生活用油、洗化用品、小型电器等物质帮扶。另外，丰山村还在新时代文明实践点设立丰山村幸福院和老年人日间照料中心，内设床铺和各类娱乐设施，打通关心群众、服务群众的“最后一公里”。

老年人日间照料中心　**杨瑞 摄**

丰山村妇联在村干部王月兰、尹秀秀、许现霞的带领下，在引导广大妇女和家庭践行社会主义核心价值观方面发挥了积极作用。如今7名执委带领广大妇女分成4个小组分别负责村内环境卫生、季节性秸秆焚烧和山林防火、垃圾分类管理、留守儿童管理及美丽庭院建设等方面的任务。丰山村妇联密切联系、热忱服务村内妇女群众，及时反映妇女的建议和诉求，并积极组织普法宣传、法律咨询服务、就业创业培训、巾帼扶贫行动、巾帼志愿服务等活动，为妇女群众办实事，办好事。由于丰山村妇联工作出色，泰安市岱岳区妇女联合会将“巾帼科技示范基地”的荣誉称号授予丰山村综合种植示范基地。

（四）强化文化熏陶，丰富精神世界

近年来，村干部和广大村民都认识到了文化素质差的危害，干群同心致力改变精神面貌。这几年，首先，村里围绕周围文化景点如白马石禅寺、鏊子石、元宝石、凤凰寨等景区动员村民参观体悟，进而提高文化修养。其次，修建了文体广场、文化礼堂，设立了文明实践点和农家书屋，定期为群众开展政策理论、科学普及、健康教育等文明宣讲活动。再次，设立了村史馆、棋牌室、音乐舞蹈室、书画室、篮球场等，并成立了村民互助会，构建了

文化礼堂　**杨瑞 摄**

新时代文明实践点　**杨瑞 摄**

农家书屋　**杨瑞 摄**

群众“10 分钟生活服务圈”。最后，还购置了锣鼓器材和广场舞服装，组建了两支广场舞队伍，经常开展广场舞比赛、看电影、写春联、文化下乡演出等活动，弘扬传统文化，共建大美丰山。

为推进移风易俗，村里开展评选好媳妇、好婆婆、乡贤人才、科技带头人、文明户等活动，丰富村民业余生活，提高村民思想觉悟。丰山村出资打造了 40 户美丽庭院，按照家庭和谐美、庭院整洁美、居室温馨美、厨厕卫生美、行为文明美的“五美”创建标准，由村妇联干部和妇女骨干组成评审小组，实行季度评选并进行公示。一系列举措不仅凝聚了民心，增强了村民参与集体事业的积极性，还丰富了群众的精神文化生活。另外，还在村子的显著位置设立了“丰山村善行义举四德榜”宣传栏，从社会公德、职业道德、家庭美德等几个方面介绍优秀典型的光荣事迹，充分发挥模范带头作用。

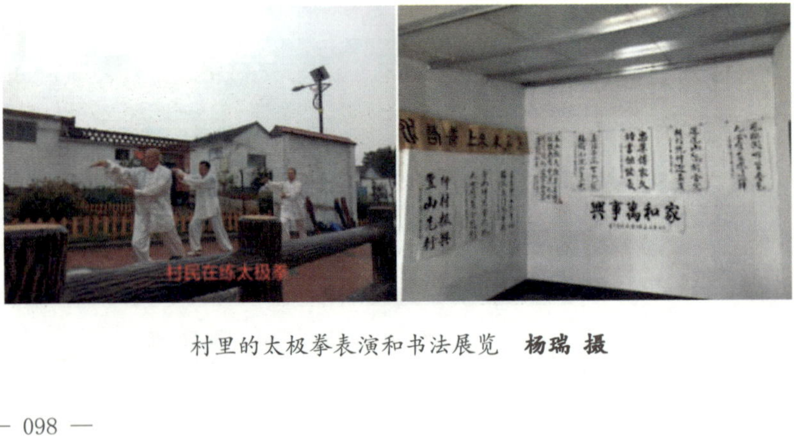

村里的太极拳表演和书法展览　**杨瑞 摄**

2017年村“两委”正式签订合同收回老村委所在地（老磨坊），并进行了修缮和复原，如今这个地方已是包含村民互助协会、老年人活动中心、综合文化服务中心、国学讲堂及农家书屋等多个服务部门的新时代文明实践点。村里力争让每一位村民都能够自觉承担起举旗帜、聚民心、兴文化、展形象的使命任务，围绕提高文明意识，推进乡村文化振兴，进行文化思想工作和精神文明建设。

写春联活动　**丰山村 供稿**

近年来，丰山村利用外来资源大力开展现代通信设施的建设，着力推进信息、网络的普及。互联网走进千家万户，对丰山人的文化生活产生了多方面的影响。首先，是价值观的改变。新的通信方式将现代社会进取、发展、流动、开放等先进观念传入村里，对村民的传统观念造成了冲击，开阔了村民的思维和视野。其次，改变了村民的娱乐方式。大众传媒的进入填补了丰山人因文化娱乐设施缺乏而导致的精神世界空虚，各大网络平台的宣传内容也对村民产生了深远影响。如今上网浏览新闻、玩网络游戏、看电影、听音乐等已经逐渐成为一种潮流和时尚。与此同时，信息接收渠道的多元化促使村民的社交方式发生了根本性变革，呈现出范围扩大、数量增多、频次提升、开放性加强等特点，为丰山居民提供了更多宣传自己、了解他人的机会，并对村民的消费及理财方式产生了巨大影响。最后，信息、网络的普及对传播国家政策，传授新技术、新理念等带来了巨大便利。特别是“学习强国”手机软件的观看和学习，对农业生产发展方向提供政策指引和思想保障，为村民构建起新的知识体系，转变了村民的思维方式。

三、乡村振兴中的丰山人

（一）王兆祥：“茶溪谷”里锻人生

茶溪谷公司创办人王兆祥　**茶溪谷公司 供稿**

王兆祥出生于1968年，高中毕业。1995年，房地产行业方兴未艾，他拿出所有存款，还借了一大笔钱，买了必要的设备工具，拉起了自己的建筑队。1999年，这支建筑队已经发展成为颇具规范的建筑公司。2000年后，很多村子兴起了出国打工热，年轻的男性大都选择出国劳务，大片的土地无人耕种，王兆祥借机承包了一片100多亩的土地，开始规模种植绿化苗木。

2004年，他决定转行种植茶树。2013年春，王兆祥在丰山村流转土地500多亩，成立了山东泰山茶溪谷农业发展有限公司。公司的成功给企业带来了显著的效益，其茶叶的研发、生产和营销，深度改变了丰山村这个小山村的产业结构，在很大程度上改变了村民的观念，也给村民带来了更多的收入。谈到茶叶公司，王兆祥深有感慨，说他在“茶溪谷”里摸爬滚打了近十年，真正得到了锻炼。

茶溪谷扶贫基金发放　**茶溪谷公司　供稿**

从转租村民的土地开始，王兆祥就设想建立一个实验平台，给更多的村民提供一个体验的场所，转变他们的思想观念。他说：“过去，为了提高产量，有些村民大量使用化学助剂，不仅造成了土壤肥力下降，而且损害了村民的健康，因为所有的化学助剂下一场雨全部下渗到村子的那几口井里去了。耕地是大家赖以生存的根基，大家靠土地养家糊口，指望靠它挣钱，那又是怎么样对待土地的呢？”王兆祥认为，在农业伦理这方面，茶溪谷的社会责任是让村民们感受到、认识到、学习到用有机管理的模式是能够改变生活现状的，是能够发家致富的。泰山茶溪谷特意限制每位村民承包大棚数量的上限，为的就是使更多的人能够体验到有机种植的好处。

同时王兆祥还提到，以前村民的“等、靠、要”现象比较严重，对自己务农这一职业却不以为意。为此泰山茶溪谷联合各级政府和相关单位，经常性地开设蒸馒头比赛、摊煎饼比赛、烙大饼比赛等，通过奖杯、奖状、荣誉称号等的授予，改善村民的精神面貌，让他们建立自信。

当然王兆祥对丰山村村民的帮助不仅仅局限在农业方面，对于村民在生活上碰到的困难，他也是竭尽所能，能帮就帮。他邀请九六零医院的专家团队进村为村民现场坐诊，还邀请北京的中医专家来给村民讲授饮食安全和养生方法，效果显著。

通过几年如一日的努力，王兆祥与村里及其村民们建立起了良好的互助合作关系。村支书主动前来和他商量各方面事宜，整个园区不设任何防护，做到了“夜不闭户、路不拾遗”。从开始时村民们把茶溪谷当作王兆祥的个人财产，到现在认识到茶溪谷是丰山全村的共同财富，搞好了田园综合体，带动了周边各类服务业的发展，村子及一代代村民都是直接受益者。

作为泰山茶制作技艺传承人，王兆祥继承和弘扬了泰山茶的制作技艺。他积极与大中院校和中小学对接，开展研学教育，通过举办采茶、加工、茶艺等简单培训活动，把传统茶文化知识、日常生活健康饮茶知识等，传播给每个前来研学的孩子，让家长感受到孩子的变化，更让茶文化得到传承。利用泰山茶溪谷优越的生态环境和周边的旅游资源，开展农事体验、文化传承等新型业态，充实吃、住、行、游、购、娱六要素，推进“茶叶+多产业链”融合，让农业“新六产”在泰山茶溪谷开枝散叶。

王兆祥认为人生真正的智慧只有两点：一是有自知之明，二是要恰如其分。所谓自知之明，就是清晰地知道自己在这个世界的位置，知道自己有什么，想要什么；而恰如其分，就是明白这样的自己应该搭配什么样的技能，付出什么样的努力，去过什么样的生活。如今的泰山茶溪谷已经进入了良性的快速发展期，作为掌舵人，王兆祥始终不忘初心，坚持奋斗。

茶溪谷研学活动 **茶溪谷公司 供稿**

（二）邱磊：倾力打造丰草苑中药材专业合作社

邱磊是道朗镇和顺村人，来丰山创业已经快 4 年了，家里常住人口有岳父、岳母、妻子及 4 个孩子，是远近闻名的富裕家庭。

邱磊在种植黄精之前一直进行果树、核桃等多年生木本植物的种植。但市场的变化逼迫邱磊不得不为了适应环境而做出种植结构的调整。他开始探索立体的林下种植结构，结合某些中药材喜阴的特性，承包或流转荒山和梯田，虽然产量不如平原的普通耕地，但在邱磊的精心呵护下也有了不错的收成。

2016 年，丰山村成立丰草苑中药材专业合作社，邱磊凭借丰富的中药材种植经验，成了合作社的管理人员。

他告诉我们，其实合作社刚成立的时候，部分村民是对流转土地有警惕和怀疑心理的，再加上中药材的生长周期长，不像其他农作物一样每年都有收获；中药材种植所需投资也大，每亩的管理费加人工费需要好几千元，仅是不打药的生态人工除草，每年就要进行 7—8 次，这些特点导致前期土地流转推进得非常缓慢。

合作社管理人员邱磊　**杨瑞 摄**

但是，村民们也意识到，靠种植传统农作物是不能够使自己脱贫致富的，必须要调整种植结构。在村“两委”的积极配合之下，无论是在流转土地时的宏观调控方面，还是在用水用电的微观处理方面，合作社都享有了最大的便利。现在合作社已经完全步入正轨，今年开始即将有固定的产出，中草药将送往各类市场。

立体种植环境　**杨瑞 摄**

邱磊感叹：“这都是沾了政策的光啦！”就在前几天，合作社刚刚购买了一辆手扶拖拉机以方便梯田上的林下作业。他告诉我们一台手扶拖拉机 4 000 元，每台农机政府补贴 13.5%，约 500 元，为农民节省了很多开支。另外合作社今年刚刚发起了栗子园升级改造项目，全面普及中药材的林下种植，得到了区农业农村局下发的十几万元补助经费，其中普通耕地每亩 400 元，山林地每亩 300 元，连补 3 年。

2020 年，丰山村有近 300 亩土地实现了中药材的有效产出，亩产在 2 000—3 000 斤。以黄精为例，销售的时候鲜黄精 40 元一斤，干黄精丝 1 500 元一斤，收益可观。

合作社始终不忘初心，把提高村民收入、帮助村民脱贫放在首位。在合作社工作的每一位成员，一天收入 80 元，再加上流转土地的钱，每年可帮助员工增收 2 万多元。邱磊作为合作社的中坚力量，月薪近万元，分红更是可观。随后我们参观了合作社新建的大棚，大棚升级了作物结构，采用葡萄搭配中药材，外加草莓盆栽的方式构建立体种植环境。将盆栽草莓作为观赏物向外出售给来丰山游玩的游客，是智慧的丰山人又一次勇敢的尝试。

（三）陈文华：丰山村的带头人

村长陈文华，1972 年生，是土生土长的丰山人。他从 1992 年开始经营厨房用品和液化气生意，自己有跑运输的汽车，2000 年在镇上盖了自己的沿街楼房。因为有自己的事业，所以平常几乎不回村子。全村 600 多人，他认识的人不多。后来在村里承包了百亩山地，用来种植果树、养鸡，这时他才正式开始深入接触自己的村庄。

村长陈文华　**杨瑞 摄**

2007 年，丰山村老书记退休。新建的支部班子内部不团结，影响了村子的发展。2011 年，在镇领导劝说下，陈文华放弃了外面的生意回村参选，并得到村民支持，当选为村委会主任。

上任伊始他就从治乱下手，拔掉宅基地、山林、水库等集体土地“一地多租”这个“乱根”。经咨询律师，召开全体村民会议确定用退钱方式解除这些无效合同。有些宅基地两户村民都交了钱，都想在这一块地上盖房子，互不相让。陈文华找两户村民做了十几次工作，最后终于用真诚打动了村民，两家都同意退款。村里收回土地后，修建了第一个文体广场。这样的工作历时 3 年，才全面解决村里土地乱占的历史遗留问题，村子从乱到治为建设美丽村庄和产业发展打下了坚实基础。陈文华用自己的耐心和公心，使村民从“怨声载道”转变成了“拥护支持”。

陈文华始终坚信“只有落后的干部，没有落后的群众”。群众不支持，是因为干部没干好。领导班子就要能者上，庸者下。原来有的干部不负责任、资源私包，侵害百姓利益，群众非常不满意。陈文华召开了全体党员和村民会议撤换了一名村干部。现在村“两委”干部平均年龄 45 岁，大专以上学历 2 人，办事能力强，群众支持度非常高。

2014 年，陈文华开始带领村干部对村子进行大整治，在清理了“五大堆十二乱”，治理了河道、水库、四荒地之后，开始全村改造，展开美化、亮化、绿化工作。首先，将墙体涂白，总面积达 40 500 亩，并绘制了宣传画，打造了二十四节气迎门墙等；其次，逐步栽种绿化树 13 万棵、苗木 5 万多棵，全村绿化面积达到 50 亩；再次，村内外道路硬化超过 10.2 公里，实现道路三通，即村村通、巷巷通、户户通；最后，丰山村全村共安装了 150 多盏太阳能路灯。此外，在公共设施方面，共修建了 4 座广场，总面积 7 500 亩，还建设了凤栖湖村内公园、农家书屋、文化礼堂等，为村民打造美丽庭院，宜居村庄，丰富了村民的业余文化生活。现在的丰山村，绿水青山，小桥流水，安静祥和。

丰山村原来的生活用水来自一个敞口井，刮风下雨，里面什么都有，既不干净，也存在安全风险。2013 年，陈文华带领村民钻了一口自来水井，更换了输水管道，全村吃上了干净卫生免费的自来水。同时，村里还兴修水利，把全村 8 座水库全部整修一遍，新建了一座靳家林水库，目前全村水库蓄水量达 30 万立方米。村里还钻了 5 口深水井，新建 300 立方米以上的蓄水池 3 座，解决了 1 000 多亩地的灌溉问题。

乡村振兴，产业先行。原来的丰山村没有主导产业，发展无路，群众收入低。2014 年陈文华多次组织党员外出学习。通过村民代表大会讨论，确定了“党支部+合作社”的发展模式。由党支部领办成立泰安市丰草苑中药材专业合作社，整合流转村民土地600多亩，建造了一座1 800平方米的玻璃大棚和一座5 650立方米的冷库。合作社收购了滞留在村民手中的四叶参，并承担药材产业的风险。随后，以泰山黄精、四叶参、紫草、白首乌“四大名药”种植加工为主的药材基地也逐渐建立了起来。

陈文华告诉我们，黄精有滋阴润肺、降三高等功效，是中华药典里的名药材。药材基地建成后，为了打开市场，陈文华请教专家、外出学习，相继开发出黄精茶、黄精片等10多种产品。特别是玫瑰红黄精茶，颜色、口感都适合现在人们的口味和美感，供不应求。

“近年，市里‘百企联百村’行动，让茶溪谷和我村联建，把我们的泰山名药与现代旅游观念高度结合，实现了一、二、三产业融合发展。下一步，我们将带领丰山村争当新时代泰山‘挑山工’，真抓实干、埋头苦干，实现凤凰涅槃，推动丰山村全面振兴。”陈文华豪情满怀地说。

（四）许现霞：爱岗敬业，辛勤劳作

许现霞，家里共4口人，68岁的老母亲、丈夫和一个正在上高二的儿子。母亲虽然年事已高，但尚未失去劳动能力，家里的田地基本都由老人操持，许现霞的主要精力都集中在村委和合作社。

许现霞是丰草苑中药材专业合作社的法人，对业务就像对自己的家务一样熟悉。她告诉我们丰山的4个合作社当中，产量最大、效益最好、组织结构最完整的就要数丰草苑中药材专业合作社了。它的产品是以黄精为主的四大名药制作的各种药食、药酒、保健茶、儿童食品、功能性饮品及药膳的佐料等。黄精制品制作过程极为复杂烦琐，需要经过清洗、九蒸九晒、后期加工等多道程序，这也是成品黄精茶

价值不菲的原因之一。目前合作社的药材加工还没有完全实现自主，有时需要将药材拿去道朗镇加工，成品的黄精茶凭借微信等销售渠道，通过邻村的邮局网店运往四面八方。依靠客户们的口口相传，合作社的产品逐渐扩大了市场份额。

“合作社的成立标志着村里有了完全属于自己的产业，随着规模的逐年扩大，产量的逐步提升，村里会逐步结束任何项目都需要依靠政府拨款或企业扶持的尴尬局面，真正实现自负盈亏、盈余留用，以更方便、更灵活、更快捷地服务于村子的发展。明年合作社即将新建中药材加工展示大楼，从车间到办公室一应俱全，这标志着合作社生产加工的规模化和组织构架的正规化又将迈入新的阶段。”许现霞说。

许现霞的家里有两亩地，以前种植小麦和地瓜，现在大部分都换成了大葱，另外剩余的小部分土地种植着花生、玉米和核桃。她告诉我们种植大葱主要目的是收获葱种，然后有人统一来收购，主要销往章丘等地，一般能够卖到16元一斤左右，收入还算不错。花生主要用来榨油，村里有专门的油坊，可以承担全村大部分花生油的榨取。

丰草苑中药材专业合作社法人许现霞

杨瑞 摄

目前在村里从事耕作的大都是上了年纪无法外出务工的群体，年轻人大多外出打工。针对这一现象，镇上积极采取行动，统一组织专家教授来村子讲授农作物的耕种技术。这种活动在文化礼堂一年大约有 30 余次，从课堂讲授到田间实践，从发放材料到播放电影，形式多种多样，内容包含了苹果、栗子等各种农作物的剪枝、育种等各个环节。每次讲座都座无虚席。通过学习，村民们的各项技艺有了显著的提高。

许现霞家里有一个可分类的垃圾桶，她告诉我们这是镇上的环卫部门给每一户村民免费发放的。在发放的时候还组织村民进行过使用方法培训，并且环卫部门每天都会来清理一次垃圾，此举有效地改善了丰山的生态环境。

许现霞说村里的年轻人现在大都用上了智能手机，平时使用最多的功能就是社交、线上支付、线上销售、看娱乐视频等，甚至还有村民会自己拍摄短片上传分享短视频。村子在一个多月前还发动全体村民使用“学习强国”这个软件，在党员和年轻群体的带动下取得了良好的效果。

（五）陈学爱：心存善念，知命乐天

在去陈学爱家的路上，向导边走边向我们介绍她的基本情况：女主人身体有疾病干不了重活，也就一直没出去打工，平时负责打扫村里的卫生。因为平时要经常吃药的缘故，所以生活比较清贫。

不知不觉走到了她家的大门口，黑色的大铁门紧闭着，锁孔里还挂着一串钥匙被风吹得叮当作响。向导拍了拍大门之后，没多一会儿，陈学爱就出来为我们打开了门。我们按捺不住心中的好奇，问道：“大姐，咱家的钥匙在门上挂着呢，不取下来吗？”陈学爱毫不在意，摆手说道：“没事，让它在门上挂着吧，村里街坊知根知底儿的，没事儿。”说罢就转身进了屋子。趁她转身进屋的空当，我打量着周围的环境，院子里最引人瞩目的是摞了两层高的大白菜，这可能是一家人今年冬天的“存货”吧。视线转回来，是一辆手扶拖拉机，上面盖上了一层厚厚的毡布，堆满了乱七八糟的杂物，在手扶拖拉机底下我们还发现了一只刚出生的小猫。

进屋之后，我仔细观察了下陈学爱：身高一米六上下，上身穿着一件大红的花棉袄，下身穿着一条花棉裤，虽然穿着大棉袄，但身材看起来却并不臃肿。家里看起来比较简陋，四周的墙壁只是简单地用水泥刷了刷，墙壁上挂着毛主席像，老旧的沙发上还铺着绣有“家和万事兴”字样的沙发巾，沙发巾微微有些泛黄。

陈学爱在家中劳作 **杨瑞 摄**

陈学爱对教育孩子很有一套，她并不像一般的父母那样强迫孩子遵从自己的想法，而是极其尊重孩子的想法和选择。夫妻俩有一个19岁的儿子，在母亲的熏陶下，孩子虽然年纪小，但已经很懂得为家里承担一部分责任了。他现在在江苏的电厂工作，一个月能拿到3 000元左右的工资，因为路途遥远厂里也不放假，所以孩子一年当中很少回家，只有碰上调休的时候和同事换个班才能回家待上几天。

陈学爱患有再生障碍性贫血，不能干重活，也不能外出打工，所以村里就给她安排了一个打扫卫生的工作，一天打扫两次，一个月能有650块钱的工资。她爱人是一名泥瓦工，跟着村里的青壮年一起在外面给人家干些零活，也是个不太稳定的工作，全看某个时间段里的工作多不多。因为陈学爱身体的原因，家里大部分的地都已经转出去，由村里统一种黄精，地租每亩一年也能有 900 块钱的收入。自己手里也就只剩下了一亩多地用来种一些不太需要经常管理的经济作物，比如花生之类的。收成好的时候，花生不仅能够自己家吃的，还能等到赶集的时候卖上一点补贴家用。

说起自己，陈学爱也是连连叹气，因为自己身体的缘故，让这个本就不太富裕的家庭每个月还要负担额外的开支。当我们问起药品花费时，陈学爱的声音显得有些低沉："前两年拿的多，一个月要拿 1 000 多块钱的药，这两年控制住了，一个月拿 400 块钱的就够了。好在治病的药能报销百分之三四十。现在有了政策控制药价，我吃的药便宜了不少呢！"

陈学爱家中院子 **杨瑞 摄**

对于村里给予的这份工作，她格外珍惜。天色还未亮时，陈学爱就早早地准备起床扫地了，在大家上坡（方言，去地里干活的意思）之前，村里由她负责的几条道路就已经非常干净了。"因为咱这个病也干不了重活，村里还特地给咱安排了这个不太累的活，咱们也不能辜负人家是吧，就尽可能地把自己的工作干好，这样也对得起村里每个月给咱的这 650 块钱，人最重要的就是知恩啊！"

（六）陈玉富、王风芝夫妇：丰山变迁的见证者

陈玉富、王风芝两位老人家里一共有 6 口人，儿子在尼泊尔打工，儿媳在镇上的玻璃厂上班，孙女已经出嫁，孙子在上中学，等过了年就该高考了。平时也就老两口在家，因为年纪大了，老两口的身体状况都不是很好，陈老患肺气肿已经有好几个年头了，经常出现胸闷、气短的症状，严重时连吃饭都困难；王老也患有高血压和冠心病等老年病，老两口的病情每个月只能靠吃药来维持。

陈玉富、王风芝老两口　**杨瑞 摄**

我们到陈老家时碰巧只有陈老的老伴王老在，她告诉我们，儿子今年已经 50 多岁了，为了减轻家里的经济负担而选择了出国打工，已经有四五个年头了。每年只有过年的时候才能在家里待 20 几天，虽说一个月能挣一万多块，但还是一直挂念着家里的老父母和马上就要高考的儿子，所以每月总要打几次电话来询问二老的身体状况和经济情况。“唉，孩子自己在外边也不容易啊，一年到头就回一趟家，在外面还挂念着我和老头子还有小孙子。”

正说着，陈老也回了家。“哎呀，这几年乡村变得可太好了，这样的生活在以前我们想都不敢想。”了解了我们的来意，陈老神采飞扬地讲述起来，“就光说这个路吧，十几年前一下雨出门就踩一脚泥巴，现在自从都铺了水泥之后，村里变得干净了，下雨下雪再也不像

以前那样弄得身上全是泥巴了。现在吃水也比以前方便了，以前村里就一口井，全村人都用那口井的水，每家每户分到的水都是固定的。现在大队钻了深水井，有专门浇菜的，有专门浇树的，也有专门用来喝的，都不用我们拿钱，这两年的日子比以前好多了。”

“是啊，别说喝水，现在做饭也比以前方便了好多，以前都是用柴火炉子做饭，早晨起来先点上炉子，一天烧水做饭就不能让炉子灭了。现在都用液化气了，想做饭了一拧就开了，用完了一拧就关上了，还没有以前那么呛人的烟，现在的生活真是太好了。”王老补充道。

说起平时的活动，陈老也是一脸兴奋：“我跟你们说，村里对俺们可好了，还给咱们修了专门的棋牌室，平时我们就在那边打打牌、拉拉呱儿之类的。那个小屋子里还有空调、电水壶，平时也有放电影的，这个月放了三回了。村里对俺们这些老年人都挺照顾的，现在的生活可是比以前幸福多了。”

调研组到陈老家中访谈 **杨瑞 摄**

（七）杜伟丽：风雨兼程，只为幸福

受气候的影响，丰山村的房屋构造与我们想象的不同，家家户户里屋的地基往往要比庭院高很多，这样可以避免房屋出现潮湿的情况。杜伟丽女士的家也是这样的构造，走过宽敞的庭院，上了几步台阶就到了里屋。一进门看到的是靠在墙角的玫红色的沙发，再往里看就是一张双人床，床上还有一个小婴儿在咿呀学语。屋子虽然不大，

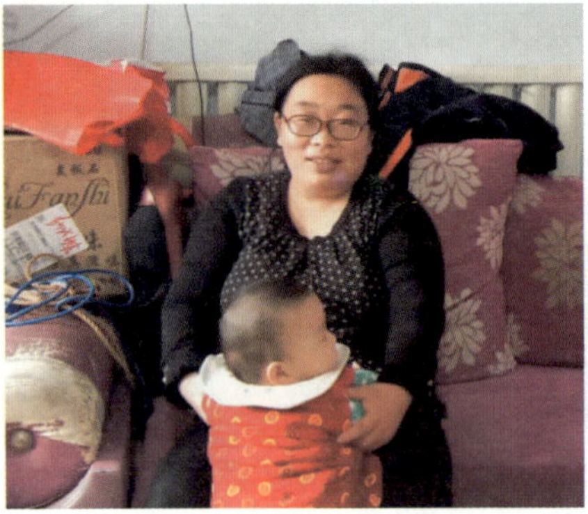

杜伟丽和她的女儿 **杨瑞 摄**

但电脑、电视、洗衣机、空调等一应俱全，算得上是村里的小康家庭。

杜伟丽今年 34 岁，是岱岳区夏张镇人，结婚嫁到了丰山村，几年来一直做的是水果生意。结婚之前，杜女士曾在附近的蔬菜加工厂做过一段时间的工人，对做买卖有一定的经验。嫁过来后经常去镇上赶夜市，在路边摆地摊卖百货，在村集上卖一些山楂、栗子。在杜女士和丈夫的辛勤努力下，家里的生活水平逐渐提高，也买上了轿车和空调，日子过得越来越舒心。

在村里还没有实施集体耕种时，杜女士家里的土地多，种了一些比较好打理的栗子、山楂等作物，一年下来这些收成加起来能卖到七八千块钱。近几年实行村民集体耕种，杜女士家分到了几亩地，还是以种地为主，主要种一些蔬菜、花生等。此外，山上还承包了一个小规模的果园，种栗子、山楂、核桃等。

自从 2012 年生下第一个孩子之后，杜女士就很少外出工作了，平日里接送孩子上学，照顾一家人的起居饮食。好不容易将第一个女儿养到上学后，紧接着第二个女儿就出生了，每天照顾孩子都应接不暇的杜女士，根本没有时间外出工作。杜女士家里的两个可爱女儿，年龄大一点的 7 岁，小一点的还不满一周岁。大女儿在附近大王村的大王小学上学，学校的学生总数加起来不到 30 人。

杜伟丽的丈夫在附近天平开发区的青春创业园工作，月收入四五千块钱。杜女士的父母已经 60 多岁了，专心在家务农，没有其他的工作。家中还有一位 58 岁的婆婆，婆婆经常在空闲时间出去搞绿化打零工，一天大概能赚到五六十块钱。

（八）许长林：退休组长乐奉献

许长林家的院子较小，院子中间有一条用石块铺成的小路，左边有鸡圈、羊圈，里面的小动物叫个不停。屋内的摆设十分朴素，一进门看到一张方桌，上面堆着各种粮食；右手边摆放着两个凳子，左手边生着热烘烘的火炉。

调研组在许长林家中访谈 **杨瑞 摄**

许长林今年 64 岁，是一位土生土长的丰山村人。1995 年，村里按区域划片区，许老先生当选了丰山村一个片区的组长，管理着这一片区村民大大小小的事务，完成镇上下达给村里的工作安排。2014 年开始，许长林常年协助村里搞环境卫生，加强综合整治，也帮助村委做土地分配的工作。许老还协助茶溪谷承包土地，每承包一亩土地补贴村民 900 元。不管是做小组长还是搞绿化，他一直在默默地为村民们服务，为乡村发展贡献出自己的一分力量。

许老的老伴已经 62 岁了，两个女儿也都已出嫁。老伴由于身体原因没有工作，平日在家做点农活。家中有一辆机动三轮车和一辆手扶车，主要用于耕作田地。家里的一亩三分地，种植的作物基本能够满足生活上衣食住行等各种需求。

村里实行集体耕种，除去流转给合作社的土地，许长林还有一亩半的土地。他在自家地里种了一些白菜、大葱和一些樱桃、核桃树，还准备响应村里号召种植黄精。许老家里主要靠卖樱桃和核桃来获取收入，一年大概能赚到 6 000 块钱。

许长林虽岁数大但头脑很活络。他曾提出，为顺应现在丰山村旅游业的发展，想将家中所拥有的樱桃园发展成新时代的另一种创新型的商业模式——采摘园、农家乐。他说："现在单一的你买我卖的老做法太大众化了，如果不创新，那么吃亏的就是我们。现在已经有采摘园开始运营了，但是怎么实现再创新就是我们应该要思考的问题了。要想做好，就一定要跟上潮流，将农业与乡村旅游结合起来。"

近几年，村委组织的文化活动也增加了不少。许老告诉我们，这几年放映露天电影的次数变多了，基本上一月一次，还在村委专门为老年人播放电影。有时候，镇上的一些退休老师还会下乡在附近的广场进行文艺演出。许老还曾参加过村里进行的垃圾分类宣讲活动，提升了自身素养，学到了不少知识。"有什么事都找村委帮忙，村委干部也非常热情，像村里的家庭纠纷、红白喜事等，只要能帮上忙，村干部都很积极。"许长林说。

许长林家的院子 **杨瑞 摄**

（九）陈传太、蒋玉艾夫妇：和睦人家幸福多

70 多岁的陈传太和蒋玉艾有一个儿子和两个女儿，孩子们经常劝他们不要种地了，但两位老人仍然放不下心头的宝贝——土地。他们家除了承包出去的 4 亩多地，今年一年自家种的两三亩地收了 2 000 斤玉米、900 斤麦子，卖了 6 000 元的葱种、6 000 元的栗子，这些对于丰山村的村民来说，已经算是农产品带来的比较丰厚的收入。陈传太的儿子和儿媳妇平日里从事建筑行业，在工作之余，农活多的时候都回家帮工。“儿子和儿媳都很孝顺，我们岁数大了干不了多少了，重的担子都在他们身上，他们出去工作回来已经很累了，回家还得去地里干活，很不容易。”看起来蒋玉艾对儿子、儿媳很满意。

调研组访问陈传太、蒋玉艾老两口　**杨瑞　摄**

随着住房需求的增长，陈传太的儿子在准备盖新房的时候跟两位老人商量，最终选择了先翻新旧房子，然后在这个基础上再盖第二层新房，这样做的目的主要是为了方便照顾两位老人。现在陈传太的儿子、儿媳住在楼上，陈传太和蒋玉艾住在楼下，旋转的漂亮楼梯连接着楼上楼下，也连接着幸福的两代人。舒适的居住环境让蒋玉艾感到满足，交流中蒋玉艾总是流露出“现在的生活太好了！”这样的感叹。

与丰山村大多数老人相似，陈传太和蒋玉艾不了解现代通信设备，不懂怎么上网。他们习惯随身带着一部老年机，这部老年机成了

陈传太的家 **杨瑞 摄**

与儿女联络、报平安最重要的工具。平日里，两个女儿经常给蒋玉艾打电话，询问家里还缺些什么。蒋玉艾除了耳背还患有高血糖，一直靠药物维持，这些药物不用两个老人操心，儿女定期会把药送到家里。经历过艰难的岁月，他们对穿着并不讲究，衣物对于他们来说起到保暖作用就行，他们几乎不自己购置，两个女儿定期给他们添置衣服。蒋玉艾指着自己身上的红棉袄说，像这样的棉袄还有七八件，各式各样的穿不过来，即使这样儿女们还是不停地送来衣服。

蒋玉艾告诉我们，她对钱并没有什么要求，因为几乎自己所有的需求儿女们都能满足，他们把家里种地得来的全部收入都交给儿子保管，他们平日生活中的零花钱来自子女孝敬和政府每个月发放的养老金。她说钱够花就行，家庭和睦、生活幸福才更重要。

（十）陈学兰：精打细算的好媳妇

38 岁的陈学兰在茶溪谷食堂工作，一日三餐给十几个人做饭，除了做饭还要打扫卫生，采购食材，一个月可以休 4 天，工资 2 400 元。陈学兰很感谢茶溪谷的到来，它为村子提供了很多工作岗位，解决了部分人的就业问题，她的母亲在采茶时节也能够打零工挣些钱，工资不求多高，但是自己挣来的钱让她感到成就感十足。因此陈学兰表示非常希望有更多的企业能够来到丰山村，带领村民致富。

陈学兰父母家也是丰山村的，作为独生子女的她，从小就是父母的掌上明珠，几乎没下过地。结婚之后，陈学兰把家里的几亩地给了她父亲种。

陈学兰　**杨瑞 摄**

陈学兰是村里有名的好媳妇。她儿子在寄宿制学校上初中，每逢周末都能赶上陈学兰休班，所以这个时候也是一家改善伙食的时候，陈学兰会早早准备好食材，做一顿丰盛的午餐。当快做好时，不等陈学兰提醒，儿子就会给奶奶打电话叫她过来一起吃饭。

陈学兰家前几年翻新了房子，添置了新家具，这两年又买了汽车。她给我们算了一笔账，每个月孩子的生活费接近600元，电费加上宽带150元左右，需要还车贷3 000元，保险500元左右，再加上一些其他的生活必要开销，一个月至少要5 000元才能保证收支平衡。因此必须精打细算，否则很容易入不敷出。

（十一）陈传海：广播站退休老工人

陈传海今年78岁，老伴儿宋兆英77岁，两人有两儿两女，平时陪在他们身边的是上高中的孙女和上小学的孙子。儿子儿媳在深圳打工，一年回不来几次，陈传海每天骑着电动三轮车接送孙子、孙女上学。陈传海年轻时在广播站工作，有时负责架广播电线杆，他走到哪里声音就传到哪里，乡亲们非常喜欢他。

陈传海、宋兆英夫妇与调研组成员交谈 **杨瑞 摄**

作为一名农民，陈传海口中总是离不开他热爱的土地。他经历了“大跃进”和人民公社那段难忘的岁月，生产上集中，分配上实施平均主义。“集体种地一起吃饭，干多少活跟吃多少饭没关系，所以积极性都不高，好好的粮食坏在地里。”到后来开始实施家庭联产承包责任制，“地给你种，出多大力就有多大收获，人们勤劳耕种，更加爱护、珍惜这片土地。”陈传海称赞个人耕种的好处。

陈传海始终没有丢失庄稼人身上勤劳的品质，他和老伴儿虽然年龄大了，但还坚持种着 4 亩地。山坡上种了苹果树、山楂树、板栗树和桃树，地里种了些花生和红薯，今年除了山楂卖了 600 元，其他的因为收成不好都供给家里或送给亲戚朋友了。陈传海说，如今种这样普通的农作物投入大产出不足：化肥变贵了，机器收割价格也不便宜。因此周围很多地都荒了也没有人愿意种，相比自己种地，把地承包出去得到的收入更丰厚些。

身穿中山装的陈传海（左）和孙子（右）

杨瑞 摄

既然种地并不能带来丰厚的收入，那他们靠什么生活？宋兆英表示：“家里主要靠老头子的退休金，一个月 5 000 多元，钱主要花在两个孩子的学费上，一年大约 4 万多。我们吃药一年也要 3 000 元左右，还有每个月 100 多元电费和 20 多元手机费这样基本固定的费用，再加上其他一些生活开销，每年还能剩下 1 万元左右。”但是因为陈传海受伤的耳膜复发还需要一些治疗费，所以今年家里也剩不下多少钱了。“平常儿子也老是给我们钱，但我们不要，钱够花就行，现在的生活太好了。”陈传海一脸满足地说着，“想吃什么都能买到，一周 7 天周边大大小小的集不断，集上琳琅满目的物品让人眼花缭乱，集上买不到的东西还能去镇上超市买”。

随着家庭成员不断增加，陈传海家房子不断翻新，一直在变大。家里现在有五间正房、一间侧屋，还有浴室和卫生间，一个小院落温馨又舒适，他们家也被丰山村评为“家庭环境好”的代表。陈传海对现在的生活条件、居住环境非常满意，他说不仅自己的小家，近年来丰山村这个大家的生活环境也有了不小的提升。从前的泥泞土路不见了，村里路面硬化给大家出行带来方便与卫生，一些器材健身活动区、棋盘室为村民提供了娱乐场所，文化墙营造了良好的村容村貌，陈传海说到这些连连称赞国家政策好，给他们改善生活提供了很大的支持力度。

（十二）陈玉秀：老党员的坚定追求

65 岁的陈玉秀是丰山村有着 36 年工作经历的老干部。凡是村里组织的会议、活动，只要有可能，她总是积极参与，还主动协助村委开展卫生整治、政策宣传等工作。

她小学毕业后，就去了卫生学校培训相关的医疗病理知识，并且在医院实习多年。1981 年结婚后，她成了村子里的“赤脚医生”，同时担任村里的妇女主任，还分管计划生育工作。那时候丰山村大概有 680 多口人，她就背着一个印有红十字的药箱，穿着白大褂，挨家串户走访村民。村民们无论是生病发烧还是意外受伤，第一个找的人都是她。除了日常给村民们看病开药，她还负责接生。陈玉秀回忆说：“不管是深夜还是风雨交加，只要有病人，自己就会赴诊。有时孕妇生产，我还要去医院连续好几天陪床。”那时候赤脚医生没有固定的薪金，有的只是生产队记工分代酬，但是他们仍然尽职尽责、满腔热情地为人民服务。

陈玉秀一家　**杨瑞 摄**

陈玉秀在村里带头做过的事很多。刚开始引进四叶参、黄精、白首乌、紫草等泰山名贵中草药种植项目和泰山女儿茶种植项目时，村民对于租赁土地的做法还不能接受，“要想别人支持村委政策，首先要以身作则”。就这样，陈玉秀带头将自己家中的 3 亩土地租赁给村里，种植黄精。她还与四五个人一起组成小组，挨家挨户动员，慢慢地村民们也接受了，村集体经济工作也逐渐好做起来。陈玉秀坚信，一名合格的党员就要做好分内事，站好每班岗，但凡有政策就要竭尽全力带头执行。

陈玉秀和老伴儿是丰山村的原住居民。老伴儿年轻的时候，在村子里教书，退休后便在茶溪谷工作，每年有 1 万元左右的收入，后来又外出务工，赚些零花钱。老两口在村子里有 8 亩地，其中 3 亩租给村里种植黄精，还有二三亩租给了茶溪谷（每亩年租金 900 元），剩下的他们自己种。陈玉秀自家的地里种着莴苣、土豆、秋葵等，供日常食用。今年陈玉秀和老伴儿还承包了核桃林。

陈玉秀老人虽然已近古稀之年，但是始终站在最前列，发挥党员先进性，处处起到带头作用。

（十三）王安水、陈玉英夫妇：贫困户的心声

与之前所见的大宅门、水泥墙不同，越往村里走越给人一种原始的陈旧感。我们的脚步定格在一户人家门前，只见乱石堆砌成的石墙，其中掺杂着带有稻草的黄泥，吃力地支撑着这历经风雨的院墙。

庭院的正北边，立着一幢矮矮的平房，看上去甚是简陋。房门慢慢打开，两位老者的身影显现出来。两位老者给我们的第一感觉是和善，让我们心中充

王安水家的院子 **杨瑞 摄**

满了无法言说的平静与安详。“外边冷，快进来吧。”一句热气腾腾的话从陈大娘口中飘出。此时室外温度也就只有三四摄氏度了，迈步走进屋内，扑面而来的是浓郁且温热的柴火香气，火炉上正坐着一壶开水，咕噜咕噜地冒泡。

王安水家的正厅　**杨瑞 摄**

这是一间十分简单的老屋，屋内只有一个正厅和一间卧房，卧室内只有一张床，而全屋的灯光就全仰赖正厅房梁上的一盏节能灯了。正厅有一套老旧的沙发和两个储物柜，储物柜上还有一台比较新的液晶电视，但也落上了一层薄薄的灰尘，二老的穿着也都极为朴素，王老衣服上白色的色块，也早已变成了黑灰色。

家中男主人名为王安水，今年 77 岁，老伴儿陈玉英，今年 74 岁。二老皆是丰山村土生土长的本地人，现如今这个家中，仅有两位老人居住。两位老人共育有 3 个儿子，平时在泰安城内人才市场当劳力，主要是在建筑工地上干活来补贴家用。“他们家都住在丰山，每天晚上都回来，有时候吃完饭来这里玩玩，拉拉呱儿。他们很辛苦，每天早晨四五点钟就得去城里等活，去晚了没有活了只能回来，这一天就没有钱赚了。”陈大娘说。“现在不光他们，我的孙子孙女，还有重孙子重孙女，该结婚的结婚，该读书的读书，反正都比俺强。”王老笑道。

二老的贫困，是因为疾病导致的。王安水患有脑血栓，陈大娘患有高血压和糖尿病，无法从事劳动。而家中的子女所得又只够勉强维持自己的生计，再加之昂贵的医药费，使得二老的生活雪上加霜。王老说：“这个房子原来是个茅草屋，你们看看，现在顶棚上已经不是稻草了，包括这个墙皮，都是上面专门派人过来给刷的漆，这个电视都是上面支援下来的。每年还有人上家来，给俺俩补贴医药费，包括现在弄的合作医疗，方便太多了。”“你看看这个冰箱，这个冰箱不是买的，咱村里有一家搬家，看着俺俩太贫困了，就把这个冰箱给我们了，说夏天吃的放进去不容易坏；再就是这两个柜子，也是人家留给俺们的。到现在啊，也是多亏了村里互相帮助，日子真的好过了不少。”

扶贫档案袋 **杨瑞 摄**

村里的各项补贴政策也在逐渐完善，最值得一提的就是村里的扶贫措施已经落实。镇上政府将扶贫的资金下发给村委，村委再下发给村里的贫困户。申请为贫困户的家庭一般是家人患有疾病，没有劳动能力的。今年，二老依标刚实现了脱贫。

一个多小时的访谈里，二老满眼笑意，使我们深深体会到了老人的知足与良善。

（十四）刘桂凤：着力教育下一代

刘桂凤 **杨瑞 摄**

刘桂凤，1972 年生人，今年 48 岁，育有一儿一女。女儿今年 20 岁，中专学历，现于泰安市某医药公司从事策划工作，儿子今年 12 岁，现于道朗一中初二级部念书。刘桂凤说，自己的儿子是国家二胎政策开放后出生的。“本来闺女出去上学，一两个星期才能回一趟家，多了个小子，家里热闹了不少，而且家里多一口人就多一分希望和出路，咱不能辈辈是农民啊。”刘桂凤脸上洋溢着笑容。她说，村里很多户都要了二胎，多了孩子们在胡同小巷里的嚷嚷声，好像村子里的老百姓都充满了新的活力。

在与刘桂凤的交谈中，我们得知，他们家中的收入来源主要有三部分——是家中种地所得；二是丈夫外出务工所得；三是家中自主经营的挂面生意所得。刘大姐的丈夫是工人，平时在外务工，农忙时节便会回家帮忙务农。刘大姐家中本是种植花生和地瓜，近些年来由于农业政策的改革，开始种植经济作物，主要有核桃、山楂等。

据刘桂凤描述，今年丰山村旱得比较严重，如果在过去庄稼会歉收的。好在村子里有三个大型的水库、四五口井，一方面满足了村民“吃水”的需求，另一方面满足了农田里灌溉的需求。此外，刘大姐还经营着面条生意，自己家中有一个面积大约为 20 平方米的面条作坊，其中摆放着压面条的机器设备。据刘大姐描述，面条经营的收入不稳定，也就够满足儿子的日常零花。

谈到子女的教育问题，据刘大姐透露，目前来看，儿子的学费和日常的花费，是家里主要的经济开销，而且对家中经济运转存在着一定的影响。“大姐，如果咱家孩子以后念到博士咋办？”“供啊！肯定供！只要孩子愿意上，我就算再苦再累也得供！”刘大姐干脆地回答道，眼神中充满了坚定与希望。

压面条的设备　**杨瑞 摄**

（十五）陈学志：朴实真诚的老党员

陈学志今年 68 岁，一家老小都是土生土长的丰山人。陈老是一名老党员，1985 年加入了中国共产党，早年担任生产队长一职，吃苦耐劳，勇于担当，在村里的声誉一直很不错。陈老说：“我当时就想，得带着村里老百姓更快地发家致富，过上好日子，都是自己村里人，多帮帮别人，村就好了，日子也就好了。”

目前，陈老经营着家门口的一家小商铺，小商铺的收入，再加上种地的收入，老两口的日常花销还是绰绰有余。虽然是阴天，但在采访的过程中，进进出出购买商品的客人络绎不绝。

对于陈老来说，最开心的事情，就是闲时和老朋友们在广场上一起打打牌、下下棋。村里还有一所幸福养老院，大概有 30 多个床位，

陈学志的超市 **杨瑞 摄**

但是入住率并不是很高，很多老人还是住在自己家里，按他们的话说，“还是家里踏实”。而且村里也有卫生室，卫生室的条件也不错，各方面非常干净，就是比城里的医院小点，感冒发烧的都能解决，用不着非得去养老院。

当谈及教育方面，陈老说，自己育有两个儿子，都早已成家立业，且各自育有儿女。陈老的大儿子也是共产党员，中专毕业，现如今在天津开了一家小吃部；二儿子在泰安的电力公司就业，二人都有车有房。

桃棵子村："红"动沂蒙促振兴*

程蓓　王梁　许玲然

"蒙山高，沂水长……我为亲人熬鸡汤，续一把蒙山柴，炉火更旺，添一瓢沂河水，情深意长。"20世纪70年代，随着电影《沂蒙颂》的公映，"蒙山高，沂水长"的旋律响彻神州大地。

于是，人们纷纷追寻"红嫂"的足迹，聆听红嫂事迹，传颂沂蒙精神，探究红色基因。蒙山沂水一个闭塞的村子随之热闹起来，客人纷至沓来，作家、演员、游人接踵而至。这个村庄就是桃棵子村，《沂蒙颂》里红嫂的原型祖秀莲就生活在这里。

刻有"桃棵子村"字样的石头

院东头镇党委 供稿

桃棵子村，地处沂水、沂南、蒙阴三县交界地带，是由散落在一条大山坳里的16个自然村组成的。进入新时代，桃棵子村大力弘扬沂蒙精神，充

*参与该村调研的还有：刘蕴、王少峰、尤海涛、张蓓蓓、李帆、武玉英

分发挥红色文化、生态资源优势，坚持特色旅游带动，全力建设美丽乡村，为沂蒙山区乡村振兴探索出了一条新路。

一、桃棵子村概况

（一）区位及现状

桃棵子村地处沂蒙山区，属临沂市沂水县院东头镇，东距院东头镇驻地 8 公里，距沂水县驻地 35 公里，南距临沂市驻地 88 公里。桃棵子村北邻 S335 省道，东靠 S229 省道，南接 S336 省道，通过省道可与 G2、G22、G25、G233 国道相连。

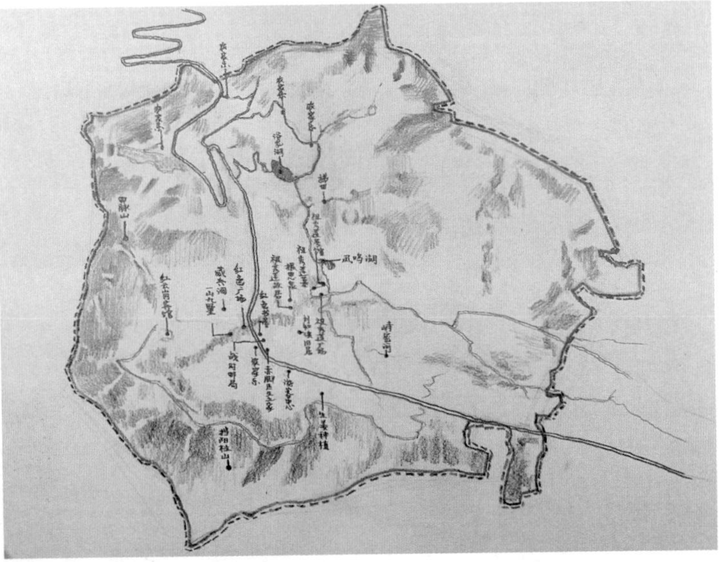

桃棵子村全村示意图　**左程宇　绘**

桃棵子村四面环山，崮、坪、峡谷环绕四周，只有东南方向一个出口，发源于该村四脉山的小河——峙密河于村中穿流而过，由此山口经峙山流入 30 公里外的沂河。这条沂河支流在《水经》中被称为“峙密水”。

桃棵子村曾经是生产生活困难的山区贫困村，全村共有 223 户、676 口人，其中建档立卡贫困户 32 户、47 人，2019 年已全部脱贫。村"两委"成员 5 人、党员 34 人；全村人均 1 亩耕地，主要产业种植生姜、芋头、林果。2018 年，桃棵子村集体收入 20 万元。

现在的桃棵子村除了生产、生活设施齐全，教育、医疗场所完备外，还特别建设了"一馆一院"民俗园，其起着重要的教育和公共服务功能。

桃棵子村自 2013 年开始全村域筹建民俗园。在镇里指导完成规划的基础上，桃棵子村把原村委院改建成"沂蒙红嫂祖秀莲纪念馆"。

沂蒙红嫂祖秀莲纪念馆 **聂高强 摄**

2015 年，参加当年拉练的 100 多名老兵齐集红嫂故里，捐资为红嫂祖秀莲建起了庄重典雅的纪念馆，圆了大家继承老八路郭伍士遗志，做红嫂精神传承人的梦想。据不完全统计，自 2015 年 8 月 28 日沂蒙红嫂祖秀莲纪念馆建成以来，已有省、市、县有关十多个单位在桃棵子村设立了学习、教育基地，不同机关单位的干部、党员、大中小学生纷至沓来，进行党性教育学习达 13 万人次之多，红嫂精神薪火相传。

桃棵子村老书记张在召把自己爷爷原来居住的老屋进行了改造，建设“公社记忆大院”。桃棵子村自建景区得到了社会各界的响应，沂水县宣传部原副部长王得厚把自己多年积累的公社时期 800 余件文件、报纸、生活用品捐给了桃棵子村。目前，该村一馆一院共收集展现红嫂、公社文化物品 1 100 余件。

公社记忆大院中的知青老屋　**聂高强　摄**

（二）村庄简史

据史料记载，清光绪年间张姓人士从附近的南墙峪迁此建村，这在立于桃棵子村民委员会大院一侧的石碑上有所印证。按照这个时间来推算，桃棵子村已有 140 来年的历史。但是，根据祖祖辈辈流传的村庄变迁故事推断，大概元末明初此地就有人居住。后来，在挡阳柱山后修路时又意外地挖出了 50 多枚古铜钱，经沂水县文物部门鉴定为唐朝钱币。近年，又有人在桃棵子村西山朝阳洞下面的乱石中发现了生活用的磨盘与碾盘两件古器物，进一步证实了自唐宋时期就有人在此生活居住的史实。

桃棵子村的魅力，既在于历史的无限"风光"，更在于近现代村民展现出的勤劳勇敢、淳朴善良的高尚形象。抗日战争时期，红嫂祖秀莲舍生忘死救助革命伤员郭伍士，以及郭伍士知恩图报，来到桃棵子村安家落户，照顾亲人开创美好新生活的故事，就是最为经典的诠释。

祖秀莲与郭伍士　**桃棵子村 供稿**

1941年11月2日，日伪军5万余人对鲁中抗日根据地实施大扫荡。敌人阴险狡诈，运用铁壁合围之术，将中共中央山东分局、山东战时工作推行委员会、一一五师师部、山东纵队指挥部等包围在沂水县南墙峪和沂南县岸堤、依汶、马牧池一带，形势异常危急。时任山东纵队司令部侦查参谋的郭伍士被组织派往桃棵子、南墙峪一带侦察敌情。不幸的是，郭伍士被敌人发现，遭遇到了日伪军机枪的疯狂扫射，身中数弹危在旦夕。敌人走后，郭伍士从昏迷中慢慢醒来，拼尽全力向桃棵子村方向挪动，好不容易爬到了村头，却没看到一个人，原来老百姓都跑到山里躲"鬼子"去了。在家侍候重病丈夫的祖秀莲发现他后，立即将其扶回家中，先用温水擦净他全身的血迹，又对其身上多处伤口予以清洗和包扎。为防日伪军搜捕，祖秀莲一家将郭伍士转移到西山一个石洞里，每天送水送饭，尽心护理。为了使郭伍士早日痊愈，祖秀莲一家吃糠咽菜，却用纺线卖的钱买回米、面做给他吃，还杀了家中唯一的母鸡熬汤给他增加营养。经过29天的精心护理救治，郭伍士的伤口一天天好转，后又转至部队医院治疗，痊愈后便重返前线。复员后的郭伍士在沂南住了几年，成了家。后来，为了报答当年的救命之恩，他在桃棵子村找到了给他第二次生命的祖秀莲，当即认祖秀莲为母亲，还带着爱人和孩子迁至桃棵子村，同祖秀莲住在一起，照顾老人，为义母养老送终。

《红云岗》剧照　**桃棵子村 供稿**

红嫂祖秀莲勇救伤员、郭伍士知恩图报的故事，感动了作家刘知侠。1960 年，刘知侠来到沂水深入采访，不久《沂蒙山的故事》和《红嫂》相继出版。1964 年 6 月 20 日，根据同名小说改编的《红嫂》参加了全国京剧大会演，感天动地、深情厚谊的鱼水之情感动了在场的每一位观众。1973 年 5 月 16 日，《沂蒙颂》正式首演于北京天桥剧场。《沂蒙颂》诞生后，曾多次在北京、上海、广州等多地演出，1976 年还出访德国、奥地利等国家。1975 年，由八一电影制片厂拍成电影。1976 年 9 月，《红嫂》（已改名为《红云岗》）被八一电影制片厂搬上银幕。

沂蒙红嫂祖秀莲于 1977 年离世，但前来瞻仰红嫂墓、参观红嫂故居的人仍络绎不绝。红嫂祖秀莲去世后至今的 40 年间，用桃棵子乡亲们的话说：来桃棵子的人更多了。桃棵子村通过红色文化引领旅游业发展，现在成为国家 3A 级景区，2018 年接待游客 12 万人次。

二、乡村振兴实践

桃棵子村是典型的山村，长期以来，生活在此的人们，经济收入主要靠在相对贫瘠的土地上种粮种姜种果树，收入微薄。虽然温饱问题能解决，但是要过上富裕的日子依然很难。

党的十八大以来，桃棵子村在发展传统种植业的同时，找准红色资源的文化优势，在传承和发扬革命精神的基础上，充分挖掘文旅产业发展潜力，将红色文化做成了产业品牌。在乡村振兴的路上，勤劳勇敢的桃棵子村人探索出了一条充满特色的一产转三产的产业"蝶变"之路。

（一）乡村振兴战略规划

党的十九大提出的乡村振兴战略为桃棵子村的进一步发展指明了方向。在临沂市政府制订的乡村发展规划中，祖秀莲纪念地被划归到红嫂故里旅游区内，与其他重要红嫂文化景点划归到一个区统一规划和推广。在沂水县乡村振兴发展规划中，桃棵子景区作为"红嫂故里"，是唯一一个以红色文化为主题的发展区，也受到了县里的特别重视。

为落实好市县规划，桃棵子村聘请了山东农业大学、省旅发委专家对村庄的产业布局、环境处理、基础设施建设、生态保护和文化挖掘进行统一规划，明确了长期发展方向和短期推进目标，确定了以传承沂蒙精神、打造红色旅游助推乡村振兴发展的工作思路。

2019 年，红色旅游进入新阶段，桃棵子村提出了增强第三产业发展后劲的新举措：首先，红色旅游的发展逐步从单纯的缅怀红色历史转向更具有深远意义的带动革命老区经济社会协调发展的领域。桃棵子村之前走过的发展道路，是借助沂蒙红嫂文化的影响力，带来众多客源，村民的生活水平有了较大提高。但从长远来看，必须注重加强乡村旅游品牌建设与推广，形成自身的拳头产品，以特色的产品、完善的环境设施和优质的服务来保证品牌吸引力，使其成为持续健康发展的新兴产业。其次，从单一的红色旅游逐步转向以红色文化旅游为号召，整合周边自然景观，走“以红为主，红绿结合”的复合型旅游发展之路。桃棵子村群山环绕，一水绕村，除了有别具特色的红色文化资源外还有着绿意丰富的自然风光。桃棵子村正逐步开发峙密河慢游风光带、四脉山青氧森林、沂蒙风情谷等自然风光区，并将红色文化和绿色环境有机地整合在一起，开创桃棵子美丽乡村第三产业发展的新天地。

2020 年 5 月，院东头镇和桃棵子村制订了最新的乡村发展规划。桃棵子村将充分考虑美丽乡村与景区发展的协调，调整乡村旅游功能，优化乡村旅游空间布局和产品结构。桃棵子村将利用三年时间，大力修建基础设施，增设提升旅游接待设施，针对重点项目优先开发的原则，打造村庄特色化旅游项目，初步进行旅游营销宣传，达到成为“沂蒙红嫂文化旅游第一村”的目标。力争到 2022 年全面开展旅游项目建设，大力进行旅游营销宣传力度，提升乡村产业功能和度假服务，使桃棵子村成为“山东省知名乡村振兴样板”；到 2027 年整体提升乡村旅游运营水平，借力沂蒙老区知名度，提升桃棵子村在全国的知名度，最终成为“中国红色旅游文化村”。

（二）桃棵子村的乡村振兴实践

乡村振兴，产业发展是保障，乡村治理是基础。桃棵子村的乡村振兴之路，主要靠的是文化引领、产业带动和组织保障。通过“红农旅”融合发展、“一产转三产”、美丽家园建设、红色文化建设和基层组织建设，桃棵子村在乡村振兴的道路上不懈探索，成绩斐然。

1. 红色文化旅游推动特色产业发展

（1）做大做强种植业

林果业是桃棵子村的传统产业，近年来，村里首先关注了种植业升级工作。2015 年，桃棵子村将 200 亩流转土地用于发展休闲农业，种植大樱桃、苹果，打造集“观景、科普、休闲、体验”于一体的花果园、观光园。

桃棵子村的生姜种植已有300多年的历史，一直是该村的“主导产业”盛产闻名的“沂水大姜”。近年来，桃棵子村把种植的生姜做成品牌，依托生姜种植业优势，以农户为中心，发展生姜种植科普、生姜种植示范园、生姜采挖体验，引导生姜旅游经营规模化、产业化。2016 年，桃棵子村开发了 400 亩的种植基地，通过生姜销售，村民每年可实现人均收入 1.57 万元。目前，桃棵子村生姜种植面积已发展到1 000 亩。

2016 年 6 月，桃棵子村成立山东红嫂故里旅游文化产业有限公司，并注册了“红嫂故里·鱼水情乡”品牌，生姜、板栗、茶叶、山鸡蛋、鞋垫、布鞋等因物美价廉，成为游客的抢手货。

桃棵子村还以大姜为主体，通过农业种植、农产品深加工、展销，提高农产品的附加值。同时，借力“院东头生姜”区域公共品牌，围绕农创主题，发展以农产品设计、研发、营销及电商培训、技术服务为一体的农创产业园区，带动与农业相关的周边产业，串联起桃棵子村的农创客、农创品、农创游，逐步使与种植业相关的衍生产业发展规模化、品牌化、规范化。

（2）主抓红色旅游，发展特色“三产”

红色文化是桃棵子村的特有历史文化资源。近年来，桃棵子村在巩固发展第一产业的同时，大力发展红色乡村旅游，重点讲好“三个故事”（红嫂救伤员故事、郭伍士大孝故事、老兵捐馆故事），不仅建成了沂蒙红嫂祖秀莲纪念馆，还建设了多处突出红色文化的宾馆和展现绿色田园的精品民宿。旅游基础设施建设“以红为主，红绿结合”，推动了乡村“三产”的提档升级，带动了村民的脱贫致富。现在，每年前来观光旅游的人员达到20多万人，实现旅游收入50万元。

①重点建设沂蒙红嫂祖秀莲纪念馆

2015年，在抗战胜利70周年之际，100多名沂蒙老兵捐资450万元建成了沂蒙红嫂祖秀莲纪念馆，建筑面积400余平方米。纪念馆通过实物、文件、照片、影像等资料，向游客呈现了祖秀莲勇救八路军伤员的英勇事迹，真实再现了抗日战争时期军民鱼水之情和沂蒙人民勇于奉献的精神。

祖秀莲故居　**桃棵子村 供稿**

沂蒙红嫂祖秀莲纪念馆内部　**桃棵子村 供稿**

2015 年 8 月 28 日，沂蒙红嫂祖秀莲纪念馆正式落成并对外开放，开馆大会当天周边群众早早来到红嫂纪念馆广场，300 多名几十年前在沂蒙服役的复员退伍军人欢聚一堂，共同见证了激动人心的时刻。

沂蒙红嫂祖秀莲纪念馆先后被评为山东省党史教育基地、临沂市市委党校党性教育基地、沂水县委党校党性教育基地，成为开展党性教育、干部培训、"三同"教育、红色研学旅行、青少年实践教育等活动的综合性教育基地。

红嫂祖秀莲纪念馆的建成，更好地传承了沂蒙革命文化，弘扬宣传了红嫂精神，树立了桃棵子村品牌红色旅游形象。

②大力发展精品民宿

漫步桃棵子村，遍布全村的石墙石屋、石磨石碾，百年树龄的柿子树，延伸到大山深处的石板路，层层环绕的梯田，都给山村增添了无限神韵。

桃棵子村的民宿木屋　**聂高强　摄**

近年来，桃棵子村充分发挥生态资源优势，借力红色旅游的号召力，吸引外来资金大力发展乡村旅游，放大石墙石屋等原生态沂蒙风情特色，增加旅游业产值，加快推动乡村旅游由传统的食宿、观光向休闲、体验、度假转变。村里多方筹措资金建设了"一山九墅"9 套精品小木屋、9 套精品小石屋、旅游购物电商中心和游客中心；引进大沂蒙风情谷旅游公司投资

120 万元建设了精品民宿“沂蒙老山街”。与沂水祥瑞旅游开发公司达成深度合作，带动了社区周边村发展农家乐 32 家。

老山街　**桃棵子村 供稿**

位于海拔 600 多米山腰上的沂蒙老山街民宿，空气清新，光线充足，建筑面积 1 400 平方米，2017 年 4 月正式开业。老山街民宿既体现了沂蒙传统特色又适合人们旅游居住，为当地投资者做出了榜样，带动了一大批相关项目启动。沂蒙老山街民宿坚持“民俗特色、保持传统、就地取材”的原则，以示范带动为己任，在设计、工艺等方面寻求全方位突破，起到了很好的示范带动作用，也丰富了游客的体验。

沂蒙老山街民宿以江南临水民宿、安徽徽派民宿、云南广西吊脚楼、广州骑楼、北京四合院、黄土高

老山街民宿　**桃棵子村 供稿**

原窑洞等特色民宿为标杆，提升主题，创新旅游服务发展新模式。项目建成后，每年接待近万名游客，实现旅游综合收入 120 万元。老山街文化丰富多彩，不仅定期举办山街灯节、山街茶会，还组织农业耕作、野生采摘、野炊和篝火晚会等活动。

③红色旅游带动精准脱贫

2015 年 2 月，山东省委组织部选派第二轮第一书记入村帮扶，杨传信被山东能源集团党委选中派到桃棵子村。作为第一书记的他，始终牢记使命，与村"两委"班子立足实际，确立了"红色党建与乡村旅游互促共进，旅游发展与扶贫开发一体推进"的工作思路，提出了"人人都是红嫂家人，户户都是旅游景点"的观念，深挖红色文化资源，进一步加强了旅游基础设施建设。

桃棵子村成立了红嫂旅游专业合作社，通过村民及贫困户自愿入股、合作社统一运营、年底分红的方式助力精准扶贫。

2015 年至 2016 年，桃棵子村争取省级及以上财政专项扶贫资金 260 万元，其中 230 万元用于建设 9 套小木屋，30 万元发展旅游购物电商。项目建成验收合格后，在扶贫理事会的监督下对外租赁经营，带动 32 户村民发展农家乐，全村百余人直接或间接从事旅游服务。项目年收入 21 万元，实现贫困人口每人年增收 623 元，非贫困人口 60 岁以上的每户年增收 600 元,60 岁以下的每户年增收 500 元，助力贫困户全部脱贫。

2016 年,村里争取一事一议资金 40 万元辅修红嫂纪念馆前广场、泄洪道，大大改善了本村的基础设施及文化环境，对旅游扶贫起到了示范作用。目前崖壁观光火车、藏兵洞宾馆等项目也正在建设当中。

桃棵子村借力上级扶贫政策，积极争取富民农户贷，有 11 户贷款 13 万元，用于现代农业生产和农家乐改造。利用省级专项扶贫资金30万元发展电商平台，由玛亚文化旅游传媒公司管理，主打“沂蒙红嫂”品牌，拓展农产品暨旅游商品、农家乐营销渠道，村里年收入6万元。

2. 打造生态宜居美丽家园

生态宜居乡村的建设对于村民生活质量的提升以及旅游业的发展都具有重要意义。

桃棵子村三面环山，森林覆盖率85%以上，独特的“坪”“崮”“崖”地貌特色明显。村子中古树繁茂，溪水淙淙；红瓦石墙，石磨石碾；幽静山路、层层梯田，一副风景优美的乡村田园风光景象。

红色文化旅游发展起来了，桃棵子村注重发挥村庄生态资源优势，变生态资源优势为产业优势，因地制宜搞发展。在发展过程中，桃棵子村秉承“绿水青山就是金山银山”的发展理念，注重保护生态环境和古树、传统民居，不搞大拆大建，对村庄进行了美化亮化，大大改善了村民生活环境。

桃棵子村连片整治工程　**聂高强　摄**

厕所革命　**聂高强　摄**

桃棵子村以"突出美丽乡村建设，全面打造生态宜居美丽家园"为目标，按照"规划先行、典型引路、分步实施、整体推进"的思路，持续推进美丽乡村标准化建设。此外，桃棵子村还突出绿色生产方式推广，严格落实生态管护制度。加强农业面源污染防治，加快推进绿色防控和科学用药技术，加快畜禽养殖废弃物资源化利用，科学开展造林绿化和生态修复工程，开展农作物秸秆青储、生物质发电、秸秆还田等综合利用。扎实开展"绿满沂蒙"行动，大力实施生态防护林带、森林生态廊道、荒山绿化彩化和退耕还林还果四大工程建设。突出基础设施改善，持续推进农村人居环境整治。按照群众接受、经济适用、维护方便、不污染公共水体的要求，普及不同水平的卫生厕所，推进"厕所革命"。

结合美丽乡村建设和农村人居环境整治三年行动的开展，桃棵子村加大村容村貌治理力度，打造了一条条优美线路和生态廊道，带动沿线村庄面貌不断改善，解决乡村旅游环境脏、乱、差问题，"五通十有"提升村民幸福指数。近年来，桃棵子村新硬化道路11公里，完成改厕100户，改厨50余户，新架太阳能路灯40盏，改造客房45户，新上污水处理设施

桃棵子村美丽乡村景观　**桃棵子村　供稿**

1 套，精心布置重要节点步行道 2 000 余平方米，进一步改善了全村的生产、生活条件，村民的生活质量也得到了提升。

3. 加强组织建设，保障村庄发展

村看村，户看户，党员看干部。桃棵子村靠组织建设保障发展，在桃棵子村的发展中村级党组织发挥了重要作用。桃棵子村借助传承和发扬红嫂精神，抓牢抓实党员干部队伍建设，充分利用党组织书记“户户到”、党员“包片联户”和“支部主题党日”等活动载体，让党员干部在脱贫攻坚、乡村振兴等工作中亮身份，勇担当，争先锋，树形象，真正激活社区党员干部服务群众、服务社区的战斗力。

桃棵子村的道路　**桃棵子村 供稿**

近年来，桃棵子村在党员干部的积极参与下，累计修建道路 12 公里，修建塘坝 20 余个，绿化山林 150 亩，发展生姜、芋头等经济作物 400 余亩，发展板栗、核桃等林果 200 多亩。桃棵子村“两委”

5名同志充分发挥党员的先锋模范作用，在乡村旅游、农村产业化基础建设中，积极发动群众，带头讲奉献比作为，先后争取上级政策、社会帮扶、企业捐助资金几百万元，促进了全村发展，2018 年被省委组织部评为"干事创业好班子"，2018 年村集体收入达 20 万元。

桃棵子村村委大力发展经济合作组织，2015 年 10 月，桃棵子村成立了沂水红嫂故里旅游专业合作社，整合全社区红色资源和绿水青山，积极发展红色旅游和乡村旅游，形成抱团发展的整体优势。2018 年 6 月 6 日，桃棵子村村委又成立沂水县院东头镇桃棵子村合作社，吸纳 200 余户，600 多个成员，将村民变为合作社成员和股民，每年进行分红，增加村民收入。同时，桃棵子村村委积极开拓思路，对形成的资产资源，通过市场经营的路子对外承包给山东恒源兵器、山东柏年诚商贸公司进行经营，村集体年收入中留足 30%用于扩大再生产，其余 70%实行合作社社员二次分配，保证群众共享发展红利，实现村强民富美丽乡村持续发展。

在村两委的积极推动下，桃棵子村大力加强组织建设，为乡村发展提供了坚实的保障。

4. 红色基因助力打造文明乡风

桃棵子村在强化硬件建设的同时，积极打造和谐的软环境。在孝善养老方面，桃棵子村率先达标成为沂水县孝善养老基金协会的示范村居。村里成立孝善养老基金协会，为 70 岁以上老年人每月发放生活补贴 40 元，率先达标成为沂水县孝善养老基金协会示范村居。此外，桃棵子村还连续 9 年开展"好婆婆、好媳妇"评选活动，积极评选各类道德模范并建立村四德榜，广泛举办以红嫂祖秀莲救助伤员为主题的红色革命文化教育，成立红白理事会，积极推动殡葬改革，进一步引领乡村文明新风尚。村"两委"班子坚强有力，在推动乡风文明村庄建设中，发挥了不可替代的作用，确保工作落到实处（见表1）。

表1 桃棵子村乡风文明建设活动清单

实践方式	实践内容
评比	评选好媳妇、好婆婆
宣讲	新时代文明讲堂　红色文化宣讲　法律法规宣讲　扫黑除恶宣讲 法律法规宣传　法律问题解答　法治大讲堂　交通安全宣讲 传承沂蒙魂，永远跟党走主题教育
宣传	弘扬劳模精神
现场教学	新婚夫妇教育　书画进社区　农业科技推广
志愿服务	金晖助老、牵手关爱
讲座	幼小衔接知识讲座　家庭教育讲座　合理膳食防治疾病 骨质疏松与防治　健康生活方式　健身与健康 就业技能培训　创业培训　社保政策宣传
文艺活动	“五四”、六一纪念仪式　送戏下乡演出
培训	广场舞培训　农作物生产技术培训　土肥水技术培训　果树栽培管理技术培训　养殖技术培训　桃树技术培训　科技扶贫　电商扶贫
巡展	科普大篷车进农村
现场观摩	美在农家进村入户
指导咨询	建设农民之家　科普宣传

桃棵子村出版发行了书籍《沂蒙红嫂祖秀莲》和《鱼水情乡桃棵子》，拍摄微电影《沂蒙红嫂祖秀莲》《母子情缘》等，丰富了村庄红色文化内涵。

桃棵子村的乡亲　**聂高强　摄**

近年来，桃棵子村的青年勤劳、朴实、忠诚的品质，无处不彰显着优秀沂蒙精神和所传承的红色文化。

桃棵子村道路建设　**聂高强　摄**

如今的桃棵子村道路四通八达，前来参观学习的游客越来越多，尤其在节假日，更是人流如织。游客或齐聚红嫂祖秀莲纪念馆，或驻足郭伍士种植的感恩柿树下，或置身红色文化长廊，或走进乡情悠悠的古村落……置身青山绿水间，接受红色教育，收获满满。

三、乡村振兴中的桃棵子人

（一）红嫂精神的传承者：老支书张在召

张在召是沂蒙红嫂祖秀莲的重孙子，现任院东头镇人大副主席，2019 年前兼任桃棵子村党支部书记。作为一名朴实厚道的基层书记，张在召身体力行地带领桃棵子村民致富发展。

作为沂蒙红嫂祖秀莲的重孙子，张在召有着与一般人不一样的情怀。农民的出路在哪里？农业的希望在哪里？农村的发展究竟该何去何从？土生土长的张在召心系生养自己的村庄，带着一份责任与情感，不断弘扬新时期红色文化的大爱。

张在召（右二） **桃棵子村 供稿**

张在召介绍，桃棵子村之前一直发展缓慢，土地干旱缺水，庄稼歉收，群众收入不高。村庄交通不便，严重影响了群众的生产生活，制约了村庄的发展。前些年，他一直在外打工，曾经在青岛做了多年的出租车司机，也曾经走南闯北做过买卖，都比在家务农挣钱多。当时的张在召，看到别的地方发展好了、群众日子富裕了，而他们这个村庄却一直还是老样子，他真是看在眼里，急在心里，感觉实在是对不住“红嫂”，对不起勤劳朴实的乡亲，心里很不是滋味。2006 年，他毅然放弃了自己在外发展的机会，回到村里担任了村党支部书记，下定决心带领全庄变个模样，让老百姓富裕起来，让村庄发展起来。

要想富，先修路。改善基础设施，造福一方百姓，是张在召首要做的事情。桃棵子村多山地，沟壑纵横，地理条件差。村里农田主要分布在山岭上，耕种耗时费力、缺水缺电，交通也十分不便，村民增收困难。上任之初，张在召带领村“两委”一班人自力更生、艰苦创业，通过自行筹资和自愿出工出力的方式，整修了 4 400 米的上山机耕路，硬化村内道路 2 000 余米，新建蓄水池 5 个，并对全村的电网实施改造升级。在上级党委、政府和"第一书记"的帮助下，村内又新建太阳能路灯 40 盏，新修公路和户户通道路 7 公里，修建塘坝 12 处，挖深水井 1 处，帮助群众吃上了自来水，极大地改善了群众生产生活条件。此外，他还帮助村里新建村级组织活动场所、办公场所各 1 处，建设了能够容纳 100 多人的报告厅。

为了解放村干部思想，张在召带领村"两委"成员和部分党员群众到烟台、寿光、淄博等地参观学习，使村干部们看到了自身差距。回来后，张在召协同村干部一起制订了村庄发展的总体规划，提出了发展思路和目标。

为发展村庄经济，张在召和村"两委"班子积极响应党委政府大力发展乡村旅游的号召，积极发展红色乡村旅游，不断弘扬红嫂精神。利用各方力量建设了沂蒙红嫂祖秀莲纪念馆、知青老屋、红嫂故居等景点和设施；先后成立了红嫂故里旅游专业合作社和山东红嫂故里旅游文化产业有限公司，注册了"红嫂故里，鱼水情乡"品牌，使红色乡村旅游迈上新台阶，每年游客数量达到 10 万余人，旅游收入达到 60 余万元。红色乡村旅游的开发，使桃棵子村各项事业都取得了长足的进步，成为远近闻名的特色旅游村，受到社会各界的一致好评，这也为村民脱贫致富开辟了一条新路子。

以身作则，率先垂范，张在召在带动村民致富的道路上孜孜以求，全心全意服务群众。2008 年冬季来临之前，他用自己的钱购买了 10 床棉被，为 5 名特别困难的"五保户"解决了过冬问题，村民也把他当作了自己的知心人、亲兄弟。2010 年春天村里修路时，他将做生意赚的 8 万元资金垫支给村里，用在了购买水泥和石料上。在他的影响下，村两委成员和党员干部的服务意识大为增强，村庄更加和谐稳定。

张在召认识到只有不断加强自身建设和党性修养，不断提高党员干部的自身素质，才能更好地号召和带领群众发展进步。几年前他报名参加了省委党校大专班的学习，2016 年 10 月，通过自身努力，他以全县第一名的成绩被录取为副科级领导干部。

张在召是红嫂精神的弘扬者，也是红嫂精神的践行者。张在召还是沂蒙红嫂祖秀莲纪念馆的一名义务宣讲员，先后为从外地前来参观的党员干部、群众义务讲解 2 000 多次，到各地做沂蒙精神宣讲 50 余次。“廉洁奉公、无私奉献”是张在召就任村党支部书记时对大家许下的承诺。任职以来，他竭尽全力为村里解决水、电、路的困难，为村里群众生产生活提供便利。新时代下，张在召坚持用自己的实际行动践行着红嫂精神。

张在召舍小家顾大家，发扬无私奉献、艰苦创业的沂蒙精神，为桃棵子村的发展做出了骄人的贡献，他本人先后也荣获“沂蒙乡村之星”“沂蒙先锋共产党员”“全省脱贫攻坚先进个人”“全国乡村旅游致富带头人”等荣誉称号。

（二）村庄发展的见证者：耄耋老人张恒路

在桃棵子村村委办公室，我们聆听了张恒路老人讲述的桃棵子村革命、建设、改革时期的故事。

张恒路，82 岁，身体清瘦却精神矍铄，讲起话来总是笑呵呵的，给人异常亲切的感觉。因为是第一次见面，我们将访谈的目的简明扼要地向他做了说明，他十分高兴，随即表达了对我们的欢迎之意，并向我们讲述了革命年代的故事。让人不禁暗暗赞叹的是，这位经历过抗日战争、解放战争及社会主义建设的老人简直就像是一本厚厚的历史教科书。

老人说，他是1938年出生的，1941年日本鬼子就对鲁中抗日根据地实行"扫荡"，刚刚三四岁的他便在山东纵队青年团战士的帮助下跟着父母钻山洞，爬山坡，躲躲藏藏地活了下来。老人依稀记得当年日本鬼子的模样，他们穿着带钉子的鞋，走到哪里就抢夺烧杀，惨无人道。那时候，在半山腰上的抗日青年团，拿着的几杆枪里没有多少子弹，却掩护着村民，与敌人殊死搏斗。当时，张恒路老人的父亲也不顾生命危险给抗日青年团的战士们烧水送水，把家中仅有的粮食、地瓜干带给山上的同志们。

张恒路　**桃棵子村 供稿**

张恒路回忆说，全国解放了之后农民才开始过上了好日子。那一段时间也正是郭伍士退伍、开始寻找救命恩人祖秀莲的时期。张恒路说，那时候祖秀莲就是一个普普通通的农民，没有多少人知道，也很少有人传颂她勇救伤员的事迹。这也许正是沂蒙人民最为优秀的品格，淳朴善良而又看淡名利。后来随着"母子情缘"故事的不胫而走，桃棵子村的知名度也就越来越高，来自国家、社会的关心与支持也越来越多。在红嫂精神的影响下，桃棵子村的建设也在如火如荼地进行着。

张恒路说，从1959年开始，他就在村委会跟着大伙一起建设自己的家园。尽管那时候生产、生活条件十分艰苦，但是人们的精气神十足，不像现在，有些青年人娇生惯养，甚至成为"啃老族"。与城市改革相比，山村的改革进程相对缓慢一些，直到20世纪80年代中后期，农村面貌才有了较大变化。近十年来，随着交通与通信的互联互通日趋便利，桃棵子村也在悄悄地发生着蜕变。

如今，张恒路老人身体健康，对生活充满希望。作为桃棵子村发展变迁的参与者、见证者、宣传者，他最大的心愿是“讲好革命故事，发挥生命余热”，为乡村更好的振兴贡献力量！

（三）红嫂故事的讲述者：退休老人张道森

我们第一次到桃棵子村调查时，就有幸见到了张道森，老人的住处庭院临街，门前开阔；院内幽静，整洁有序，让人看后肃然起敬。见面的交谈也确实印证了张道森是一位德高望重的老人。

张道森，中共党员，今年75岁。第二次畅谈时，他把自己“传承红色基因，心系乡村振兴”的故事向我们娓娓道来。老人家告诉我们，他1963年当兵，1970年复员回家，曾在教育和民政部门工作，直至退休。有关他个人的工作经历他讲得不多，对于“鱼水情深”故事却情有独钟。张道森说，1958年郭伍士一家来到桃棵子村后，村里分给他们粮食但却没有地方提供给他们住。他的父亲张恒宾，那时任大队长，就把自家的三间房腾出一间给郭伍士，而郭伍士的长子和他睡在一个炕上，两家不分彼此。

张道森　**桃棵子村 供稿**

张道森是一个闲不住的人，退休后他又在村里干起了零工，像看工地，看管红嫂纪念馆等，直至去年才真正"退休"回家。得知我们是齐鲁乡村调研组的人员，他特别高兴，热情地给我们介绍了这些年来村里发生的巨大变化。他说，2015 年 8 月 28 日，沂蒙红嫂祖秀莲纪念馆开馆，桃棵子村这个偏僻的小山村就开始热闹起来了。一拨拨的参观者接踵而至，一批批接受教育的团队在沂蒙红嫂的塑像前举起拳头，向党旗和革命老前辈庄严宣誓。

张道森说，纪念馆的建成开放还仅仅是个开始，几年后的桃棵子村一直在变化着。代表红色文化的红云岗宾馆、红色书屋、战时邮局等相继完工，9 套设计别致的小木屋客房已开门迎宾，暗红色的中心广场竣工投入使用。如今最让老人感到振奋的就是乡村振兴的好政策，这让更多的有志之士到桃棵子村投资发展，让人们过上更好的日子，也让红嫂精神能够传承下去。

（四）村庄发展的领路人：村支书张在表

张在表，是桃棵子村的现任党支部书记，初见就给我们留下了干练、务实的好印象。

张在表　**桃棵子村 供稿**

年过 50 岁的张在表，奶奶是新中国成立前的老党员，父亲先前为大队做过木工活。虽然张在表家世代务农，但是家风纯正，家教较严，这对他的成长产生了重大、积极的影响。"堂堂正正做人、自强不息做事"是张在表做事的准则。张在表说，因为家庭人口多，生活很困难，他很小的时候就选择了外出打工，走南闯北吃尽了各种苦头，收获了丰富的人生阅历，但也造就了他执着坚强的优良品格。张在表说，尽管他东奔西走，但始终没有脱离田间劳作，所以对农业、农民、农村是很有感情的。

在外打工虽然挣钱容易些，但是犹如浮萍般飘忽不定，这让张在表下定决心早早结束这样的生活，回归村里。桃棵子村山清水秀，再加上红色旅游资源丰富，前来观光的人越来越多，接待游客吃住成为村里新的经济增长点。张在表说，2002 年，随着电视剧《刘老根》的上映，“龙泉山庄”的创业故事引起全社会的广泛关注。受其影响，桃棵子村的邻村西墙裕就率先开起了农家乐。他也当机立断，在 2003 年开起了“益寿山庄”，一干就是 5 年多。由于是小本生意，当时赊账的情况又较为普遍，所以到 2008 年张在表就停止了农家乐的经营。

张在表不再搞农家乐以后，村里认为他有思想，头脑活，经村“两委”研究任命他担任村民代表，协助村里搞好各项服务工作。这期间，他工作认真负责，只要接到村里的通知和任务，无论是在干什么都立刻终止，以大局为重，以奉献为本。他说，有一次自己正在耕地，接到村“两委”下达的任务后，就草草收工，投入到公事中去了。因为工作卖力、为人正直，在乡村建设搞得如火如荼的时候，他参与解决了一些重点难点问题。2014 年后，张在表担任村治保主任，2019 年被正式任命为村党支部书记。2019 年 9 月，张在表参加了省委组织部举办的“山东省乡村振兴示范创建村党组织书记培训班”，到浙江学习了一周。通过学习，张在表发现了村里及自己的不足，找到了原因，进一步明确了努力的方向。

张在表说，今后他将团结村“两委”班子和全体村民，全力以赴搞好乡村振兴建设，带领村里百姓发家致富。

（五）治病救人如救火：“赤脚医生”张在梅

祖秀莲、郭伍士的故事感人至深，远近闻名。只可惜斯人已去，除了深深的怀念，我们只能去拜访他们的亲人，了解红色基因的传承。

从桃棵子村委出发，沿着院夏公路前行不远，只见一处门匾上刻着“赤脚医生之家”六个大字，这里就是郭伍士的二儿媳妇张在梅的家了。

张在梅 **桃棵子村 供稿**

进屋一番寒暄后，我们仔细端详着面前这位年过花甲的老人，她穿着朴素，和蔼可亲，言语中隐藏不住昔日做人、做事低调的风采。

张在梅说，她喊祖秀莲老奶奶，郭伍士是她的公公。20 世纪 70 年代，初中没毕业的她，就被大队催着回村当赤脚医生，那时她才 18 岁，怎么也想不通。可是，父亲和来串门的郭伍士纷纷做她的思想工作，反复地教育她，为人民服务最光荣！于是，她听从了劝告，认真学习专业知识，勤于思考和实践，很快便成为一名人品好、能力强的赤脚医生。

时光飞逝，眼看张在梅到了谈婚论嫁的年龄，当时的村书记张恒军主动保媒，一心想把张在梅嫁给郭伍士的二儿子郭文举，让英雄的儿子娶上好媳妇。张在梅说，当时郭伍士家的日子过得十分紧巴，自己多少有些不情愿，可是一想到长辈的良苦用心，再加上她的父亲张道绪与郭伍士有着同样的当兵、伤残经历，最终还是答应了这门婚事。婚姻是人生的大事，这门婚事对桃棵子村来说也有着不同寻常的意义。它让我们看清了，桃棵子村是具有奉献精神的，是开放的，不排外的。这种精神品格在这个小山村日后的发展中也发挥了重要作用。

我们一边听张在梅讲自己的人生过往，一边不由自主地环视屋内的一切。只见室内有序摆放着老式的药橱、早年的药箱等物件，在显眼的位置张贴着她自己的老照片等。张在梅说，她婚后日子过得还算顺心，最难忘的是工作中为百姓的健康早起晚归，有时遇到紧急情况，就要拿出救火的精神，千方百计争分夺秒。她动情地说，是家人的大力支持，给了她安心钻研业务和救死扶伤的动力。

随着社会的发展，医疗体制的改革，张在梅放下了药箱，被选为桃棵子村妇女主任，继续为群众服务。讲着讲着，老人就对过去充满无限怀念；听着听着，我们就对当下倍感珍惜。她说，她育有一儿一女，均已成家，老伴过世后，自己基本不从事田间劳作了，子女们都非常孝顺，村里对她也很照顾，现在农村的日子一天比一天好了。

（六）艰苦岁月的经历者：乐观党员张恒增

张恒增给人的第一印象是坚强乐观，尽管他的手指关节变形，下肢走路困难，只能依靠药物来减轻痛苦。说到自己的病痛，66 岁的老党员张恒增，跟我们分享了改革开放前后那段艰苦的岁月。他说："那个时候的生产生活条件很艰苦。"张恒增动情地述说了他当年帮着村里搞农业生产的场景。

张恒增　**桃棵子村 供稿**

时间要追溯到 20 世纪 70 年代。有一年冬天，张恒增等人负责对村里的麦田进行浇水，没想到水库闸门放水后不能归位。为堵住放水口，张恒增奋不顾身长时间下水救急，浑身冻得青一块紫一块。虽然当时没有出现明显的不适，可是没料到，60 岁左右的时候，张恒增查出患有严重的类风湿。在那个年头，像张恒增一样有着相似吃苦受罪经历的人是不在少数的。

如今，他手指变形，腿也疼得厉害，已失去劳动能力。现在老人经常需要到县医院去做检查和治疗，绝大多数时间都是在淄博工作的儿子回家带他去看病，对此老人觉得很是连累儿子，心事重重。谈到他的女儿时，张恒增说，女儿已经出嫁有了自己的家庭，老是来照顾他也不现实。由于女儿出嫁，儿子在外工作，有时难免没空来为他抓药，再加上本村没有卫生室（他所在的自然村暂无卫生室），拿药就需要亲戚朋友帮忙解决。虽然他说起这事时表情平静，但从他的眼神中能看出他对于改善就医条件的期待。

据了解，桃棵子村作为临沂市乡村振兴"十百千"示范村，将建立一处省级示范标准村卫生室。目前，卫生室位置已确定，在村委办公室的正对面，待条件成熟后将尽快落实到位，为老百姓的就近就医提供方便。这样一来，张恒增就可以少麻烦孩子们了，让他们过好自己的日子，从而少一些牵挂和内疚。

（七）致富父子齐上阵：张在俊和他的“金萌农家乐”

沿着蜿蜒的山路来到依山傍水的金萌农家乐，这个农家乐的创办人便是张在俊。在金萌农家乐的小院里，花草种类繁多，摆放得错落有致，还有专门为孩子娱乐而打造的秋千，客人在凉亭中谈笑风生，一切显得和谐又美好。再看店老板张在俊，中等身材，谈吐得体，脸上挂着笑容。

张在俊　**桃棵子村 供稿**

张在俊说，他们家原本家庭条件还可以，但由于一段时间家人生病，他一度欠账 6 万元，生活也焦头烂额。后来张在俊在多次参加镇里、村里组织的外出参观、学习农家乐经营的活动之后，在 2013 年下定决心大干一场。当时，他的启动资金只有 3 000 元，可谓孤注一掷。张在俊整日提心吊胆。2014 年清明节开业后，一开始农家乐也是不见收益，好在具有高中文化的他，经过多番深思熟虑，还是咬牙坚持了下来，并且反复动员远在外地工作的儿子和儿媳回乡一起经营农家乐。

起初，无论儿子还是儿媳都不情愿，觉得村里穷乡僻壤没有发展前途，亲家更是竭力反对，认为女儿回到农村生活，还不知道要遭多大的罪。但是咬定青山不放松的张在俊已经没有了退路，只能不厌其烦地动员甚至恳求孩子们回到自己的身边，因为他知道要开个农家乐，只有他们老两口显然忙不过来。后来，孩子们终于被他说动了，放弃了在外较为优越的工作，回到了自己的家乡，同自己的父母一起创业。张在俊说，一开始前来吃饭的人确实不多，效益自然也很差。可是一旦选择了，纵使后悔也无济于事。于是他们既不怨天尤人，也不自暴自弃，而是利用客流不多的间隙，反复揣摩菜品，努力做到品味纯正独到，力争用高质量赢得大家的青睐。

人心齐泰山移。在后来一段时间里，他们的努力终于迎来了丰厚的回报，凡是来这里吃饭的客人都感觉环境干净，饭菜质优价廉，服务热情周到。这让他的农家乐口碑越来越好。如今，他们早已苦尽甘来，总投资 40 万元左右的农家乐，既可用餐又可住宿，儿媳妇掌勺，全家齐上阵，效益连年增长，全家乐得合不拢嘴。因为效益好，客源多，自己干已经忙不过来了，张在俊就雇了一名长期工人，日工资 100 元，打零工的若干人，每小时 10 元。张在俊一家发财致富了，也积极帮助越来越多的乡邻广开就业和增收渠道。

现在，张在俊经营的金萌农家乐，食材地道，服务周到，口碑良好，回头客多，节假日生意非常红火。如今，他们正在考虑如何扩大规模，跟随村庄发展的脚步，更好地满足日益增长的客源需求。

（八）坚持种地数十载：老农民张在安

在村里的田间地头上，我们与一位种田的"老农"进行了深入交谈，聊一聊他与土地相依为命的故事，以及他对未来的憧憬。

这位"老农"名叫张在安，今年 55 岁，个头不高，显得身强力壮，他讲起先前村庄的故事令我们身临其境。张在安说，早些年桃棵子村灌溉条件有限，主要以种地瓜、花生、玉米为主，小麦都很少。院夏公路开通后，交通便利了，1982 年以后，村民就陆陆续续地尝

张在安　**桃棵子村 供稿**

试着种植生姜了，但是很长时间没有形成规模，村民的生活条件依然没有得到明显改善。1986年，张在安结婚，分家时仅分到了600斤地瓜干，足见当时的生活物资还是比较匮乏的。

结婚后，为了改善生活，张在安就在本村开石头，干一天也就挣到3.8元。虽然收入不高，但是也没有更好的选择，所以一干就是七八年。由于开石头属于力气活，现在张在安落下了腿疼的毛病。待到1995年那阵子，院东头镇的生姜种植已经形成规模，虽然价格也就在每斤2角钱左右，但比起种植其他作物，收益还是十分可观的。眼瞅着周边的村庄靠种植生姜改善了生活条件，桃棵子村也渐渐在种植生姜方面迈出了规模种植的一步。

以务农为主业的张在安，有2个儿子和1个女儿，其中一个儿子在桃棵子村大力发展旅游业的背景下，回家办起了农家乐，生意搞得有声有色，日子过得有滋有味。虽然孩子们都成家立业了，但是张在安还是坚持下地劳动，现在还种着十七八亩地，其中一部分在本村，另外有10亩地在沂南县库沟镇用来种植生姜。

10亩地正常情况下能产6万斤左右生姜，按近年来的行情算，毛利在20万元左右，其中姜种、耕种、肥料和农药等成本约占一半，成本还是比较高的。张在安说，原先种姜都是用土杂肥，而现在农村限制家畜养殖，土杂肥已经很难获取了。他就改用煮熟的黄豆作为肥料，这是生姜提质增产的重要工艺，但是用起来麻烦也不小。

张在安说，要想让土地的潜力进一步发挥，政府应该在改良土壤方面展开科研攻关，有效解决重茬种植种苗死亡的问题；同时为了提高农民的种植收益，在农资投入成本方面，政府也应想办法减轻农民的相应负担；再就是，对低毒高效农药及科技生物肥料的研制方面应该有所突破。

当然，收益的高低与种植管理水平也息息相关。张在安说，质量优良的生姜每斤 4 元左右，而质量等级较低的价格相差悬殊。从这个意义上讲，种地除了是体力活，还是技术活，经验的作用不容小觑。

种了这么多年地，张在安对自己的土地早就有了感情。他说，土地是有灵性的，你对它好，及时浇水施肥，它也会以大丰收来回报你。

（九）从购销中寻找致富路：退伍军人张在新

能在村里开超市的人往往见多识广，听一听他们的人生故事，对于了解乡村的发展变迁是非常有好处的，为此我们找到了与“赤脚医生之家”相邻的“在新超市”的店主人张在新。

张在新　**桃棵子村 供稿**

去张在新家，是上午九点左右，他刚吃完早饭，桌子上的饭菜还没有收拾，见了我们也不避讳，脸上笑嘻嘻的，一见如故。我们走近一看，还算丰盛，看来日子过得蛮可以。超市与客厅只有一墙之隔，里面的货物看得一清二楚，货架上布满了琳琅满目的商品，一看就知道超市主人有着丰富的经营经验。对此，张在新颇为自豪，他说开超市利润较薄，也就是挣个吃喝的钱。聊着聊着，他就给我们讲起了自己的人生和家庭。

张在新说，自己是个 60 后，对 20 世纪八九十年代的家庭历史记得很清楚。他是家中的老大，还有 1 个弟弟和 2 个妹妹，19 岁高中毕业那年，他应征入伍到东北当兵，到了部队却十分想家。春节文艺演出时，指导员组织编写了三句半《沂蒙颂》节目，对他触动很大，这么多年过去了，他依然记得开头的文字“沂蒙山区变化大”。也就是说在那个时候，有关沂蒙山的故事已经传播得很远了。

他当了两年兵后便退伍，被安排到院东头镇工商所当合同工，主要的工作是骑着自行车收收税，到集市上收收摊子费等，张在新在这个岗位上干了大约 9 年，后来因超生就离开了原单位。

虽然又回到了农村，但是过去的工作锻炼了他，让他开阔了眼界。回家后不久他就买上了摩托车，干起了收购土特产的生意，风里雨里的也非常辛苦。赶上市场行情好，就能多赚点；一旦遇上行情不景气，又会赔掉一部分。

如今，已年过半百的张在新，已经相当淡定，不求大富大贵，只愿稳健经营。除了开超市外，他还在从事着农产品收购和代销生意，生活条件不断改善。但是，眼看儿子到了结婚的年龄，还需要一大笔开支，张在新丝毫不敢懈怠，犹如当初一样为生活奔波。

（十）学得知识奉献乡里：女大学生张红

大学生是一个特殊的群体，他们大都有理想，有文化，有技能，了解他们的生活、思想对于时下推进乡村振兴具有十分重要的意义。

农村能考上大学的人本来就很少，再加上一旦考上大学，毕业后通常会选择在城市生活和工作，要想找一位在农村生活的大学生实在是不容易。当我们把这一想法与村支部书记张在表沟通时，他深表赞同，随即兴奋起来——"我们村里还真有一位你们想见的人，她叫张红，你们找她拉拉吧。"

在村支书的带领下，我们迫不及待地去拜访张红。见到张红后，只见眉清目秀的她，腆着肚子正坐在凳子上晒太阳，张书记说她正在怀二胎。见到我们，她热情得很，忙把我们迎进院内。只见院内自来水、太阳能等一应俱全，孩子在自由自在地玩耍，一切显得既现代又和谐。

张红　**桃棵子村 供稿**

张红说，她上大学学的是物流管理专业，毕业后到过上海的银行做客服工作，月工资5 000—7 000元。2014年经媒人介绍与当兵退伍的同村青年结婚，婚后曾到淄博的一家保险公司工作过；2017年左右，在本村的山东红嫂产业有限公司工作，讲解红嫂故事以及帮助村委干一些需要电脑处理的工作。在交谈中我们了解到：从小较为独立的张红，除了学习上进外，工作也十分出色，现在已发展成为入党积极分子。因正在怀二胎，她大部分时间在家里休养，有时到学校里代代课，生活既充实又满足。

因为张红是大学生，再加上各方面较为出色，又是入党积极分子，因此张在表希望在合适的时间通过一定的程序，让张红到村委工作，从而培养后备人才，在人才振兴方面做到早谋划。张红对此也基本认可。乡村振兴的希望落在年轻人身上，落在扎根农村和有技能的年轻人身上。

（十一）外面的世界很精彩："农二代"张蒙

社会发展了，人的思想也跟着发生了变化。如今在农村，80 后不愿种地、90 后不会种地、00 后逃避种地的情形比比皆是，农村也出现了"空心村"的苗头。为了真实地了解当代农村青年的所思所想，我们一直在寻找合适的访谈者。

张蒙　**桃棵子村 供稿**

踏破铁鞋无觅处，得来全不费工夫。国庆节过后，我们走在战时邮局附近时，遇到一位细高挑、眉清目秀的小伙子，一看就不像"庄户人"。这个小伙子叫张蒙，今年 31 岁，近日特从沂水县城赶到桃棵子村老家看望父母。张蒙是独生子女，父母一直住在农村，已在县城定居的他，隔三岔五回家看看。

张蒙告诉我们，小的时候大家一般认为只有上好学，将来才能有出路，可是，在农村真正能考上大学的人是寥寥无几的，而张蒙就属于大多数人中的一位。眼瞅着不能靠上学改变命运，他选择了在高中阶段外出打工。虽然不甚理想，但总归是远离了面朝黄土背朝天的生活模式。张蒙说，他先到广东工地上打夯，后来到临沂、罗庄等地从事过多种工种，历经多种磨难，最后来到沂水县城的一家物业公司，总算安顿了下来。

在物业公司里，张蒙谈了女朋友，买了楼，婚后也就在县城定居了下来。如今，从事电工的他和在农村信用社上班的媳妇，生活得十分惬意，有空就回到桃棵子村看看父母。因为他的父母相对年轻，他暂时没有两地来回奔波照顾父母的压力。

在与张蒙的交流中，他无意中说出的一句话让我们十分感动，他说："出门在外，原来人们问自己是哪里人，就说自己是院东头镇的；如今桃棵子村远近闻名了，再有人问起自己家住哪里，就说是桃棵子村的，自己感到很自豪。"

树高千尺也忘不了根。张蒙虽然从农村走到了城市里，可他的心依然与曾经养育过他的故乡息息相通。

（十二）好婆媳营造融洽关系：新时代婆婆武传香

乡村振兴的重要标志是乡风文明。为了了解村里的婆媳关系状况，我们在一山九墅的办公室前，访谈了几位在此聊天、看孩子的中青年妇女。

武传香（左） **桃棵子村 供稿**

在我们与她们

聊天时，一位中年妇女与我们相谈甚欢，她叫武传香，今年 48 岁，她对儿媳妇非常满意。她说，儿媳妇通情达理，孝敬公婆，如同自己的亲闺女一样。婆媳之间从来没有红过脸，自己的衣服都是儿媳妇给买的。由于儿子不常在家，有时儿媳妇走娘家，武传香就替她抱着孩子，一同开车前往去见亲家，两家关系非常融洽。武传香还有一个儿子在烟台居住，二儿媳妇也同样孝顺。

当问到为什么家庭关系如此和谐时，武传香表示，近年来桃棵子村的村风变好是最重要的原因。“再说了，从村里走出去的小伙子都十分务实，心眼好，干起工作来都十分出色，自然能赢得姑娘们的好感。”看来是村风润物无声，家风彰显村风!

龙庄社区：鲁中丘陵果香飘*

王成吉　高 清　朱振东

一、龙庄社区概况

（一）区位及现状

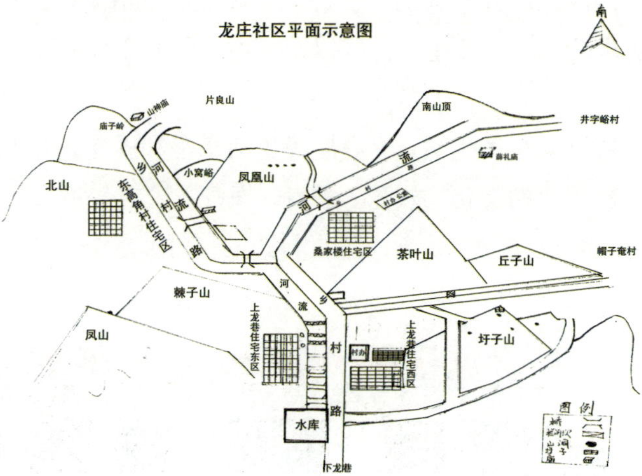

龙庄社区全村示意图　**龙庄社区 供稿**

龙庄社区位于山东省淄博市沂源县燕崖镇东北部。2017 年 11 月，为了强化管理，原来的上龙巷、桑家楼和东高角 3 个村在行政上合并为一个村，称为龙庄社区。龙庄社区地理位置优越，距沂源县城所在地南麻 7.5 公里，是山东省东西部交通的必经之地。

---

*参与该村调研的还有：杨永、王在鹏、赵磊、李义峰、周海波、祁学飞、郑子婧

龙庄社区共有户籍人口 368 户、1 004 人，整个社区占地面积约 3.61 平方公里，主要是青石山。耕地面积为 2 500 亩，人均耕地两亩多一点儿，以黑土地为主，层层梯田如链似带缠绕至座座山峰的半腰，村民多种植大樱桃、苹果、葡萄、茶叶、花椒、桃、蓝莓等经济作物。

龙庄社区交通便利，跨越晋、豫、鲁三省，西起山西省吕梁市兴县瓦塘镇、东至山东省日照港的瓦日铁路从社区以南通过，瓦日铁路在沂源县城设有车站，距龙庄社区有 10 公里。几乎与瓦日铁路并行的县道南崔路距离社区有 4 公里。济青高速公路南线从社区以北穿过，位于沂源经济开发区的“沂源东”高速出入口离社区仅有 2.5 公里。规划建设的沾临高速从社区以东穿过，距离社区最近的出入口约 8 公里。

为方便群众生产生活，提高居民生活水平和质量，近年来龙庄社区针对村民需要的文化、娱乐、教育、医疗、养老、治安和购物等公共设施进行重点建设，逐渐满足了村民的日常需求。

1. 社区办公楼

龙庄社区党群服务中心　**民盟淄博市委 供稿**

龙庄社区办公楼建于2015年，位于原上龙巷村南部，坐西朝东，依山傍水，背靠围子山，前临龙巷河，村内中心路从其前面穿过，位置颇佳，交通方便。办公楼共有三层，总面积约500平方米，钢筋混凝土结构。楼前有一大广场，地势平坦，能同时停放20辆办事车辆。

2. 图书室

图书室位于社区办公楼一楼西侧，面积有近20平方米，共有财经类、文化类、保健类、科技类和少儿类等多种类型的书籍、报刊2 000多册。

龙庄社区图书室　**龙庄社区 供稿**

3. 健身文化广场

健身文化广场是社区最繁华、最热闹的地方，也是村民聚集、买卖的主要场所。整个龙庄社区有5处健身文化广场，原东高角和桑家楼村各一处，都位于村中心地带，原上龙巷村有三处，自南而北分布于龙巷河的两岸，其中最大的一处位于社区办公大楼前，有400多平方米。广场上置有各种各样的健身器材。

妇女们在文化广场健身跳舞　**龙庄社区　供稿**

4. 卫生室

村卫生室位于原上龙巷村北部，临中心路，总面积有100多平方米，是新型农村合作医疗定点医疗单位，承担着整个龙庄社区1 000多口人的基本医疗、康复、保健和健康咨询职责。

5. 金融代办机构

龙庄社区有农村商业发展银行、邮政储蓄银行和博商村镇银行三家金融代理机构。代办员都有所代理银行颁发的代理金融业务许可证，能为村民办理最基本的存取款、发放贷款和交纳费用等业务。

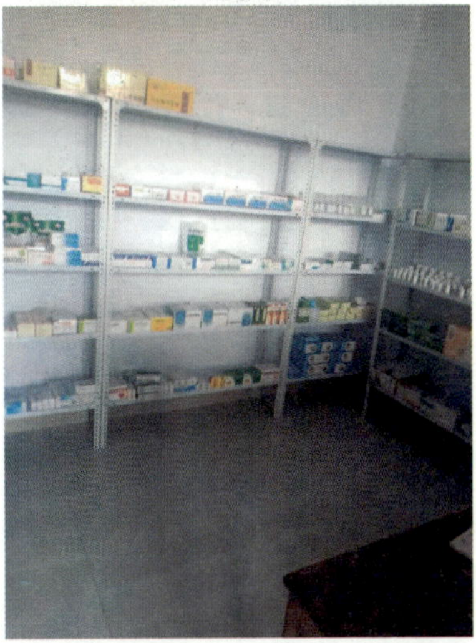

龙庄社区卫生室　**龙庄社区　供稿**

（二）村庄简史

据《沂源县地名志》和原上龙巷村王姓先辈碑文记载，元朝致和元年（1328 年），山西洪洞县大量移民迫于生计迁徙至此。因该地山清水秀，河流两岸野果繁盛，便长驻此地，开垦耕作。纵观该地全貌，山川绵延，流水潺潺。放眼望去，群山苍翠，山岭相连，宛如低空盘卧的巨龙起伏，雄伟壮丽。村民视此龙状山岭为大吉之兆，依地貌地势，感恩天赐福地，以街巷为民间居所，祈愿安居街巷，岁岁平安，故将河流取名为“龙巷河”，上端居住的村庄取名为“上龙巷”，下端居住的村庄取名为“下龙巷”（行政管辖隶属于沂源县南麻街道办）。

上龙巷村碑　**民盟淄博市委 供稿**

据桑家楼村《宋氏家谱》记载：“宋氏祖于清光绪年间（1875 年），从小水迁此立村。”传说是一桑姓人家途经此地，女主人因体力消耗严重，无法前行，便停留于此休息调养。因此处地势较高，形如高楼，夜晚时山风阵阵，十分清爽；白天时光照均匀，阳光充足，桑姓人家便在此处修建居所，因此得名“桑家楼”。

据东高角村《宋氏家谱》记载:“清光绪年间(1875 年),宋氏祖由埠村迁立此村。”传说明初山西洪洞县移民中,有两户高姓人家互相扶持,关系很好。定居此地后,两户高姓人家各占东西一角,分别取名为“东高角”“西高角”,后统称为“东高角”。

根据有关地方志记载,在 1933 年前,整个龙庄社区所辖地域属沂水县第八区神清宫乡。1944 年 3 月解放,其划归于同年 4 月新成立的沂源县,属安乐区、太平区,后称安平区。1950 年 4 月起其属沂源县第四区,1958 年 3 月起属沂源县燕崖乡,同年 9 月属燕崖人民公社,1965 年 6 月属燕崖区。1971 年,燕崖区复称公社后,属燕崖人民公社管辖。1984 年 6 月,燕崖人民公社改设区后,其属燕崖区白峪乡。1985 年 9 月,燕崖区改区为乡,直到 2010 年撤乡为镇后,整个龙庄社区行政隶属关系一直没变。

中国历史上的传统爱情故事——牛郎织女传说就起源于龙庄社区东南部 8 公里处的大贤山下,传说中的织女洞便位于大贤山东北麓,现已开辟为牛郎织女旅游景区。现在当地政府每年夏季都会举办“七夕”情侣节,吸引了来自世界各地的游客。

二、乡村振兴实践

(一)调整产业结构,发展特色农业

龙庄社区自然生态环境优越,发展特色现代农业具有一定的天然优势,而所处位置的便利交通也为农产品的及时外运提供了有力的保障。从前的龙庄社区农业发展基础相对薄弱,低端产品供给偏多,品质优良的高端产品供给不足。农业产业化水平不高,农副食品加工业、食品工业在全省没有明显集聚优势,处于产业链低端,以初加工为主,农业生产经营仍以一家一户的传统小农式经营为主,规模化、集约化程度很低。

乡村田野 **民盟淄博市委 供稿**

为了解决产业结构升级问题，近年来村委积极联系省内农业科研机构上门取经，结合龙庄社区自身特点推进了大樱桃、红富士苹果、茶叶种植等支柱产业的建设和提质升级。村里通过聘请山东省农科院、省内农业院校的专家现场讲课、现场培训、实地指导、向村民印发学习资料等形式，大力推广果树的标准化生产技术，引导村民将学习到的理论知识运用到田间种植的实践中，下大力气来解决好农业技术推广的“最后一公里”问题。

为了降低投资风险，村里严格按照定点示范、循序渐进的原则，摸着石头过河，做好实验探索工作。通过全体村民的协商，决定实施一个300余亩的农业标准化示范田，建设了一处标准化的生产示范基地。通过基地，引入适合龙庄社区地理环境的果树加以栽培。经过反复实践，结合周边市场的需求，社区最终确定了大量种植红富士苹果、大樱桃等果树发展乡村果园，大量种植茶叶发展有机茶园的农业发展方向。这一发展方向的确定，为龙庄发展定了调，这是龙庄产业发展的关键一步。

龙庄果园 **龙庄社区 供稿**

合适的果树、茶树引入了，经过村民的辛勤劳作和相关农业专家的帮助，农产品的产量上来了。如何把这些农产品拉到周边的城市里卖出去成了村民们面临的大问题。虽然每年收获的季节都有一些批发商前来收购，但是低廉的收购价让村民赚不了几个钱。眼看着丰厚的茶、果经销利润都被批发商赚走了，村“两委”专门开会研究决定搞自己的农产品公司，将村里的水果直接送到消费者手中。

从此，龙庄社区开始创建自己的农产品公司，并把做大做强当地农产品龙头企业作为产业振兴的关键点。在大力支持山东乡村园食品有限公司等本村农业龙头企业的同时，村里还重点扶持发展了一批农民专业合作社、家庭农场。2019 年，龙庄社区新登记注册及认定家庭农场 11 家、农民专业合作社 9 家。今天的龙庄社区农产品市场形成了以龙头企业为引领、农民专业合作社为支撑的现代农业发展新格局。每一年，农产品公司将自己收集的各种市场信息和科学种植技术传达给村民，指导农户学习和运用。农户负责具体的种植工作，在公司的指导下达到农产品的统一管理，统一收购，逐步实现了土地、资金、技术和劳动力的优化配置，提高了市场竞争能力，真正做到了产销一体化。

2018 年初以来，龙庄社区不断对已有的种植产业进行升级，产品质量不断提升，受到了周边市场的认可。社区先后实施了 110 亩的老旧果园改造，上马了 320 亩的水肥一体化建设项目、55 亩的大樱桃新型品种培育基地等农产品提升项目。

随着市场认可度的提高，龙庄人也开始打造自己的农产品品牌。在保证农产品生产环节中严格按国家无公害标准施用农药化肥、各类果品实施标准化生产的前提下，村民积极开展以无公害农产品、绿色食品、有机食品、农产品地理标志保护产品为主要内容的“三品一标”认证和特色产品商标注册，注册了“沂美牌大樱桃”“乡村园果”等商标。这些品牌产品的打造为当地果品公司走出去进入各大城市的大型超市提供了有力的保障。有了品牌也就有了产品质量的公信力，这一系列的农产品产业链条的发展，为龙庄社区的农业振兴插上了翅膀。

此外，龙庄社区还注重发挥当地土地资源、自然资源丰富的优势，以市场化手段盘活资源。龙庄充分利用土地、房屋等旧资源，共流转 60 多户贫困户土地 300 亩，种植大樱桃；流转 10 处闲置房产用于乡村旅游，带动贫困户每年增收 1 万余元。

在此基础上，龙庄社区坚持做长远打算，改善农业基础设施，依托专项扶贫资金，启动自筹资金，致力打井、架电、铺设管道等基础设施建设。社区还加强农田开发，将社区内部荒地开发重整，开拓出 1 000 余亩农业用地，发展节水灌溉农业，打造大樱桃、苹果采摘观景梯田，初步实现了资源的变现利用，为资产变现、脱贫致富创造了有利的条件。

另外，龙庄社区还积极探索“支部+公司+农户”模式，紧抓县委倡导壮大村级集体经济、创建全域旅游示范区等机遇，引资成立生态旅游发展有限公司，突出“一河多景、果园山村、精品民宿”三大特色，全力打造“精品休闲乡村”，辐射带动樱桃、苹果采摘等迅猛发展，目前共发展采摘园15处、精品民宿4处，形成了集餐饮、住宿、娱乐、度假于一体的“傍山人家”乡村旅游项目，在吸引游客、扩大产业的同时，带动驻地村民和返乡农民工就地创业，以采摘园、农家乐、小商店、民宿等方式，变身小老板。

（二）实施环境整治，建设美丽乡村

随着龙庄社区水果、茶产业的发展，村民的收入增多了，物质生活得到了很大的满足，但是乡村脏乱差的卫生环境却越来越让村民感到不舒服。为此，龙庄社区决定开展乡村卫生环境整治行动。在任何一个乡村，要想改变村民原有的一些不卫生的生活习惯都是很难的，必须有一个具体的执行方案，而且要长久地坚持下去才行。龙庄社区的第一步就是专门召开了由党员、入党积极分子、村民代表参加的环境整治工作动员会，让这些村里的党员、中坚力量发挥榜样带头作用，积极参与到此次环境治理的具体执行过程中去。村委组织专门的工作小组制订了环境整治提升三年规划、年度方案及考评细则，并发动党员分片包干宣传活动。为了落实责任，龙庄社区采取“村干部包主干街道，党员代表包小巷”的办法，签订责任状，层层落实，通过年初定标、季度检标、年末兑现，把此项活动直接与村干部奖惩挂钩。

虽然制度很好，但具体治理过程还是颇费周折。长期的乡村生活习惯，短时间内让村民们改正过来，很多村民觉得不自在了，而且部分村民认为村里的环境改造将花不少钱，环境又不能当吃当穿，搞那么好有什么用？这是龙庄社区面临的一大考验。为了提高村民的环保卫生意识，村“两委”将环境整治活动的内容进行了录制，每天早晚利用喇叭按时循环播放，同时通过张贴标语、印发宣传单、制作板报、微信群等方式扩大宣传面，重点对社区内思想意识不到位的几十户村民进行政策解读，送政策上门。经过长时间的宣传，村民们在耳濡目染中慢慢适应一些新的卫生的生活方式，村民的思想积极性有了很大提高，向河里乱扔垃圾的越来越少了。很多村民都认识到村里美丽的环境是一笔宝贵的财富，开始自觉地维护起来。

路政工人正在村里划线施工 **民盟淄博市委 供稿**

就这样，在村民的配合下，龙庄社区坚持标准，统筹规划，首先对村里的卫生环境设施进行了升级改造。社区结合美丽乡村建设项目投资 200 余万元整修进村路 1.2 公里，硬化户户通 1 万余平方米的道路；投资 30 余万元安装太阳能路灯 100 余盏；投资 20 余万元美化墙体 10 000 余平方米；绿化村内荒地、废弃地 2 000 余平方米，铺装青石板路 2 000 余平方米，彻底改变了过去风天扬尘、雨天蹚泥，到处坑坑洼洼、满路垃圾的脏乱差局面，使龙庄社区真正实现了硬化、绿化、净化、亮化、美化，村容村貌明显改观。

同时，社区大力开展集中供水工作，自来水普及率和集中供水覆盖率都达到百分之百，并且社区还减免了村中贫困户、残疾人、70 岁

龙庄社区整治一新的景观河道

龙庄社区 供稿

以上老人在饮用水和灌溉用水方面的费用。有了较好的环境设施和美好的生活环境，村民们的思想也慢慢起了变化，就连原来抵触环境整治的村民都说，“村里修了这么好的地方，真没想到，得好好爱护啊”。

龙庄社区因势利导，趁热打铁，科学规划，又制订了进一步的环境整治行动计划，并做到了村民人人参与、个个配合。首先是划分了柴区、垃圾区等统一置放区域，确保村民规范存放生产生活用品，坚决杜绝畜禽散放、柴草乱垛、垃圾乱倒、粪肥乱堆、污水乱泼的五乱现象。接着又按照村民自治原则，通过召开村民代表会的形式重新修改完善了《村规民约》，将生活垃圾日产日清、门前三包、长效保持、人人有责等内容同步纳入新的《村规民约》。有了规划，有了规矩，还得要有人落实。为此龙庄社区在县保洁公司大力支持的基础上，自行投资近万元，雇用人员常年负责村办公室、党群服务中心、文化广场及主干路的卫生清扫工作。同时，把周日确定为社区的“清理生活垃圾卫生日”，开展“千个卫生袋清理家园”活动，提高广大妇女参与乡村环境整治活动的积极性和主动性，促使社区涌现出了22名洁净女主人典型，有效推动了环境卫生综合整治提升。

经过不断努力，龙庄社区初步实现了“清洁乡村”的目标。

（三）完善生活设施，提高生活水准

近年来，民盟山东省委、民盟淄博市委、淄博市高新区法院和淄博市统计局都在积极帮扶龙庄社区脱贫致富。

山东省政协副主席、民盟省委主委王修林（左二）带队考察调研龙庄社区帮扶工作

龙庄社区 供稿

自 2019 年 5 月以来，民盟山东省委广泛动员各级盟组织，充分发挥智力密集、联系广泛的优势，结合基层一线帮扶需求，开展了以乡村振兴、扶贫济困、助教兴学为主要内容的系列社会服务活动，共计开展各类活动 20 余次，捐助捐建约 70 万元，取得了良好的社会效果。民盟山东省委还通过产业扶助努力增加村民收入，提高村民生活水平。帮助龙庄社区建立了“民盟同心帮扶基地”，打造具有“乡村振兴+精准帮扶”功能的复合型服务平台，并邀请省农科院泰山学者刘庆忠等专家对村民果树栽种进行技术指导；协助搭建“水果销售平台”，开展消费扶贫活动；设立“美丽乡村艺术设计基地”，助力当地的精品民宿发展。

民盟山东省委为龙庄社区捐赠水泥修筑道路和拦河坝　**民盟淄博市委 供稿**

同时，为提高村民的生活质量，民盟山东省委不定期组织盟员进村开展送医送药的义诊活动及法律援助和各种阳光助学活动，受到了当地村民的热烈欢迎。

近年来，龙庄社区按照“统一规划、统一标准，因地设计施工”的原则，用上级拨款对整个社区 300 多户人家的旱厕进行了改造。一户一个化便池，粪便由专业公司入户抽取外运，统一处理，费用是 50 元/次，政府以购买服务的方式给予补贴。入户访谈时，我们专门看了一下村民王焕东家的厕所。干净的白色瓷砖，冲水的马桶，便捷式蹲便器，里里外外都收拾得干净整洁。王焕东说：“过去农村有这么一句话来形容老式旱厕：‘一个土坑两块砖，三尺土墙围半边，猪拱鸡挠粪满地，蚊蝇成群臭熏天。’如今，再也没有蚊蝇和臭味了，我们的生活质量也得到了很大提升。”

驻村工作队挂职书记长年驻守村里，先后帮扶 5 万多元用于河道整治和村内道路硬化。村委会借此机会，发动村民出工出力，租用两台挖掘机，历时半年将龙巷河内积存几十年的垃圾全部清理出去，并修了八道塘坝、五座桥，沿岸栽植了柳树等花草树木，昔日的“龙须沟”变成了村民休闲娱乐的湿地公园。村内巷子和入户便道全部硬化，20 世纪 80 年代硬化后严重破损的主干道被重修。2019 年 8 月，由沂源县交通局出资，又将主干道加宽延长，使村民通行更顺畅，对外联系更方便。

由政府负责买单的还有农村人居环境综合整治项目。生活污水通过为各户专设的污水管道注入大管道后，集中到位于龙巷河下游的污水池统一净化处理。整个社区共安放了 67 个垃圾桶，配备专职卫生清洁员 4 人，三男一女，工资每人每月 650 元，政府通过购买公共服务的方式统一由洁源公司（专业保洁公司）支付，按月发放。村保洁员统一着装，认真负责，将整个社区整理打扫得干干净净。现在的龙庄社区，所有房屋、围墙都用土黄色的涂料粉刷一新，沿路两侧的墙上画有宣传画，还有宣传党的政策、社会主义核心价值观、移风易俗、传统文化、安全用电、法律村规等内容的各种标语、招牌。

近两年，沂源县供电公司先后两次出资对整个社区的电网进行了提升改造。县自来水公司出资铺设的饮用自来水管也通到了每户人家的院子里、厨房灶台上。水压解决了，老百姓用太阳能热水器洗澡的问题也解决了。广播电视、宽带网络经过几次提升改造，也实现了整个社区全覆盖，移动、联通、电信、广电等运营商的网络皆能高速度接入。社区农民真正做到了“秀才不出门，便知天下事”。

2016 年，国家农业综合开发项目将输水管道和近 3 米宽的水泥路通到了田间地头，还修建了 45 个蓄水池，实现了智能控制灌溉。管理员不论在哪儿，都可以通过遥控满足用水浇地的需求。

2017 年，沂源县委、县政府加大对散乱污企业和燃煤炉灶的治理力度，整个龙庄社区实现了冬季用电取暖，政府不但免费安装，用户还有用电补贴。过去浓烟滚滚、煤尘纷飞的炭炉子不见了，村民烧水做饭由过去的燃煤烧柴变成了用电烧气。

居住环境及基础设施的改善，让村民们看到了希望。不但村容村貌焕然一新，村民的干劲儿也在悄然发生改变。他们积极投入生产和学习，优化农村种植结构，拓宽收入途径，提高对大樱桃、葡萄、苹果等经济作物的管理水平，努力提升果品质量，依托本村“能人”陈长运成立的“乡村园食品有限公司”，将农产品卖到了全国各地的银座超市、大型商场。农闲时节农民有的外出打工，有的搞副业养殖，收入大大增加。

2018 年，整个社区建档立卡的“五保户、贫困户和低保户”的危房改造工程也已完成，县住建局还出资为他们配备了床、被褥、桌椅、电视机、冰箱等家居用品，真正做到了“小康路上一个都不能少”。2018 年 9 月，龙庄社区实现了整体脱贫。

2019 年，整个社区 368 户人家，仅种地一项，户均年收入可达 2.5 万元，有的农户达十几万元。社区集体经济收入达 14 多万元，能够满足社区基本开支需要。目前，脱贫奔小康的龙庄社区农民正向高质量的生活迈进。

（四）倡导移风易俗，建设文明乡村

随着社区居住环境的改善和村民生活水平的提高，村民们有了更高的要求。“过去村里有些事确实不像样，现在大家有条件了，精神面貌也得换换样，咱们就在县城边上，外来人不少，不能让外人看见给咱龙庄人丢脸。”这是很多村民内心朴实且真挚的想法。为了进一步改善乡村一些落后的、不文明的社会风气，在社区“两委”的带领下，龙庄社区的村民们组建了乡贤参事会、禁赌禁毒协会、道德评议

村民家中小院　**民盟淄博市委 供稿**

会等群众组织，设立乡贤基金、好人榜，还举办了儒学讲堂、禁赌禁毒宣传等活动，有 12 名村民志愿者被评为社区好人。榜样的力量是强大的，村民志愿者队伍从刚开始的 10 多个人，发展到了现在的 50 多个人，覆盖社区每个自然村、村民小组，不仅化解了邻里矛盾纠纷，还在兴办公益事业、治安防范宣传等工作中发挥了重要作用。

针对缺少现代化娱乐服务设施的问题，龙庄社区争取各方支持，投资 10 万元修建文化广场 3 处、农家书屋 3 处，同时依托建立的社群服务中心，组建了农家女文艺队、青苗苗读书班、桑家楼球队等文体队伍，定期开展各种文娱活动，解决由留守老人、留守妇女、留守青少年、残疾人、五保户等特殊群体带来的各种社会问题，特别是赌博、迷信等问题。依托原桑家楼村村办公室成立红白理事会，以引导农民丧事简办、喜事新办，倡导文明新风尚，村风村貌有了极大改观。

光有设施不行，还得有自己的思想宣传阵地。龙庄社区建设了文明一条街宣传区，设立社区宣传栏，在广场周围，分别设立党建“四讲四有”、廉政教育、乡贤文化等 11 项内容的宣传展板，每年举办一次“星级文明户”“好媳妇、好婆婆”“社区好人”评选表彰活动，积极发挥退休老艺人、退休老教师等群体的余热，组织开展戏曲入户、环境卫生整洁、节约用水等公益活动。

“摆酒席，办婚事，不炫耀，不铺张……”提倡简约定亲，反对盲目攀比，提倡新办婚礼，反对奢侈浪费……社区干部自编自创了文明办酒“三字经”、丧事“八建议八提倡”、婚事“六提倡六反对”。社区干部把这些移风易俗标语贴到进村的主干道旁，更吹进了村民的心坎里，村里的面貌悄然发生着改变。龙庄人是和谐的，也是幸福的。老百姓对生活满意不满意最能体现在民风上。社区内移风易俗活动顺利开展，婚丧嫁娶、红白喜事等大操大办、大吃大喝的没了，邻里、妯娌、婆媳之间闹矛盾的少了，赌博、盗窃、搞破坏的不见了。访谈过程中，我们正好遇见一户人家的儿子结婚。整个婚礼办得简朴而又热闹。据男主人讲，整个婚礼办下来，相比以前，不但省了很多钱，而且少了很多所谓的礼节，用他的话说就是：操心少了，省事多了。如今，龙庄社区的邻里纠纷、经济纠纷、婚姻纠纷、土地纠纷都变少了。2018 年以来，社区没有发生过一起刑事案件和安全事故。

老共产党员、原上龙巷村老干部王汝吉说：“现在的龙庄社区，虽然产业发展还不很强，但真正做到了生态宜居、乡风文明、治理有效和生活富裕。”

（五）加强乡村治理，完善社会建设

龙庄社区是三村合并成的新的行政村，在乡村治理、社会建设方面面临诸多新问题和新挑战。合村前的上龙巷村、东高角村为省定贫困村，桑家楼村为村集体经济薄弱村，三个村的村集体年收入才 30 000 万多元。龙庄社区两委成员都是多年的村干部，充分认识到“仓廪实而知礼节”的道理，推动农业农村各项治理工作，首先要让村民过上仓廪实、衣食足的日子。合并后社区“两委”重视脱贫攻坚工作，社区现有贫困户 66 户、113 人，低保户 16 户、26 人，通过产业扶贫、

孝善扶贫、政府兜底等形式基本达到稳定脱贫，为村庄治理营造出良好的经济发展环境。

有了良好的经济基础做保障，社区建设就有了底气。为了推进村居和谐，龙庄社区不断推进基层组织建设，强化乡村治理，实现了以组织带动村居发展。合村前的桑家楼村是有名的“软弱涣散村”，村党组织处于半瘫痪状态，村“两委”班子不团结、不办事、不公正等“三不”问题突出，村子发展相对落后。但在合村后，新的“两委”班子形成，完善了“四议两公开”制度，村级事务决策需经支部会、村两委会、党员会、村民代表会商议表决后实施，让村民自己“说事、议事、主事”，做到村里事村民商量着办；完善党务、村务、财务公开制度，实现公开经常化、制度化和规范化；推广村级事务“阳光公开”，支持建立“村民微信群”“乡村公众号”等，推进村级事务即时公开，加强群众对村级权力的有效监督，实现了强有效的组织引领。

为了保障村居生产生活秩序，龙庄社区先后安装高清摄像头46个，结合党员流动巡逻基本做到全覆盖，消除各方面隐患，做到安全无死角。针对现在农村人员流动性大，外出务工群体多，留守人员以老弱病残幼为主的现状，在返乡人员集中的春节前后，三八妇女节、“3.15”消费者权益日、“12.4”国家宪法日等重要节日，通过自编自演法治类教育节目、放映法治电影、开展普法讲座、旁听镇司法所到村调解纠纷等形式，增强普法的针对性和实用性。为了进一步推行网格化管理，发挥村民自治作用，党员签署党员责任书在各项工作中发挥带头作用。村规民约由村民共同制定并遵守，使用智能手机的村民95%进入“学习强国”手机软件进行学习，这提高了村民思想道德、法律意识。经过努力，龙庄社区生产生活秩序更加规范、有序。

龙庄曾经贫穷、衰落，但龙庄人用勤劳和勇敢不断改变着山村的面貌；龙庄曾经凋敝、落后，但龙庄人用热情、朴实温暖着村里的每一个人。如今的龙庄正朝着经济富裕、生活美满的目标迈进。

三、乡村振兴中的龙庄人

（一）乡村振兴领头人王树群

因为平常村里工作比较繁忙，调研人员约了好几次才见到龙庄社区乡村振兴的领头人王树群书记。调研人员一进村就看到了小河弯弯、小桥流水的美丽景象。王树群书记说:“4 年前，这里还是条一米多深的沟壑，草木丛生、垃圾遍布、满目狼藉、臭气熏天。尤其是雨季来临，一旦遇上较大的降水洪水流进村里给村民造成损失。后来村里条件好了，第一时间想着先把村里这条小河的环境整治整治，也让村民有个好的生活环境，做起事情来也就有劲了。”

村书记王树群　**民盟淄博市委 供稿**

调研中，王树群多次聊起了这条小河，他说：“1998 年，我们这个贫穷落后的小山村，哪有什么优势发展资源，思前想后我就盯上了这条‘垃圾河’。想着先把‘基础设施建设’搞起来，然后我们就开始‘治水修路’，这对于美化环境和农业灌溉都是很重要的事情。当时说要治理河道，困难也不少，其中最大的难题就是河道里都是村里各家各户种的树，大大小小近 2 万棵。要治理河道，必须限期砍除河道里各家的树木，因为这些树木严重阻挡了清理和泄洪。感谢当时村‘两委’的支持，大家一致通过了这个河道治理方案。但当整改通知一贴出，许多人心里还是舍不得，谁也不动手。面对这一情况，我和村委成员带头行动，先从自家的树下手，其他人一看这阵势也陆续砍了各自的树。现在想想很感谢当时村民的理解，这一砍就有了今天的小桥流水、碧波环绕。”

自 1998 年到今天，王树群先后两次干过村书记。2014 年，在外创业小有成就的他又回村当起了村民致富的带头人。上任后，他带领村民发展经济林，将村内 500 余亩灌木林改种为苹果、大樱桃、葡萄等，带动村民致富增收。为提升果农技术管理水平，村委每年还聘请农业技术专家到村里开展果树管理培训活动。通过技术、管理培训，提高了果农的种植管理水平。同时，村里还开展了多渠道的果品营销服务，增加了果农的收入。

另外，他带领村“两委”全力抓好脱贫攻坚工作。对村内贫困户实施一户一策，调动党员力量，结对帮扶贫困户，定期入户走访，关心贫困户生活状况，实现稳定脱贫。

谈到全面推进美丽乡村建设，王书记更是有说不完的话。在他眼里，修路治水是重中之重。他们推进村容整治，对村内户户通道路进行硬化，主要道路及住户门前绿化做到有计划、分批进行，排水设施也一并得到了改善。村里新建的房屋风格力求统一，墙体也统一美化，照明实现村内亮化工程全覆盖。他带领村民开展砌墙垒堰、清理河道、修建景观河、开挖打造人工湖等水利工程，极大改善了村内环境，饮水和灌溉问题也得到了根本解决；交通方面，他们筹资修建了社区西大门，极大方便了村民出行，村里的各项基础设施得到了较好的改善，为进一步全面发展打下了良好的基础。

随着山村扶贫开发、乡村振兴工作的展开，王树群没有忘记精神文明建设是人民幸福生活的重要保证这一要点。王树群说："创文明树新风工作一直是村委惦记的事情，一刻也没有放松，所以后来多方筹措争取扶持，建设村文化广场，组织村锣鼓文艺队，培养发展广场舞队伍，并多次组织参加县内文艺表演。我当时就是想搞点文化活动，丰富村民的业余娱乐生活。"

不仅如此，王书记还带领班子成员制订了科学规范的方案，扎实开展优秀评选活动，采取民主推荐、组织评选等方式，开展"文明信用户""星级文明户""美在家庭""文明家庭"示范户"好媳妇、好婆婆"等评选、表彰奖励活动，带动了乡村文明建设取得更好的成绩；再者，他带领村委严格修订村规民约，并将社会主义核心价值观、移风易俗纳入其中，把"善行义举"四德榜规范上墙，每年评选更新，建立乡村文明行动标识和宣传牌、宣传栏 ，建立健全"一约四会"，将婚丧嫁娶等移风易俗规定纳入村规民约，并且设有专门的"红白理事会"办事场所。利用"新农村新生活"培训，积极开展移风易俗讲堂、现场观摩学习会等教育活动。随着村两委对精神文明各项工作的高度重视和有效开展，社区先后获得了"市级文明村""省级文明村"等荣誉称号。

调研最后，王书记自豪地说："2017 年上龙巷、桑家楼和东高角村合村后，因为当时三个村一直饮用龙巷河的水，龙形山岭连贯三个村，加之上龙巷村人口较多，就以'龙庄'为新社区命了名。现如今的龙庄社区利用自身优势确立'枕水人家'发展思路，围绕乡村振兴建设，将整个社区规划为'居民区、民宿区、生态采摘园区'，设计出了一条节约用地、发展村域经济、美化村庄环境的振兴之路，引领了农村社区建设的新模式，切实拓宽了村民致富渠道，保障了村民收入，我们将在乡村振兴的道路上越走越远，越走越快。"

（二）“水果销售大王”陈长运

陈长运，今年 48 周岁，被誉为沂源果品全产业链高端营销第一人。1995 年陈长运应聘到沂源开元金属制品有限公司做销售，推销金属厨具、餐具等。90 年代中期，我国传统销售模式正在悄然发生改变，老百姓开始从热衷逛批发市场向更多地光临零售店、百货店转变。凭借对西北地区业务的熟悉与了解，陈长运成了该业务片区第一位向商超推销产品的推销员。后来，他成立了自己的公司，经过多方努力，公司产品成功进入了其他地方的超市。2008 年，陈长运的公司迎来了最大商机，坚持定位高端超市的他，在济南银座拥有了第一个销售专区，而灵活的销售方式也为公司积攒了人气。当年，他的产品销量就在同行业中领先，很快年销售量稳居全省第一。

陈长运在办公室工作 **龙庄社区 供稿**

在餐厨具销售过程中陈长运发现，济南银座等商超中有大量产自沂源的水果，但同时他也敏锐地觉察到了问题所在：一是大型商超里沂源水果的价格远远高于产地价格；二是这些卖沂源水果的水果商居然都不是沂源人；三是这些水果经营户都是到济南的堤口批发市场拿货的“二道贩子”。当时陈长运就想：这水果销售的大部分钱都被批发商赚走了，村民挣不了几个钱啊！

经过一年的市场调查，陈长运认为水果销售行业存在巨大商机，而且将沂源水果进行“农超对接”大有可为。2009 年，他决定成立果品公司（山东乡村园食品有限公司），并在济南银座拥有了第一个销售专柜。但隔行如隔山，陈长运说："水果毕竟是鲜果，量大的话容易坏，量小的话不够卖，而且竞争异常激烈，当时光济南银座就有四十多家果品供应商。所以如果想站稳脚跟，那就必须重新学习，从头开始。"他和员工从进货、分货、装货开始学习，竞争激烈的环境下，谁更爱学习谁就能更快占据市场。他同员工每晚开会研讨，一天只能睡两三个小时。即使这样，头 3 个月依然还是赔钱，亏了几十万元，他自己还瘦了十多斤。

陈长运想："家乡水果既然果品没问题，那么如何才能得到消费者认可呢？"通过学习借鉴他想出两条妙计。一条是力打"沂源"牌，聘请家乡员工来销售，就像是推荐自家的东西，所有果品销售人员都是家乡人，"家乡人卖家乡果"更上心；另一条是力推试吃，让消费者切身感受到沂源水果的口味与品质。连亏 3 年后，2012 年，沂源果品在银座连锁店的销售额超过 1 000 万元，而当时的 700 多名销售员，80%以上都是来自沂源。陈长运说："现在咱的企业在县里设立了沂源红苹果、红提、大樱桃等 5 个水果基地，总共带动了 200 多户村民就业。"

陈长运说："借助现代化产业基地，我们有能力把沂源绿色、优质果品推广得更远。"现在他的水果销售瞄准省内一线大型商超，主要供货于山东银座、烟台振华、唐山八方、日照百货大楼、临沂九州、寿光百货大楼等商超，并在北京、广州等一线城市设立了办事处。陈长运艰难起步，从经营中不断学习，逐渐拥有了自己的经营理念，并将其运用于产品管理、产品达标的过程中，打造全产业链企业。从种植到零售、批发专卖、进出口，陈长运不仅要参与到新农村的大发展中去，还要引领沂源果品融入全球产业链。

作为淄博市人大代表，他更能体会到政府大力实施乡村振兴战略、推动公共财政和社会资源更大力度向“三农”倾斜的益处。他说：“实施产业振兴，对我们企业有很大帮助，例如产业资金的到位、农副产品税收优惠，或是带动中青年人在本村实现就业等，在方方面面都有重要意义。”沂源县有沂源红苹果、大樱桃等优势果品，加之沂源贫困村相对较多，这其实给企业带来了很好的商机。在他看来，农村是可以大有作为的地方。沂源一些落后的贫困村，由于年轻人较少，有些土地出现荒芜的现象，企业去建立一些现代化的产业园，既能有效促进就业，更能把沂源的优质果品更好地向外推广。

现如今，在陈长运的带领下，龙庄社区建立了多个苹果、樱桃采摘园，而且正在建设园区精品民宿，未来这里将会发展成为集旅游、观光、休闲、采摘为一体的综合性经营主体，从而实现农业增效、农民增收，为乡村振兴贡献力量。

（三）养鸭王刘明铭

初见刘明铭的时候，他就给我留下了很和善的印象，虽然他没有讲话，但笑容却一直挂在嘴角，也看得出他是一个健谈的人。果然，一坐下来，他就打开了话匣子，和我说起了村里的事儿。

刘明铭在讲述自己的养鸭经历

民盟淄博市委 供稿

今年 41 岁的刘明铭说：“我家是三口之家，儿子在县城读高一，平日里妻子就在县城照看儿子，同时也经营着一个水果网店。大家庭中还有老母亲和一个小我

10多岁的妹妹。现在，我妹妹也已经在济南参加工作了。”作为村里的养鸭专业户，他告诉我：“多亏这两年村里政策好了，我从2013年开始养鸭，现在也算是半个专家了，呵呵！”

其实，他这条养鸭之路并非一帆风顺。刘明铭说：“自己年轻的时候不太懂事，也不懂什么是懂事。成天浑浑噩噩的，有什么就干什么，人没个正形儿，日子也没个规划。虽然一直住在县城，但有事没事的也会回村子里到处看看逛逛。”2010年的时候，他看到村里的山就像是看到了“商机”似的，也不懂什么法律规章，就稀里糊涂地非法开采，破坏了山体，结果被公安机关结结实实处理了一番。这之后，正常的工作他是做不了了，于是便转念想着自己干点儿什么活计。

那个时候的上龙巷村，种植樱桃已成了一项比较“新潮”的营生。刘明铭也跟其他村民一样，看到了这个机遇就一猛子投身到了种植樱桃的大军中。但是樱桃种植却不是一个短期就有收益的项目，虽然现在樱桃的市场很好，但是樱桃种植园却需要巨大的前期投入。走在山路上，我指着一个个像是提线木偶一样的樱桃树问刘明铭：“这樱桃树难道还要养个形态？”刘明铭说：“这樱桃树的枝丫要压平了结果才能快，要是任由它们往高处长，那起码得8—10年才能结果，基本上精心呵护着，最快也要5年以后才能结果。”而这样的入不敷出，很快就让种樱桃的刘明铭遇到了资金链断裂的问题。于是，他又瞄准了一个快速来钱的行业——养鸭。

俗话说隔行如隔山，作为一个门外汉，说要养鸭子，谈何容易？别说是本村，就是整个沂源县都不见得有养鸭的成功先例，那这不是搬起石头砸自己的脚吗？刘明铭笑着继续说：“没错儿，我一开始也是这么觉得，但是通过多方打听了解，最终还是确定了这个‘来钱快’的行当。为什么呢？我那时候算了一算，这养鸭子呢，基本38天就是一个周期，资金回笼快，而且收益也可观，恰好能解决樱桃园资金链的问题。当然也有个麻烦，就是鸭棚容易滋生细菌。2013 年我刚开始养鸭的时候，前三棚鸭子是好的，从第四棚开始，也就是 3 个月后，问题就出现了。小鸭子大批死亡，那时候 20 000 只鸭子的规模，一下子就能死四五千只，我一看这满地的鸭子尸体，差点崩溃了。幸好当时通过朋友多方打听，终于找到了一位‘养鸭专家’，控制住了鸭棚的病毒感染。”经过这件事之后，刘明铭开始认真学起知识来了，慢慢地才了解养鸭子这件事儿。自打这以后，从养鸭的温度、湿度，到鸭棚的环境、设施，再到鸭子出现的各种病症，刘明铭逐一研究，认真分析。现在的他已经驾轻就熟，能够通过观察病鸭、解剖死鸭来快速精准判断病症并对症下药，保证药到病除。这五六年来，鸭子再也没有发生过“群体伤亡事件”。

刘明铭的鸭舍　**民盟淄博市委 供稿**

说起村里这些年发生的变化，刘明铭笑着说，都是得益于架桥修路才能让樱桃有个好价格，而这个变化也就是在这五六年间发生的。原来村里的路都是泥巴路，不仅不平，下了雨人都没法走，没有钱买砖头，村民只能往里面垫土，雨水大了，再来回垫土。4 米宽的泥巴路上，村民只能用小推车把樱桃推到集市上，市价 15 块的樱桃，他们村的卖 8 块都没人要，都是因为这颠簸而漫长的路程，樱桃被挤压碰撞后，樱桃表皮都压变形了，坏的也多，所以价格也卖不上去。在采摘季来临的50多天里，大部分村民都发愁运输的问题，即便再心疼，村里人也只能自己默默承受着。

王书记上来后（当选后），不仅把土路改成了水泥路，还把路扩宽了3米，现在7米宽的道路，已经可以通过车辆进行樱桃的运输了。今年也实现了“户户通”，这下子不仅提高了樱桃出村的时效，也大大提高了樱桃本身的质量。这道路通畅了，村民的樱桃卖得上好价格，心里自然都是欢喜的。

说到村里吃水的问题，刘明铭回忆到，大约从他记事开始，村里就是存水吃。大约在1987年，村里开始垒水窖盖水池，那个时候他的父亲还在世，年幼的他跟着父亲一起从挖地、抹水泥到下雨天再用盖子封好存水，这水一囤大约就要吃一整年。村里的其他户人家，也是这样存水吃水，这村民吃水还都要靠老天爷，更别说是果树了。后来村里开始打井，近两年还通上了自来水，生活方便了很多。

刘明铭说：“我的樱桃园和养鸭场，一共打了6口井。今年的第六口井，前前后后花了十五六万元。但即便如此，山上的水源还是少得可怜，果树要想畅快淋漓地‘喝’上点儿水，还是要看老天的脸。不过，这办法总归是人想出来的，现在科技在进步，兴许以后随着探测水平的提高，山上果树的灌溉能有机会实现自给自足。”

去往鸭棚的时候，正好是周末，刘明铭的妻子也在。她热情地招呼我们喝茶，然后就开始忙乎起来了，洗洗涮涮，很利落的样子。还没靠近鸭棚，味道就已经很刺鼻了，而刘明铭和工友们，基本天天就住在鸭棚对面。

鸭棚对面的山头就是刘明铭的樱桃园。他说：“今年碰上了土地整改，国家的项目帮着咱一起，这是又摊上好事儿了，日子越过越好。这300来亩的樱桃园，3 000多棵樱桃树，在盛果期的能有2 000多棵。

从栽苗到除草、上粪，整个耕作过程都是我们一家人辛苦的汗水。”他还说，今年有个客户，早早就预订了150万斤樱桃，这个客户是通过网上团购的樱桃，他们收完樱桃接着装箱拉走。现在伴随着互联网的发展，网络上的客户量也越来越惊人了。

我问刘明铭：“在养鸭的这五六年中，还有没有什么是令他刻骨铭心的？”他回道：“今年五月份的时候，因为鸭棚外棚顶焊接时火种意外掉落到了鸭棚，又没有及时发现，仅短短四十分钟，18 000只小鸭子全部烧死了，损失了四五十万元。当时我妻子伏地大哭，眼睁睁地看着，却什么也做不了，确实着了一大顿子急，差点晕过去了。”他又笑着说，现在的他面对这种意外，无论是心理还是经济上都可以承受得了，只要人没事儿就行，福在后头。

（四）“折腾达人”陈奉章

初次见到陈奉章是在龙庄社区的办公室，陈奉章个头不算高，因为常年在外劳作，皮肤黝黑，手背上的青筋高高凸起，身上的衣服有些破旧，头发也有些凌乱。在后来的交谈中，他告诉我们他是从地里头赶过来的，过来前还在地里干着农活。

陈奉章看起来不善言谈，表现得有些拘谨，他告诉我们：“我今年50岁了，是上龙巷村土生土长的老农民，媳妇比我小三岁，也是老实的农村人，我们有两个女儿，大女儿在县城的一家医院当护士，小女儿今年刚上初中。”虽然在农村，

陈奉章 **民盟淄博市委 供稿**

但在陈奉章身上丝毫看不出有重男轻女的思想，反倒是有两个乖巧的女儿才让他更加安心于忙自己的事业。

陈奉章接着说：“90 年代初我刚成家，就跟妻子在县城租房，干起了缝纫。那时候我们两口子起早贪黑，一年到头忙忙活活也就能挣个两三万元，我总觉得这不是长久之计，就开始联系服装厂干起了服装代加工，每年收入增加到五六万元。”随着代加工生意越做越红火，他也不断外出学习考察改进技术。2004 年在浙江考察后，陈奉章开始慢慢地增加电脑刺绣业务，他先后购买了 5 台机器，雇了二十几个工人。他说“我是我们本地第一家做电脑刺绣的！”说到这里我们多少能感觉到他的一丝丝自豪。据陈奉章介绍，刚开始的几年生意确实不错，每年除去成本净利润能达到十几万元。但好景不长，后来随着电脑刺绣在当地的普及，竞争越来越大，生意越来越不景气，这迫使陈奉章不得不考虑产业转型。

很多人在外面遇到难题的时候都喜欢回到自己的家乡走一走转一转，这种心理一是为了“借景消愁”，二是为了通过熟悉的环境重新找些灵感。陈奉章就是这样，在服装生意的瓶颈期，他回到上龙巷村这一走一转看到的是满山的樱桃树，满山的商机。于是在 2011 年，他回到县城果断把服装厂缩减到一台机器，把主要精力用在回乡种植大樱桃上。

别看陈奉章人长得比较瘦小，胆子却很大，他回乡一下就承包了 70 亩荒山，前后投资有 50 余万元。在此他特意提及，现在村干部作风比较务实，把村里的土路都改成了水泥路，今年还实现了村村通，水泥路都通到了地头。要知道前些年樱桃的运输可是最让果农头疼的事儿。

樱桃树的成长期比较漫长，前几年是没有收成的，到今年为止，已经是陈奉章种植樱桃树的第八个年头了。他说：“预计明年就开始有收成了。”说到这儿陈奉章嘴角微微有些上扬。

大家都知道种植樱桃资金回笼期比较漫长，于是我们心里便有个疑问，这几年的时间难道陈奉章仅靠只有一台机器运转的服装厂维持生计？况且樱桃园每年还需要大量的资金投入。陈奉章告诉我们：“近几年我自己组建了一支施工队，主要是给镇政府干一些土地整改、旧房改造、河道治理、道路维修方面的活儿。当时成立施工队还有另外一个原因，我那时看到村里的劳动力除了农忙时节外，其他时间便无事可做。这部分人的平均年龄又比较大，外出打工也是不太可能的，于是我便成立了这支队伍，这样既解决了剩余劳动力问题，还增加了收入，一举两得。”陈奉章告诉我们施工队一共有 20 多个人，这些人的年龄都在 55—70 岁，用他的话说他是施工队里最年轻的。

陈奉章真的是一个比较能“折腾”的人，50 岁已是知天命之年，但在谈到未来的打算时，他的想法还很多。他说：“我下一步准备在自己的樱桃园搞农家乐，现在已经投资 30 多万元了，在樱桃园盖起了住房。现在水电已经都解决了，就只剩路还没有修好，然后再搞个家庭农场，在地里搞养殖，发展发展我们村原生态的农家乐。”

另外陈奉章还有一个计划，他看到当前在我国农村空心化、老龄化现象日益严重，大量农村年轻人口外流，老年人无力耕种，使得土地大面积荒废。他要在村里搞家庭合作社，说白了就是土地托管，主要针对村里的老年人和丧失劳动力的部分村民，根据他们不同的需求可以搞全托式也可以搞半托式。

随着交流的深入，我们对陈奉章的钦佩就愈发强烈，从服装加工厂到樱桃种植、组建施工队再到组建家庭合作社，无论是已经实现的还是未来的规划，我们都能深刻地感受到陈奉章身上散发出的勤劳、智慧和胆识。更难能可贵的是，陈奉章在自己致富的同时，不忘拉父老乡亲一把，共同走乡村振兴之路。

（五）热心肠的老桑

老桑的家是一个看起来普通得不能再普通的北方山区小院，红艳艳的地瓜花正在怒放，金黄的玉米码放在墙根的架子上，院子中间的菜畦里种着翠绿的芹菜、韭菜、鲜红的辣椒，还有几只正在刨食的老母鸡，这一切都在沂蒙山深秋的阳光里绽放着饱满而热烈的气息。他那著名的"文化书屋"就坐落在这个小院子里，书屋旁边是乒乓球台，屋后一转就是篮球场，篮球场的那头，老桑自己绑的那个木质篮球架就矗立在那里，饱经沧桑的样子，好像一个纪念碑。

老桑与他制作的木质篮球架　**民盟淄博市委 供稿**

老桑身材高大，曾经的部队生涯在他身上留下了许多痕迹，比如腰板笔直、身材挺拔，这在他这个年纪的村民中并不多见，显得多少有一些另类。一人一个小马扎，我们坐在书屋门前的空地上，和煦的阳光晒在身上暖暖的，皮肤黝黑的老桑打开了话匣子。

"我叫桑本增，1958 年生人，1977 年开始在北京当兵。"大个子的老桑，坐在小马扎上也规规矩矩、端端正正，一双大手不自觉地握在一起搓着，言语间竟有几分羞涩。

"最早怎么想到建这么个图书室的？"我拿出了纸和笔。

“小时候家里穷，没能多读几年书，参军后到部队受到了教育，是部队培养了我，让我学了文化，后来安置了工作，这一切都是党和社会给的，我得报答社会。”

“最开始看到村里的孩子每到周末除了帮父母下地干活，就是三五成群地在街上无所事事，心里特别不是滋味。”

抱着这个单纯感恩的想法，20 世纪 90 年代初期，老桑刚一退伍，就回到家乡将自己 2 700 元的退伍安置费全部拿了出来。在自己老家建起了几间新房子，一次就购进了 200 多册青少年报纸杂志以及有关农民致富、科技、法律等方面的书籍，免费向全村及周边乡村的学生开放，他的乡村书屋就这么开张了。

“家里人当时支持你的这个做法吗？”我问。

“咋会支持啊，吵，也吵。”老桑呵呵笑了一下，暖阳下，他轻轻抹了一下额角渗出的汗珠。

“那时刚从部队回来，被分到白酒厂工作，家里连个自行车都没有，十几里地都是步行，工资也低呀，一月才八九十块钱，这点安置费老婆早就计划好了，本指望用于家里，没想到我弄了这个，呵呵。”

妻子劝他干点正事，亲戚朋友、村民也没少费口舌，到底还是没能说动老桑，为此老桑没少挨家人和亲朋好友的数落，但生性倔强的他认准的事就非干出个名堂来。

“乒乓球赛、篮球赛是怎么组织起来的？”

“之前孩子们平时一直没个玩的去处，就是满庄里胡转悠。最开始，是我自己盘了个水泥台子，教他们打乒乓球，后来又绑了那个篮球架，买了篮球，篮球慢慢也打起来了。”

为了丰富孩子们的生活，增强孩子们的体质，老桑把自己省吃俭用积攒起的钱全部拿出来，在村里建起了简易的篮球场、乒乓球场，买来篮球、羽毛球等体育器材，从 1996 年起，老桑每年都精心组织筹备一场以迎国庆为主题的乒乓球比赛，他亲自制订比赛规则，组织孩子们比赛。另外，他还自费为孩子们买来奖品，送上祝福与鼓励。为了筹备比赛，23 年来，他先后花费数万元。

“过程中有困难吗？”

“开始挺难的，组织孩子们来打球，家长也不支持，我满村里叫孩子来参加。后来慢慢就好了。村里王书记也特别支持，给孩子们买奖品，还给篮球场硬化了地面，现在真的好多了。”老桑给我看历年来比赛的照片，斑驳的照片贴了两个大笔记本，因为无数人的翻阅，本子已经翻烂了，变成了一张一张的。照片上都是孩子们欢快的身姿，还有家长、村民们的笑脸，人群里远远的老桑站在树的阴影里，满足地乐着。

民盟淄博市委调研组和老桑合影

民盟淄博市委 供稿

“今年是第二十届比赛了。”老桑满足地笑着。

老桑抚摸着照片，喃喃地介绍着，这家小子上了大学，那个闺女进了省队，他对村里每个孩子的情况都了如指掌。

“这两年奖品多了，孩子倒少了，要不在家玩手机玩游戏，要不就去了辅导班补课，来打球的少了。”言语间老桑眉宇间掠过一丝忧虑。“我想会好的，会好的。”他仿佛在安慰别人，也在安慰自己。

离别时，老桑送出我们很远。走了很久回头望去，他那笔直的身影还立在路口，身后是他的小院子，一棵柿子树从墙里探出来，红彤彤的一树柿子挂满枝头。

（六）没娶上媳妇的蒋恩富

蒋恩富　**龙庄社区 供稿**

在龙庄社区调研时，我们特别关注贫困户和光棍儿两个群体。得知整个龙庄社区 1 000 多口人中，只有两个光棍儿。我们请求村干部给我们联系一个光棍儿户，想和他谈一谈。于是，他们一致给我们推荐了其中的一个，名叫蒋恩富。

据村干部讲，蒋恩富虽是一个大男人，但特别腼腆老实，不善表达，不愿见陌生人。难道这就是他之所以成为光棍儿的原因。蒋恩富的家离村委会只有 200 米左右。由于他没有电话，事前没有联系，临时造访，大门紧闭。陪同我们前来的村干部说，估计是到地里干活去了。由于天色已晚，我们约定，等村干部们联系好了以后，再通知我们前来与他聊一聊。

在约定好的时间，我们又到了蒋恩富家门口，但大门仍然锁着，看来又去地里忙活去了。农民就是这样，一年四季不闲着，尤其是农忙季节，时间对他们来说，很珍贵，不舍得耽搁。我们决定，就在此等候他回来。

在等待蒋恩富回家的这段时间里，我们观察了一下他的家及其周围的情况。房子坐西朝东，大约有 40 平方米左右，红瓦房。与周边邻居家高大的房子相比，蒋恩富的房子明显低矮、简陋。有一个小院子，由空心水泥砖砌成墙，院子大门口南有一间车库，是大哥家大侄子的。蒋恩富的家面向龙巷河，出大门就是村中心路，位置颇佳。陪同的一位村民说："村里夏天天热，男女老少都在他家门前路边凉快，老蒋总是把自己的桌子、凳子、茶壶、热水搬出来，泡茶招待大家，有时还给孩子们拿好吃的东西，人缘不差，村民都愿意与他一起玩儿。"

等了大约一个多小时，蒋恩富挑着耙、锄头、铁锨等农具回来了，老远看着与村干部在一起的我们就咧嘴笑着，可能感到有点食言，略显得有点不好意思。带我们来的村干部隔老远就向他开玩笑说："老蒋，说好了的，你怎么锁门走了呢？"老蒋只是咧嘴笑而不答。走近时，他一再向我们解释说："说好的是三点，等到四点多我以为你们不来了，就到菜园地里把菠菜种上了。"看来，老蒋不但是一个勤劳的人，还是一个守时守信之人。误了预约的是我们，应该我们向他道歉才是。

老蒋把担子放在大门口，掏出钥匙开大门，热情地把我们迎进他的家里。院子不大，乱七八糟地堆着各类柴禾，东北角有一间简易的厕所。屋内装修简陋，东北角有一张床，床上用床单罩着叠成方块的被褥，一台 16 英寸的电视机放在一张简易的木桌上。据老蒋讲，电视能接收 20 多个台，是政府为低保户免费安装的。桌旁边放着五把暖瓶，桌上还有酒壶，桌子周围的地面上有几个烟蒂。看来，老蒋抽烟、喝酒、饮茶的功夫都还行。我们问他一天抽多少支烟，喝多少酒。老蒋说："抽烟不多，一天也就十多支，酒也不多，一天一次，每天晚上喝二两左右。"但当我们"揭露"他说："怎么与你说话，闻到有酒味呢，是不是中午也喝酒了？"憨厚的老蒋红着脸，不好意思地笑了。随后解释道："我住的是西屋，空心砖垒的，南面又有高大的房子挡着，光照不足，保温性也差，屋里有点冷，喝点酒御寒保暖。"

听老蒋这么一说，我们也忽然感觉到，即便穿着薄毛衣、外套的我们，坐了一个多小时后，感觉身上还真有点凉。

观察到老蒋这个人脾气较好、容易接近后，我们试探着开玩笑似的说："老蒋，你的个儿高高的，身材也好，长得也帅，当初怎么就没找个一起过日子的媳妇呢？"听到我们问这个问题，可能早就有思想准备的老蒋并没有感到尴尬，而是向我们谈起了原因。他说："我今年 66 岁，兄弟姐妹共 7 人，有一个哥哥、四个姐姐，还有一个妹妹。自己年轻的时候，由于家里人口多，生活特别困难，找了好多姑娘，人家都嫌我家里穷不愿意嫁给我。20 多岁时，我又患上了严重的神经衰弱症。穷再加上身体不太好，找媳妇的事就慢慢地耽误了。"看来这是老蒋的伤心事，我们也就不便再深问了。这时老蒋把话锋一转说："我对当前的日子很是满意，自己的侄子、侄女和外甥们都很孝顺，大哥、大嫂、姐姐妹妹们也很照顾我，村里还为我办了低保，光低保金每年就有 3 000 多元呢。"

我们起身看了一下墙上，全县为每个低保户、五保户和贫困户悬挂的"帮扶之窗"上记载着蒋恩富 2018 年的收入及有关部门的帮扶情况，发现蒋恩富是因病致贫。2017 年 10 月 1 日至 2018 年 9 月 30 日的收入情况是：土地流转收入 500 元，低保金 3 708.4 元，养老保险金 1 523.88 元，扶贫产业项目分红收入 1 900 元，总计 7 632.28 元。

看到老蒋一年收入 7 000 多元，我们又开玩笑说："老蒋，你一年收入 7 000 多，看来很有钱呀，抓紧找个老伴吧。"听我们这么一说，老蒋虽有点羞答答的，但兴致明显高了很多。他说，自己也有想找个老伴的打算。老伴、老伴，老来是个伴嘛。白天晚上，有个说话的，免得孤独、寂寞；生病了，有个人照顾，突然生病了，也能往外送个信儿；一天三顿还能吃上个热乎饭，生活也有规律。如果找不到老伴，他希望将来能够进敬老院，与老人们在一起，但他不想离开本村到其他地方去，只想与同村的老人们在一起。

老蒋对于找个老伴所能够带来的好处的认识，也与当前农村独居老人，尤其是偏远农村地区独居老人最为担忧的问题有关。不孤独，不寂寞，生病了有人照顾，突然生病了能有人往外送个信儿，也许是他们最大的需求。

（七）樱桃种植大户杜春忠

见到杜春忠时，明显感觉到他脸上的气色要比其他人好，再加上杜春忠脸上时常挂着农村人标准的淳朴式笑容，让我们觉得格外亲近。杜春忠告诉我们他今年已经 50 岁了，妻子王树芳比他还要大一岁，但是两个人身体都非常好。

杜春忠　**民盟淄博市委 供稿**

他们老两口有一个儿子，今年 26 岁，在当地县城已经成家立业，儿子是做餐饮的，儿媳比他儿子小一岁，是县医院的一名护士。杜春忠在城里全款给他们购置了一套房子，对于城里的房价杜春忠还是很有感触的。他说："我买的房子是 116 平方米，7 908 元一平方米，加上储藏室怎么也得 100 来万元，我们这儿房价可是不低。"不过一谈到今年家里刚添了个大孙子，杜春忠满脸的惆怅立马不见了。他嘴上抱怨说现在妻子要在城里看孩子，家里农活忙不过来，但透过他的表情明显能感觉到他内心的欢喜。

"听说你是村里的樱桃种植大户，又是村里第一批种樱桃的，能跟我们详细讲讲你是怎么想到这条致富路的吗？”这个问题一抛出，杜春忠便来了兴致，一番交谈后我们得知，杜春忠刚开始创业的时候还开过化肥厂，那时候国家政策比较宽松，他从银行贷款七八十万元，雇了40 多个人，经营起了化肥厂。前两年效益还不错，但好景不长，因为批发商的假化肥他也受到了牵连，无法再继续经营。在开化肥厂期间他接触到了一些烟台人，听他们说烟台那边搞樱桃种植很不错，在化肥厂关闭后他便和村上的几个朋友一起去烟台考察起了大樱桃种植。

杜春忠告诉我们，细算起来他种大樱桃已经有 20 年的时间了，最初抱着试试看的心态承包了五六亩的荒山林，投了十几万元。这十几万主要是苗子钱和肥料钱，一棵苗子就得八九块钱，一亩地少说也有 40 来颗，承包地的费用倒是支出不大，一年也就 3 000 来块钱，但是前几年樱桃树是没有收入的。在这最困难的几年，杜春忠还和朋友合开过石料厂，但因为经营不善，一年后就关门了。之后又干了几年的电话安装，主要是给村里安装公用电话，每年能包揽十来个村的活，收入有五六万元，他便把这部分钱用来扩大樱桃种植规模。我们猜想他做这份工作除了收入可观外，另一个重要的原因是他能有更多自由的时间管理樱桃园。

果然在他的精心管理下，樱桃园 5 年后便有了收益（其他果农的樱桃生长周期一般是七八年）。杜春忠告诉我们樱桃园有收益的第一年他挣了 10 000 多元，说完他又格外强调了一下，“那些年在我们村每年能有 10 000 多元的农业收入就算很不错了。我开三轮车拉樱桃到集市上卖，倒下一小堆樱桃就能卖 2 000 多元，别人要拉一大车苹果才能换这些钱，你说他们能不眼馋吗？”可以想象他们村第一批吃螃蟹的人当时一定是被羡慕至极的，由此樱桃种植园也就像雨后春笋般在村里发展起来。

用了 20 年的时间，杜春忠从五六亩扩建到三四十亩，收入也从一两万元增长到十五六万元，这些年付出的心血和汗水可想而知。杜春忠告诉我们现在樱桃园的日常管理主要以他们老两口为主，遇到施肥浇水采摘等农忙时节也会雇人。现在种植管理技术都比较成熟了，比以前省工了。现在投入也少了，一年有五六万元就差不多了，主要用于购买肥料、农药和建设水利设施（打井）。现在还不太稳定的因素就是小树的产量，另外有时候也会遇到极端气候进而严重影响产量，再者受市场价格的影响，每年的价格浮动会比较大。

当被问及近些年村里的变化时，杜春忠感触良多，其中让他感受最深，也是村里的老百姓比较受用的，就是近五六年的时间，村里的路、水这些基础设施确实搞上去了。以前山上的水供不上去樱桃不长个，加上村里道路颠簸，运输到市场樱桃的卖相就很不好，价格就只能卖到市场价的一半。现在就不一样了，4 米宽的土路变成了 7 米宽的水泥路，水也通到了地头，并且在龙头企业的带领下，他们和大型超市对接，在镇上也形成了水果批发市场，樱桃自然能卖个好价格，这也是老百姓实实在在得到的实惠。

（八）“不甘落后的病号”杜绍检

“说句掏心窝子的话，我是打心眼里感谢政府！如果不是党的好政策，像我们家的这种情况，想要脱贫真的是太难了。”这是第二次见到老杜，我们在他家大门口的石墩子上刚坐下来，杜绍检先说了起来。

今年 64 岁的杜绍检，比上一次见面时气色好了许多，他笑着，原本焦黄的脸上多了一抹血色。老杜一直生活在沂源县燕崖镇上龙巷村这个鲁中山区的小山村里，原本日子还算幸福，家里有几亩樱桃园子，平时在家务农，农闲时出去打些零工，老伴则负责在家做做家务，夫妻俩勤俭持家，日子过得虽不富裕却有滋有味。

“我们就是吃了没文化的亏，年轻的时候只能下力气干重活。”因为没有文化，老杜只能做一线工人，进工地也只能干重活，活又苦又累。虽然辛苦，老杜和妻子省吃俭用，还是把闺女抚养成人，并且存了点钱，准备在老家建新房。

杜绍检 **民盟淄博市委 供稿**

天有不测风云，人有旦夕祸福。1997 年的下半年，一次意外让老杜受了伤，腰椎骨头破裂，再也干不了重活，开始并不重视，以为是老毛病，贴贴膏药就好了。后来老杜的腰腿疼越来越严重，久治不愈，经医院检查确诊是双侧股骨头坏死，老杜从此丧失了劳动能力。生活的重担全部压在了老伴一人身上，庞大的医疗费用更是掏空了他们多年的积蓄，还花掉了准备建房的十余万元用于治病。家里也因治病和建房欠了不少外债，变得一贫如洗。

屋漏偏遭连阴雨。2000 年，老杜的老伴因为操劳过度被查出患有腰椎间盘突出，无法正常活动。接踵而来的打击，致使老杜的精神几近崩溃，一次又一次的灾难，让这个不幸的家庭看不到一点希望。沉重的医疗费用更让这个原本幸福的家庭陷入负债累累的困境。

就在老杜一筹莫展时，国家的扶贫政策如春风一般，为他的家庭带来了希望。村委会落实扶贫开发政策，竭诚服务贫困群众，通过前期的摸底调查，老杜一家被整户识别为建档立卡贫困户。社区帮扶干部不仅帮助老杜家申请低保，还积极帮助老杜家落实健康扶贫政策，解决医疗保障问题。

对于扶贫干部的“贴心服务”，老杜感激万分，他心里盘算着，不能只等着政府送钱送物，自己也要“蹬一脚”，为村里做点力所能及的事情。于是他想到了自己虽然腿脚不便，行动缓慢，但还有点侍弄花草的本事，而且养护花草只要花半天时间就够了，还能抽空照顾身体不好的家人。

说干就干，老杜主动承包了全村绿地花草的养护工作。“整天还挺忙活的。”老杜笑着回忆道。别人上班都是上午和下午分别在岗两个半小时，而老杜为了集中时间，从上午 7：30 持续工作到中午 12：30，无论是春夏秋冬，还是严寒酷暑，每天除了上厕所和喝水，整整 5 个小时都会坚守在岗位上，始终兢兢业业、尽职尽责。他觉得，能为村里环境美化贡献自己的一分力量，很荣幸也很有意义。

现在的老杜整天忙得不亦乐乎，他告诉笔者，一天下来自己有时也会感觉腰酸背痛，原先和他一起养护花草的两个年轻人都没能坚持下来辞了职。

“现在山上的樱桃树，亲戚邻居帮着忙，一年能收获 1 万多元，低保和其他收入能有七八千元，这不，给村里干这点活儿，村里不让我白忙乎，还给我 3 000 块钱，这日子过着还行。”老杜龇牙笑着挠挠头。

现在，杜绍检和老伴的身体病情基本稳定。“只要勤劳就不会过苦日子，只要吃苦肯干，我们家的日子以后只会越过越好!”

一场大病就像一场灾难，沉重的经济负担压垮了不少家庭，使得“因病致贫、因病返贫”现象屡屡上演。党和国家的扶贫政策与善良人们的帮助像一股股强劲的东风，使一个个困难的家庭驶出坎坷的险滩。

崔岭西村："智慧大棚"富"菜都"*

张宏伟　孟祥军　李爱珍　张国威

一、崔岭西村概况

（一）区位及现状

崔岭西村，位于山东省潍坊寿光市稻田镇东南部，东距潍坊城25公里，西至寿光城15公里，南邻昌乐县城15公里，正北2公里为镇政府驻地稻田。该村交通便利，308国道穿村而过，村南距离济青高铁800米、距离济青高速昌乐出口12.5公里，距潍日高速出口7公里。近年来，崔岭西村立足农业现代化升级，以打造宜居乐业美丽乡村为目标，通过推动社区建设、大棚"两改"、创办蔬菜专业合作社，实现了强村富民，快速发展。

崔岭西村村口　**孟祥军 摄**

2014年，崔岭西村实施旧村改造，开始建设新型社区，共建有公寓楼13栋、社区办公楼1栋、小学1处、幼儿园1处、文化活动广场1处、卫生室1个，总建

*参与该村调研的还有：丁薇、刘景平、张永

筑面积达 56 326.86 平方米，2015 年 10 月建成并实现全村居民整体入住。2017 年又启动了社区二期工程，规划建设多层电梯楼房 4 栋，文化礼堂、老年幸福苑和游园各 1 处，2019 年 10 月完成村民入住。

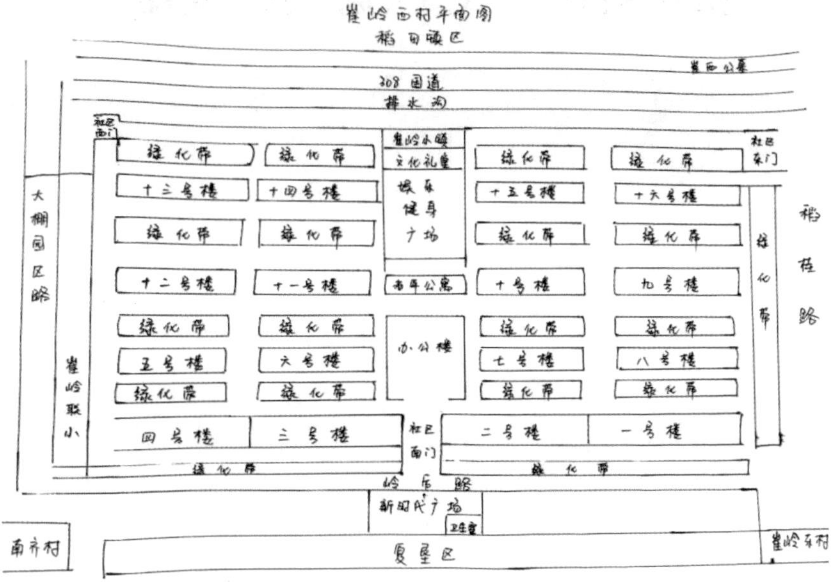

崔岭西村布局平面图　**赵文婷 绘**

崔岭西村目前共有住户 294 户，总人口 882 人。村民以汉族人口为主，除占人口绝大多数的汉族村民外，另外有回族 3 人、白族 1 人。全村耕地面积 1 500 亩，主要产业是蔬菜种植业，有蔬菜大棚 320 个。至 2019 年，全村有 118 户蔬菜种植从业者，主要种植大棚西红柿、甜瓜、彩椒。2018 年，崔岭西村集体经济收入约 430 万元，人均年收入 4.2 万元，户均存款 30 万元以上。同年，崔岭西村被授予“山东（寿光）农村干部学院教学基地”，累计培训 20 万人次。崔岭西村被评为“省级文明单位”“市先进村”，2019 年获得“山东省乡村振兴示范村"等一系列荣誉称号。崔岭西村党支部获评"潍坊市先进基层党组织"。

（二）村庄简史

崔岭西村历史悠久，人杰地灵。崔氏族谱云："明洪武二年，我祖自营陵迁来，卜居于斯，历代至今六百余载。"崔岭村原名岭上庄，村庄建立在东西狭长的岭地上，故以岭为名，因崔姓居多，也称崔家岭，后称崔岭村。20世纪60年代，分为东西两村，崔岭西村自此成为独立的行政村。崔氏族人世代在这片热土上辛勤耕耘，繁衍生息，在漫漫岁月中积累了物质财富，积淀了厚重历史，孕育了多彩文化。

谈崔岭西村的历史就离不开一棵几百年的老枣树。《稻田镇志》第四章《古树》第二节有这样的记载：相传，崔氏始祖于明朝洪武二年在崔岭立村时，村东有一棵大枣树，长势茂盛，因此有"先有老枣树，后有崔岭村"之说。老枣树现已不存，但老枣树根部次生出来的新枣树，至今仍生生不息。崔氏后人将枣树视为保护神，老人们至今仍在农历四月初八和九月初九到枣树前祭奠祈求吉祥、平安。据传，枣树茂盛时，占地近半亩，崔氏后人打枣吃，须先磕头，否则枣不往下掉。

老枣树旁新长出的枣树 **张宏伟 摄**

崔岭西村的水土也孕育出了多位在文化教育界颇具影响的文化名人，其中比较有代表性是晚清时期的崔亦文。《寿光教育志》人物篇记载：崔亦文（1856—1940），字翰卿，又名麟阁，寿光稻田镇崔岭村人，自幼聪颖好学，乡试曾中副榜。22 岁任塾师，辛亥革命后又执教学堂，50 余年来先后在十几所学校任职，教授弟子 2 000 余人，是当时教育界的名人。崔亦文授业认真，诲人不倦，常以“教不严，师之惰”“严师出高徒”等语自勉，所教学生多能成才。崔亦文从青年时就被人尊为“先生”，但他平易近人，对待乡里不分亲疏贵贱都是热诚相待，村民有事相求必尽力而为，求知讨教更是详尽解答。晚年德高望重，但仍谦虚谨慎。1940 年，崔亦文因病逝世，送葬的乡里乡亲、学生故旧多至数千人。他死后，学生们为他立“弟子碑”，以志其德，以表怀念。

手捧母亲烈士证书的崔金明　**崔岭西村 供稿**

崔岭西村民风淳厚，不仅有崔亦文这样的名师名人，也有奋不顾身舍己救人的军属老大娘董翠云。据《稻田镇志》记载：1993 年 3 月 1 日，崔岭西村两名三四岁的女孩因在院旁的柴草垛中玩耍，不慎引起大火，孩子被火包围，情况万分危急。66 岁的董翠云不顾自身安危，冲入火海把两个孩子救出，自己被烧成三度重伤，经抢救无效而牺牲。当时，中共寿光县委发出通知，号召全县人民向董翠云学习。山东省人民政府批准董翠云为革命烈士。寿光县委 1993 年 3 月 23 日发布了《关于号召全县人民向董大娘学习的决定》。董翠云的英雄事迹也影响着后人，她的儿子崔金明性格宽厚，乐于助人，继承了母亲的优良品质。寿光遭遇洪灾时，崔金明不管是白天黑夜都坚持在抗洪第一线，用实际行动践行着人间大爱。

二、乡村振兴实践

（一）坚持蔬菜产业的技术和管理创新，创造业兴民富的新生活

1. 不断改进蔬菜大棚种植技术

崔岭西村所在的寿光市是著名的蔬菜之乡。寿光发展蔬菜种植，从起步到现在有近 50 年历史，有"中国蔬菜之乡"、全国最大的蔬菜集散中心，有"中国菜都"之称。《寿光县志》1993 年版记载，寿光的蔬菜温室始建于 1974 年，当时小东关村首先引进新的栽培技术，建立玻璃温室一处，进行尝试，1975 年清明节培育出鲜黄瓜上市。此后，又采取了增温和北京改良式阳畦生产办法，利用塑料大棚和地膜增温使蔬菜生产有了新的突破。1980 年以后，当地农民又在塑料大棚中加火炕增温，进行深冬种菜，产量大为提高。再后来，孙家集镇菜农学习外地高温大棚栽培法，将大棚墙壁加厚到 1 米左右，用无滴塑膜采光，棚温可达 40 多摄氏度，使蔬菜生长加快，产量猛增。新技术还改变了蔬菜的上市时间，大棚菜早春较露地菜提前 30—50 天上市，秋菜可延后 40 天供应。

崔岭西村是寿光模式的典型，是一个以大棚蔬菜种植为主导产业的村庄，村里发展大棚蔬菜种植也有二三十年的历史。《寿光地名志》和《稻田镇志》都记载着崔岭西村以大棚蔬菜为支柱产业的历史。2006 年出版的《稻田镇志》提到：通过不断的技术改进，冬暖式大棚先后形成了三种类型：一型冬暖式大棚，仿照辽宁省瓦房店市琴弦

式节能塑料日光温室改进而成，主要特点是三面土墙，水泥立柱，铁丝、竹竿棚架，无滴膜盖棚，竹竿铁丝穿孔压膜；二型冬暖式大棚，集寿光土温室和琴弦式大棚的优点改进而成，主要特点是三面土墙，水泥立柱，鸭蛋竹棚架，无滴膜盖棚，压膜线压膜，棚膜无穿孔，不透风漏气，大大提高了保温性能；三型冬暖式大棚更为先进，主要特点是能配套安装自动化卷帘机，墙体坚固，可承受卷帘机的压力和拉力，还可与滴灌、无土栽培新技术相配套，利于进行蔬菜的工厂化和现代化生产。多种类型的冬暖式大棚反映了大棚种植技术为适应蔬菜产业发展而不断改进的过程，是一代代种棚人智慧的结晶。

2. 建设高标准智慧农业园区

蔬菜大棚技术的改进，推动了蔬菜产业的集聚和快速发展。近年，崔岭西村大棚已经发展到 320 个，总面积 1 105 亩。2016 年，寿光市委、市政府为促进农民增收，加快寿光市蔬菜产业转型升级，在全市范围内铺开大棚“两改”工作，即“大田建大棚，旧棚改新棚”。借此东风，崔岭西村将旧村复垦出的 230 亩土地外加周边 200 亩的大田地全部规划为现代农业园区，集中建设现代化“智能”新式大棚，主要种植西红柿、甜瓜和五彩椒。当时的复垦区是一片狼藉，垃圾成山，村里还有个老河塘，也基本不适宜建棚，单独包给群众，无人承包。村“两委”召开党员、村民代表会议后，决定由村里统一清理，统一整平，雇佣机械和车辆把所有的垃圾全部清走，河湾全部填平。用了两个月的时间，统一建设了 40 个高标准冬暖式大棚，开始面向村民承包。村民积极性很高，首次报名达 160 户，竞争激烈。为保证公平，村里为这事还召开了村民大会，决定这些大棚只能由本村村民承包，通过公开透明的方式让本村村民公平获得承包机会。

智慧农业园区 **崔岭西村 供稿**

智慧农业园区 **孟祥军 摄**

目前，该智慧农业园区实现了"四统一、八配套"，即村里统一调整土地，统一协商定价，统一招标建设，统一合理分配，集中配套了用水、用电、硬化、绿化、亮化、监控、联合社、蔬菜出口公司。

在技术环节上，村里对大棚进行提档升级，基本实现了智能化、自动化、集约化生产。村里还与菜农之家联合社合作，引进最前沿的“互联网+技术”，在园区安装了智能设备，引进了技术指导、农资配送、监测管理等一体化服务体系，定期为蔬菜大棚进行测土配方施肥，建立健康档案，并录入市农业大数据系统，让蔬菜品质全部达到“绿色标准”，实现了蔬菜标准化、规模化、品牌化的目标，使蔬菜产业真正成为当地支撑产业。

3. 创办多能高效蔬菜合作社

蔬菜种植问题解决之后，销售、融资、服务等问题又摆在了崔岭西村广大村民面前。为了解决这些问题，近年来崔岭西村自力更生创办了许多一专多能、运行高效的农民合作社。其中，众旺果蔬专业合作社现已发展社员 180 多户（也有外村种植户加入），年出口蔬菜 1 200 吨，销售额超 1 亿元。该合作社收购社员蔬菜每斤平均比市场价格高 2 至 3 角，每年可为社员增收 1 万元，增加村集体收入 90 万元。众旺果蔬专业合作社还下设资金互助合作社，每年为菜农发放贷款 600 多万元，满足农民资金需求。同时，村里还通过菜农之家联合社，集农资配送、技术指导等服务为一体，助力崔岭西村打造精细农业并努力培养新型农民。崔岭西村的蔬菜品质高，卖得快，价格有保障，这跟合作社的良好、高效运营是分不开的。崔岭西村的蔬菜通过合作社能够供应到北京、浙江和俄罗斯等地。现在崔岭西村的种植大棚农户全部加入了合作社，合作社统一提供种子、肥料，从种苗到收果都由合作社监管。通过合作社与农户的对接，既形成了合作社的品牌效应，更带动了崔岭西村蔬菜产业的发展。

随着互联网时代的到来，年轻人在网上消费成为一种时尚。面对新的形势，合作社又瞅准了电商平台。早在 2011 年，就有合作社开始做电商，在知名平台上做了旗舰店。现在，网络电商平台更是成了崔岭西村合作社看中的大市场。互联网电商的发展，也让合作社增强了品牌意识，纷纷申请了自己的产品商标和绿色食品标志。

众旺果蔬专业合作社 **张宏伟 摄**

生食西红柿 **崔岭西村 供稿**

4. 强化蔬菜监控管理体系

蔬菜是人们一日三餐都离不开的食品，营养、安全问题须臾不可忽视。随着蔬菜产量的增加，崔岭西村越来越重视产品的营养、安全问题。在寿光市相关部门的支持指导下，村里对种植大棚土壤、空气、水的检测，制定了越来越高的监管标准。菜农之家联合社通过开设全村种棚户培训课程，教大家如何种出产量高、营养丰富，安全环保的蔬菜。专家团队人员每天都要去村民的蔬菜大棚里与菜农进行交流，解决村民种植过程中遇到的问题。在蔬菜换茬时，工作人员会提前到村民的大棚里取土。一亩地的大棚要取大约 10 个点的土样，然后送到寿光的土壤检测站，10 天左右就能知道检测结果。通过查看检测结果，菜农可以知道土壤缺什么元素，然后进行科学配肥，做到缺啥补啥，精准施肥，一方面减少肥力浪费，另一方面也减少土壤中的肥料残留。寿光市委市政府对农药的管理非常严格，寿光的全部农药实行实名制销售，全程可追溯。

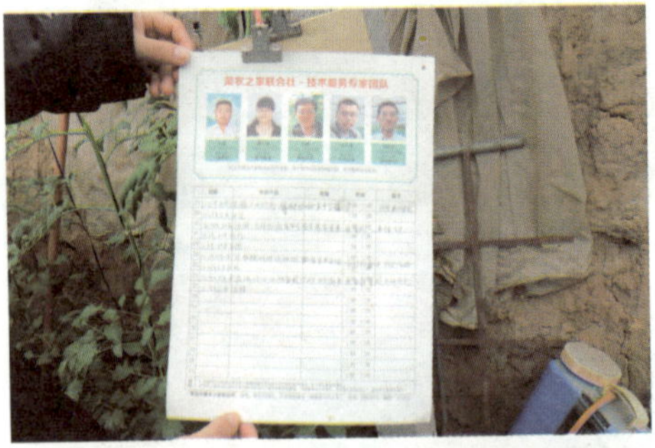

蔬菜合作社管理记录　**崔岭西村 供稿**

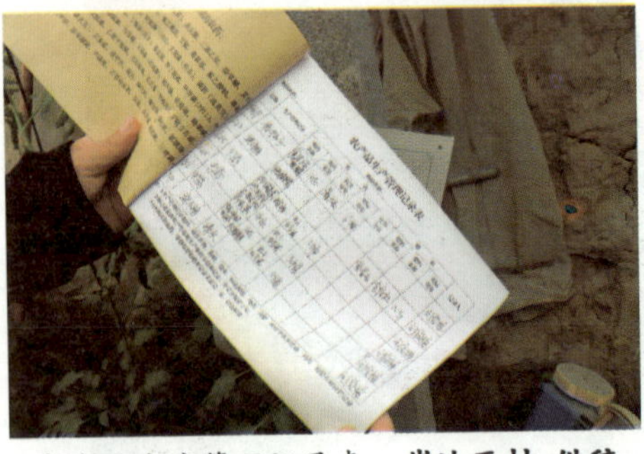

农产品生产管理记录表　**崔岭西村 供稿**

寿光市农业农村局专门建立了一套完整的农药销售监管系统。该系统可以全流程追溯，谁买的药、买了多少、什么时间买的等都有详细的记录，系统后台还留有购买人的电话和身份证信息，可以做到实名追查，为农产品安全提供了坚实的保障。同时，局里还给所有种植户都发了全程植保卡，让菜农用了肥和药之后要做好记录，并作为考核菜农的一项标准。通过宣传教育和严格监管，管理部门提高了社员对农产品安全的重视程度，社员们也认识到了蔬菜安全的重要性，都能自觉地去使用安全低毒的农药。

5. 过上业强民富好日子

经过持续的努力，崔岭西村紧抓农业现代化不放松，大大提高了蔬菜产业的经济效益，提高了农民的收入，助力广大村民走上了乡村振兴的致富路。

技术创新、管理创新大大提高了蔬菜种植的生产力，特别是近几年智慧农业园区的建设，菜农们使用"智能六配套"的以色列智能水肥一体机，足不出户就可以通过手机获取大棚内湿度、温度、光照等信息，并可以根据信息实现遥控放风、补光、加湿、浇水、施肥、用药，极大地节省了劳动力。以前一对夫妇只能种植两个 70 米的大棚，用上智能化装备后，可以轻松地"玩转"两个 200 米的大棚。

现代化的智慧大棚建造提高了土地利用率，加之种植技术的改进最终提高了蔬菜种植的经济效益。原来的大棚一般占地面积 1.6 亩，实种面积 0.6 亩，土地利用率仅为 37.5%。现代智慧大棚大都占地 10 亩，实种 4.6 亩，土地利用率达到 46%。原来的大棚一季种植樱桃西红柿 1 300 棵，年产量（两季）16 000 斤，按每斤 2.5 元计算，一年毛收入 4 万元，纯收入 2.6 万元，亩均净收益 1.65 万元；现代智慧大棚也种植樱桃西红柿，一季能种植 1 万棵苗子，年产量（两季）16 万斤，一年毛收入可达 40 万元，纯收入 26 万元左右，亩均净收益达到 2.6 万元。现在的高标准智能大棚比原来的大棚每亩净收益提高了近 1 万元。到 2019 年，村集体收入达到 480 万元，人均收入 4.5 万元，户均存款 35 万元；全村拥有机动车 330 辆，户均 1.5 辆；村民在外购买商品房 60 余套。

总之，通过技术创新、管理创新，崔岭西村初步实现了产业振兴，村民也因此初步过上了富裕的生活。

（二）实施旧村改造，打造文明宜居的新社区

近年来，逐渐富裕起来的崔岭西村人也在想办法建设美丽文明乡村。建新社区的想法最初来源于村支部书记崔玉禄的一次南方考察。在这次考察中，他被南方先进地区的人居环境、群众生活质量所触动，深感崔岭西村的差距巨大。2012 年冬，崔书记与部分党员座谈时提出了搞旧村改造的设想，计划借助政府土地增减挂钩试点政策建设高质量的崔岭社区。为此，村委连续召开了几次全体党员和村民代表会，经反复讨论大家最终同意建设新型社区。在获得了镇领导的支持后，崔玉禄又召开了全体村民大会，得到了全体村民的理解与认同。后经多次征求专家意见及进行多次修改，上级主管部门最终批准了崔岭西村旧村改造计划。

崔岭社区 **孟祥军 摄**

2014 年 6 月，旧村改造一期工程正式开始实施。2015 年 10 月工程全部竣工，并实现村民顺利搬迁。

2017 年，崔岭西村计划开建新的社区建设工程（崔岭社区二期工程），决定在小区后 308 国道以南，建设四栋公寓电梯楼，出资 360 万元建一处文化礼堂，再投资 400 万元建设老年幸福苑。该规划于 2017 年 5 月报上级主管部门批准，10 月正式开工，2019 年 10 月工程顺利完工，村民分房入住。同时建设的文化礼堂附楼部分作为酒店对外承包，每年为村集体增收 21 万元。

崔岭社区二期工程　**张宏伟 摄**

1. 旧村改造提高了村庄公共设施和公共服务水平

借力旧村改造工程，崔岭西村投资 120 万元，实现户户通天然气工程；投资 60 万元，对小区进行了高标准绿化；投资 20 万元，在社区内安装路灯 60 盏，小区实现了高标准亮化。崔岭西村还通过旧村改造工程集中建成了社区党群服务大厅、标准化小学、幼儿园、高标准卫生室、文化礼堂、新时代文化广场和老年公寓楼。目前，崔岭西村拥有了高标准的乡村基础设施，村民享受到了高质量的公共服务。

（1）社区党群服务大厅

社区党群服务大厅　**张宏伟 摄**

崔岭西村党群服务大厅承担三方面的职能：崔岭西村、稻田镇丹河片区村务及村委日常工作、村物业管理工作及党建工作，主要为本社区居民提供物业管理、民政社保、农技服务、卫生计生、党建服务、农经财税等方面的服务。

（2）小学、幼儿园

新建小学坐落于崔西社区西邻，由崔岭西村出资，于 2014 年 6 月破土动工，2015 年 3 月 9 日完成师生入住。现有 10 个教学班，281 名学生，26 名任课教师。学校服务于崔岭西村、田家村、崔东村、南齐村、东丹河村、西丹河村、潘家村、北董村共 8 个自然村。学校占地 9 900 平方米，总建筑面积 3 510 平方米（附设幼儿园），总投资 600 余

村内的小学　**崔岭西村 供稿**

万元。教学楼建筑面积 2 580 平方米，能容纳 10 个教学班级，微机室、科学室、仪器室、图书室、阅览室、美术室、舞蹈室等功能教室齐全，各室面积及器材配备达省标。

幼儿园位于稻田镇崔岭西村西侧小学院内，占地 1 370 平方米，属于稻田镇公办就餐幼儿园，2017 年 12 月验收为潍坊市示范园，现有教职工 10 名，其中教师 8 名，伙房人员 2 名，现有幼儿 85 名。崔岭幼儿园以"塑造童年"（泥塑、面塑、版塑）为特色，打造"生活体验馆"和科学发现室，让幼儿真实体验生活，感受科学的奥秘。根据年龄特点，充分挖掘园内的运动资源，开展自由、自主、自发的户外活动，冬季跑酷运动，不仅锻炼了幼儿的体质，还增强了幼儿的合作意识。

幼儿园手工课　**崔岭西村　供稿**

（3）村卫生室

村卫生室　**孟祥军　摄**

崔岭西村的卫生室共六间房，占地 150 平方米，位于新时代广场东南角，隶属寿光市第五人民医院，有两名大夫。卫生室医疗服务范围覆盖崔岭西村、南齐村，为两村村民提供基本医疗和公共卫生服务。基本医疗包括常见病和多发病的诊断和治疗及严重病人转诊。公共卫生服务包括建立村民健康档案，村民健康教育，老年人健康管理，高血压、糖尿病、精神病患者健康管理，中医药健康管理，突发卫生公共事件报告处理，卫生、计生监督协管，安全生产报告等。

（4）文化礼堂

文化礼堂　**崔玉华 供稿**

老年人在娱乐　**崔岭西村 供稿**

文化礼堂位于崔岭西村北侧，紧挨着 308 国道，主体建筑共两层。南侧一楼是老人娱乐健身学习场所，二楼设有村史馆，展现村风村俗；另外还有文化图书室、电子阅览室、新时代文明实践站、文艺表演大厅，展现村里的好人好事、先进事迹、志愿者服务。此外，二楼还设有学习培训大厅，用于种植技术培训，移风易俗教育，及对外接待参观学习的客人。

（5）新时代文化广场

新时代文化广场　**崔玉华 供稿**

新时代文化广场在村子的南侧、智慧农业园的北侧，东西 100 米，南北 40 米，占地 4 000 平方米。广场设有儿童乐园、大型电子屏，每周六、日及逢年过节播放电影和文艺节目。

（6）老年公寓楼

村里新建了老年公寓楼，村里无子女的老人可以免费入住。崔岭西村免费为 60 岁以上的老年人办理了银龄安康保险，每年中秋节、春节为村民发放鸡蛋、猪肉等福利。此外，村里每年还出资 20 多万元，对村民办理的新农保、新农合进行补贴。

老年公寓楼 **崔玉华 供稿**

2. 新村建设建成了党风正、民风好的新社区

崔岭西村党支部始终坚持“一切工作到支部”的理念，以“党员干部新作为”聚力组织振兴，严格落实“三会一课”制度，并根据党员实际表现实行“零基积分法”。书记带头清廉为政，带领全体党员干部树正风，干实事。党员带头进行志愿服务，60 岁以上的老党员义务清理社区卫生，数年来不领村里一分钱。社区内每个楼道选出责任党员或干部做“楼长”，楼道中的卫生、安全、邻里纠纷都由楼长全权负责，落实长效的每月评比机制，评比结果在微信群和村庄大会上予以通报，将结果纳入党员积分内容，作为考核党员的重要依据之一。

老党员志愿服务 **崔岭西村 供稿**

崔岭社区党支部提出了"守党纪树党风，以党风带民风"的乡村文明建设思路，着力加强全体居民的精神文明建设。社区专门成立了文艺宣传队，采用群众喜闻乐见的方式，丰富群众文化生活。积极宣传村规民约，倡导移风易俗、厚养薄葬、喜事俭办，此举不仅形成了健康文明的新风尚，而且为村民节省了开支，减轻了压力，受到广大村民的热烈欢迎；社区积极开展"四德"教育，评选爱德、诚德、孝德、仁德的优秀村民并予以表彰；社区开展"好媳妇 好婆婆"评选活动，举办"孝老饺子宴"，设立道德大讲堂，成立文艺演出队，建设社会主义核心价值观公园。一系列加强乡村精神文明建设的措施得到了村民的广泛支持，经过持之以恒的努力，崔岭西村形成了尊老爱幼、邻里和睦、团结向上的积极风貌。

崔岭西村的志愿服务队 **崔玉华 供稿**

通过旧村改造新村建设，崔岭西村建成了基础设施较为完备、公共服务较为齐全、村容村貌美观、乡俗村风文明的新社区，崔岭西村人初步过上了宜居文明的新生活。较高的收入水平和良好的生活环境不仅得到了广大村民的肯定和喜爱，也受到了部分在外地工作的崔岭西村村民的青睐。近几年，陆续有在外打工、经商，甚至有稳定工作的村民回村创业，崔岭西村已经大踏步地走上了良性发展的乡村振兴大道。

三、乡村振兴中的崔岭西村人

（一）崔玉禄：乡村振兴的领路人

崔岭西村党支部书记兼村民委员会主任崔玉禄
崔玉华 供稿

崔岭西村近些年来的发展真可谓日新月异：时间不长就建起了自己的农业智慧园区，园区里现代化大棚整齐排列；完成了旧村改造，村民搬进了宽敞明亮的楼房；新建了时代文化广场，村民有了自己的文化活动场地。这些发展成果都离不开村里的领路人崔玉禄的努力。

崔玉禄，1962 年生，中共党员，是崔岭西村党支部书记兼村民委员会主任，也是寿光市人大代表。崔玉禄说：“我很小的时候父亲就去世了，母亲身体不好，经常生病，都是家里的大哥长年照顾我，很不容易，很小的时候我就学会了自强自立。”正是这种艰苦的家境让崔玉禄较早地体会到了责任和担当。为养活家人，年轻的崔玉禄换过多个职业，这让他见多识广，脑子活络。1996 年，崔玉禄看到村里、村外种植蔬菜的村民越来越多，蔬菜产量也越来越大，但是却没有几个村民懂销售。于是他在村里选择了一个交通方便、地理位置好的地方盖了三间小屋，开了个菜市场，为客户收菜，干起了倒卖蔬菜的生意。到 2000 年的时候，有不少熟悉的跑边贸的客户定点在他的市场里收蔬菜，崔玉禄帮助这些边贸客户联系收货人员和车辆。一来二去的，这些边贸客户们看崔玉禄办事认真厚道，就叫他帮忙代收蔬菜，渐渐地崔玉禄有了经验之后就独立做起了蔬菜边贸生意。

崔岭西村"两委"成员：崔玉华（左）、崔玉禄（中）、崔丽萍（右） **崔玉华 供稿**

2007 年，崔玉禄在时任丹河片区党总支书记秦卫强的推荐下，当选为村党支部书记。此后，崔玉禄的工作重心就放到了如何让全村变得更好这条路上。他带领村民群策群力、团结进取，为村里做了很多实事，赢得了广大村民的信任。崔玉禄回忆说："任村支书这些年，有苦有甜，回望过去，我最欣慰的事就是旧村改造项目了。"

原来，2010 年之后崔岭西村村民通过种植大棚蔬菜收入越来越多。农民腰包鼓起来了，对生活环境的要求也就越来越高，原先的老房老屋就远远不能满足村民想过高水平生活的需求了。但旧村改造工程谈何容易，前期规划、具体落实等各个方面工作量巨大，这对村委是极大的考验。崔玉禄为了专心做好这件事，放弃了自己的生意，多次带领村干部到南方考察学习，成天与村委成员和村里的党员开会分析村里的优势和现有条件，最后发现，最可行的办法就是借助政府的土地增减挂钩试点政策进行旧村改造。经过村委和村民大会多次讨论，改造方案最终获得通过。在上级党委政府的支持下，经过5年的建设，2015年10月，数栋住宅楼、一栋老年公寓、一栋教学楼胜利竣工，全村村民都搬进了崭新的楼房。

为了更好地发展村里的蔬菜产业，2016年春，崔玉禄又带领村委开始规划建设高标准的农业智慧园区。村委把老村复垦出的土地统一处理整平，统一规划建设，统一分配流转给村民种植蔬菜，使承包村民的收入有了较大提高。经过社区建设、大棚“两改”、土地流转，村民的蔬菜大棚数量大大增多，蔬菜产量不断提升。但好事多磨，蔬菜产量增加了，销售问题又出现了。现有的销售模式，村民赚得很少，大部分利润都被蔬菜中间商赚走了。为解决这一问题，崔玉禄带头领办了寿光市众旺果蔬专业合作社，同时为了方便村民们贷款，还成立了资金互助合作社。俗话说，团结就是力量，在合作社的带领下，村民积极走出去，对接更大的蔬菜销售市场和终端蔬菜消费客户，销售渠道的拓展大大解决了村民卖菜难、菜价低等问题，村民收入有了很大的提高。村集体年收入从过去的5万元，达到了现在的3 000余万元。村民的人均年收入也达到了4.2万元。村民的收入提高了，生活富裕了，生活环境改善了，思想意识也不能落后。村“两委”不忘初心，每月15日组织生活会，给村里的党员和群众代表上党课，讲理论，互相找差距，补短板，让党员们处处发挥带头作用。

以崔玉禄为核心的村委在消除贫困方面的作为也可圈可点。村里考虑到贫困户经济来源少、生活困难，就统一为村里的贫困户发放各种补贴和提供各种就业机会。对于村里那些没有子女的孤寡老人，村里统一为他们安排了免费老年公寓居住，公寓里的水、电、暖等费用一切都由村集体承担。每逢过年过节，崔玉禄还带领村委成员为这些孤寡老人送去水饺，帮他们打扫卫生，把他们当作自己的亲人照看。

崔玉禄领导的村委不仅重视产业发展，而且十分重视乡村教育。村小学和幼儿园校舍之前是四村合建，学校条件较差，教师外流严重，教学质量连年下降，村民抱怨声不断。作为村委领导的崔玉禄看在眼里，急在心里。村委开会讨论后决定新建配套小学和幼儿园。汇报上级领导获得同意思后，他们开始行动，经过预算，共需资金 600 万元，上级政府补贴了 170 万元，剩余部分全由村里出。如何筹款，愁坏了村委，后来他们决定把村里最前排的几栋楼房的一层改成沿街商铺，卖给做生意的商人，把赚到的钱全部拿出来建学校，加上之前村里筹得的资金，总算凑够了建设资金。学校自建成至今，生源由原来的 4 个村子扩大为 8 个村子，教学质量由原来的倒数第 1 名变成了全镇的前 5 名。

今天的崔岭西村已成为寿光市乡村振兴的样板村，全国各地农村干部每年来参观学习的不计其数，央视、省市电视台、中央人民广播电台、各级报社等都做过相关报道。

在村委这些年，崔玉禄感受很深，他认为村民团结、村风正、村居环境优良，人们才能生活幸福。崔岭西村村貌变了，村民的精气神儿和做事的干劲也激发出来了，大家团结一致奔小康。2018 年至 2019 年，在两次洪水灾害面前，全体村民团结一致，合力抗洪，全村展现出了强大的凝聚力和精神力量。

崔玉禄说："这些年要特别感谢和我并肩作战的同志们。崔岭西村'两委'共有三职，我作为村支书兼任村民委员会主任；我们村的文书兼任会计和民兵连长，分管着所有蔬菜大棚的卫生管理；我们村的妇女主任还兼管着村里的文艺宣传队和社区卫生工作。他们在自己岗位上兢兢业业，每天八点前把村里当天的工作全部理顺，安排完毕。他们为村民忙碌的身影大家都看得见，我相信每一个村民心里都有一杆秤。”

访谈最后崔玉禄颇有感慨地说，作为书记，他带领村民致富责无旁贷。作为一名党员，他凡事做表率也是当仁不让。作为崔岭西村的一员，他和大家一起让少有所育、老有所养，帮助困难群众共享发展成果。

（二）崔先峰：把大棚种植当事业做的人

崔岭西村的东边有一个 1997 年的大棚，由菜农崔先峰所建。崔先峰，61 岁，老伴崔金美，57 岁，夫妻俩育有一儿一女。儿子今年 33 岁，美国休斯敦大学博士后；女儿 31 岁，嫁到了崔岭西村北的潘家稻庄。这是崔岭西村一户普通的人家，夫妻二人看起来都不善言辞。

崔先峰的大棚在东山墙上有一个洞，半人高一些，到棚里需要弓着腰进去，棚里的西红柿长势很旺，管理得很好。聊到种棚的历史，崔先锋变得侃侃而谈。

村民崔先峰　**崔岭西村 供稿**

崔先峰说：“我本来种着三个大棚，后来因为 308 国道修建，征用了两个大棚，现在还剩一个大棚。现在留着的这一个是 1997 年建成的，能种七分地，我种大棚 20 多年了，蔬菜大棚就是我的一项事业。这些年也没白忙活，积累了丰富的种植经验。1997 年的时候，一个棚的投资就在 5 000 元左右，年收入能到 1 万元。2005 年收入均 2 万元。大约在 2010 年的时候，因为有了经验，产量也高了，收入在 3 万元左右。2010 年到 2019 年，年收入在 4 万元左右。我的种棚经验是，种上之后需要灌根。勤观察，一般西红柿生的病都是病毒病，主要以预防为主。大约 20 天，就开始吊绳、抹杈，20 几天之后开始点花。随时观察，什么时间，用什么农药，治什么病，都需要准确判断，并且还要以预防为主。特别是西红柿前期的病毒病，如果防不住的话，西红柿会死一半。如果防住病毒病，产量可以增一半。现在种的西红柿，是 8 月 9 日栽植的，在 8 月 25 日左右会吊起来，10 月 1 日点花，一直点花、浇水、施肥，打抗细菌药和杀虫药，预防各种病害、病毒。现在西红柿已经 3 个多月了，下面枝子上的已经开始熟了，已卖过 3 次了，再有大约两个月就卖完了。一年两茬，春季种甜瓜，秋季种西红柿。就是这个种植方式。"

"最近几年，我们村里进行小棚老棚改建，小棚换大棚，老棚换新棚，大棚都采用高标准智能化技术，放风机、日光补照灯等设备一应俱全。因为省时省力，再加上产量高，好管理，收入也高。我们这个村现在的年轻人一个人至少 3 个棚，他们种着都很轻松，现在种的棚都节电、节水、省时间。原来像我这个年龄的都是开三轮车，现在的年轻人都已经换成了四轮轿车。我们的生活条件，从以前的下雨漏水的小平房到现在住上楼房，生活变化很大，村里越来越整洁，越来越美丽，村民住着很舒服。"崔先峰继续认真介绍。

"这几年，因为我年龄大了，大棚也种不了了，所以种小棚。我种棚的技术在崔岭西村也是前几名的。去年纯收入在 6 万块左右，两个孩子上大学都是我种大棚供他们。未来还会更好。"崔先峰对未来的生活充满了希望。寿光模式下的新型农民大概都是这样的。

（三）崔全和：小菜篮里觅出致富经

崔岭小学旁边有一个大棚，棚室在学校门口的南侧，与学校隔了一条路，这个棚的主人叫崔全和，这个长相憨憨的、朴实善良的男人对我们的调研很是配合。

崔全和观察西红柿的长势　**崔岭西村 供稿**

今年51岁的崔全和与53岁的妻子刘俊梅育有两女，均在上大学，大女儿25岁，在中国农科院蔬菜研究所读分子育种专业，今年研三。小女儿22岁，在山东女子学院读大四，教育专业。

了解完基本情况，我们直奔主题，聊起了崔全和关于大棚种植的经历。崔全和有很多话想说，他首先感叹赶上了好时代，遇到了好村委。“有了好的领导，农民才会真正地过上好日子。我现在报名建上的这个新大棚，一季能挣六七万元，日子过得越来越好。我觉得现在种棚是最扎实的，我这个棚净种一亩七分地，一年下来大约收入十几万元。”

“目前，棚内正在种植西红柿。”崔全和介绍，“秋季种西红柿很简单，把地整好，施足肥，养一段时间，到了花期开始授粉。如果天比较热，盖上遮阳网想办法降温，勤浇水，防病毒，适当地让它进阳光。经过3个月生长期，开始熟果，然后就开始准备卖了。我这个大棚挨着市场很近，今年价格还可以，估计能卖6万多块钱，然后再种植一茬甜瓜，大棚每年收入10多万元问题不大。”

现在的生活来之不易，崔全和回忆起2002年种植的第一个大棚，恍如昨天之事。“之前种地，都是种小麦、玉米，基本没什么收入。在村里调地、鼓励发展大棚的时候，我报了名。当时，棚地长102米、宽24米，可净种一亩七左右，能种3 500棵左右的苗子。我这个棚从建好到种上一共花了2.3万元，当时手里就有万把块，也不够啊，多亏了亲戚朋友帮忙。第一次种的是西红柿，因为没什么经验，东问问西打听的，总算长势不错，成熟时市场行情也可以，卖完赚了2.7万元。当时心里很开心，做梦也没想到花这么多钱，一季就卖出本钱来了，要知道2万多块钱在当时也不是个小数目。后来，换茬又栽上了沙白甜瓜，也是摸索着干，好在长势也挺好，到五一的时候，瓜也熟了，出了1万多斤。外地的客户来找货，每斤1.85元收购了。我们种棚户都过来帮忙摘，那时没有四轮汽车，用了七八辆汽油三轮车给客户拉到市场上去的。人家过完秤算好账就给了钱，我记得扣除管理费，点好钱，我们十几个人就去了饭店，当时心里那个高兴啊，点上菜，喝了很多酒庆祝丰收，那一年建棚的都乐开了花。第二年收入也还可以，第三年建棚的多，市场有点饱和，一年下来赚了不到3万元，没了干劲。以后就年复一年地这样种着，一年好点，一年差点的，但始终坚持着。那时孩子小也没有多少花销，手里也有个三五万元的结余。一直到2009年，市场又逐渐好了些，核算后，除去3万元本钱，还剩7万—8万元。手里有了钱也就打算享受享受物质生活了，2010年5月，我就买了辆宝来轿车，办完手续接近13万元，很是开心。大女儿也考上了现代中学，小女儿上了稻田初中。大棚一直到去年就这个模式种着。今年七月份我跟妻子商量，听说人家种彩椒轻松，我们试着种了红圆椒，长势也挺好，坐果也挺多，就等着成熟了。大约年前就能上市，至于行情嘛，随遇而安吧。”

崔全和的讲述，我们听得很认真，感悟也很多。种菜也能致富，只要跟上形势，苦干、巧干就能过上好日子。崔全和就是跟上了形势，从小菜篮里觅出致富经，过上了幸福安定的生活。

（四）崔江元：蔬菜种植科学智能管理的传道者

2019 年 11 月 4 日，我们到崔岭西村参观 1 号大棚，这已经是第二次见到这个大棚了。9 月 16 日，我们就来过这里一次，同时也见到了大棚的主人崔江元。那次见面的场景，依稀在眼前，印象最深的是，崔江元十分善谈，很有想法。这次来了解大棚情况，再次受到了崔江元的热烈欢迎。

崔江元在打理西红柿　**崔岭西村 供稿**

说到大棚，崔江元打开了话匣子。“2016 年，我承包了本村的五亩土地，花了 20 多万元建设大棚。在这个大棚里种植西红柿，每茬种 5 000 棵，每年种植两茬，年产量 10 万斤左右，一年的毛收益在 20 万元左右。这个棚现在是智能大棚了，可利用手机对大棚的防风、光照、施肥、浇水实现远程控制，节省了劳力，很是方便。目前，大棚已安装了自动卷帘机和智能水肥一体机，可实现自动放风、智能补光、智能雾化、智能配置肥料。”说着，他指着一台机器，“这个就是智能水肥一体机，把肥料放在水桶里，搅拌均匀后，操作机器，可以设定时间和水肥用量，直达作物的根部，平均减水减肥 30%以上，提高产量 30%以上。”随后，他又介绍起补光灯，

"这个补光灯对我们有很大的好处，在冬天的时候，我们可以用它代替太阳光，给作物营造一个比较好的生长环境"。

智能水肥一体机　**崔岭西村 供稿**

智能大棚为崔江元带来了高收入。他说现在比原来多收入30%以上，原来的人工大棚，一个棚也就收入10万元左右，现在每个大棚每年收入能达到18万—20万元之间。目前，村里有43个这样的大棚。

智能大棚的规模化也带来了经营模式的变化，崔江元介绍，以前种菜比较乱，没有统一的模式，也没有统一的收购商，还要不上钱来。现在村"两委"领办了蔬菜合作社，村民们统一种植，统一销售，卖菜有保障，价格也提高了很多。

另外，统一管理也可有效对抗蔬菜病毒。崔江元介绍，这几年种西红柿，病毒是非常严重的，给大家造成了很大的损失，实现互联网管理后，把大棚里的温度、湿度，还有防风控制在一定的范围之内，病毒侵害的机会就很少了。科学智能管理，极大地提高了工作效率，节省了人力成本。目前，崔江元夫妇种了 3 个这样的大棚，管理起来很轻松，棚里种的西红柿，一年下来，毛收入 18 万—20 万元。

产量这样好，那农忙的时候如何应对呢？崔江元说："俺两口子虽然种着 3 个大棚，但是平常像拔棵子啊，推粪啊，这些活我都是雇短工，每天雇两个人或者 3 个人，两三天就干完了，平时基本上不用雇人，科学种植和管理大棚，省时省力"。

回忆起 20 多年前，崔江元感慨道："1995 年、1996 年那时的第一代大棚，用车子推土，村民自己做水泥柱子建大棚，半年时间也建不起几个棚。现在建大棚，你只要舍得投入，所有的机械啊，人工啊，都有现成的，比以前方便太多了。那几年种菜，都是个人种个人的，你种黄瓜，我种西红柿，形成不了产品规模。蔬菜收购商来，总量不够，也收不起来，有时候菜卖完了，钱给得也不及时。卖上一冬天，赚 1 万块钱，就很知足了。20 多年过去，我从第一代大棚种到第七代大棚了，现在一个大棚一年毛收入平均至少 10 来万元。"

聊天的间隙，崔江元不忘观察大棚的情况，看到大棚温度有点高，他为我们现场演示起放风机控制棚温的操作方法。大家看着崔江元触摸着墙上的一个方盒子仪器，旁边窗户口的大小开始微微调整。崔江元介绍，温度高时，放风机自动关闭，温度低时，自动打开，还可手动操作和锁定。

智慧化大棚种植让这个村子一年年富裕起来，现在家家户户全住的楼房，每家有 2—3 个大棚，至少都有个普通货车。说起这些年的变化，崔江元会心地微笑着说："我们村的老百姓有一种幸福感，现在大家家里都有固定的收入，都有固定的房子，周边配套学校条件也好，村书记也很负责任，不管大小事都照顾，我本人十分满足。不忙的时候，我打算凭借自己多年的种棚经验和技术去指导偏远落后地区种大棚，帮助他们少走弯路。虽然我不是什么专家，但如果能改变他们的思想观念，也是好的，继续出去做大棚技术服务是我后半生的理想。这些年，来村里参观的很多，都来我这儿看看。现在，我的足迹北到内蒙古，西到新疆，全国各地这几年基本上跑遍了。"

崔江元发自内心的话语感动了我们，这个朴实的村民不辞辛苦地传授大棚技术和专业服务，不就是寿光菜农无私精神的体现吗？据当地数据显示，寿光每年外派种棚技术员 8 600 多人，帮助全国各地种棚农民十几万人。

（五）高素真：十年种菜史，一本明白账

今年 53 岁的高素真中等身材，很健谈，是寿光崔岭西村三农服务站负责人，从她 2010 年开始种大棚算起，现在已经是第 10 个年头了。

高素真在为西红柿打叶　**崔岭西村 供稿**

种大棚之前，高素真一直靠运输蔬菜谋生，但是并不能维持生计。2010 年村里调地，她就开始种大棚。第一年种的西红柿，因为没有经验，开始长势不错的西红柿后来长了灰霉病，打药也止不住，损失不小，当年没赚几个钱。到第二年换茬的时候种了甜瓜，本来长得还挺好，但是，快收瓜的时候赶上下雨天，没做好通风，甜瓜都变了颜色，价格也没卖上去。2011 年再种西红柿，又得了骨髓坏死，好在不是很严重，到了换茬种甜瓜的时候，瓜长得还不错，卖了个好价钱。慢慢地，高素真种大棚的经验越来越丰富，从 2014 年开始，种植西红柿的时候，她开始重点防病害，虽然当年又长了灰叶斑，但不是很严重，也会治理了，卖的价钱还是很好的。

后来，因为家里开销大，一个大棚不足以支撑家里的开支，高素真就向村里申请了第二个棚。建成第二个棚之后，虽然里面有砖头瓦片，但经过她多次清理，精心管理，西红柿长得还不错。

新棚建成后，高素真一个人忙不过来，2015 年的时候就和亲家商量，让儿子儿媳一起种大棚，当时儿子没同意。所以，2016 年的时候，她就让丈夫停止了外地的生意，回来和她一起种植大棚。过了一年，感觉收入不够，就想再增加一个大棚。此时，正好邻居家要搬去海南工作，想把新建的大棚卖了。于是，她就联系邻居把大棚买了下来，虽然价格有点高，但是棚建得质量好，用的是被子，下雨时不用盖薄膜。新棚头一年因为没上遮阳网，西红柿长疯了，收成不好。过了年种甜瓜，收成很好，卖了高价。

2017 年的时候，高素真的儿子由于在外面上班挣钱少，又看到村里年轻人都种着三四个大棚，收入很高，就动了心，便回来和她一起种大棚了。高素真跟对象商量，又要了人家一个新棚。这样，从 2018 年下半年开始全家老小就一起种棚了。现在，她就只管替儿子照看孩子了。

谈话间得知，高素真有记账的习惯，从 2010 年开始种植大棚到现在，她们家的支出和收入都有明细，一清二楚，真实反映了这十年种植大棚的发展变化。

2010—2019 年高素真种植大棚的收入账单

大棚 时间	第一个大棚（2010 年建）			第二个大棚（2016 年建）			第三个大棚（2018 年建）		
	品种	产量（斤）	收入（元）	品种	产量（斤）	收入（元）	品种	产量（斤）	收入（元）
2010 年	西红柿	/	29 600.00	/			/		
	甜瓜	/	9 681.00						
2011 年	西红柿	/	29 373.00	/			/		
	甜瓜	/	37 844.00						
2012 年	西红柿	26 374	54 755.00	/			/		
	甜瓜	14 736	38 260.00						
2013 年	西红柿	28 303	38 857.00	/			/		
	甜瓜	14 615	31 362.00						
2014 年	西红柿	24 472	45 064.00	/			/		
	甜瓜	14 144	39 078.00						
2015 年	西红柿	18 802	37 441.00	/			/		
		24 420	45 121.00						
2016 年	西红柿	22 530	24 458.00	西红柿	25 330	67 021.00	/		
		22 656	33 281.00	甜瓜	22 192	50 459.00			
2017 年	西红柿	17 605	32 741.00	西红柿	32 124	38 498.00	/		
		25 052	64 471.00	甜瓜	18 208	36 320.00			
2018 年	西红柿	26 658	48 698.00	甜瓜	19 068	39 834.00	西红柿	26 912	61 591.00
		23 466	42 761.00				甜瓜	18 551	59 509.00
2019 年	西红柿	28 891	67 882.00	西红柿	26 846	48 986.00	西红柿	32 162	58 124.00
		22 696	41 826.00		33 787	78 689.00			

高素真一家的种植大棚经历，真实反映了大棚种植户一步步摸索、历尽艰辛终获得成功的历程。同时，孩子们回村创业的事迹也反映出了乡村振兴对人才的吸引，真实地体现出了社会主义新农村建设的成果和魅力，让人们对乡村振兴的美好画卷充满希望。

（六）崔清涛、孟凡丽夫妇：高额投资大棚的受益人

顺着崔岭西村东侧的路往南走，有两个大拱棚，其中一个棚在村南约一公里的地方，占地达 16 亩。进到棚里，从北往南看去，很深很深。这个棚的主人叫崔清涛。

崔清涛的大棚　**崔岭西村 供稿**

崔清涛，今年 36 岁，19 岁的时候就开始跑南京白云亭市场做蔬菜生意，21 岁在上海江桥市场继续做蔬菜生意，24 岁时与表哥跑南京大农贸市场做水果生意。后来还计划买个前四后八的大车跑运输，母亲因担心其安全，坚决不让。这期间，父亲在家里种着一个约有 7 分地的冬暖式小棚，家里活多的时候，他就回来帮父亲打理小棚。父亲那时告诉他，你这几年挣的钱，结婚已绰绰有余。后来，崔清涛决定回家种大棚，花了 8 万元买了第一个棚，后来又建了个 60 多亩的冷棚。种了 3 年后，又花 26.5 万元建了一个长 160 米、宽 15 米的高标准冬暖式大棚，这个大棚种了两年。到了 2017 年时，他把冷棚拆了，28 万元把大棚卖了，建了现在的冬暖式大拱棚。

问起家庭状况，崔清涛介绍说，父亲 80 岁，母亲 76 岁。他有 4 个姐姐，大姐今年 50 岁，嫁到村西边的南齐村；二姐、三姐两人都嫁在本村；四姐在滨州市药监局工作。崔清涛和妻子孟凡丽育有两个女孩，大的 14 岁，小的 7 岁。

现在这个棚种了 3 年，棚长 300 米、宽 32 米，占地近 15 亩，35 米的钢架用了 85 架，32 米长的钢丝用了 170 根，遥控卷帘机 4 个，棉

被 11 000 平方米，遥控放风机 4 个，棚膜用了 12 300 平方米。现在的棚因为上了棉被，温度高了，彩椒、甜瓜成熟期提前了，可以早上市，卖高价。之前的冷棚，一亩地收益也就两万元，虽然现在投资大一点，但一亩地的收益可达四五万元。而且，由于现在种的品种很集中，比如今年只种彩椒，价格很稳定，4—5 元钱一斤，收入相对比冷棚高。他的这个大棚净种 11 亩蔬菜，投资了 75 万元，这两年已经回本了。一季彩椒、一季甜瓜每年 60 多万元。有多大投资就有多大回报，这个棚去掉所有本钱，一年能挣 30 来万元。

孟凡丽在整枝 **崔岭西村 供稿**

孟凡丽介绍，她刚嫁过来的时候，公婆弄了一个几十米的小棚，一年挣不到一万元，刚刚够吃喝，基本剩不下余钱。后来她就和公婆一起种了两个小棚。再后来，她就和老公慢慢建起了一个 160 米的大土棚，还买的别人家的棚，总共 60 多亩地。棚里活儿很多，她老公每天累得头昏脑涨的，那时候两个孩子都小，她要带孩子，全靠公婆在棚里帮着干，很是忙碌。

孟凡丽种植的彩椒 **崔岭西村 供稿**

2017 年有了新政策，

可以建大包子棚，将活都集中在一起，她老公就第一个报了名。村里支持大棚建设，没钱的就给贷款，建起这个大棚虽然花了 70 万元，但是建起 3 年后，建棚款已经还清，以后挣的钱就是自己的了。现在，他们种的辣椒，活儿也不是很多，雇人干完，一季就没什么事了，只拉棚、放棚、通风，而且很多活儿用手机控制就可以，很方便，比以前轻松多了。

“以前崔岭西村一家子忙乎一年也就收入一万元左右，最多两万元。现在，随便一家年收入也得 10 多万元，最多的能到 20 万元。孩子也有好学校上，学校离住宅区很近，老师也很好。现在村里很多年轻人都不出去上班了，都回家种大棚，因为种大棚挣的钱比在外上班挣得多。”

孟凡丽感叹：“这些年在村委带领下，大家过上了好日子，都住上楼房了，老人小孩都老有所养，少有所育，婆媳吵架、妯娌闹矛盾的现象越来越少了。现在，村里的老年人有活动中心，每两个月还能固定在一起吃村里提供的免费水饺和水果，能够聚在一起聊聊天。”

种大型棚让崔清涛和孟凡丽发了家，致了富，生活是芝麻开花节节高。孟凡丽对自己能在崔岭西村生活而感到幸福，她希望以后能和村民们一起努力，把崔岭西村建设得更加美丽。

（七）夏江龙：回村创业让青春闪光

夏江龙的蔬菜大棚在崔岭西村南面的铁路桥边上，这个帅气的小伙子，穿着一件蓝色过膝工作服，瘦瘦的，很腼腆。

夏江龙，现年 26 岁，独生子，父亲 51 岁，母亲 54 岁，两位老人都和他一起种大棚。其妻伦银雪，25 岁，负责在家照顾两岁的儿子。目前，夏江龙一家种着 3 个大棚，两个 100 米的，一个 90 米的，全部种植西红柿，3 个棚可种 12 000 多棵，菜价好的时候，一年可以卖 40 万元左右，一般情况也能卖 30 多万元。夏江龙说："比起上班挣死工资，种棚虽然累一些，但是收入高很多。"

在种大棚之前，夏江龙一直嫌种地又累又脏，不愿意种大棚。那时，他的主要工作是从事农资运输，先后送过农膜、农药、泡沫箱、塑料筐，一年能挣个四五万块钱，乱七八糟地花完后剩不下多少钱，还不自由。结婚以后，有了孩子，事也多了，开销也大了，上班挣的钱难以维持家用。

年龄最小的种棚户夏江龙　**崔岭西村 供稿**

后来，他想通了，决定回家和父母一起种大棚。去年和家里商量又买了个棚，新买的棚种了一年就回了本。现在自家的 3 个棚一年都是种两季，一季全部都种西红柿，下一季两个棚种西红柿，一个棚种甜瓜，换换茬。甜瓜比西红柿省事，种上忙活到"沾瓜"（人工授粉）就没事了，年前种上到五一那时候就可以卖了，邻居都来帮忙，用不了一上午就卖完了。

夏江龙说，他们的西红柿都是常年预订幼苗，今年栽了 3 500 棵西红柿，管理简单，周期短，收益高，收入可以保证。

年轻的夏江龙虽然才种了一年的大棚，但已尝到了甜头。当时决定要不要回来种大棚时，他还矛盾了很久，现在看来自己的选择是正确的。将自己的青春奉献给他热爱的这片土地，奉献给蓬勃发展的现代蔬菜产业，他认为是值得的，这让他的职业规划更清晰，梦想更真实。

（八）孟庆林、崔相荣夫妇：擦亮寿光蔬菜品牌

在崔岭西村的东北角，顺着全村最早的大棚棚间路往后走会见到一个蔬菜合作社，其主人是孟庆林、崔相荣夫妇。

孟庆林，今年 42 岁，内蒙古赤峰人，和妻子崔相荣育有一子。这个老实厚道的中年男人和妻子种植大棚已经有 11 个年头了。

与孟庆林夫妻交流　**崔岭西村 供稿**

现在二人经营着蔬菜合作社，合作社业务很广，北到内蒙古，南到海南，都有他们的合作方。在他们看来，寿光的支柱产业就是蔬菜，蔬菜就是寿光的品牌。他们平时收购寿光本地蔬菜，往各超市配送。他们在赤峰也有冷棚、暖棚大约 120 亩。在海南他们也承包了 300 亩地，全都统一管理，统一提供苗子、肥料、技术，蔬菜下来了还包销售。在四川，他们与当地的合作社合作，四川是小冷棚，他们先是在棚里种水稻，水干了之后再种柿子，这样就能保障土壤的肥沃度。他们的蔬菜棚平常用的肥就少，基本不怎么用肥，这就从源头上控制住了农残，保证了蔬菜品质，维护了寿光蔬菜的品牌。

现在，孟庆林的蔬菜合作社是潍坊市的示范社，他们下一步想把合作社做成超市蔬菜供货商的样板。从 2018 年开始，合作社就开始尝试将精装蔬菜和散装蔬菜分别处理，减少损耗，尽量做得精一点，让老百姓吃得放心。

孟庆林的妻子叫崔相荣，今年 43 岁，两人 1997 年相识于北京某

礼品公司。后来，孟庆林和人合伙到怀柔桥子镇租种大棚，生产蘑菇并往家乐福超市送。崔相荣则在2003年开了自己的礼品公司。

2005年的一次回家探亲，让崔相荣看到了寿光的发展和变化，她决定回家发展。回村生完孩子后，崔相荣就在本村的蔬菜市场从事蔬菜收购工作。2007年，孟庆林在北京的买卖也遇到了瓶颈，于是，他也跟着回到了寿光。回来的第一年，孟庆林就买了辆车，从事蔬菜运输工作，北漂的经历让夫妻两人总想拥有自己的事业。

崔相荣谈理想　**崔岭西村 供稿**

2008年8月的一天，夫妻二人决定开始农超对接，往超市里送新鲜蔬菜。现在，崔相荣从事蔬菜种植和收购，主要是销往全国的各大超市，在崔岭西村附近合作的农户有四五百家，基本上周边农户种的西红柿都送到她这里来，包装后再发到超市。因为国内蔬菜供应有地域之分，于是，他们就在各地建立了自己的合作基地，比如赤峰、广西、四川和海南。如果寿光的蔬菜供应不足或断档，他们就会去全国其他地方的合作基地收购，以满足超市需求。

近年来，寿光对蔬菜的管理和检测更加严格，蔬菜检测开始从土壤检测入手，检测手段也更加科技智能。当地对蔬菜全流程监控，所有的菜每天都抽检，每一个超市的每一个批次都抽检。打药必须用国家允许的农药，具体用什么药、什么时候用、用多少，农户都有记录以供核查。超市如果抽检到有问题的菜，都能回溯找到生产这个菜的农户。现在，崔岭西村菜农的诚信意识也提高了很多，超市负责人到产地来检查，能明显感受到现在的变化。早先南方运输菜的业务伙伴对寿光菜有顾虑，不敢批发。后来，他们到寿光进行了一次实地调研，就彻底改变了看法。崔相荣告诉南方客户，寿光菜的质量是寿光每个农户的命，保证菜品的质量，就是保自己的命，怎么会不重视呢？由于蔬菜品质好，他们的生意逐年扩大，现在上海地区也开始吃上寿光产的蔬菜了。

生意好了，收入也高了。崔相荣介绍，他们普通蔬菜每年收入6 000万元左右，精包蔬菜从去年刚开始做，选了几个超市做试点，年收入200万元左右。新车间今年马上就建好了，以后还需要投入一两千万元来扩大面积，预计能达到880平方米。新车间里有水洗的菜，有加工的菜，还有农残检测室。除了做精装菜，他们还根据超市要求为蔬菜申请了商标。

崔相荣感叹，这些年他们积累了不少运营经验，他们有信心走向更大的市场。看得出崔相荣是个事业心很强的女性，她认为，在这样好的环境和平台下，更应该努力去把寿光蔬菜品牌做大、做响。工作之余，崔相荣都会外出学习，去上海、北京等一线城市学习先进经验。

经过这几年的一路打拼，崔相荣的事业版图越来越大，现在的团队加上司机有20多个人。目前，她主要负责整个合作社的运营，孟庆林负责在外采购，她的弟弟负责发货和采购，弟媳负责会计事务。车间里加工的工人有18人，精菜项目还在招聘人，要达到20多个。他们说增加人手主要是为了保证菜品的分拣和分类包装到位，满足客户不同的需求，这样就可以减少超市的损耗，让质量好和无农残的菜能以最好的形象到达超市，保证自家的蔬菜质优价廉，直接从大棚到餐桌。

崔相荣说，现在他们外地的基地都很成熟了，技术员会定期去讲课，所有的基地都运转得很正常。例如在赤峰，今年他们搞了50个棚，专门种口感番茄，一年四季不断。他们把种子、苗子提供给农户，农户采摘后经过分拣再送到各个超市。外地的每一个基地都这样做，多年来流程越来越顺了。

说起自己在崔岭西村的生活，崔相荣感觉非常幸福，既可以过上好日子，又可以实现自己的理想。现在，村里发展得很好，周边配套设施完备，村容村貌整洁，孩子教育、家人医疗都有保障，各家各户住楼房，也都有私家车。

回忆起自己在北京打工的生活，她总有一种漂泊之感。后来回家从事蔬菜运输，从当地的全福元超市开始，一步步摸索，做到了现在全国的 6 个超市，越做越大。崔相荣感叹，这些年走过来，真是不容易啊！

崔相荣说，感恩在她事业成长中给予帮助的各级政府，她要继续努力，不辜负领导的信任，一步步做好、做精、做大，让吃寿光蔬菜的全国人民放心、安心。

（九）崔建坤：蔬菜出口贸易的弄潮儿

在崔岭西村村东路和村南路的东北角有 5 间房屋，其中一间房屋的门口，挂着众旺果蔬专业合作社、途胜蔬菜有限公司和众旺合作社工会委员会三块牌子。走进这间屋子，看到正面的墙上还挂着蔬菜合作社、潍坊市农民合作社和山东省农民合作社省级示范社的牌子。

现在运营这几个机构的主要负责人就是崔建坤。崔建坤，崔岭

崔建坤　**崔岭西村 供稿**

西村支部书记崔玉禄之子，1987 年出生，高中毕业后参军，退伍后先在城里工作了一段时间，后来回村具体负责众旺果蔬专业合作社事务。

合作社的南侧是装货场地，五辆大型货车正在门口忙碌地装车。装卸车间内，十几位妇女在熟练快速地检查彩椒质量，打包装箱。几位男员工忙碌着装车。“这些蔬菜都是要直接发往俄罗斯的，30 多个小时就可以抵达边境，在那里换车运往俄罗斯各大城市。蔬菜 70%供应超市，虽然价格稍微便宜一点，但是客源稳定。”崔建坤自豪地说。

说起未来的规划，崔建坤的想法是先慢慢地发展国内市场。他说，目前中国的消费水平在不断提高，超市也非常成熟了。我们以前只做蔬菜的边贸出口，现在要加大国内市场的开拓，还要做蔬菜电商，抓住该抓住的市场。崔建坤说，他对于未来发展还是比较有信心的，因为寿光的蔬菜是一个稳定成熟的产业，品牌优势明显，加上国家和省市政策的扶持，具备做大、做好的前提条件。

崔建坤是村庄年轻人中的成功代表，因为村庄有了足够的发展空间，年轻人还是喜欢在自己的家乡创业发展。最近几年，像他这样的年轻人开始增多，他们在自己的家乡有的种植大棚，有的经营化肥农药，有的为种植户提供技术指导，有的做贸易出口，有的做国内销售。

三百六十行，行行出状元。工作没有高低贵贱，只要认准一条路，就要矢志不渝地走下去，走出成就来。从崔建坤这群年轻人身上，我们看到了崔岭西村充满朝气蓬勃的未来和蔬菜产业繁荣发展的新希望。

（十）张志文：与时俱进做好乡村教育事业

崔岭联办小学在崔岭西村的西侧，跟村子连在一起，从村子里就能看到学校的操场。2019 年 11 月份，我与张志文校长进行了多次座谈。

张志文说，崔岭联办小学原建于 1991 年，后来随着老校区教室、教学设备的老化，已经不能满足当地的教学需要了，于是由崔岭西村出资在社区西邻改建新的学校。现在的新学校功能教室齐全，还建了高标准的塑胶操场、食堂，各教室面积及器材配备均达到了省级标准。目前，学校有10个教学班级，281名学生，26名任课教师，服务于崔岭西村等8个村子。

张志文校长大显身手 **崔岭西村 供稿**

张志文回忆道，没建新学校之前，崔岭联办小学地处偏远，校舍陈旧，硬件环境相对落后，当时是全镇最差的学校。崔岭西村搞社区建设的时候一并把学校也规划了进来，才建成了这所全镇最好、全市有名的小学。

张志文为我们详细，如地介绍了学校情况。让他引以为傲的是，学校近几年获得了一系列荣誉，如"潍坊市校园开发美化绿化先进单位""潍坊市普通话校园语言示范校""潍坊市校园开发绿化美化先进单位""寿光市教书育人先进单位""寿光市教育科研先进单位""寿光市学校管理先进单位""寿光市文明校园先进单位"等，挂满学校的荣誉墙。

崔岭西村村委一直很重视村里的教育。今年开学前，村委看到学校教学楼外墙有脱落、褪色现象，村里的崔书记当即决定由村里出资，用最好的材料、以最高的标准为学校粉刷教学楼和维修楼内部分墙壁。短短几天时间，学校外貌焕然一新，给了孩子们一个优美的学习环境，受到了广大家长、师生的高度赞扬。另外，村委也十分关心学校教师的生活，真正把乡村老师当自己人来对待，每年的春节、中秋节、教师节，村委成员都会到学校来慰问老师。教师们享受着村民待遇，心中感到特别温暖，也特别感激，工作积极性更加高涨。作为校长，张志文对村委支持教育的多项举措非常赞赏，同时他也经常勉励老师们努力从思想上、行为上提高工作水平，高标准地完成各项教育工作回报村委的支持。

崔岭联办小学的文化墙：仁义礼智信

崔岭西村 供稿

张志文非常重视学生的全面发展。他带领学校确立了“一切以学生发展为本”的理念，关注学生的学习感受，引导学生改进学习动机，激发学习兴趣。张志文要求老师们要教给学生学习方法，使学生逐渐养成自主学习、合作交流、触类旁通、举一反三的习惯，创建一个学生“会看、会想、会说、会听、会问”为目的的“五会”课堂。同时，学校基于学生全面发展的理念，教学过程中重点培养学生的安全活动习惯、文明就餐习惯、有序放学习惯、卫生礼仪习惯，坚持人人参与，关注过程管理。同时学校还定期开展人人争做“优秀学生”和“美德少年”评比活动，激励每一个学生不断进步，打造“和谐校园”“温馨教室”，树立良好的学校形象。

张志文始终坚持“文化立校，建设书香校园”的治校方略，通过创新管理机制，优化活动育人的理念。今天的崔岭联办小学将以读书为荣、以感恩为荣、以安全为荣、以良好行为习惯为荣、以健康为荣的观念深深扎根于全体师生心中。

（十一）崔盼盼：从微商到品质门店的幸福变迁

在崔岭西村的众多沿街商铺里，有一家"盼盼家"品质店。店主崔盼盼今年 29 岁，已经是两个孩子的妈妈了，她的丈夫从外村入赘到本村一起打拼，一家四口过着幸福的生活。

当崔盼盼得知我的来访意图后，非常高兴地和我攀谈起来，对于自己的创业经历，她更是如数家珍地说个不停，仿佛这些经历都是她的宝贝一般。崔盼盼说，从 2017 年 7 月起，她就开始干微商。当时，自己的店就设在车库里，她边带孩子边干微商，每月也就能收入 2 000 元左右。好在孩子的爸爸在外上班，收入较高，每月可以到 8 000 元，不然就她自己这点收入，去除开销，基本就剩不下多少了，更别提养家糊口了。

盼盼家超市　**崔岭西村 供稿**

2018 年的五一劳动节，她的微商店就搬到了现在的这个地方。崔盼盼说："现在做微商都不容易，下面的代理商都不愿意压货，都想快进快出。但是我当时想，如果都不存货那到急用时就会抓瞎，没办法，我就承担存货这个责任吧。虽然当时自己干得很拼命，但是由于经验不足，自己的货还是越压越多，这两年一路走来，干得十分艰辛。去年的时候，我都是从早上五点开始干活，一直干到晚上十点，赶回家洗涮完了，就凌晨两点多了。"崔盼盼揉揉眼睛接着说："因为做微商需要一直刷手机，自己的身体也吃不消了，今年开始，眼睛看电视竟然模糊了，颈椎也不好。"因为崔盼盼的对象平常都是在上班，所以，家里的活需要她自己应付，2 000斤地瓜，有帮忙的还好，没帮忙的就得自己卸货。她说自己不是一门心思光想着赚钱，就是想让自己过得充实点儿，老人孩子过得好一点儿。

崔盼盼的商店是集批发、零售于一体的，存的货都不是很大的量，主要做品质，出货进货的工作也很忙。“现在多的时候一天能挣五六百块，少的时候能挣一二百块，总体上和我对象差不多了，一年也能收入10万块钱左右吧。”崔盼盼乐呵呵地说。

小顾客　**崔岭西村 供稿**

崔盼盼说她是在寿光职高读的机电专业，和现在的工作关系不大。干微商，自己也是时间长了就感兴趣了。她自己从来就不愿意按部就班地上班。这些年，换了很多工作，从全福元、墨龙到晨鸣集团，大厂子、小厂子干了个遍，很多岗位都干过，但都干不长。结了婚后，接触了微商，感觉这个适合自己，跟人打交道，比较有趣。另外，工作过程中也不耽误看孩子，家门口就把工作搞定了。

崔盼盼说，做事情只要想干，愿意下功夫琢磨，不管你以前是学什么的，都可以把事情做好。她说每天晚上都要回复朋友圈里的咨询，还要自己去找产品。从这看得出崔盼盼做微商是很努力的，“现在是互联网时代，比较方便，你想要什么东西都能找到，关键是你愿不愿意付出时间和精力去找。”崔盼盼说，自己还要多出去长见识，只有走出去才能见到外面的世界。

崔盼盼说：“做微商，首先就是要对得起自己的良心，觉得产品好，才去推，不好的要敢说不好。我这儿的顾客买了我的东西如果认为产品不好可以随时拿来换。店里进来的食物类的商品，我都会试吃一下，觉得好才会推荐给顾客。"崔盼盼很重视和顾客建立信任感，认为不能为了赚钱，昧了良心。

崔盼盼说："现在崔岭西村村民都住楼房，而且楼房的质量也是远近闻名得好。村民们住着也确实方便，冬天有暖气，洗澡也方便，不用再去大澡堂子了。现在生活在崔岭西村真是很幸福，很骄傲，出去人家问你是哪里的，我一说是崔西的，人家都会夸我们村子好。"

这个朴实的姑娘感染了我，她的一颦一笑带着崔岭西村特有的朴实和坚强，令人如沐春风。她的成长经历和崔岭西村社会变迁密切相关。崔岭西村乡村振兴的实践也给了她实现梦想的勇气和平台，改变了她的人生轨迹。

（十二）潘玉兰：以感恩之心发展企业，回报乡亲

在崔岭西村的村东路和 308 国道交叉口东北侧有个汽配厂，我们今天要了解的村民潘玉兰，就是这家汽配厂的女老板。

潘玉兰说她是在 1998 年开始创业的，当时她和别人合伙开了一家复合面料公司，开始计划得挺好，但是由于自己缺乏相关知识和经验，公司干了两年就出现了严重的问题，无法继续运营下去，最终以倒闭收场。接下来的 2002 年堪称她人生中的最低谷，之前做生意失败已经欠下了6万多元的债务，现在想贷款都没有人敢为自己担保了。直到 2003 年 5 月，她的表哥为她介绍了一个生意，那就是帮相关企业生产汽车配件。

潘玉兰　**崔岭西村 供稿**

生意是不错的，可是当时他们连生产场地都没有，要想接下这笔买卖谈何容易。好在潘玉兰是一个不服输的女人，她先是找到村里，好说歹说终于说服村委给她提供了一个面粉厂车间作为厂房先用着，租金是每年 3 000 元。然后潘玉兰两口子又东拼西凑买了一辆旧四轮车，亲自给企业送货。渐渐地，自家的汽配厂生意越来越好，厂里的工人也从最初的两个人发展到了 10 个人。

两年后，在潘玉兰的辛勤打拼下，汽配厂的规模发展了起来，工厂的加工设备也从一台发展到好多台，原有的场地已经放不下这些设备了。这时，村委看到潘玉兰的汽配厂越做越好，对村里的经济有不小的带动作用，就帮助她找了更大的厂房。就这样在大家的帮助下，这个 2004 年 3 月份成立的小汽配厂，发展到现在已经很强大了，不仅 2018 年代理了浙江温州凯马汽车的销售，还在 2019 年与东风汽车合作，在江苏做起了汽车销售。潘玉兰自豪地说："现在我们的汽配厂员工已经有近 60 人，公司每年的营业额能达到 2 000 多万元，我们的影响越来越大了。"

企业发展好了，就要承担社会责任。潘玉兰是这样想的，也是这样做的。现在，每逢镇上有什么活动需要企业出资出力，潘玉兰都会尽力而为。村里谁家有什么困难，她也是积极地帮助。2018 年和 2019 年寿光出现洪涝灾害，潘玉兰两次给镇上捐赠了 1 万元。村里社区改造时，潘玉兰也是不遗余力地提供力所能及的帮助，改造过程中，谁家钱不够用了，只要跟她借的，她从来没有拒绝过。

潘玉兰常说的一句话就是："在我们村里，我们这样一个企业能发展到今天，肯定是离不开村里所有人的支持和鼓励。"潘玉兰就是怀着这样一颗感恩之心，发展企业，回报乡亲，用一片赤诚深深地爱着这片土地。

院夼村：海上来风旺胶东*

姜茂林　王希忠

一、院夼村概况

（一）区位及现状

院夼村属威海荣成市人和镇，占地5.5平方千米，村域面积1平方千米，植被覆盖率达84%。院夼村三面环山，一面傍海，东与沙口村接壤，西与柳口村交接，北依国家AAA级风景区九顶铁槎山，南濒物产丰富的黄海。该村海岸线长达2 000多米，荣成环海公路贯穿村内与省道201相接，交通十分便利。

三面环山一面靠海的地理位置，不仅将院夼村与人和镇的其他村落相互隔开，还为院夼村创造了得天独厚的村落生态环境。村庄聚落呈不规则方形，依山而建，地势西、北、东高，向南倾斜，村中心平缓，荣成市滨海公路在海边东西穿村而过，东直达石岛，西直通靖海。村子东、西、北山坡上是茂密的黑松林，间有柞树、国槐、楸树等经济林木，其中有树龄超过600年的公孙树两棵、树龄超过百年的楸树220多棵。此外，山上还蕴藏着丰富的花岗岩。

院夼村现有户籍人口1 420户、3 519人，外来暂住人口2 548人。“王”“钱”为村内两大主要姓氏，王姓村民占全村人口90%以上，另有其他姓氏40余个。村内居民主要从事海上捕捞、海藻养殖、水产品加

*参与该村调研的还有：梁翠丽、毕明艳、王里根

工等行业，2019 年人均纯收入 18 500 元，在荣成市位居前列。村里还建立了基础的福利和生活保障体系，保障村民老有所养、幼有所学、弱有所扶。孩子从幼儿园到大学每年都有 50—2 000 元不等的补助，因年龄大、健康状况差等原因而无工作的妇女每月可以领到 60 元生活补贴，每年重阳节村里还为 60 岁以上的老人发放慰问品等。

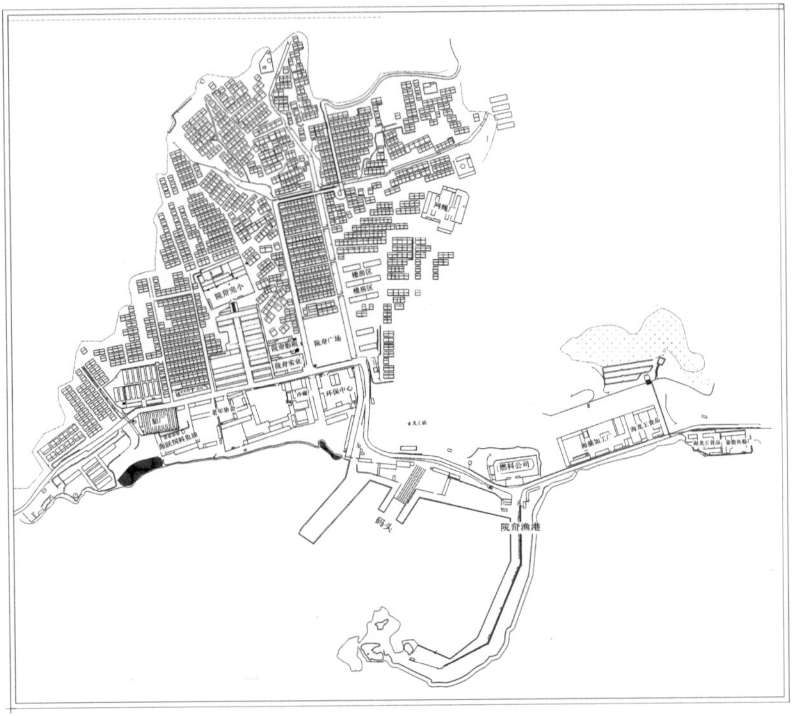

院夼村全村示意图　**院夼村 供稿**

自乡村振兴战略实施以来，院夼村在巩固原有产业的基础上，突出发展水产品精深加工、海上货物运输、生物制品、冷储、渔港综合服务等多个行业，科学谋划布局旅游业，形成了一、二、三产业融合发展的新局面。

目前，村集团公司有下属企业 14 家，固定资产 8 亿元，职工 800 多人。在产业强村的同时，集团累计投入 2 亿多元助推院夼新农村建设，完成旧村改造 500 多户，建设综合性休闲广场、农家书屋、孔子学堂，实施河道整治等民生工程，大大提升了村民和职工的生活幸福感。

院夼村村貌　**院夼村 供稿**

村民的海带养殖产业　**院夼村 供稿**

村民生活图　**院夼村 供稿**

（二）村庄简史

院夼村始建于明天启五年（1625 年），村民世代以渔业为生。《荣成市志》记载："院夼，明天启年间建村，因村临院夼寺，故名。"据《王氏家谱》考：明朝天启年间（1621—1627 年），王氏祖继海、继业兄弟二人由荣成干占村徙此定居成村，因村近院夼寺，故名院夼村。

过去的院夼村　**院夼村 供稿**

清末至民国时期，院夼村属文登县。院夼村所属行政区的第一次大调整发生于 1945 年，当年 8 月日本侵略军投降，石岛解放，石岛特区建立，院夼

院夼村老照片　**院夼村 供稿**

村正式归入荣城县石岛特区靖海区。1954年4月1日，石岛县成立，院夼村被划入石岛县第六区。第二次较大的行政区调整发生于1956年3月，石岛县撤销，原石岛县所辖区域全部划归荣成，院夼村也划归到荣成县靖海区朱口乡。1958年9月属荣成县人和人民公社，1966年8月属荣成县玄镇人民公社，1975年11月属人和人民公社，1984年4月至今属人和镇。

1985年，院夼渔业公司成立，1999年改制为山东院夼实业集团，村企合一的行政模式沿用至今。

院夼村自新中国成立初期的互助组、初级社、高级社到以后的人民公社和“文革”时期的革委会，这一时期，由于历史的原因，经济发展缓慢。村里除了60年代上了一个小规模的养殖场和70年代上了一个海带制碘厂外，基本上没什么工副业，主要经济收入来源于原始的捕鱼作业，人均收入不足百元，村民生活基本维持温饱。改革开放前，

过去的院夼村渔队　**院夼村 供稿**

整个村分为农队和渔队两个统一核算单位，农队靠人均不足半亩的山地为生，不但没有向国家交过公粮，还要靠吃国家返销粮度日；渔队靠几条破旧小舢板勉强维持，村里穷得叮当响。当时院夼村党支部认为单靠手头的生产工具和一点薄地很难去掉穷根子，必须打破常规，走"以海兴村"的路子。

改革开放后，院夼村拿出了村集体的全部资金购置大马力渔船（以拖网为主），当年实现净利润 50 多万元。这时的劳动人员尽管都是院夼村民，但生产经营归县水产局管理，从供应到销售都由水产局统一调配。1984 年，经荣成市政府批准，院夼渔业大队改建为"荣成市院夼渔业公司"，实行联产承包责任制，捕捞产量提高数倍。当时正值国家放开水产品价格之际，院夼村抓住时机，不断扩大捕捞船队规模，组建了拥有 50 多条大马力渔船的捕捞船队，年净收入 2 000 多万元，为院夼村的经济发展完成了原始的资本积累。

过去的院夼村街道　**院夼村 供稿**

后来，院夼的产业得到迅猛发展，陆续开办了油库和修船厂，建起了 400 吨的冰库、4 个库容 1 500 吨的冷藏厂、网绳厂等一批骨干企业，为渔业生产提供油、冰、水、网等一条龙服务，并在苏山岛、福建霞浦等地建立养殖区，实行海洋产业系统化、工业化经营。当时，公司拥有 2 支实力雄厚的远洋捕捞船队，共有 450 马力钢质渔轮 4 艘，续航能力达 30 天以上，食品加工厂、水产品加工厂生产的海带系列产品、海米、海蜇等畅销全国。此外公司还积极引进外资，先后和日企合资成立了荣成鑫宝水产有限公司、荣成银河水产有限公司，同我国台湾企业合资成立海龙王水产有限公司，与韩国企业合资进行鱼糜产品的加工。此外，公司还积极发展第三产业，投资500多万元建起了宾馆、综合超市，并成立了“楼山旅游公司”，购买了豪华游轮，可直航著名旅游景点苏山岛。再后来，院夼村还累计投入约1.2亿元建成了一处长约1 620米、码头长度1 120米、有效泊位26个的大型渔港，为院夼村的海洋经济发展奠定了重要基础。

近年来，随着市场经济的不断发展，院夼村又在全市率先将22对大马力远洋捕捞船和30部服务车进行了一次性个人买断经营，个体私营企业与公司所属企业齐头并进，经济发展呈现出一派前所未有的繁荣景象。

二、乡村振兴实践

近年来，在乡村振兴的大潮下，院夼村适时转变发展模式，调整产业结构，改变靠资源吃饭的老路，传统渔村焕发出崭新的生机和活力，树立了乡村振兴的典范。2020年1月，院夼村被山东省发改委列入首批山东省乡村振兴示范村名单。

（一）一、二、三产业融合推动产业兴旺

在位于人和镇工业园区内的海泰水产食品股份有限公司的车间里，工人们正在忙碌地加工鱿鱼，争取这批货能

鱿鱼加工车间　**毕明艳 摄**

在月底按时发往美国。

海泰食品公司是院夼村近年投资 7 000 万元建设的食品加工骨干企业，主要加工鱿鱼系列产品。企业占地 2.5 万平方米，库容 1 万吨，建有 2 万吨的冷库，办公区、住宿、餐厅等配套齐全，有职工 220 多人。

海泰食品公司　**毕明艳 摄**

公司负责人王洪兵 50 岁，有着院夼人的典型特点：朴实、内敛、谦虚。谈起企业发展的经历，他说："企业创办的时候遭老罪了，现在走上正轨，轻松了很多。"

原来，这个项目上马得很急。王洪兵原本在公司负责财务工作，对食品行业可以说是两眼一抹黑。他第一步做的就是派人外出学习，利用朋友关系，到附近的食品企业拜师学艺，然后回来昼夜做试验。公司于 2013 年筹建，2014 年 7 月开始投产。没白没黑干了半年，结果年底一算账，净亏 50 多万元。回想起创业的艰难，王洪兵不住感叹。

功夫不负有心人。肯学肯钻肯干的王洪兵终于在 2015 年稳住了脚跟，弄了个"直顶直"（不赢不亏）。自 2016 年起，公司业绩稳步上升，2018 年销售额达到 8 000 万元，2019 年在 1 亿元左右，产品主要销往美国、加拿大、英国和中东地区。谈起企业成功的经验，王洪兵说："一是讲信誉，二是抓质量。凡是跟咱打过一次交道的客户，都成了固定的业务伙伴。"

海泰只是院夼下属企业的一个缩影。虽然是集体企业，但是企业负责人都把它当成自己家的生意一样用心经营。

院夼村的产业有三个特点：一是集体经济主导，二是个体私营经济共存，三是产业都与海相关。

集体经济的主导地位不仅仅是院夼村的特点，也是整个荣成市的特点。党的十一届三中全会以后，全国渔业经营管理领域发生了一系列变革。荣成市通过深入调查研究，确立了"集体所有，统一经营，分级承包，纯益分成"的经营体制， 并在实践中不断丰富完善，走出了一条具有荣成特色的渔业发展道路，后被称为"荣成渔业模式"。1978 年以后，在平等自愿的基础上，荣成组织小渔队实行联合，初步形成了 26 家骨干渔业公司。这 26 家渔业公司在日趋激烈的竞争中不断发展壮大，形成了目前许多有名的企业集团，塑造了全国闻名的"江北第一虎"，而院夼正是这 26 家骨干企业之一。

同为集体经济，形式上又分为两类：一类是纯公司化运作，如靖海、赤山、好当家集团等，以港口为基础，兼并联合周边弱村、弱企，发展规模较大，不再是传统意义上的村落；另一

院夼实业集团办公楼 **姜茂林 摄**

类是保持原始村的区划和功能，实行村企合一模式。院夼正属于第二类，1999 年成立了山东院夼实业集团有限公司。

院夼是“荣成模式”的践行者，也是受益者。院夼的经济发展脉搏与荣成基本一致，1990 年前是以养殖、捕捞为主的一产发展阶段，1990 年后逐渐向二、三产延伸，近年来逐渐进入一、二、三产融合发展的新阶段。

民间有句俗语：要想弄悬，下海放蚕。意思是说，从海上来的财跟上山放蚕一样，来得大来得快，但是风险也大，要看老天爷的脸色。海是院夼基本的财富资源，所以从海上起家、因海发家、始终围绕着海做文章是它的产业特点。

院夼现有确权海域 11 840 亩，全部养殖海带和裙带菜。虽然村里也尝试过养殖海参、鲍鱼等海珍品，但是收益都不大理想。从 20 世纪 50 年代开始，靠着村里的一万多亩海域，院夼村民进行海带、裙带菜养殖以及近海捕捞，开启了从海上捞金的发展征程。后来，院夼人走出院夼，到别的村承包海域进行养殖，把养殖产业进一步做大做强。同时，院夼的捕捞业也从小渔船开始越开越大，逐渐驶出近海，走向大洋深处，发展起了收益更高的远洋捕捞。自此，小渔村逐渐走上富裕之路。

20 世纪 90 年代中期，集体经济受到个体私营经济的冲击，同样也影响到了院夼的集体企业。村委及时调整发展思路，一方面通过加大个人分配比例调动村民积极性，另一方面改革所有制形式，把渔船承包给个人，解放了生产力，使一部分人先富了起来。一些信息灵通并具有远见的村民贷款筹集资金，或者几人合资，买下大、小渔船。这批掌握了当时最先进的生产工具的人，成为院夼在集体经济解体后第一批富起来的人。近年来，院夼渔船的数量和吨位成倍增长，从原来的 25 对船，发展到现在的 150 多对，渔船数量在荣成数一数二，年捕捞量可达 10 多万吨，形成了集体经济与私营经济并驾齐驱的局面。

进入新世纪，院夼注重水产加工业的开发，在稳定一产的同时加强附加值更高的第二产业的发展。例如，与台商合资建成了海龙王水产食品有限公司，以鳀鱼、鲐鱼、沙丁鱼、鳕鱼、鱼糜及其他冷冻水产品加工销售为主。后来，由于台商年事渐高，逐渐减少股份，最终由村里全部接管这一企业。这个“海龙王”公司就坐落在院夼村东，近年来一直稳步经营，是国内唯一一个鳀鱼深加工企业，拥有 300 多名职工，年产值 8000 万元左右，产品销往日本、欧洲、东南亚、美洲等国家和地区。

海龙王水产食品有限公司厂区　**毕明艳 摄**

近年来，院夼村先后发展起了海产品加工（鱼粉、鱼油、鱼加工）、特种养殖业（海参、鲍鱼养殖）、渔港渔船服务业（制冰厂、燃料公司、船厂等）、国际国内货物运输（欧美海运公司）、水产品精深加工（海龙王、海泰食品）、生物制品（蓝得生物制品）等，现在共有 14 个企业，固定资产 8 亿元，职工 800 多人。村里的海带和裙带菜全部通过无公害和有机食品认证，远销日韩地区，精加工水产品远销五大洲。

院夼在产业发展过程中，主动谋求科技发展带动传统产业，与中国海洋大学联合成立了蓝得生物制品公司，先后承担国家“863”项目、国家级星火项目数个。近10年间，院夼赢得了许多荣誉：2010年，院夼集团公司获批“农业产业化省级重点龙头企业”；2012年，省发改委、渔业厅等部门批准成立“荣成市院夼省级现代渔业园区”，院夼村海洋经济发展注入新活力；2014年，院夼村被省农业厅授予“山东省一村一品示范村（裙带菜）”称号；2015年，院夼渔港被农业部、国家安监总局授予“全国文明渔港”称号；2016年，院夼渔港列入省渔业厅“海上粮仓”重点建设项目；2020年1月，院夼被山东省发改委列入首批山东省乡村振兴示范村名单。

（二）山青路平铸就生态宜居

院夼所在的人和镇位于荣成市的最南面。从镇驻地往东走，有个不起眼的路口，一条狭长的水泥路向南而去，沿着这条路开车只需几分钟，就来到了位于九顶铁槎山北麓的景区门口。要提院夼，就不得不提这座铁槎山。

铁槎山自然风光 **院夼村 供稿**

铁槎山，总面积45平方公里，海岸线86海里，主峰清凉顶海拔539.8米。这里春、夏、秋三季时有海雾随风漫上岸来，翻卷升腾，形成雾海。这时，铁槎山的部分峰顶浮于茫茫雾海之上，宛如叶叶扁舟，“山如海上槎”，故名槎山。1991 年，为发展旅游业，荣成市设立了铁槎山风景区，现在是国家 AAA 级风景区。

铁槎山就像一个宽大坚强的臂膀怀抱着院夼这个美丽的村庄，同时又将该村与山外的其他村落隔开，成为渔民与内陆联系的一道天然的屏障，这也正是院夼村区别于其他平原地区渔村的一大特点。因为高山的阻隔，院夼的村民更加依赖海洋。

院夼村鸟瞰图　**院夼村 供稿**

铁槎山上蕴藏着大量铁红色的大理石，它与著名的“石岛红”大理石属于同宗同族。村里一位 60 多岁的老人至今还记得，多年来“石岛红”红遍大江南北，看着别的村子大把大把数着钞票，有人提出：咱院夼守着这么大的铁槎山，为啥不开采大理石？甚至计算出铁槎山可以开采 100 多年。村委专门召开了会议，围绕是否开采大理石展开了激烈讨论。多数人认为：咱院夼没有穷到靠卖石头过日子的地步，开采大理石是笔不小的财富，但是再多的钱也买不回老祖宗留下的绿水青山。最后村委决定：铁槎山不能动！

乡村振兴，生态宜居是关键。而生态宜居，也有赖于加强村庄人居环境的整治。近年来，院夼村主要开展了“四大工程”：一是环境综合整治工程。村里先后拆迁旧房1 300多间，改造旧区12.7万平方米，开发建设商宅楼1.2万平方米，兴建了总建筑面积6万平方米的三处花园式生活小区，兴建了两户一体小楼48栋，商宅楼1.4万平方米。投资15万多元，实施了人行绿化带工程，栽植各种风景树2 000多棵。投资20多万元，建设了渔村光亮工程，安装路灯140盏。二是污水处理工程。村里加大对工副业、生活废水的集中处理，彻底解决污水横流问题。投资10多万元，铺设了1 000多米的排污管道，同时对各水产品加工厂进行污水处理，对公司工业区、居民区用水进行了全面治理和达标排放。近三年投资26万元整治河道1 000多米，架设桥梁3座，河两岸全面石砌。三是环卫系统工程。村里成立了由20人组成的环卫队，制定以严格的村容管理办法，下大力气实施以垃圾收集、转运、无公害处理、资源利用和以修建卫生公厕为内容的环卫系统工程建设。投资10多万元，购置了垃圾装运车，增设了果皮箱、垃圾箱，建成了占地3亩的垃圾填埋场，使公司的生活垃圾日产日清，并做到卫生填埋。强化村容村貌的治理，针对沿街摆摊、物料占道、车辆乱停乱放等情况，组织力量加大管理力度，使这些问题基本得到了控制。四是公益设施建设工程。村里投资500多万元，兴建了占地8 100平方米的大型广场，安设了雕塑、喷泉、健身器材、电子屏幕等，集中供水供暖率达到百分之百。推行厕所改造和沼气入户工程。此外，公司还制定了详细的购房用房制度，从集团公司领导到一般群众享受同样的分房待遇，把最大的实惠让给群众。院夼村实施清洁村庄、文明村庄的措施，极大地改变了村庄的面貌，村民们都夸赞说“村子更美了，生活更方便了”。

院夼村貌　**院夼村 供稿**

院夼村的企业在美丽宜居乡村建设方面也做出了很大的贡献。以“海龙王”为例，2019 年为更换排污设备，宁肯让企业停产、职工放假。公司认为，环保达标是企业经营的底线，原先的排污设备运行 10 年了，已经老化，企业投资 70 万元重新更换设备，尽管经济上有损失，但这都是值得的。

与“海龙王”毗邻的豪骏鱼粉厂，也是一个环保模范。这个私营企业很善于在环保上动脑子，舍得在设施上投资，先后投资 2 000 万元进行设备改造，用海水过滤净化排泄气体，厂区内外闻不到腥臭，只飘荡着淡淡的鱼粉香味。

在这样的院夼村，人与自然和谐共生，并最终实现百姓富、生态美的统一。

（三）文化根脉蕴育乡风文明

院夼村本地人加上外来人口共计6 000多人，在山东属于大村。这里企业发达，商家众多，一派蒸蒸日上的繁荣景象，小渔村起到了一个小城镇的聚集带动作用。

说它小，是因它的陆地面积小，只有区区5.5平方公里。但在文化建设上，院夼却有着不同寻常的大手笔。村里有一节、一堂、一寺、一庙，儒家、道家、佛家思想在这里交融，古老的渔家文化在这里传承升华。

1. 渔民节

渔民节节日盛况　**院夼村 供稿**

渔民节，源于荣成当地渔民传统的谷雨节。谷雨，是农历二十四节气之一。每年此时，春汛水暖，一年一度的海上生产正式开始。渔民节在渔民眼里如同春节般重要，2008年，院夼谷雨节为了与中国南方已有的“开洋节”接轨，便以“渔民开洋谢洋节”为名，成功申报为我国第二批国家级非物质文化遗产，也将院夼纳入整个中国的开洋习俗体系中。申遗成功使本来偏安一隅的小渔村名声大噪，网络媒体又使其声名远播。2018 年，“渔民开洋谢洋节”又获得首届“中国农民丰收节”特色渔业文化节庆称号。

2019 年的渔民节，场面宏大，气氛热烈。一大早，在院夼广场上，由渔家大鼓方队、舞龙方队、舞狮方队、秧歌方队、腰鼓方队、渔民号子和祭酒方队组成的 300 人团队上演了具有胶东特色、荣成特点的民俗表演，展现了荣成沿海渔民谷雨祭海的场景。随后，百人彩游队和百面蕃旗、华盖、少牢等前往龙王庙。渔民祭海仪式在院夼村龙王庙正式开始。祭祀仪式上，领祭人宣读《祭海文》，表达靠海吃海的渔民对海龙王等众神的感恩和尊崇。渔民节上，荣成市市级以上的 30 多个非遗项目在广场集中展示，如鲅鱼水饺、蠓子虾酱、俚岛油炸糕、盛家火烧等农家渔家小吃，还有民间武术、民间体育、杂技等技艺展示和各种民俗文艺演出活动。

渔民节节日盛况　**院夼村 供稿**

“渔民开洋谢洋节”在多年的传承中，已成为凝聚渔民团结一心的重要纽带，并形成了一种信仰。院夼村把这一古老的渔家民俗活动加以保护和传承，成为展示渔民文化的一张重要名片。

2. 孔子学堂

“仓廪实而知礼节，衣食足而知荣辱。”富起来的村民精神向何处去？这一直是已经退休的老书记王巍岩思考的事。“妇女的地位太重要了，她们的思想行为可影响上下两代人。要通过学习传统文化，让她们知礼节、懂事理、明荣辱，好的家风、民风、村风才能得以维系和发展。”

2017 年，一次偶然的机会，王巍岩参观了威海海洋职业学院明德学院。明德学院是该校传统文化教育教学的主阵地，其系统化的课程及浓郁的传统文化教学场地触动了老书记内在的文化情怀。在参观过程中，得知位于场馆内醒目位置的孔子学堂已经是远近闻名的传统文化教学品牌时，王巍岩产生了极大的兴趣。当了解到孔子学堂是以“写好字、读好书、做好人”为宗旨进行文化传承与普及时，王巍岩觉得正符合院夼村民风建设，于是动议在院夼村成立以“村”为单位的孔子学堂，广泛开展传统文化教育，对村民进行系统化、持续化的文化普及，在生活层面开展文明实践，润物无声，化风成俗。

要办就要办得正规、长久。通过努力，王巍岩的这一想法得到孔子基金会有关领导的高度认可和支持。2017 年，编号 1477，荣成首批以“村”为单位成立的孔子学堂诞生。

孔子学堂位于院夼村小学综合楼 2 楼，面积 70 平方米，配有教学投影仪、各类传统文化教材、读本，以及满足教学需求的桌椅板凳。学堂成立以后，充分发挥了优秀传统文化的育人功效，不仅成为村里小学传统文化教学场地，也是村里百姓聚集学习、文明实践的重要基地。邀请梁翠丽教授等各类专家到此讲学，成为村里文化建设的又一亮点，被社会各界广泛赞誉。

威海海洋职业学院的梁翠丽教授讲授传统文化　**院夼村 供稿**

3. 禅寺

院夼村的村名源于院夼寺，院夼寺起于何时，已无从考证。原寺已毁，现在的“院夼禅寺”为近年所建。

禅寺鸟瞰图　**院夼村 供稿**

十几年前，各地为发展经济都想尽办法发展旅游业，于是村里想利用山林优势建一个百鸟园。百鸟园还未动工，突然来了位五台山大护国文殊寺的僧人，说相中了后山要建百鸟园的地方，想在这里建所寺庙。这一想法让村委领导又喜又忧，喜的是之前就有过修复院夼寺的想法，但是没有懂行的人，无从下手；忧的是建寺庙的资金不好筹集，村集体的收益不可能投在这里边。世上无难事，只怕有心人，僧人主意坚定，抱定此处是其不二选择。于是在 2005 年，经有关部门同意，在村北瓜园河道附近荒地上，寺庙开始破土动工，所需资金全部由民间筹集。

目前，院夼禅寺占地规模达 1.2 万平方米，累计总投资 5 000 万元，已建成大殿、藏经阁等主体建筑，预计 2023 年全部完工。竣工后，该寺庙会成为北方最大的地藏王菩萨寺庙。

4. 龙王庙

荣成沿海村民自古多以渔猎为生。与风浪打交道，是个高风险的营生，海上天气变幻莫测，渔民的性命时时刻刻悬在海上。因此为祈求渔民平安、鱼虾满仓，渔民经常在海边建一些庙宇。从石岛到院夼的沿海路边，就有四五处娘娘庙或龙王庙，规模都不大。但在院夼，有一座北方最大的龙王庙。

有资料记载，院夼村龙王庙历史悠久，院夼建村时它就已经存在，原为石头砌成，建筑面积较小，安奉石质龙王神像一尊，“文革”期间被毁。2003 年由民间集资开始重新修建，于 2009 年竣工，当年 11 月份举行了龙王庙落成典礼暨龙王殿、娘娘殿、财神殿开光庆典大法会。据村民说，当给龙点睛之时，只见庙东南方海面上突起大雾，并汇聚呈龙形向高空升腾。

龙王庙不收门票，香火钱多少随缘。庙里有几位道医，医术不错，经常为当地百姓医治疑难杂症，深得附近居民信任。国庆节期间，龙王庙还举行了升旗仪式，仪式上人虽然不多，但却简单而隆重。

5. 拥军船

2019 年 7 月，一艘编号为 52 019 的崭新渔船在青岛下水，这是院夼村最新定制的现代化“拥军船”承载着院夼几辈人连续接力、经历 60 年未曾间断的拥军故事。

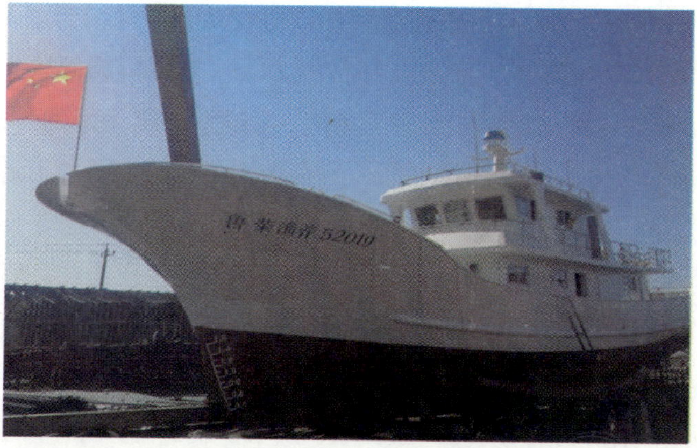

新下水的“拥军船” **院夼村 供稿**

苏山岛，是位于院夼正南方的一个小岛，风平浪静时，从院夼一小时航程可达，面积仅有 0.48 平方公里，是个无居民、无淡水、无耕地、无航线的“四无”小岛，为我国领海基点之一。1960 年 3 月，岛上进驻了首批军队，拥军爱民的故事就从此时开始演绎。

当年 4 月，院夼村民王道伦和王义宽驾驶渔船在返航途中遭遇大雾和强海流，在苏山岛海域附近迷失航路，两人不停地大声呼喊。岛上巡逻的战士听到求救声，立即组织十几名官兵在岸上站成一排，使劲敲着锣鼓为他们指引航向，最终渔船成功靠岸，2 人被救起。登岛后，疲惫不堪的王义宽发起了高烧，战士们轮换着为他量体温、喂药、喂饭。王道伦也被官兵安顿在一张温暖的床上静养恢复。守岛官兵如亲人一般的照料，深深地感动了他们，康复后二人在心底许下承诺，“今后一定要来岛上看望慰问解放军”。后来，驻岛官兵又先后救起 7 名在苏山岛海域附近遇险的渔民。从此，院夼村村民口口相传，“苏山岛来了解放军，解放军是咱们的救命恩人”。

为了表达对驻岛子弟兵的感激之情，1960 年 9 月 5 日，院夼村党支部书记亲自带队上岛感谢子弟兵。那时岛上条件相当艰苦，各种物资补给由部队定期派船运送，经常因为天气原因影响部队生活训练和建设。看到这种情况，村支书当场决定，挑选村里最好的一条舢板，每天往返于苏山岛和院夼村之间，为官兵提供运输服务，王道伦自告奋勇成为第一任拥军船长。自此，风风雨雨 60 年，历经 5 任船长，换了多艘船只，“拥军船”从未停航，9 月 5 日也成为驻岛官兵和院夼村人共同的“建岛节”。

1997 年，第一任船长王道伦临终前拉着老伴连秀珍的手说，我一辈子最牵挂的就是你和驻岛官兵，等我到了另一个世界，你要继续替我去看望他们，老伴含泪应允。现今已经 87 岁的连秀珍老人每年都为驻岛官兵纳鞋垫，累计 2 000 多双，每年 9 月 5 日建岛节时送到岛上。每次官兵们都感动得热泪盈眶，深情地说，连大娘送来的不仅仅是鞋垫，更是王大爷拥军足迹的延续。

60 年来，“拥军船”累计航行 20 多万公里，接送了 22 任军事主官、17 任政治主官，运送驻岛官兵及家属 10 万人次，运输物资给养价值过亿元。

拥军船上的村民与官兵　**院夼村 供稿**

60 年间，院夼村集体经济不断发展壮大，支部书记换了一任又一任，但是院夼村的拥军情怀一直未变。早些年，驻岛官兵和家属上下岛待船期间，都是免费吃住在村民家中，村民从不谈条件和报酬。1988 年，村里投资 300 万元建立“军人接待站”，并制定了拥军优属“五优先”制度：一是军人就餐优先，凡是来村的驻岛官兵及其家属均可免费就餐，每餐不少于四菜一汤；二是军人住宿优先，开设军人专用房间，供官兵和探亲家属免费住宿；三是军人用车优先，驻岛官兵来陆地办事所需车辆，安排免费使用；四是军人通信优先，驻岛官兵到村里打电话一律优先，并且免费；五是优抚对象优先，军人和优抚对象求医问诊一律免费。院夼村仅接待驻岛官兵、家属就餐住宿费用就达 400 万元。

1998 年，村里出资 50 万元，在院夼西港修建了专供军用登陆艇停靠使用的“拥军码头”。2007 年，院夼村捐赠 20 万元支援部队修缮营房，并购置了太阳能、热水器。2009 年，全军边海防信息化演练在苏山岛海空域进行，村里拿出 120 万元，仅用一个月的时间，突击改造建成专供大型军用设备登陆使用的码头，演练结束后受到时任军委首长梁光烈、陈炳德将军的肯定。2017 年，村里投资 230 万元将原有的拥军码头旧设施全部拆除，重新建设长 50 米、宽 20 米的拥军码头，基本满足了各类军用舰艇的靠泊。为了从根本上解决用电问题，在当地政府的大力支持下，院夼村积极主动对接国家电网等部门，争取 2300 万元，在院夼村和苏山岛之间铺设海底电缆，满足了岛上各类用电设备的正常使用。从此，苏山岛无电网的历史彻底宣告结束。2018 年，院夼村又将原有在苏山岛的养殖公司 300 多平方米的职工宿舍无偿转让给驻岛部队建设士官公寓，并在每个房间都配备了除湿机、电视、电脑等生活设施，官兵及来岛探亲家属的生活条件进一步得到改善。每逢八一建军节、建岛节、春节等节日，院夼村定期向驻岛部队送去鱼、肉、蛋、奶等慰问品，累计 400 多万元。为了不影响部队国防演练，村里不惜损失近千万元拆除养殖区。为解决驻岛部队精神文化活动少的问题，院夼人坚持在每年建岛节、春节、国庆等重大节日时，为官兵们送去自编自导自演的文艺节目，有时还会邀请省市京剧团、艺术团与驻岛官兵一起联欢。

院夼村第五代“拥军船”首航仪式　**院夼村 供稿**

半个多世纪的鱼水情谊，使院夼这个小渔村撑起了顶天立地的拥军文化。院夼连续多年获评省级“拥军优属模范单位”“双拥工作先进单位”“爱国拥军模范单位”和威海市“爱国主义教育基地”“先进民兵营”等荣誉称号。2016 年 8 月，时任村党支部书记王建法被授予“全国爱国拥军模范”光荣称号。2019 年，院夼村的“拥军船”事迹被中共山东省委宣传部列为重大宣传典型，新华社、央视、《大众日报》等 50 多家媒体做了专题报道。以院夼“拥军船”事迹为原型的纪录片《同舟》荣获中宣部、中央网信办举办的“第三届社会主义核心价值观主题微电影征集展示活动 30 分钟类·三等优秀作品”和“山东省社会主义核心价值观主题微电影 30 分钟单元一等奖”。

村领导与官兵亲切握手 **院夼村 供稿**

习近平总书记说，中华优秀传统文化是中华民族的文化根脉，其蕴含的思想观念、人文精神、道德规范，不仅是我们中国人思想和精神的内核，对解决人类问题也有重要价值。在文化建设上，院夼继承发扬优秀传统文化基因，使村民没有在钱包鼓起来之后精神上干瘪下去，这一做法值得很多乡村借鉴和思考。

（四）和合共享促进有效治理

院夼村本地村民 3 500 多人，外来人口仅常住人口就有 2 500 多人，再加上流动人口，那么外来人口和本村人口几乎相当。人口构成的复杂性为乡村治理提出了新的课题。通过深入调研我们发现，院夼村的优良传统和公平的社会经济政策共塑了和合共享的乡村氛围，而这一氛围作为社会基础又促进和完善了乡村治理的有效性。

在院夼，外地人在这里没有“独在异乡为异客”的感觉，他们与本地人相处非常融洽，丝毫没有陌生感、隔阂感。

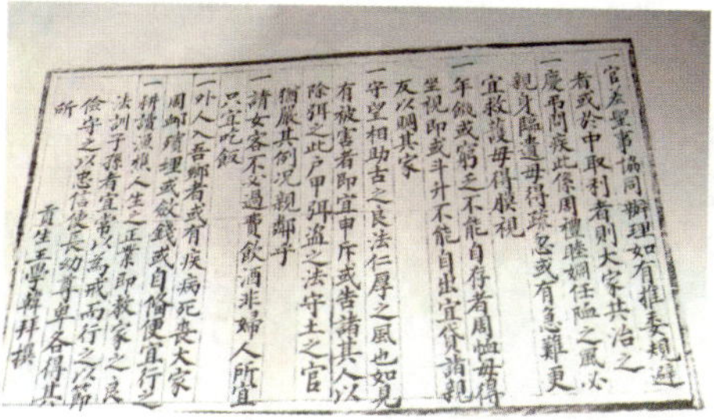

一官差里事協同辦理如有推委規避
者或於中取利者則大家共治之
一慶弔問疾此係周禮睦婣任卹之風必
親身臨遣毋得疏忽或有急難更
宜救護毋得膜視
一年饑或窮乏不能自存者周恤毋得
坐視即或斗升不能自出宜貸請親
友以賙其家
一守望相助古之良法仁厚之風也如見
有被害者即宜申斥或告諸其人以
除弭之此户甲弭盗之法守土之官
猶嚴其例況親鄰乎
一諸女客不必過費飲酒非婦人所宜
只宜吃飯
一外人入吾鄉者或有疾病死喪大家
周卹埋或斂錢或自備使宜行之
一耕讀漁樵人生之正業即教家之良
法訓子孫者宜常以爲戒而行之以節
儉守之以忠信使長幼尊卑各得其
所
貢生王學舜拜撰

《王氏家谱》一页 **姜茂林 摄**

我们试图探寻这种现象背后的深层次原因而几未得解。直到有一天，在村民家中看到一本《王氏家谱》的时候，我们才恍然大悟。

《王氏家谱》蓝色封皮，A4 开版面，一套三本，装帧朴素典雅，编辑严谨，用词考究，是村里王姓家族在 2011 年修订的。书中记载，由于始祖影响，300 多年来，形成了王姓家族的家风：崇节俭，尚忠信；恤饥穷，助被害；问疾苦，救急难；惩忤逆，戒酒色；息争讼，罚盗赌；正奢靡，治食懒；宴女客，不宜酒；外人病丧，抚恤埋葬；长幼尊卑，各得其所。并详细列出十二条祖训，其中第十一条写道：外人入吾乡者，或有疾病、死丧，大家周殡埋，或敛钱，或自备便宜行之。王姓起名有二十辈字，依次是："学孝道义行，基厚乃发荣，承先开嗣绪，昌茂永观成。"王氏祖上希望通过辈字，体现家族对孝义的尊崇和对家族兴旺的希冀。由于王氏家族的这种讲究仁义、尊崇和合的家风，使他们对外来人有极大的包容心，也使得即使后来村里又有钱姓等 40 多个姓氏的人陆续定居，大家仍能亲如一家、和睦相处。

良好的家风，带动良好的村风。院夼人的传统美德内置于心，外化于形，"和""合""共""同"等观念也体现在村庄为本地人和外来者制定的各项公共政策方面。

在院夼村中心的平地上，村里投资 280 万元建了一个近万平方米的"院夼广场"。这对于山地多、平地少、土地资源紧张的

院夼广场　**姜茂林　摄**

院夼来说，的确有些奢侈。但是，从这个广场上，我们看到的是院夼人“和”的理念。每当清晨或是傍晚，无论本地居民还是外来打工者，不论老人还是儿童，没有身份之别，大家相聚在这个广场上，一起跳舞、散步、聊天、嬉戏，其乐融融。

住房方面，在院夼人的心里，平房并不代表贫穷，楼房也并不代表富有，各有各的好处。在住房上一律平等，根据各家情况，本地人和外来者都有权利选择平房或楼房。实际上，许多外来打工者住进了楼房，而许多当地居民依然住在平房里。即使有别墅，也是平等选择，而且别墅建设也不讲求奢华，基本上只是两层楼的民居，没有富丽堂皇、气势压人的豪华装饰。住别墅的人，依然保留着农具，耕种着小菜园，保持着农民勤劳的本色。村里有自己的供热公司，按照荣成市的统一标准收费。

村东的新楼区（左）和村西的别墅区（右） **姜茂林 摄**

在教育上，外来务工人员的子女与本村村民享受着同等的待遇，都是免费义务教育。难得的是，在很多地方乡镇一级的中小学撤销合并的时候，院夼竟然拥有完全对社会开放的一所幼儿园、一所镇级五年制小学。而且小学和幼儿园同在一个院内，都是三层楼。幼儿园是村里投资 350 万元修建的，是“荣成市优秀民办幼儿园”。小学属镇上，有 10 位教师，6 个教学班，210 名学生。学校占地面积 11 510 平方米，其中操场占地 5 400 平方米，为全塑胶操场。学校有多媒体教室、图书阅览室、实验教室、乒乓球室、舞蹈室等，基本上达到省级规范化学校标准，是“荣成市规范化学校”“威海市电化教育示范学校”。

院夼小学校园一角　**姜茂林 摄**

正如民俗学家、山东大学教授张士闪所言，村内和谐现状的保持，根源上得益于坐地户“院夼村养活穷人”“不欺生”的优良村风，政策上得益于村集体提供的一视同仁的公共服务。而院夼村的和合氛围又为乡村治理打下了坚实的基础，提供了根本的保障。我们通过调研发现，院夼村的社会治理成效显著，村里邻里关系、干群关系、军民关系和谐有序，各种纠纷很少出现，已连续多年无刑事案件发生。

（五）转换思路走向更好明天

人无远虑，必有近忧。院夼村以传统加工业为主的村办企业，这几年遇到了资源紧缺的难题。一是人力资源紧缺，二是渔业资源紧缺。以海龙王公司为例，工人每月 4 500 元左右的工资，按说不算低，但是工人非常难招，企业打算继续增加工资吸引打工者。近几年，安徽、河南劳动力已经招不到了，只能从更远的云南招。为应对用工难的问题，海泰食品正与石家庄一家公司合作，研发自动化加工鱿鱼的设备，尽管投入很大，但是着眼企业未来发展，必须用这一招。近年来，海捕的鱿鱼、鳀鱼数量急剧减少，价格飞速上升。2001—2002 年，我国海域的鳀鱼已经没有了，就从日本进口，后来从日本也买不到了，2011—2012 年开始从美国购买，鳀鱼价格也一路上涨。受这些因素影响，以资源为基础的养殖、捕捞，以海产品加工为代表的第二产业发展受限严重。

面对实施新旧动能转换、腾笼换鸟实现产业升级的现实压力，院夼产业向何处去，村“两委”一直在反复琢磨、日夜思考，几辈子靠海为生的院夼人面临着再次转型发展的抉择。院夼一、二产业的基础相对厚实，但是三产一直是短板。于是，村委把目标放在了旅游业上。院夼拥有丰富的文化资源、渔业资源、民俗资源，这是发展旅游业的底气，国家级非遗项目和“中国传统村落”是它的金字招牌，但是多年来，由于种种原因造成了“养在深闺人未识”。在荣成沿海正在如火如荼地发展民宿、渔家乐、海岛游、渔港小镇、海洋牧场的时候，院夼不能无动于衷。但是，习惯了挣大钱、当老板的院夼人，面对旅游服务业这样的“小钱”肯弯下腰吗？

2019 年渔民节开幕式　**院夼村 供稿**

“为了院夼的明天，是时候转换思路再次启航了！”党支部书记王国明望着窗外浩瀚的大海，凝重而坚定地说。由于有业务合作关系，他经常去浙江舟山的嵊泗，那里发展民宿和渔家旅游的做法让他感慨。嵊泗连续几届政府专注做这一件事，突破政策限制大力扶持，终于让嵊泗的民宿和渔家游成为全国闻名的品牌。院夼的自然条件与嵊泗相似，发展旅游业有得天独厚的条件。“要做就做最好，院夼也要瞄准高目标，做精品旅游，让院夼在新旧动能转换和产业升级中来个华丽转身！”

而院夼人的难题，同样也在人和镇的考虑之中。人和镇按照“打造样板、以点带面”的思路，全面展开含朱口、院夼、柳口、老板石、响湾、蟠龙石 6 个村、陆地面积 18.71 平方公里、海岸线 20 公里的“铁槎山滨海旅游乡村振兴样板示范区”建设。重点以槎山景区和非物质文化遗产“开洋谢洋节”为依托，讲好槎山历史文化故事，促推文旅招商。

《人和镇乡村振兴战略规划》提出，“引导乡村对生态资源和文化资源高质量地进行开发利用，实现特色经济和社会效益的同步提升”。首要一条，就是推广“开洋谢洋节”，“‘开洋谢洋节’是威海市目前唯一的国家级非物质文化遗产，文化影响力正逐年提升。随着影响力的不断提升，必将打造出一个全新的乡村文化品牌，借助品牌力量，让院夼村从一个小渔村，逐步走出荣成，走出威海，甚至走出中国，走向世界。到 2022 年将全国非物质文化遗产的知名度进一步提升，打造文化交流窗口单位。”

院夼也正以坚定的决心描绘乡村振兴的蓝图。在院夼乡村振兴实施方案中村里明确，要以习近平新时代中国特色社会主义思想为指导，坚定践行“绿水青山就是金山银山”的理念，以乡村绿色发展、环境靓丽为主攻方向，以文化兴盛、乡村善治、共同富裕为最终目标，以特色发展型村庄为创建基础，以乡村文化遗产展示和红色记忆、军民融合为文化振兴主轴，以渔港经济区设施完善为创建保障，重点强化产业优势，推动一、二、三产业融合发展，让农民过上美好生活，让农村成为安居乐业的美好家园。

农业银行服务乡村振兴示范村授牌仪式 **院夼村 供稿**

国家《乡村振兴战略规划（2018—2022）》中指出，产业兴旺是重点，生态宜居是关键，乡风文明是保障，治理有效是基础，生活富裕是根本。站在这一高度上打量院夼村，我们发现它几乎具备了乡村振兴总要求所需要的所有要素。从产业角度，这里有着一、二产业的良好基础，同时具备了发展第三产业的乡村旅游业的先决条件；从居住环境看，这里是山水田园，居住设施的改善只是更进了一步；从乡风文明角度看，这里儒释道文化交会繁荣，海洋文化、拥军文化交相辉映，形成了院夼人内敛又开放的胸襟；从乡村治理角度看，这里有一代一代进取有为的领导班子，有和合共享的家风家训，也有勾连国家意志与民间需求的国家非遗。有了这样的基础，生活富裕就成为顺理成章的目标。

院夼，一个在乡村振兴大潮中崭露头角的小渔村，能否在新一轮产业升级中自我超越，通过深入挖掘乡村发展动力和潜能，进一步实现产业升级和村民致富呢？

风从海上来，我们翘首以待！

院夼村海边风光　**院夼村 供稿**

三、乡村振兴中的院夼人

（一）王巍岩：院夼经济文化发展的奠基人

入村前，调研组的梁翠丽老师就告诉我们，要了解院夼你必须找一个人——前任老书记王巍岩，于是我们通过梁老师访问了这位老书记。

当地居民有个传统，称呼人一般只叫名字最后一个字，因此都称这位老书记为“岩书记”，我们入乡随俗，也称老书记为岩书记。岩书记与我们想象的村支书形象不太一样，他更像是一位儒雅的长者，衣着简洁，说话不紧不慢，很少有大话空话，你要想对他朴实的话语进行加工拔高都比较难。

“我这人健忘，对以前的事很少去回想，很多经历都记得不是太清。我就把院夼的基本情况给你大体说一下吧。”岩书记对自己在任的 20 年，并没有“忆往昔峥嵘岁月稠”的感慨，他的平静令我们感到有些意外。

王巍岩　**毕明艳 摄**

1992 年，38 岁的岩书记正是意气风发的年纪，在村里任副书记，分管船队。正是因为干副职，对村里面临的一些难题看得比较透彻，对干一把手将要付出的艰辛、面临的挑战有清醒的认识。因此当组织安排他担任书记的时候，他是有畏难情绪的，用他的话说“不爱接”。于是他选择了躲避，但是躲了半个月也没躲开，在镇党委领导一次次做工作的情况下，他不十分情愿地接下了这份重任。

上任伊始，岩书记确立了治村的思路：一是转变干部作风，树立大公无私的干部任用标准，权力在公平、公开、公正的原则下运行；二是规范管理制度，改变分配比例和方式，提高经济活力；三是建立科学的用人制度，统一规定退休时间，避免家族式用人，避免滋生腐败。

抓干部首先从杜绝私利入手。村里规定，凡是一把手，家里不能从事与自身业务相关的生意；凡是涉及企业业务的采购、招待、存款，都有相关制度规范。岩书记以身作则，改变那时盛行的“一支笔”作风，把财务签字权下放给二、三把手，并制定了一整套监督管理制度。

为改变多干少干一个样的“大锅饭”思想，他从改变收入分配体制入手，制订新的公私分配比例。干得越多，个人得到越多，大大调动了职工积极性。

进入新世纪，原有的体制面临新的挑战，捕捞业的发展遇到瓶颈，再不进行体制改革，公司就会陷入倒退。于是，岩书记对公司又进行了一次重大改革：把渔船经营权下放给村民。改革的难度还是很大的，长期稳稳当当靠集体过日子的村民突然要自己操心了，不是每个人心里都有底。村里一面做村民的思想工作，一面安排专人免费为村民服务，为他们办理有关证件、手续，还派村里的会计免费为他们管理账目。

也许是天道酬勤，也许是运气使然，改革的成果立竿见影，当年渔业生产大丰收。岩书记回忆说：“也奇怪了，那年别的公司出海都打不着东西，而我们的渔船总是满载而归，捕的虾冷藏厂放不了，堆在公司的场上。”

改革的成功极大地刺激了远洋捕捞业的发展，几年来，渔船从25对发展到150对，数量在荣成首屈一指。按岩书记的话说，“私营经济也是村里的经济，院夼的集体经济不跟老百姓去争空间，体制活了经济才有活力”。渔民的钱包鼓了，公司的钱也多起来。村里用通过改制收回的钱在烟台注册了运输公司，随后周边的村紧跟院夼，加快了公司改革的步伐。这期间，村里还相继上了塑料网绳厂、修船厂、制冰厂，集体经济进一步壮大，呈现出百花齐放、百业兴旺的局面。

3个多小时的访谈里，岩书记张口闭口都是公司，很少说自己在院夼发挥的作用。后来我们才知道，岩书记不仅为院夼的经济发展做出了贡献，更为院夼的文化呕心沥血。他是威海首位也是唯一一位国家级非物质文化遗产渔民“开洋谢洋节”的传承人，槎山禅院、龙王庙、孔子学堂，无不是在他的策划下建成设立的。正是岩书记在任的20年，奠定了院夼的经济和文化基础。

闲谈中，得知儿子并没有在村里任职，这让我们颇有些意外。岩书记说，这也是他在任时有意避嫌的缘故。村办企业有一大弊端，就是选拔人才的面比较窄，弄不好会走上近亲繁殖的道路，这是企业发展的大忌。针对多数干部60岁以后容易恋权恋位、不思进取的现象，他在任的时候定下了规矩，村干部55岁退休，特殊情况可以延迟到届终。57岁那年，他坚持从书记岗位上退下来。他现在不干涉村里管理，但是默默地为院夼的文化继续奉献着，耕耘着，使这个渔村不仅富裕，还有别样的内涵。

我们问岩书记，“您希望院夼今后向哪个方向发展？或者说您理想中的院夼是什么样子？”他的回答不假思索：“在经济上，我希望集体经济必须要有，必须要发展，这是兜底的东西。那些因特殊原因致贫的弱势群体不能全部推给社会，只有集体经济壮大了，才能为他们提供保障。在文化上，我希望院夼能把传统美德、现代意识、奋发向上、天人合一这些内容结合起来，不要把挣多少钱看得太重，而是让院夼村成为适合人居住、旅游，有文化魅力和感染力的地方。”

（二）王国明：心系发展的当家人

王国明书记1969年出生，2016年上任。国明书记很忙，我们在院夼实地调研期间总共只见到他4次，前3次都没机会深聊，第4次他才有空坐下来跟我们进行了长谈。

一见面，国明书记就问：“你们的调研进行得咋样了？”我们说：“还差一位咱村的教师，然后就剩您一个了。”他笑了：“我就免了吧。”我们说：“那哪能，您是非常重要的一个点，不能漏了。”说着话他拿

村书记王国明　**姜茂林　摄**

起手机打电话，听出来，他是在联系我们说的那位老师。他放下电话跟我们说：“老师就有一位，是我们村的媳妇，正好在家，她一会儿就到。”

话音未落，门外就来了位客人，一介绍，原来是人和宾馆的老板。他们谈了半个多小时的事，我和梁老师就在旁边听。大体说了两件事，一是村里环境整治，有村民有抵触情绪，可能是这位老板的亲戚，他帮助做通了工作；二是宾馆楼顶防水需要大修，门头也需要装饰。眼看承包期要到了，由于此次投入资金较多，希望村里承包期长一点。经理还说，酒店人工成本逐年上升，今年服务员工资都涨了600元至700元，挣钱就如针尖削铁。王书记认真地听着，基本上同意，要他写个详细方案，待会上讨论通过一下。一个月后，我们再次到院夼，路过人和宾馆的时候，看到外墙正在修缮。我们心中暗想，这工作效率确实是高。

送走来客，我们开始谈话。我们提出想重点了解几个问题：一是现在村里的工作难点是什么？二是村里的发展思路是什么？三是要实现乡村振兴重要的是解决哪些难点？

国明书记不假思索地简要回答说：“现在有两件事迫切需要解决：一是防范山体滑坡。我们村三面环山，山势陡峭，有些地方年久失修，发生地质灾害的概率很高。但是，这是笔大资金，也是件大事，凭我们村里的力量解决不了，希望上级有关部门能给我们一些扶持资金，帮助我们尽快完成加固修复工程。二是由于历史原因，20 世纪八九十年代发展经济的时候，村里多数企业没有办理用地手续，包括医院和学校，直到现在也是个难点，但是现在上面要求必须办。前些时候执法部门罚了我们 7 万元，理由是院夼实业发展公司非法占用了院夼村的土地建设加油站，这对于我们来说真是有苦难言。”

对于村里产业发展方向，国明书记很明确，那就是巩固一、二产业来，发展第三产业，他说：“我们院夼一直以来都是搞与海洋相关的产业，村里的产业要在以前的基础上，以海龙王和海泰为主，继续搞好海产品的精深加工。我们也想搞新旧动能转换，但是转型不能太快，这需要大量的资金支撑，即便通过贷款也很难解决，我们的实力还达不到。此外，我们想提升旅游业所占的比例。我正在寻找合作伙伴，对村里的旅游进行更好的规划，争取在旅游业上形成特色，形成品牌。”

乡村振兴是党中央的一项重要决策，需要全社会的努力。前段时间荣成市组织 200 多个村书记到浙江安吉市学习，主题是美丽乡村提升，王国明书记就是学员之一。他对当时外出学习的经历记忆深刻，“授课的老师对我们讲，你们来学习用处不大，最该学习的是你们县级以上的领导。南方政府部门很多做法确实跟我们不同，他们更敢担当，敢作为，服务意识、公仆意识更强，很少喊口号。嵊泗的渔家乐全国出名，我近十年几乎每年都要去，一年一个样，一年比一年好。他们县政府支持渔家乐的做法让我很赞赏，按照常理，出海的渔船拉载游客是明令禁止的，但是人家为了发展旅游业，县政府专门出台了文件，只要有县里的批准手续，就是合法的。这种勇于担当的精神是我们所不具备的。企业遇到问题，人家会与企业一起想办法解决，而不是简单的行政命令。”

圣人不利己，忧济在元元。一个善于为民思考的领导者，一定是一个大公无私的人。我们真应该跟王国明书记多待几天，看看他天天忙的什么、心里想的什么，但是由于时间太紧，无法太深入，这不能不说是个遗憾。

院夼的发展，是几任书记带领全村几十年连续接力、共同奋斗的结果，与每一届党委的努力都是分不开的。

（三）王里根：在村务中施展才华的年轻人

第一眼见到这个小伙子，并没有想到他只有 33 岁，身上的沉稳和老练超出了他的年龄。

王里根在他的办公室　**姜茂林　摄**

第一次坐他的车，发现后座上放着一个画夹，是一幅人物素描，才知道他还会画画。

开始我们只知道他是公司的办公室主任，在院夼这些天，基本都是由他为我们服务，话不是很多，但是恰到好处。直到最后一天，我们说，里根，你作为我们的一个访谈对象吧。他稍微有点吃惊，旋而坐了下来，点上一支烟，说起他的故事。

果然我们没看走眼，里根不是一般人，1986 年生，属虎。按照辈分排，应该是“基”字辈，所以爷爷给他起名叫王基根，多数人都感觉不好听。当时正好美国前总统里根访华的余热未消，于是就定了个里根的名字。

未上大学的里根从来没有放弃梦想，对知识和艺术的渴望一直伴随着他。后来他通过参加自学考试，考取了山东大学汉语言文学专业，并顺利本科毕业。虽然里根天天很忙，但画笔却从未从他手中离开过，只要空闲下来，就会画几笔。

2005 年 6 月，里根回到村里，那年他 19 岁。家里人问，你回家想干啥？他指着公司的楼说，能到这里上班就行！属虎的里根骨子里有股虎气。没几天，他就写了一封自荐信，塞进了书记的办公室。三天后，爷爷把里根叫过去，告诉他，村里叫他去面试。其实没面试，而是直接去上班。表现优异的他在 2012 年当上了团支部书记，2017 年当上了公司办公室主任。

我们问里根，“你那封自荐信写了什么，能打动了书记把你直接招进去？”里根笑说，早忘了，反正之乎者也酸不溜丢的半文言文写了好几篇。我们想，里根应该记得当年写的什么，只是他不想细说。能坦然地面对弃学事件，而对于这件成功的谋划却轻描淡写，没有沾沾自喜，表现了他的气魄。

果然，里根在这里找到了归属感和成就感。他回忆说：“在文明渔港评比中，有的公司花重金请专家帮忙写申报材料。我主动请缨把我们公司的活儿揽过来，连续 3 个晚上，赶出了高质量的评审报告，在评审中力拔头筹，为村里争取到 1 000 万元的补助资金。在中国传统村落申报中，我们的申报材料也成功通过，获批 300 万元补助资金。”

对文化的热爱，使这位 80 后多了些沉稳，少了些浮躁。面对这样一位爱思考、爱钻研，有志气、有才华的 80 后，我们有理由相信，院夼的未来，美好可期。

（四）王新兴：风浪里闯出来的企业家

王新兴，1965年生人，豪骏鱼粉厂的当家人。

豪骏鱼粉厂，在村东三里地，背山面海，厂房整洁，办公楼应该是近几年盖的，很新。厂里飘着鱼香，类似烤鱼片的味道。三楼办公室里，鱼粉厂老总王新兴正在与人谈工作。

王新兴在他的办公室　**姜茂林 摄**

乍一见面，王新兴看起来没有渔民的粗犷，没有船老大的豪放，也没有大老板压人的气场，反而是很自然儒雅的一个人。王新兴的办公室宽敞明亮、整洁大方，宽大的红木老板台彰显了主人的品位和气派。王新兴说："我这个楼自己用不了，好多屋子是给朋友用的，也不收租金，纯属友情。"沙发后面的墙上挂着巨幅油画，蓝色的海水、红色的礁石，与窗外的景色很像。

王新兴招呼我们坐下，热情地为我们沏茶。待我们说明来意后，他说那我们就随便聊聊，谈谈这些年的经历吧。

20世纪60年代出生的农村孩子都不易。14岁的年纪，现在的孩子还在玩游戏，王新兴已经在离家几十里的宁津街道林家流村晒海带了。他回忆说："我没觉得苦，反而很高兴，因为可以吃上大卷子（白面馒头）。"那个年代，农村都很穷，在村里只有地瓜、粑粑（玉米饼子）、萝卜、白菜，能吃上白面馒头已经是奢望了。第二年，王新兴被提拔到海上养海带了。说是提拔，其实活儿比晒海带还累，但是属于正式工。

养海带不到两年，王新兴又进了一步，回村挂网，就是在海里下渔网。更累，更遭罪，但是工分高，船长挣100分，挂网的就能挣八九十分。挂网很苦，王新兴忘不了。他说："由于白天拉网，每天早上起来手都是僵硬的半握状，需要伸进海水里才能张开。为什么咱的手粗，干活干得啊，现在孩子没干粗活，所以手都通嫩的。"

后来，王新兴调到远洋捕捞船上一干就是10年。再后来，他负责运送冰鲜鱼到日本，这一干又是10年。王新兴说："那时候就是一门心思干活，我的业绩年年在公司排第一，待遇也好，一年10万元再加两万元奖金。直到2003年'非典'，形势发生变化，从日本回来后，自己经历了短暂的失业。这时村里公司改制，渔船分给个人经营。第一年没敢干，第二年一看捕捞的都发财了，我自己也造了两艘船，搞起了捕捞。"我们问他自己干能挣多少？

王新兴鱼粉厂的办公楼和车间　**姜茂林　摄**

他大笑，这个不一定，年头好坏有很大差距，反正是多！

近几年，新兴搞起了鱼粉厂。王新兴说，干起这个纯属意外。“村里跟南方厂家合作，人家中途不干了，剩了这个烂摊子，对外叫桩，咱出了高价，就到手里了，到现在干了 12 年了。新厂房是 2014 年盖的，因为在海边，按照现在的政策不让盖了。从 2014 年起，厂子在环保方面投资近 2 000 万元了，不是我夸自己，我的厂子绝对没有臭味，原因是我从海里抽水，把气味过滤了一遍，一般鱼粉厂没有这个条件和设备。”

说起办工厂、干实业的不易，王新兴不免有些唏嘘。搞鱼粉厂可是个高技术的辛苦活，从建厂、买设备、找技术员、招工人到购原料、管生产、跑销售等，样样都需要自己去谋划、操劳。这几年付出的汗水、忍下的泪水只有他自己清楚。

王新兴重新拾起笑容说，现在又跟别人合伙造了一艘 1 600 万元的灯光船，还有一对 1 500 万元的拖网渔船，最远到过南海，当然国内的海域都可以去，主要是捕捞饲料鱼——鳀鱼。

王新兴的故事，是个典型的渔民奋进史、发家史。他 14 岁到大社（生产队）干活那年，恰逢 1978 年十一届三中全会召开后，中华大地春潮涌动，改革开放为农村经济注入了强大生命力，也为一些年轻人提供了创业致富的机会。党的十八大之后，他又转型升级干起了实业，在当今乡村振兴的大好政策下，凭他的勤奋和智慧，相信一定能干出更大的事业。

（五）王剑：顺风顺水的招待所老板

院夼招待所是村里 20 世纪 80 年代建的，就在路边，外观上很不起眼。

认识王剑是在闲聊的时候，有人介绍说他是招待所的老板，我们顺口问了一句，可不可以作为一个访谈对象聊聊？没想到王剑不假思索就答应了。

王剑和他的招待所　**姜茂林 摄**

王剑是个不善言谈的汉子，我们以为他可能是个普通渔民出身，但是实际情况却与我们想的大相径庭。

王剑是本村人，1972 年生，妻子也是本村人，同岁。王剑与妻子开始并不认识，20 岁那年经人介绍相亲认识。我们遇到的访谈对象，几乎全是本村结亲。问原因，他们说，一是因为院夼村富实，有好女不外嫁的思想；二是本乡本土的，彼此知根知底，结亲比较牢靠。

王剑是个有福之人，一辈子顺风顺水，没大吃过苦。初中毕业后，他就在村里干会计，1992 年去了威海一家主营燃料的公司，依然是干会计。现在村里的油库就是他在威海上班时建的。回村后，王剑利用在威海工作的优势，买了艘油船做燃油生意，为渔民和渔船服务，近几年基本不干了。

王剑说："招待所是承包的，就是当个营生经营着，主要是为外来务工人员和船员提供食宿，一年接待客人也就 1 000 人左右，经常十天半月的没客来，也挣不了几个钱。现在主要是船厂的工人住，共 40 余人，大约一年可收三万元租金。"

由于前些年的燃油生意赚了些钱，王剑日子过得挺富实。除了村里的房子，在镇上还有套200多平方米的别墅，一辆三菱欧蓝德吉普，一辆小奔驰。

王剑的父母已去世，岳父母健在，都是77岁，住在村里。养老也不用他们操心，村里的补助足够生活，每月有几百块，经济上都不用靠他。女儿在青岛一个公司上班，也不用他费心。儿子在荣成二中读高二，学习成绩还不错，考大学没问题。我们问王剑，现在有没有什么愁事？他略微一想，回答，还真没有。

平安是福，平淡是真。无忧无虑的王剑，过得不正是很多人向往的生活吗？

（六）王东宁：心有不甘的村医院院长

院夼医院实际上是村卫生室，与招待所在同一座楼，一东一西。这个医院在20世纪50年代就有了，以前有段时间作为骨科医院分院，后来变成职工医院，现在根据上级管理部门要求，只能叫村卫生室，因此外面没挂牌。

院夼医院院长王东宁 **姜茂林 摄**

院长王东宁，1967年生，身材结实、性格朴实，本村人，1985年开始从医。他不是科班出身，有点类似从前的赤脚医生。基层农村是个大舞台，历练人的不仅有医术还有性格，赤脚医生最后成名医的大有人在。几十年在基层看病，接触各种各样的病号，实践中积累了一些花钱少效果好的药方，对于治疗常见病特别是疑难杂症，往往有独到之处。很多赤脚医生学历不高，理论也学得不多，也说不上是中医还是西医，但是治病的效果就是好。

院夼卫生室共有 6 个人，两个医生。这个卫生室是王东宁 5 年前承包过来的，承包费 6 万元。我们算了一下，6 个人的工资就差不多得 30 万元，加上承包费，每年至少要挣 40 万元。王院长坦然地说，剩不下几个钱，我这儿收入在我们村里是偏下游水平。要是自己干，挣得肯定比现在多。

虽然访谈当天是国庆节，但是医院并没有休息，王东宁照常上班，他几乎天天就两个地方：家和医院。由于是假期，病号并不多，桌上的手机上正直播国庆大阅兵。

我们正说着话，进来一男一女，应该是打工的，男的腿伤了，肿得厉害。王东宁起身查看了一下，确定没有大问题。两人问能不能打针，王东宁说可以，开了药，两人打针去了。

我们问王东宁，现在城市社区里中医很受欢迎，你这医院地方也有，有没有上中医的想法？他说："正在考虑，不过你看看，药这么贵村民消费不起啊。"并随手递给我们一张纸，我们一看，不知是哪个机构的宣传材料，上面基本上是名贵药材的配方。我们说："这样的名贵中医汤剂恐怕不适合基层，可以试试中医理疗，这里由于出海的多，患有关节炎寒湿症的人应该不少，肯定有需求。"他表示赞同，说正想从小儿推拿入手，把中医这块业务推下去。

在闲谈中了解到，王院长妻子也是本村人，不上班，有时打点零工。我们问是不是由于院夼村比较富，一般都不外嫁？他说确实是，我们那时候本村通婚较多。他有一子，30 岁，在乳山市当公务员。东宁说，除了儿子还没成家，没别的心事。

作为同龄人，我们有一些相近的思想。对于现状尽管有些不甘，但是对于已 50 多岁的人来说，稳定可能是最好的选择。

（七）张爱华：为照顾老人坚守村小的好老师

张爱华是院夼完小的英语老师，是院夼的媳妇，丈夫是欧美海运公司的经理。我们到学校里去找张老师两口子聊天。

张爱华老师　**姜茂林　摄**

院夼完小离村办公室很近，步行不到 10 分钟。张老师指着学校前面的一栋楼说，她婆婆家就在这个楼上。旁边的丈夫接过话茬儿："我们两头都只剩了个老妈，我妈 69 岁，我俩的房子在人和，她每天中午都来陪我妈吃饭。我常年在烟台，家里的事一点顾不上，亏了她照顾老人孩子。"边说着，边向妻子投去深情的目光，看得出夫妻俩感情很好。

张老师 1977 年出生，1999 年从电大师资班毕业，2002 年一直到现在都在院夼完小教书。她丈夫说，爱华教学成绩很好，要不是因为学校离家近，照顾老人方便，很可能早就到别的学校去了。他们的女儿今年 16 岁，在文登师范学校上学，平时也不在家。

在张老师的引领下，我们来到了教师办公室。这是个套间，面积大约有四五十平方米，里面是校长办公室，张爱华的办公桌紧靠门口。她坐在熟悉的位置上，很大方地叫我们拍了张照片。院夼完小全校共 10 位教师，算上校长有 3 位男老师，张老师属于年龄最小的。张老师说："这里的孩子有一半是外来打工人员的孩子。由于很多家长不识字，对子女的教育更是一窍不通，孩子的学习习惯不是很好，所以老师比城里学校的老师要付出得更多一些。镇上已经建了所新学校，这所学校将来可能要合到新校去。"

作为全校唯一的英语老师，她教三到五年级共 4 个班的课。问起张老师教学成绩不错，都得过哪些荣誉时，张老师不好意思地说，没啥荣誉。在丈夫的催促下，她才小声说："我们学校的英语成绩，在全市排名第二。"

这是多么难得的成绩啊。作为平凡的小学老师，普通的院夼媳妇，张爱华身体力行、为人师表，不论当教师还是做媳妇，她的所作所为都让人敬佩。

（八）妇代会大姐：为村里解难题的热心人

王瑞香大姐的家，在村东头新楼区的旁边，是一座普通的农家小院，正房三间，左右是厢房，厨房在西厢，与屋内的卧室大炕连在一起。那天的阳光特别好，走进小院，干净得晃眼。

王瑞香家的小院　**毕明艳　摄**

"家里乱糟糟的，实在没办法见人啊，快进家快进家！"王大姐一边热情地招呼我们，一边爽朗地笑着。屋内同样干干净净。我们和大姐开玩笑说："这得脱鞋进啊，地太亮了，不敢踩。”引得大姐哈哈大笑。三间屋，进门是中厅，左右两边分别是两间卧室。中厅的东墙上，挂着一幅“室雅人和”的书法作品，与大姐家给人的整体感觉相得益彰。

说明了来意，王大姐颇有些戒备，“我们就是普通的农村妇女啊，哪会说。”“还要拍照？不能拍不能拍！”稍过了会儿，她说：“俺去隔壁屋画个淡妆吧。”

化妆后的王大姐更加干练。我们一边夸着大姐，一边赶紧招呼大姐坐下，拉开了家常。

王大姐 1962 年生，老伴也是本村人。与村里大部分村民一样，老伴年轻的时候就出海打鱼，村里称“下小海”。她在家里操持家务，抚养孩子，船回港时，她还要辅助着老伴抬包上滩、处理渔获。休渔期间，他们就在村里打零工补贴家用。

王大姐说：“年轻的时候遭老罪了，抬包抬个两三天，胳膊、肩膀都肿得没法看，可出大力了。可是谁叫咱养个儿子呢？有儿子，你就得拼着干，得攒钱将（将，方言，娶的意思）媳妇啊。”

大姐的儿子 31 岁，大学毕业就留在济南工作，已经成家，有了女儿。在中外运工作几年后自己创业，现在事业小有成就。大姐每隔几个月就去济南待一段时间帮忙照看两岁的小孙女，前两天刚和老伴从济南回来。说起儿子儿媳、孙女的家常点滴，王大姐的脸上流露出幸福和自豪。“在济南，我要照顾儿子一家，回到威海家里，还要继续照顾家里的捕捞船，挣了钱给谁啊？还不都是儿子的？可怜天下父母心哪，为了儿女再苦再累都愿意。”

我们问大姐，对现在的生活还满意吗？大姐说，行，自己都满意。“关键是自己得知足。村里挺好的，干了这些年，生活富足，邻里也和睦，在村里还有几个好姐妹一起做妇代会委员，为村里的老百姓服务，乐在其中。”

说曹操曹操到。正说着，大姐的这两个“姊妹”来了。都说3个女人一台戏，3个王大姐往炕上一坐，我们的访谈顿时热度飙升。来的两个大姐，一个叫王瑞红，一个叫王云霞，都是村妇代会的委员。

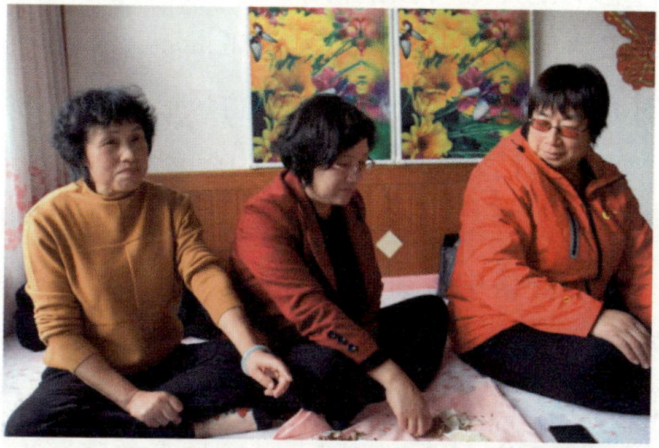

王瑞香（左一）和她的两个好姐妹　**毕明艳 摄**

院夼妇代会有8位委员，负责整个村的村务、党务的宣传及日常村民的困难、纠纷的协调工作，平时颇为忙碌。村妇女主任介绍说，村里很多工作多亏这几位委员，她们热心、负责，为村里老百姓服务，工资也不高，相当于做义工。这三位大姐都已经在妇代会干了二三十年了。有时候，很多村干部解决不了的问题，妇代会出面反而迎刃而解。

我们开玩笑问她们，这工作是不是有瘾，要不怎么能干几十年？三位大姐都哈哈大笑：“你别说，还真有瘾呢！”王云霞回忆起那几年刚开始推行村容村貌卫生整治的时候，天天都在村里挨家挨户地做工作。她说：“有时候村民不理解，还有被骂哭的时候，真没少遭罪，那时候也上火，想打退堂鼓。但是，时间长了，村民之间都知根知底了，大家都非常支持妇代会的工作。最主要的，妇代会的几个姐妹几十年在一起，比亲人还亲，就是因为这份互相扶持、互相爱护的感情，让我们始终保持如一的热情，还干得有滋有味。”

王瑞香说，有时候在济南看着孩子，妇代会的事儿顾不上，还觉得有些上火呢！王瑞红说："我们村村民素质都比较高，干工作不可能一帆风顺，但是大家都支持我们的工作，我们的付出就值得。"

王云霞还特别提到了家风建设对村里工作的影响，说道，"我们村老书记王巍岩在全村推广村风家风建设，经过这些年的发展，村民、邻里之间，父子、婆媳之间都非常融洽；包括外来打工人员，即便来时心存隔阂，相处久了，受村风影响，也都亲如一家"。

话里话外，几位大姐身为院夼村村民的自信心和自豪感使我们深受感染，院夼村在村民工作、福利待遇上的成绩可见一斑。

在交谈中得知，现在村里的宣传、协调工作越来越多了，妇代会委员的工作十分忙碌，真可谓"舍小家，顾大家"。几位大姐言谈之间透露出对工作的热情和责任心，让我们这些年轻人都心生敬佩。

和几位大姐盘着腿，坐在炕上热聊了近 3 个小时，仍意犹未尽。这次谈话给我们最大的感受就是：一个村的发展，离不开村民的支持与配合；村民的福祉，要靠村里经济发展来实现。二者就像鱼和水，息息相关、不可分割。此外，这些热心公益、关心村里事务的村民，发挥了黏合剂的作用，很好地调和了干部和群众之间的关系，促进了乡村治理，为乡村振兴发挥了作用。

（九）王斌：飞进院夼的川妹子

遇到王斌纯属偶然。她是个职业文化人，之前王斌在威海一家杂志社做执行主编时，跟我们有一面之交。一晃 10 多年过去了，期间她结婚、生子（后来才知道是她领养的）、离婚，前几年带着孩子回了四川老家。没想到，我们竟然在这里遇见了她。

那天结束了一天的调研，人困马乏，正打算返回，发现远处码头上渔船正好靠岸，有不少人在买海鲜，于是决定过去看看。正溜达着，猛然发现前面站着个人，正是王斌。她没发现我们，我们就故意站在她面前盯着她看。当她发现我们时，惊喜地反复念叨："你们怎么会在这里！"

原来她是帮人看海鲜摊。"快买点海鲜到我家喝酒去！"她兴奋地叫着。她身边一直有两个男孩围着转，问这问那。我们问这是你儿子吗？王斌说："不是，我儿子在荣成上学。"我们就纳闷，这俩孩子是谁？卖海鲜的大姐给装了两斤舌头鱼、两斤琶虾、六七个螃蟹，王斌要给钱，大姐坚决不收。提着鱼虾蟹子，她又去超市买了一些吃的，我们就来到她家。

王斌和她的孩子 **姜茂林 摄**

她的房子是座平房，在村中央一直往后走，位置偏高。前年朋友带她来，她一下子就喜欢上了这里。她花了 13 万元买了下来，很宽敞。她来后把房子收拾得很利索，把以前放杂草的道房改造成教室，办了个国学堂。那两个孩子，说是她的学生，实际上是她收留的"孤儿"，虽然有父母但是没人照顾，一年 365 天几乎全在她这里。我们问孩子叫她什么，他们哈哈笑着说："有时叫老师，有时叫妈妈，有时叫姐姐，还有时叫同学。"我们问王斌，跟着你学习有学费吗？王斌轻描淡写地说："有就给点没有就算了，有个孩子 6 个月没交钱了。"我们问她的生活开销怎么办？她若无其事地说："花不了多少钱，我们主要靠自给自足，菜自己种，别的花不了什么钱，再卖点画补贴一下就行了。”我们突然感觉有点自惭形秽。这个女人，这些年经历了这么多坎坷，已经对世事看得很淡，但她做的这些事是我等做不来的。

吃饭间我们了解了她的授课情况，学生不多，她也不想收太多。两个孩子常住她家，上午下午各一个半小时的传统文化课，他们只要爱学就教，不爱学就不教。除了上课，其余时间都力行弟子规。她说两个孩子刚开始精神状态都不好，现在开朗多了，生活都学会了自理，还能干一点儿家务活。看着两个忙着洗菜的孩子，她露出了只有母亲才有的幸福笑容。

我们好奇地问她为何会选择在这里定居，王斌回答说：“现在住的这套四合院儿就是我梦想中的家。家里有一个院子，院子两侧都有屋子，一边是厨房和厢房，一边是水房和厕所。门道的两侧还有两个道房，再往上走是主卧室、客厅和客房。而且这个房子周围环境也比较好，我家的西边是院夼禅寺，听当地人讲，东面是王重阳曾经修炼用的云光洞，这是一个风水宝地！”

王斌说她选择在这里安家除了房子好，还因为这里的人好得不要不要的。“我在这里认识的第一个人是院夼龙王庙的赵道长。赵道长虚怀若谷、乐于助人，上至名家大师，下至工匠白丁，皆能与之促膝长谈、和睦相处。认识的第二个人是刘道姑，道姑善良正直、悬壶济世、长袖善舞。在此二人的引荐下，我先后认识了院夼村的领导和邻居王志庆等人。每一个院夼人都是那么宽容热情，因为有了这一群人的呵护，我才敢与这异乡的一群人成为邻居。更有缘的是，房子的原主居然跟我同名同姓，只是中间加了一个‘志’字。”

扎下根后，王斌想修身养性，可是朋友给她送来了几个孩子，家长让她教孩子们国学，于是她的国学班办起来了。王斌回忆说：“我是不做则已，一做必须做好的那种人。凭着近十年幼儿教学经验和这些年孔子教学法的浸润，我全身心地投入到孩子的教育中，陪他们锻炼，陪他们做家务，陪他们学习。每天早上五点半起床，我们步行十几分钟到龙王庙练太极，然后回家开始一天的劳动和学习。我的孩子几乎都是传说中的‘熊孩子’，在学校待不下去，有一个甚至被学校辞退。这些孩子不论心理、学习、生活习惯、自理能力都有很大的问题。但是，渐渐地我发现，这些孩子都各有所长，而且都有背经的天赋。”

当时国学班的学习内容包括儒释道的经典，如《道德经》《论语》以及中医典籍《药性赋》《黄帝内经》等。王斌说学习这些的目的一方面是让孩子学会做人，一方面以圣贤经典为准则，让孩子学会做事，从小在他们幼小的心里播下圣贤的种子，就像把树的根扎稳扎深扎正一样，不会轻易被风雨折断。孩子们在她的陪伴下发生着日新月异、天翻地覆的变化，甚至连有自闭症的孩子也会背《三字经》，会从 1 数到 100，会认 30 多个字，还会与人交流。

王斌说：“有家长将变化看在眼里，想在人和镇租个别墅让我扩大规模多挣钱，有单位请我去做夏令营，有人让我去做合作左右脑开发，有人请我去讲大课，我都拒绝了。在利益面前我也曾动摇过，但一转身看到孩子我马上清醒：勿忘初心。当我听着孩子们从不会读书到能流畅地背书，看着他们的字从豆芽状变成正楷，吃着他们用心做的饭菜，我觉得，我所付出的仁爱都是值得的。”

王斌还特别感谢了邻居的爷爷奶奶。因为有的孩子常常会惹邻居们生气，爷爷奶奶从来不发火，而是帮忙一起教育孩子，当她不在的时候，他们还会帮忙照看孩子。王斌提道：“我有一个菜园，但我根本就不会种菜，是邻居爷爷奶奶帮我种菜，教我种菜。爷爷奶奶有什么好吃的，就给我端过来让我和孩子们一起吃。我有什么不会做的，他们就教我做。子曰：德不孤，必有邻。我谨以此来要求自己，善待邻居。”

我们问王斌她这些年过得怎么样，未来还有什么期望，她笑着回答，“我感恩老天给我的安排，那些曾经让我失去的所有，都是为了让我得到今天的所有，让我完成我少年的夙愿：做天下孩子的妈妈，并且住在一个有果树和菜园的四合院里。未来的路上，我希望自己能挽救更多的‘熊孩子’，挽救更多的家庭，种下更多的圣贤种子，待孩子成人时，潜心修行，著书立说”。

王斌像一颗陨石一样无意间落在院夼，在这里她实现了自己的夙愿，找到了终生的幸福。

（十）三位外来女工：扎根这里做院夼人

正在干活的外来女工　**姜茂林 摄**

医院对面，是一片厂房，牌子上写着海带加工厂。本以为“十一”期间工人都放假了，没想到车间里竟然有20多位女工在干活。她们的活是把盐渍海带打结装箱，就是把海带条系个结，然后用刀切成一个一个的。工资按斤算，一斤一块钱，我们问一天能不能弄100斤？几人异口同声说不能。车间里20多个女工叽叽喳喳地聊天，气氛活跃得爆棚。我们听口音外地的居多，便问：“哪位大姐小妹是外地来的？”众人齐推最东边的一位中年妇女。一问，大姐是东北吉林人，1966年生。金手镯，金耳坠，一看家境就不错。

这位大姐早在 1993 年的时候全家四口就来了院夼。她回忆说："我丈夫原来是院夼船员，现在有两个儿子，都买了房子，除了户口没落在村里，跟村民没什么两样。儿子在烟台开饭店，成家了，也买了楼。父母在牟平，时常过去看看他们。院夼人好，不欺负我们外地人，俺在这里很好。"

我们问可以拍照不？大姐风趣地说："俺人俊不上相，不好看。"我们说："你放心，拍完了给你看。"爱美是女人的天性，啪啪啪几张照片下来，递她眼前，"嗯，是不错。"围过来几个女工，看看照片都兴奋起来，气氛也更加活跃起来。几个女工主动给我们推荐人选。

正在干活的外来女工　**姜茂林 摄**

看到有两个小女孩在旁边玩，我们问是谁家的？旁边的一位女工说："这是我家老二，我从湖北老家生下孩子就来这里了。现在租房住，每月 300 来块钱的房租。孩子在村里上小学，费用全免，与村民享受同等待遇。"

我们问为啥不买房，对面东北大姐说，她老家有三栋楼，还买啥！谈话中知道她丈夫在船上，十天半月回来一次，出海人收入应该可以。她说："俺干活慢点，可干点就比不干强，房租钱几天还是能挣回来。俺们不买楼，过几年还是要回老家的。"我们问可以拍照不？她害羞地推辞了一阵，留下了与孩子开心的笑容。回到住处后，我们看着这张照片，有种莫名的感动。对很多农村老百姓来说，有活干，有衣穿，有饭吃，她们就很知足。

正在干活的外来女工　**姜茂林 摄**

一个工位 4 个人对脸坐着，众人又起哄，还有一个来得晚，你采访她吧。一问，河南郑州人，也是随丈夫过来的。丈夫就在这家公司养海带，两个孩子，自己买了 130 平方米的楼房，花了差不多 30 万元。“不走了，扎根在这里了。”她坚定地说，“不过我们也不容易，老的都在老家，不能尽孝心啊。”

这些女工来自东北、湖北、河南、贵州、云南等地，多数是因为丈夫在这里打工跟过来的。她们都说，之所以选择院夼安家落户，是看中这里优越的打工条件。这里不歧视外地人，只要肯吃苦，就能挣到钱。

院夼最为难能可贵的，是拥有充满爱心与包容的民风和海纳百川的广阔胸怀。打工者在这里享受的是同本地村民一样的待遇，他们与院夼人一样都是这里的主人翁。

院夼村风光　**院夼村 供稿**

数据分析：村民眼中的乡村振兴

泥安儒　张　帆　郭　璐　王静宜

为了全面、深入地了解近年来山东在乡村振兴方面所取得的成就，了解山东农村地区的发展变化以及村民在乡村振兴战略实施过程中的所见所闻所想，“齐鲁乡村调研”课题组自 2019 年 11 月初开始着手准备对在山东省内选定的 6 个村庄（菏泽市东明县竹林新村、泰安市岱岳区丰山村、临沂市沂水县桃棵子村、淄博市沂源县龙庄社区、潍坊市寿光市崔岭西村、威海市荣成市院夼村）村民的统计调查。本次统计调查的调查总体是 6 个村 16 岁以上的户籍村民（以下简称村民），课题组通过配额抽样的抽样方法，以村民的年龄、从业类型和性别为配额分类标准，按照“小村大比例、大村小比例”的原则，最后在 6 个村抽出样本总人数 640 人，然后以调查问卷为收集资料的工具，招募访员通过入户与线上相结合的方式对村民开展调查工作。受新冠疫情的影响，统计调查工作几经延续，最后于 2020 年 8 月中旬完成。

通过对山东省 6 个村 640 名村民的问卷调查，课题组获取了大量客观翔实的统计调查数据。在此基础上，课题组对获取的数据资料运用 Spss 统计分析软件进行定量分析，得出了初步的调研结论并形成本报告。本报告力图全面、准确地反映近年随着乡村振兴战略在山东农村地区的实施，山东省各地村民对村庄变化的所见所闻、自身生活的改变以及对未来生活的展望，对山东农民眼中的乡村振兴状况有一个完整地呈现。

一、村民基本信息

（一）样本构成状况

本次乡村调研初级样本包括 6 个行政村，终极样本包含 640 名 16 岁以上的户籍村民。下面将主要从被调查村民的性别、年龄、文化程度等方面展示样本的基本构成状况。

1. 性别构成

从图 1 可以看出，在本次调查的村民中，男性村民占 55%，女性村民占 45%，样本中男性略多于女性。

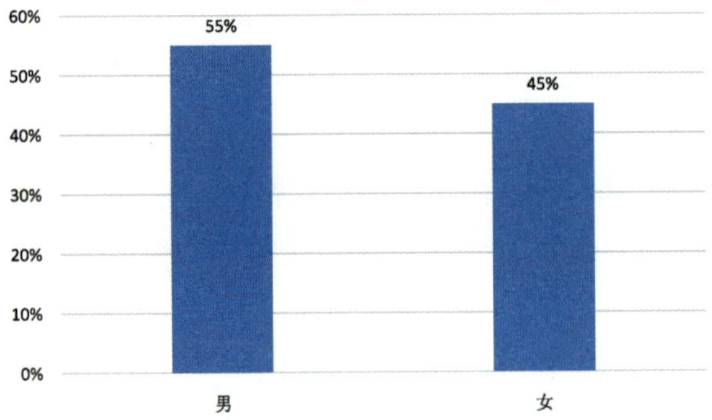

图 1 村民性别结构

2. 年龄构成

由图 2 可见，16 岁以上的村民的年龄分布基本呈现正态分布状态，中间（41—50 岁）高两边低，但右侧多于左侧，可见年龄大的人多于年轻人。

细分发现：41—50 岁的村民最多，占到 21.3%，其次是 51—60 岁的村民，占 17.8%。按世界通用的老龄化计算方式统计，以 60 岁年龄为界，样本老龄化率约为 26.3%。

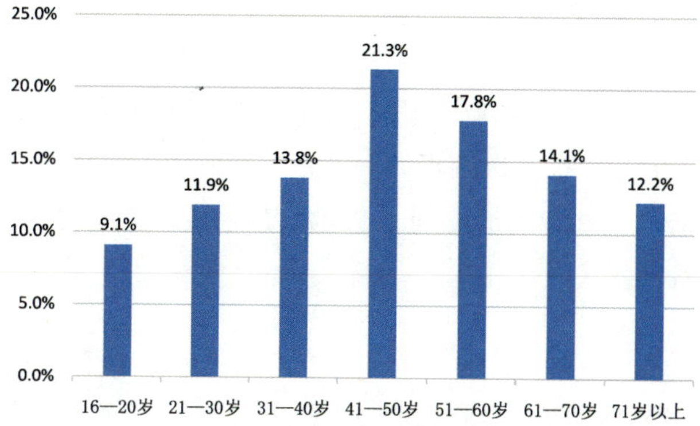

图 2 村民年龄结构

3. 婚姻状况

村民的婚姻状况以已婚为主，其次是未婚，离异和丧偶的村民寥寥无几。由图 3 可见，在本次调查的村民中，近八成（76.3%）的村民婚姻状况为已婚，未婚的村民占到 18.8%，丧偶的村民占总调查人数的约 4%（4.1%），离异的村民占比不到 1%（0.9%）。

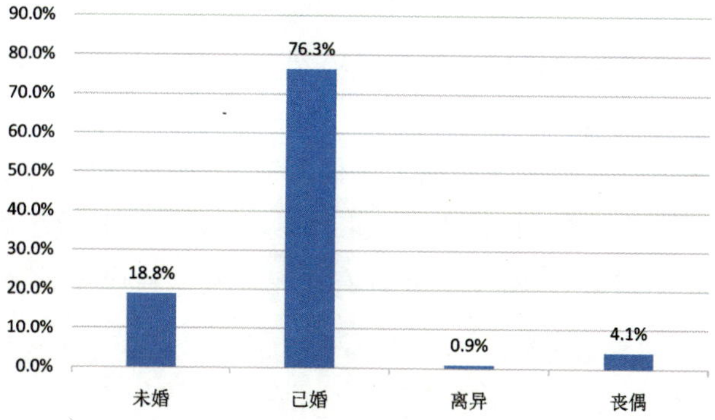

图 3 村民婚姻状况

4. 政治面貌

村民的政治面貌以群众为主，还有少数的中共党员和共青团员。从图 4 可以看出，在本次调查的 600 余位村民中，中共党员占到了一成多（12.8%），共青团员占到了 7.5%，其余近八成的村民均为群众。调查对象普通村民。

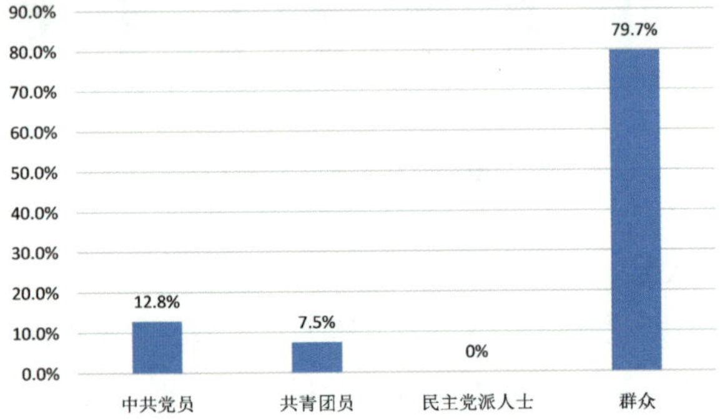

图 4 村民政治面貌

5. 文化程度

村民的总体受教育程度当前已达到了一个较为不错的水平，并且呈现出较好的发展势头——年轻的村民学历普遍更高。

由图 5 可以看出，村民的文化程度主要集中在初中和小学学历，分别占到总调查人数的 33.4%、24.4%。从整体来看，受过教育的村民占到九成还多（91.9%），并且有约 34.1%的村民受教育程度在高中及以上。

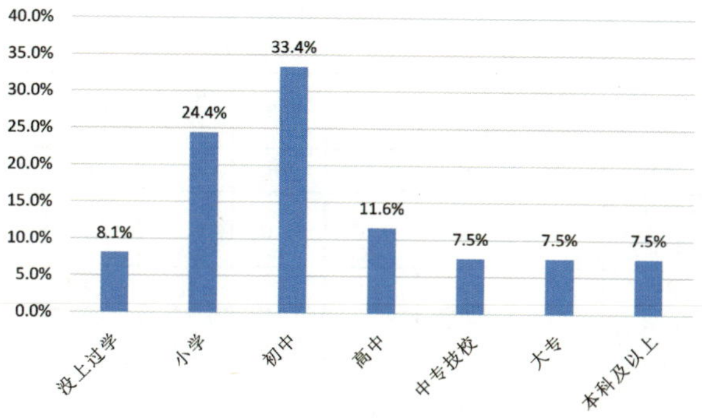

图 5 村民文化程度

交叉分析发现（见表 1），村民中越年轻的群体学历层次越高，30 岁以下的年轻人中拥有本科学历者占到了 25%左右。

细分表明（见表 1），16—20 岁的村民教育程度以高中为主（31%），其次是本科及以上学历（24.1%），该年龄段中专技校和大专学历的村民也分别占到约两成和三成。21—30 岁的村民受教育程度以大专和本科及以上学历为主，皆占到该年龄段总人数的近三成，其次是学历为中专技校的村民（21.1%），还有少数村民学历水平在初中、高中及小学。在 31—40 岁年龄段的村民当中，一半以上的村民文化水平为初中，也有少数村民文化水平为其他几种类型，但该年龄段没有村民还未接受过教育。40 岁以上至 70 岁以下各年龄段的村民受教育水平主要集中在小学和初中两个文化程度类型，还有少数村民未接受过教育。71 岁以上的村民受教育程度以小学为主，占到 43.6%，其次是未接受过教育的村民，占到该年龄段村民的 33.3%。

表1 各年龄段村民文化程度状况（人）（n=640）

			文化程度							总计
			没上过学	小学	初中	高中	中专技校	大专	本科及以上	
年龄	16—20岁	计数	0	0	4	18	12	10	14	58
		占年龄的百分比	0.0%	0.0%	6.9%	31.0%	20.7%	17.2%	24.1%	100.0%
	21—30岁	计数	0	2	10	6	16	22	20	76
		占年龄的百分比	0.0%	2.6%	13.2%	7.9%	21.1%	28.9%	26.3%	100.0%
	31—40岁	计数	0	8	46	8	10	8	8	88
		占年龄的百分比	0.0%	9.1%	52.3%	9.1%	11.4%	9.1%	9.1%	100.0%
	41—50岁	计数	2	48	56	14	8	4	4	136
		占年龄的百分比	1.5%	35.3%	41.2%	10.3%	5.9%	2.9%	2.9%	100.0%
	51—60岁	计数	6	32	52	18	2	4	0	114
		占年龄的百分比	5.3%	28.1%	45.6%	15.8%	1.8%	3.5%	0.0%	100.0%
	61—70岁	计数	18	32	34	4	0	0	2	90
		占年龄的百分比	20.0%	35.6%	37.8%	4.4%	0.0%	0.0%	2.2%	100.0%
	71岁以上	计数	26	34	12	6	0	0	0	78
		占年龄的百分比	33.3%	43.6%	15.4%	7.7%	0.0%	0.0%	0.0%	100.0%
总计		计数	52	156	214	74	48	48	48	640
		占年龄的百分比	8.1%	24.4%	33.4%	11.6%	7.5%	7.5%	7.5%	100.0%

从不同性别来看（见表2），与女性村民相比，男性村民受教育程度普遍要高。约5%的男性村民未接受过教育，而未接受过教育的女性村民则达到11.8%；21%的男性村民最高学历为小学，仅有小学学历的女性村民占到28.5%；学历在初中及以上的男性村民达到73.8%，而这一比例在女性村民中只达到59.9%。

表2 村民性别与文化程度关系（人）（n=640）

			文化程度							总计
			没上过学	小学	初中	高中	中专技校	大专	本科及以上	
性别	男	计数	18	74	126	42	32	30	30	352
		占性别的百分比	5.1%	21.0%	35.8%	11.9%	9.1%	8.5%	8.5%	100.0%
	女	计数	34	82	88	32	16	18	18	288
		占性别的百分比	11.8%	28.5%	30.6%	11.1%	5.6%	6.3%	6.3%	100.0%
总计		计数	52	156	214	74	48	48	48	640
		占性别的百分比	8.1%	24.4%	33.4%	11.6%	7.5%	7.5%	7.5%	100.0%

6. 家庭人口数状况

当前农村家庭呈现出小型化的状态，由图6可见，村民的家庭人口数在一到六人之间。三口之家和四口之家最多，分别占到35.3%和30.3%，两口之家次之，占到23.1%。可见，2—4人的“小家庭”占到了被调查村民总数的近九成（88.7%）。

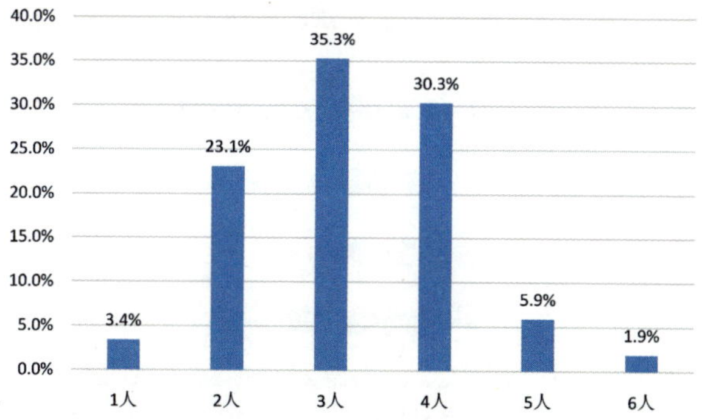

图6 村民家庭人口数状况

（二）村民的基本生活状况

1. 从业类型及主要收入来源

当前村民从事的职业及获得收入的来源呈现出多元化的状态，虽然从单项构成来说，从事农业的人数依然占比最多，但越来越多的村民开始通过个体经营、外出打零工等其他形式获得兼业收入。由图7、图8可知，村民中单从事农业并以农业收入作为个人主要收入来源的村民仅占到四成左右，有近三成的村民靠个体经营或外出打零工为生，另外还有一成多的村民以在企事业单位里工作获得的薪水作为个人的主要收入来源。

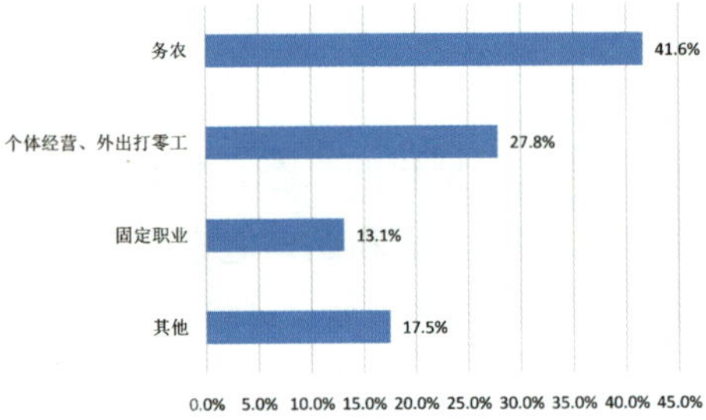

图7 村民从业类型结构

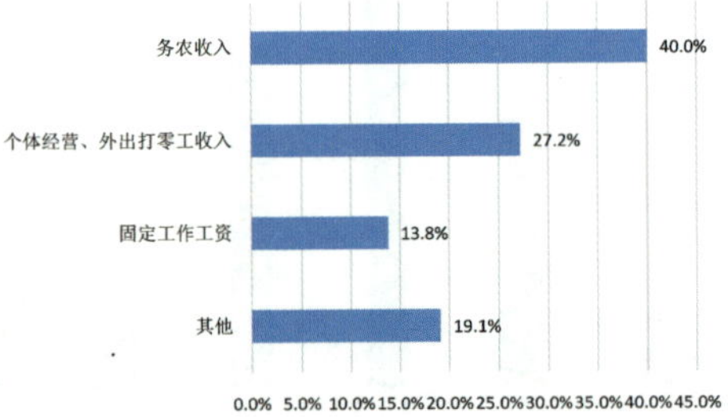

图8 村民主要收入来源结构

注：1.“务农”包括从事种植业、养殖业、捕捞等多种农业形式
2.“其他”包括军人、学生、自由职业者、无业等

交叉分析发现（见表 3、表 4）：总体上看，年龄越大的村民以务农为主业的越多（16—20 岁除外，此年龄段村民多为学生），年龄越小者从事固定工作的越多，而从事个体经营、外出打零工的村民则以 20—60 岁者居多。

细分表明（见表 3、表 4），16—20 岁的村民以学生等“其他”从业类型为主，也基本没有固定的收入来源；21—30 岁的村民多从事个体经营、外出打零工以及在企事业单位有固定的工作，并从中获取收入；31—40 岁和 41—50 岁两个年龄段的村民从业类型和收入来源分布相似，皆以个体经营、外出打零工或务农为主；51—60 岁村民中一半以上都从事农业生产，另外，从事个体经营、外出打零工的村民也相对较多；61—70 岁的村民是乡村农业生产的主力军，占七成多（75.6%）；71 岁以上的村民也有六成左右还在进行农业生产，但也有部分老人已经不再干农活了。

表 3 各年龄段村民从业状况（人）（n=640）

			从业类型				总计
			务农	个体经营、外出打零工	固定职业	其他	
年龄	16—20 岁	计数	0	4	4	50	58
		占年龄的百分比	0.0%	6.9%	6.9%	86.2%	100.0%
	21—30 岁	计数	6	30	24	16	76
		占年龄的百分比	7.9%	39.5%	31.6%	21.1%	100.0%
	31—40 岁	计数	28	40	16	4	88
		占年龄的百分比	31.8%	45.5%	18.2%	4.5%	100.0%
	41—50 岁	计数	54	60	22	0	136
		占年龄的百分比	39.7%	44.1%	16.2%	0.0%	100.0%
	51—60 岁	计数	62	30	14	8	114
		占年龄的百分比	54.4%	26.3%	12.3%	7.0%	100.0%
	61—70 岁	计数	68	10	2	10	90
		占年龄的百分比	75.6%	11.1%	2.2%	11.1%	100.0%
	71 岁以上	计数	48	4	2	24	78
		占年龄的百分比	61.5%	5.1%	2.6%	30.8%	100.0%
总计		计数	266	178	84	112	640
		占年龄的百分比	41.6%	27.8%	13.1%	17.5%	100.0%

表 4　各年龄段村民主要收入来源状况（人）（n=640）

			主要收入来源				总计
			务农收入	个体经营、外出打零工收入	薪资收入	其他	
年龄	16—20 岁	计数	6	2	2	48	58
		占年龄的百分比	10.3%	3.4%	3.4%	82.8%	100.0%
	21—30 岁	计数	8	28	24	16	76
		占年龄的百分比	10.5%	36.8%	31.6%	21.1%	100.0%
	31—40 岁	计数	30	38	18	2	88
		占年龄的百分比	34.1%	43.2%	20.5%	2.3%	100.0%
	41—50 岁	计数	52	60	24	0	136
		占年龄的百分比	38.2%	44.1%	17.6%	0.0%	100.0%
	51—60 岁	计数	62	30	12	10	114
		占年龄的百分比	54.4%	26.3%	10.5%	8.8%	100.0%
	61—70 岁	计数	52	12	2	24	90
		占年龄的百分比	57.8%	13.3%	2.2%	26.7%	100.0%
	71 岁以上	计数	46	4	6	22	78
		占年龄的百分比	59.0%	5.1%	7.7%	28.2%	100.0%
总计		计数	256	174	88	122	640
		占年龄的百分比	40.0%	27.2%	13.8%	19.1%	100.0%

2. 个人收入状况

从图 9 可见，2019 年村民个人收入主要集中在 1 万—3 万元，这一收入水平的村民占到四成左右（39.4%），收入不足一万元的村民也较多（35%），另有一成半（15%）的村民收入在 3 万—6 万元，近一成的村民（8.1%）收入在 6 万—10 万元，10 万元以上收入的村民占 2.4%。从整体来看，65%的村民 2019 年个人总收入在一万元以上。

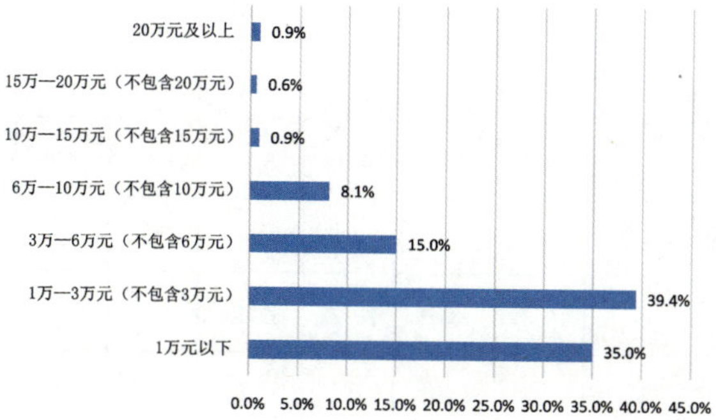

图 9 2019 年村民个人收入状况

交叉分析发现（见表 5）：在各类主要收入来源中，务农的村民收入普遍偏低，而从事个体经营、外出打零工的村民个人收入则高于务农的村民，依靠固定工作为生的村民整体收入最高。

细分表明（见表 5），在各类主要收入来源中，以务农为主要收入来源的村民，年收入主要集中在 1 万—3 万元（50.8%），其次是 1 万元以下（38.3%）；通过个体经营、外出打零工获取主要收入的村民，年收入也以 1 万—3 万元最多（43.7%），但有近三成（28.7%）的村民收入在 3 万—6 万元；以固定工作工资作为主要收入的村民，年收入主要在 3 万—6 万元和 1 万—3 万元，分别占到 36.4%和 34.1%，也有 25%的村民年收入在 6 万—10 万元；收入来源为“其他”类型的村民以学生为主，八成多（85.2%）收入都在 1 万元以下。

表 5 村民主要收入来源与收入状况关系（人）（n=640）

			2019 年个人收入状况							总计
			1 万元以下	1 万—3 万元（不包含 3 万元）	3 万—6 万元(不包含 6 万元)	6 万—10 万元（不包含 10 万元）	10 万—15 万元（不包含 15 万元）	15 万—20 万元(不包含 20 万元)	20 万元及以上	
主要收入来源	务农收入	计数	98	130	12	10	4	2	0	256
		占主要收入来源的百分比	38.3%	50.8%	4.7%	3.9%	1.6%	0.8%	0.0%	100.0%
	个体经营、外出打零工收入	计数	18	76	50	20	2	2	6	174
		占主要收入来源的百分比	10.3%	43.7%	28.7%	11.5%	1.1%	1.1%	3.4%	100.0%
	固定工作工资	计数	4	30	32	22	0	0	0	88
		占主要收入来源的百分比	4.5%	34.1%	36.4%	25.0%	0.0%	0.0%	0.0%	100.0%
	其他	计数	104	16	2	0	0	0	0	122
		占主要收入来源的百分比	85.2%	13.1%	1.6%	0.0%	0.0%	0.0%	0.0%	100.0%
总计		计数	224	252	96	52	6	4	6	640
		占主要收入来源的百分比	35.0%	39.4%	15.0%	8.1%	0.9%	0.6%	0.9%	100.0%

3. 个人收入变化及满意度

从图 10 可见，八成多（80.3%）的村民认为收入与前两年相比差不多，但可喜的是有近两成的村民感觉个人收入这两年有了明显提高，其中认为个人收入提高很大的村民占到 6.6%，感觉个人收入提高较大的占 10.6%。相应地，感觉收入有所下降者较少，总计占 2.5%。

与实际收入相比，村民对自己当前收入的满意度更为乐观（见图 11）：一成多（11.9%）的村民表现出很满意的态度，还有约三成（29.4%）的村民对当前收入比较满意，仅有 7.9%的村民不满足于当前的收入状况。

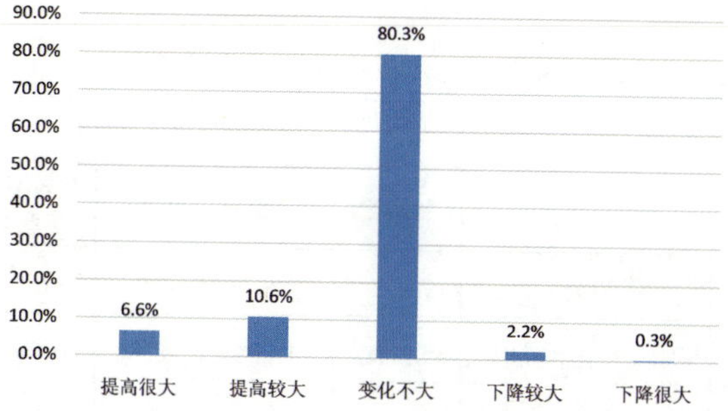

图 10 村民去年个人收入与前年相比的变化

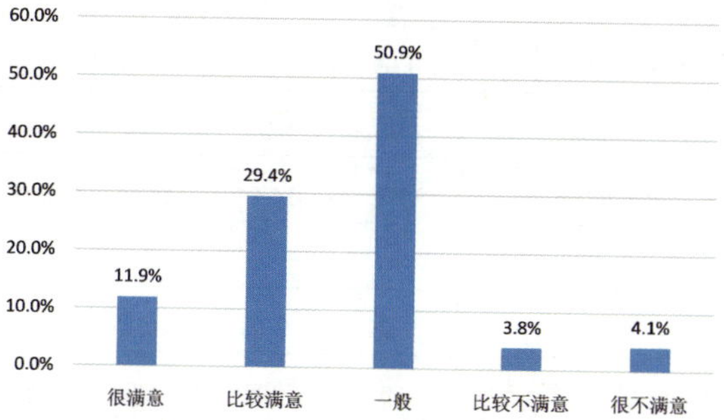

图 11 村民个人收入满意度

交叉分析发现（见表 6）：个人收入提高越大的村民对个人收入的满意度也越高（认为收入“下降很大”的总人数只有 2 人，统计数据波动性太大，可暂不考虑），收入提高很大及较大的村民对个人收入表示很满意或比较满意的均占到七成左右。

细分发现（见表 6），在认为收入“提高很大”的村民当中，一半以上（52.4%）的村民对当前收入很满意；在认为收入“提高较大”的村民中虽然对收入很满意的只占到 11.8%，但有一半多（55.9%）的表示比较满意；个人收入没有得到提高的村民对个人收入的满意度则普遍不高。

表 6 村民个人收入变化与收入满意度关系（人）（n=640）

			村民个人收入满意度					总计
			很满意	比较满意	一般	比较不满意	很不满意	
收入变化	提高很大	计数	22	8	12	0	0	42
		占收入变化的百分比	52.4%	19.0%	28.6%	0.0%	0.0%	100.0%
	提高较大	计数	8	38	18	4	0	68
		占收入变化的百分比	11.8%	55.9%	26.5%	5.9%	0.0%	100.0%
	变化不大	计数	46	140	290	18	20	514
		占收入变化的百分比	8.9%	27.2%	56.4%	3.5%	3.9%	100.0%
	下降较大	计数	0	2	4	2	6	14
		占收入变化的百分比	0.0%	14.3%	28.6%	14.3%	42.9%	100.0%
	下降很大	计数	0	0	2	0	0	2
		占收入变化的百分比	0.0%	0.0%	100.0%	0.0%	0.0%	100.0%
总计		计数（N）	76	188	326	24	26	640
		占收入变化的百分比	11.9%	29.4%	50.9%	3.8%	4.1%	100.0%

4. 主要生活地

从图 12、图 13 可以看出，在 16 岁以上的村民中，一成多的村民（11.9%）已在城中购置了房产。2.2%的村民完全在城市生活，40.9%

的人完全在农村生活，而高达56.9%的人却是“城乡双栖”。当然，主要生活在农村的人（39.4%）明显多于主要生活在城市的人（17.5%）。

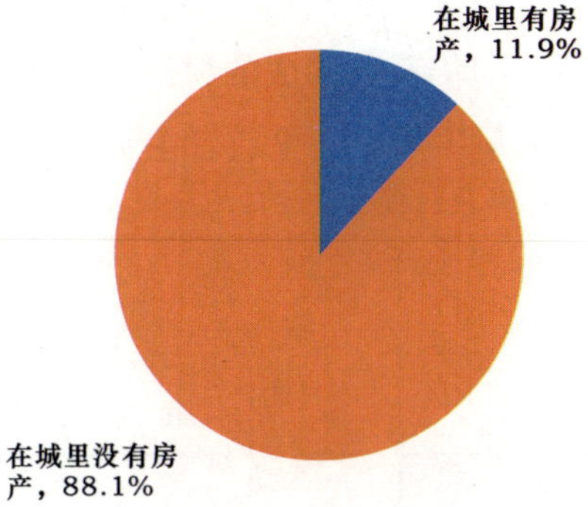

图12 村民城市房产拥有状况

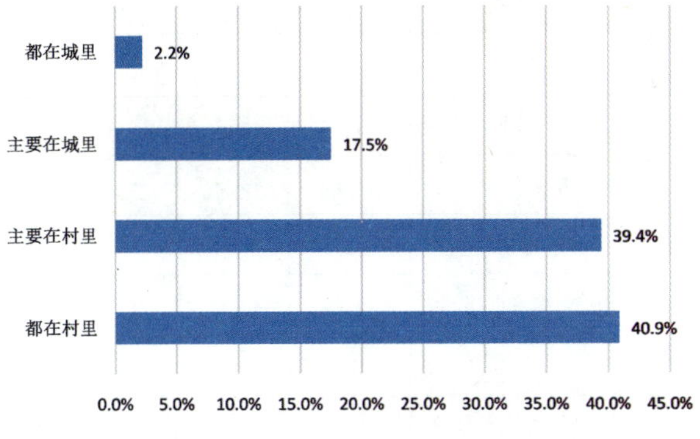

图13 村民近年来主要生活地

交叉分析发现（见表7），总体上年轻村民比年长的村民更多生活在城里，年龄越长者越多地生活在农村，50岁以上特别是70岁以上的村民几乎都在农村生活。

细分表明（见表7），16—20岁的村民基本上都处于“城乡双栖”的状态；21—30岁的村民有更多时间在城市生活，且其中15.8%的人已经在城市定居；31—40岁、41—50岁的村民多数主要在村里生活或者一直在村里生活，但仍有近两成的村民主要生活在城里；50岁以上的村民绝大部分都只生活在村里或者主要在村里生活。

表7 各年龄段村民主要生活地状况（人）（n=640）

			主要生活地				总计
			都在村里	主要在村里	主要在城里	都在城里	
年龄	16—20岁	计数	12	22	24	0	58
		占年龄的百分比	20.7%	37.9%	41.4%	0.0%	100.0%
	21—30岁	计数	6	14	44	12	76
		占年龄的百分比	7.9%	18.4%	57.9%	15.8%	100.0%
	31—40岁	计数	34	40	14	0	88
		占年龄的百分比	38.6%	45.5%	15.9%	0.0%	100.0%
	41—50岁	计数	66	46	24	0	136
		占年龄的百分比	48.5%	33.8%	17.6%	0.0%	100.0%
	51—60岁	计数	60	48	4	2	114
		占年龄的百分比	52.6%	42.1%	3.5%	1.8%	100.0%
	61—70岁	计数	46	42	2	0	90
		占年龄的百分比	51.1%	46.7%	2.2%	0.0%	100.0%
	71岁以上	计数	38	40	0	0	78
		占年龄的百分比	48.7%	51.3%	0.0%	0.0%	100.0%
总计		计数	262	252	112	14	640
		占年龄的百分比	40.9%	39.4%	17.5%	2.2%	100.0%

通过交叉分析发现（见表 8），务农的村民大多都在村里生活，而从事个体经营、外出打零工以及固定职业的部分人生活在城里。

通过细分发现（见表 8），以从事农业生产为主的村民绝大部分都生活在村里或者主要在村里生活；从事个体经营、外出打零工以及有固定职业的村民中，四成多都在村里生活，两成多主要生活在村里，另有两成多主要在城里生活；此外，在企事业单位工作的村民当中，有 9.5%的村民已经在城里定居。

表 8 村民从业类型与主要生活地关系（人）（n=640）

			最近两三年，您主要生活在哪里				总计
			都在村里	主要在村里	主要在城里	都在城里	
从业类型	务农	计数	108	152	6	0	266
		占从业类型的百分比	40.6%	57.1%	2.3%	0.0%	100.0%
	个体经营、外出打零工	计数	78	46	52	2	178
		占从业类型的百分比	43.8%	25.8%	29.2%	1.1%	100.0%
	固定职业	计数	34	22	20	8	84
		占从业类型的百分比	40.5%	26.2%	23.8%	9.5%	100.0%
	其他	计数	42	32	34	4	112
		占从业类型的百分比	37.5%	28.6%	30.4%	3.6%	100.0%
总计		计数	262	252	112	14	640
		占从业类型的百分比	40.9%	39.4%	17.5%	2.2%	100.0%

5. 对总体生活状况的满意度

当前村民对生活的满意度整体比较高。从图 14 可以看出，33.4%的村民对当前总体生活状况很满意，45.6%的村民对自己的生活比较满意，有 20.9%的村民自觉生活状况一般。本次调查中未见对当前生活状况不满意的村民。

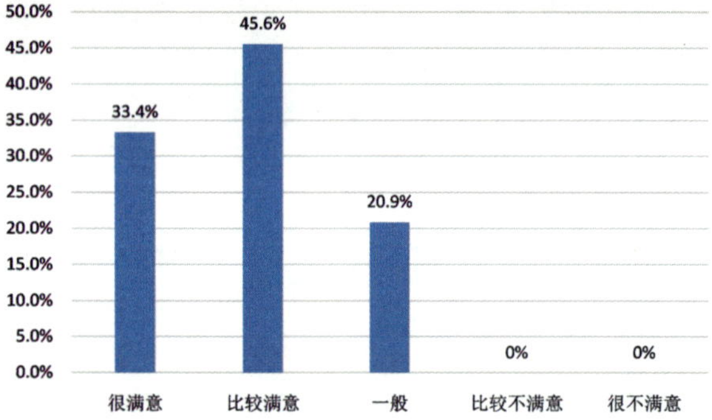

图 14 村民对整体生活的满意度

二、村民眼中的村庄变化

实施乡村振兴战略要从产业兴旺、生态宜居、乡风文明、治理有效、生活富裕 5 个方面协同推进。因此本调研也以这 5 个方面作为切入点，了解村民在这些方面的感受和想法。

（一）农村的生产方面

1. 村民从事农业状况

当前越来越多的村民不再单纯从事农业生产，转而从事其他行业，但干农活依旧是大部分村民生活中必不可少的一部分。从图 15 可见，有 26.3%的村民经常干农活，偶尔干农活的村民占到调查人数的 34.7%，有 34%的村民表示基本不干农活了或者完全不干了，其中完全不干了的村民占 15.9%。

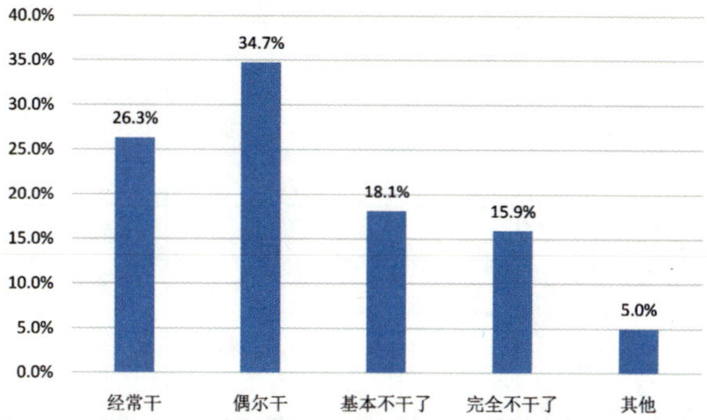

图 15 村民近两三年干农活状况

注：这里的“干农活”包括从事种植业、养殖业、捕捞等多种农业形式

通过交叉分析发现（见表 9），各年龄段村民干农活的比例呈现出中间高两边低的态势，40—70 岁的村民干农活的比例较高，而年轻及年老的村民干农活的则较少。

细分表明（见表 9），在 16—20 岁年龄段中，基本不干农活的村民所占比例最高，占到 31%；21—30 岁、31—40 岁年龄段中，偶尔干农活的村民所占比例最高，分别占到 47.4%、52.3%；41—50 岁、51—60 岁、61—70 岁 3 个年龄段的村民经常干农活的比例最高，分别占到该年龄段总人数的 32.4%、47.4%、37.8%；71 岁以上的村民主要集中在偶尔干农活和完全不干了两个状态上。

表9　各年龄段村民干农活状况（n=640）

			近两三年干农活状况					总计
			经常干	偶尔干	基本不干了	完全不干了	其他	
年龄	16—20岁	计数	8	8	18	10	14	58
		占年龄的百分比	13.8%	13.8%	31.0%	17.2%	24.1%	100.0%
	21—30岁	计数	2	36	18	18	2	76
		占年龄的百分比	2.6%	47.4%	23.7%	23.7%	2.6%	100.0%
	31—40岁	计数	14	46	12	12	4	88
		占年龄的百分比	15.9%	52.3%	13.6%	13.6%	4.5%	100.0%
	41—50岁	计数	44	40	26	22	4	136
		占年龄的百分比	32.4%	29.4%	19.1%	16.2%	2.9%	100.0%
	51—60岁	计数	54	36	14	8	2	114
		占年龄的百分比	47.4%	31.6%	12.3%	7.0%	1.8%	100.0%
	61—70岁	计数	34	32	10	8	6	90
		占年龄的百分比	37.8%	35.6%	11.1%	8.9%	6.7%	100.0%
	71岁以上	计数	12	24	18	24	0	78
		占年龄的百分比	15.4%	30.8%	23.1%	30.8%	0.0%	100.0%
总计		计数	168	222	116	102	32	640
		占年龄的百分比	26.3%	34.7%	18.1%	15.9%	5.0%	100.0%

2. 农业机械化状况

随着技术的进步以及农用机械的普及，农民在从事农业生产过程中越来越依靠机械。从图 16 可以看出，有 21.3%的村民表示本村农业生产全部机械化了，32.2%的村民认为本村大部分农业生产都靠机械，29.7%的村民认为本村农业生产中机械和人力的使用各一半，而仅有约 17%（16.9%）的村民认为本村从事农业生产过程中以使用人力居多（部分靠人力或基本全部靠人力）。

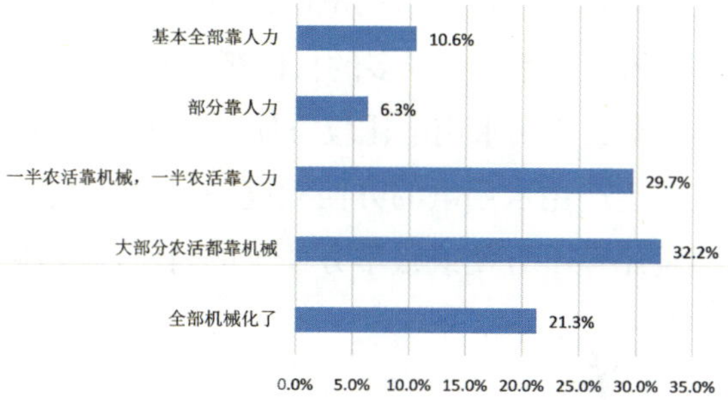

图 16 村民眼中的本村农业机械化状况

3. 农业商品化状况

村民的农业成果呈现出较高的商品化率，多数农产品被村民作为商品出售，仅少部分留作自用。从图 17 可以看出，19.4%的村民认为本村农业劳动成果全部作为商品出售，认为大部分农业劳动成果被出售的村民占近四成（38.8%），21.3%的村民认为出售和自用参半，而劳动成果大部分自家用和全部自家用的村民很少，两者之和仅占到二成左右（20.7%）。

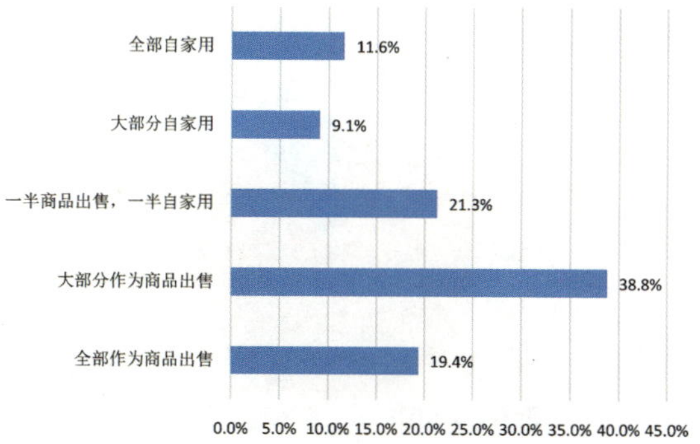

图 17 村民眼中的本村农业产品处理方式

4. 农业用水用电状况

当前村民们对农业生产用水用电的满意度普遍较高。从图 18 可见，在本次调查的村民里，一半多的村民感觉在农业生产过程中用水用电很方便，感觉农业用水用电比较方便的村民占三成多，有一成多的村民感觉农业生产用水用电的方便程度一般，而对农业生产用水用电不满意（感觉比较不方便或很不方便）的村民仅占到 2%左右。

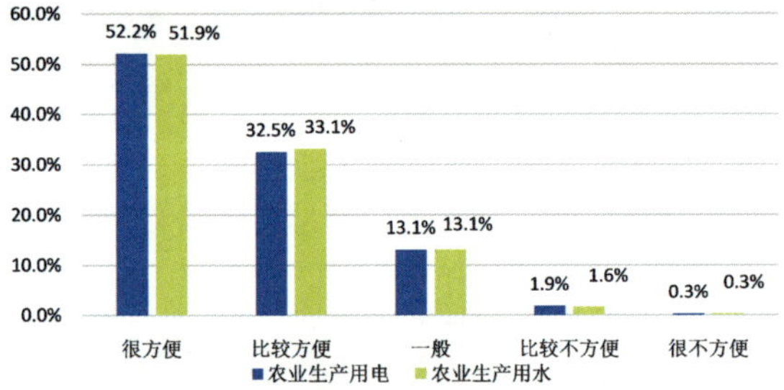

图 18 村民对农业用水用电便捷程度的态度

5. 村民从事二、三产业状况

从图 19、图 20、图 21 可见，在被调查的村民中，9.4%的村民家中有人开办工厂，7.5%的村民家中有人搞乡村旅游，8.4%的村民家中有人从事电子商务。

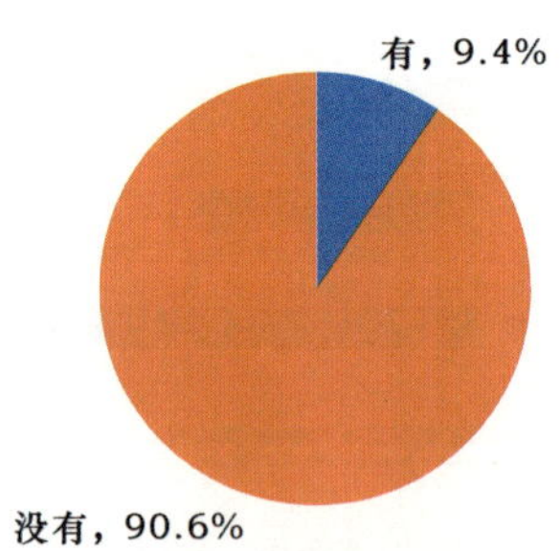

图 19 村民家庭中有人开办工厂状况

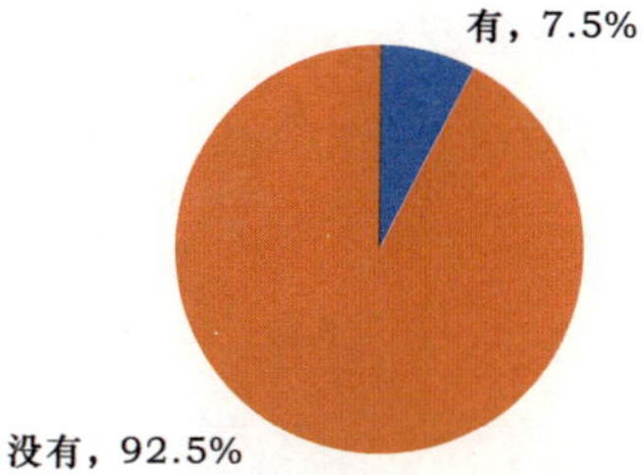

图 20 村民家庭中有人从事乡村旅游状况

注："从事乡村旅游"指从事开办农家乐、果蔬采摘园等乡村特色旅游行业

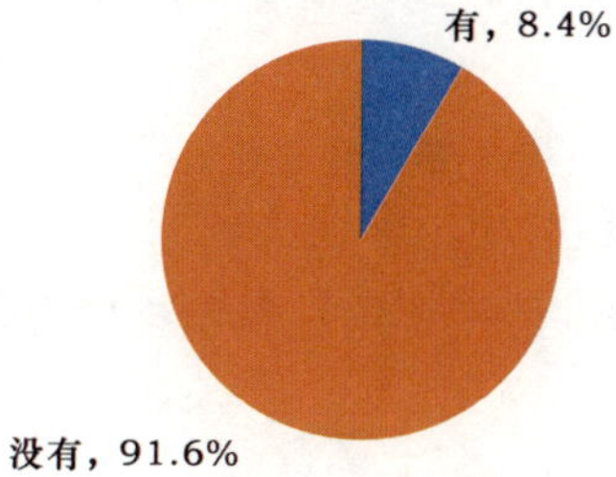

图 21 村民家庭中有人从事电商行业状况

6. 村民合作社参与状况

从图 22 可以看出，在本次调查的村民当中，有一半村民的家庭参加了合作社。

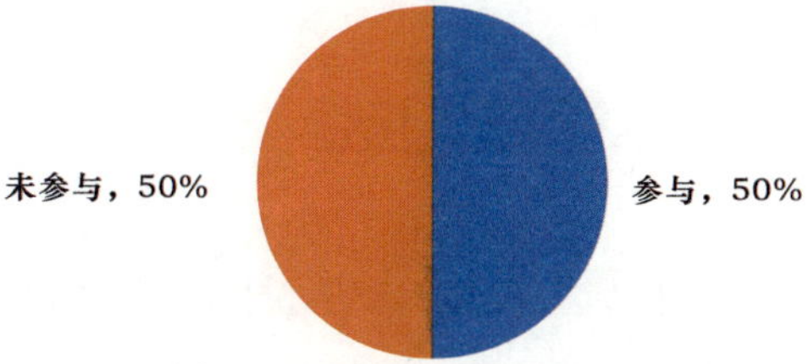

图 22 村民家庭的合作社参与状况

7. 村民新型职业农民培训参与状况

目前新型职业农民培训在村民当中已经比较普遍，从图 23 可以看出，四分之一的村民表示家中有人参加了新型职业农民培训。

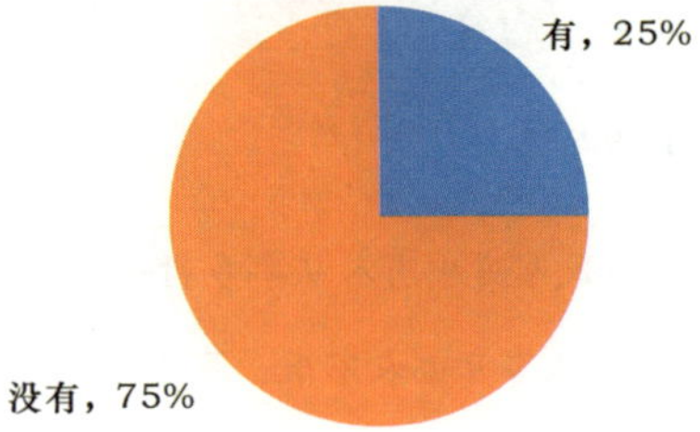

图 23 村民家中有人参加新型职业农民培训状况

8. 村民利用网络平台推广状况

当前村民对网络平台的利用率还比较低。从图 24 可见，仅有约 6%（5.9%）的村民了解并使用了这一新型推广方式。

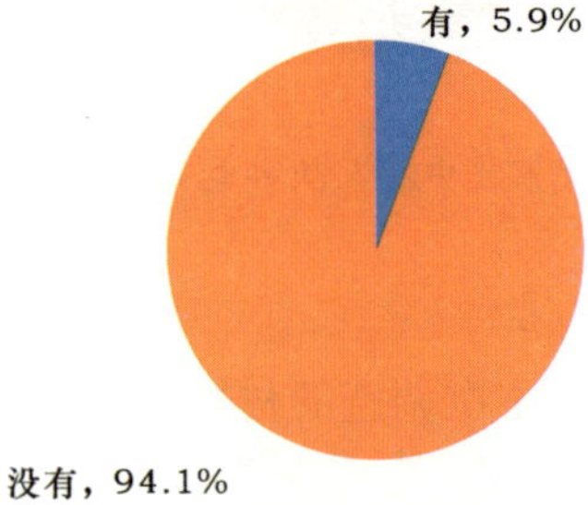

图 24 村民使用过网络平台进行推广的状况

9. 村民家庭农业、非农业收入状况

（1）收入分段 1

从图 25 及表 10 可以看出，2019 年村民的家庭农业收入主要集中在 1 万元以下，占到 41.9%，其次是 1 万—3 万元（不包含 3 万元），占到 37.5%。此外，2019 年家庭农业收入在 10 万元以上的村民仅占 4.1%。2019 年村民的家庭非农业收入主要集中在 1 万—3 万元（不包含 3 万元），占到近四成（38.8%），其次是收入在 1 万元以下及 3 万—6 万元（不包含 6 万元）两个区间的村民，皆占到总调查人数的二成多。此外，2019 年家庭非农业收入在 10 万元以上的村民占到 8.1%，比家庭农业收入在此区间的村民比例多了近一倍。

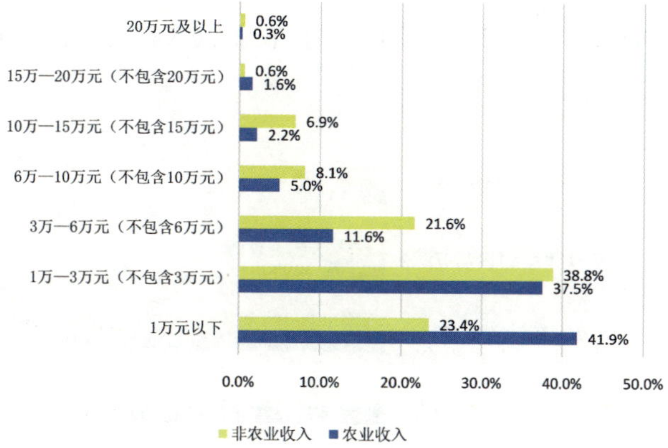

图 25 村民 2019 年家庭农业收入、非农业收入（收入分段 1）

表 10 村民 2019 年家庭收入类型与收入状况关系表（收入分段 1）（n=640）

		收入状况							合计
		1 万元以下	1 万—3 万元（不包含 3 万元）	3 万—6 万元（不包含 6 万元）	6 万—10 万元（不包含 10 万元）	10 万—15 万元（不包含 15 万元）	15 万—20 万元（不包含 20 万元）	20 万元及以上	
收入类型	农业收入	41.9%	37.5%	11.6%	5.0%	2.2%	1.6%	0.3%	100%
	非农业收入	23.4%	38.8%	21.6%	8.1%	6.9%	0.6%	0.6%	100%

（2）收入分段 2

从图 26、表 11 可以看出，2019 年村民的家庭农业收入和非农业收入都集中在 1 万—5 万元（不包含 5 万元）的收入区间，但家庭非农业收入在此收入区间的村民占到一半多（50.9%），而农业收入在此区间的村民则占到四成多（44.1%）。家庭农业收入在 1 万元以下的村民（41.9%）比非农业收入在此收入区间的村民（23.4%）多出近 1 倍，而家庭非农业收入在 5 万—10 万元（不包含 10 万元）和 10 万元以上这两个收入区间的村民，则比家庭农业收入在此区间的村民多出近 1 倍。

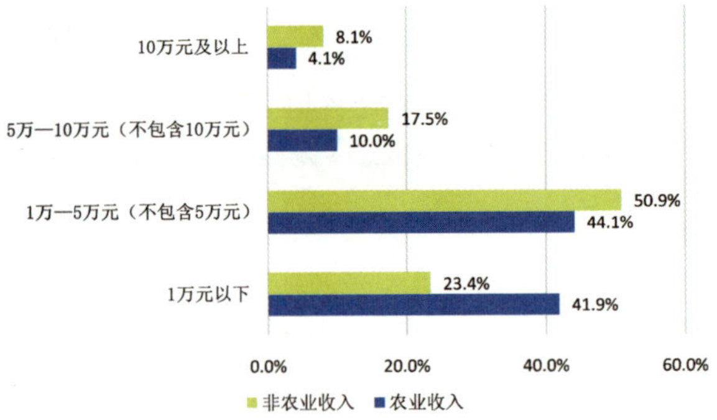

图 26 村民 2019 年家庭农业收入、非农业收入（收入分段 2）

表 11 村民 2019 年家庭收入类型与收入状况关系（收入分段 2）（n=640）

		收入状况				合计
		1 万元以下	1 万—5 万元（不包含 5 万元）	5 万—10 万元（不包含 10 万元）	10 万元以上	
收入类型	农业收入	41.9%	44.1%	10.0%	4.1%	100%
	非农业收入	23.4%	50.9%	17.5%	8.1%	100%

（二）农村的环境方面

1. 村民家庭居住状况

从图 27 可以看出，村民的住房类型主要集中在平房或砖瓦房与楼房两种类型，其中平房或砖瓦房占到近一半（48.4%），而楼房占到一半。

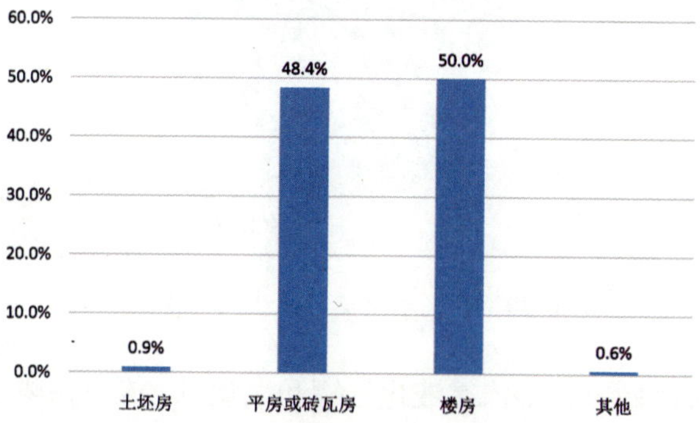

图 27 村民住房类型

当前村民家庭中自来水的使用已经相当普及。从图 28 可以看出，村民家中已经全部进行了自来水改造，使用上了自来水。

图 28 村民家中使用自来水情况

从图 29 可见，九成以上（93.1%）的村民用上了卫生厕所，仅有不到一成（6.9%）的村民家中厕所还未进行改造。

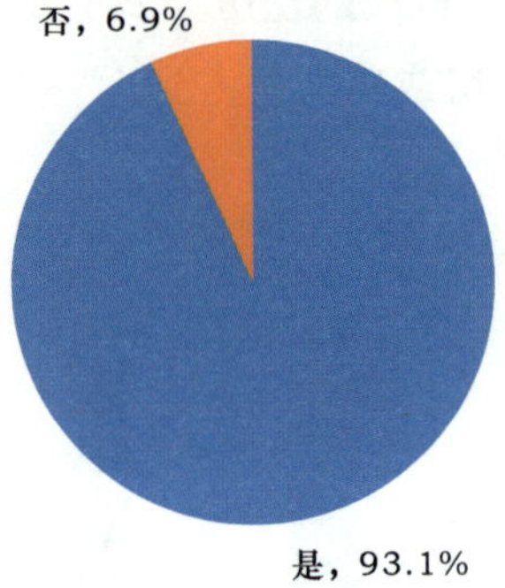

图 29 村民家中使用卫生厕所情况

当前村民做饭主要依靠液化气罐和电炊具，传统烧柴做饭的方式已经不再普遍，有些村民家里还安装了管道天然气。由图 30 可见，有近四成（38.4%）的村民家里使用液化气罐做饭，使用电炊具做饭的村民占到 35.3%，一成多（15.3%）的村民家中仍然保留着传统烧柴做饭的习惯，还有近一成（9.7%）的村民使用管道天然气。

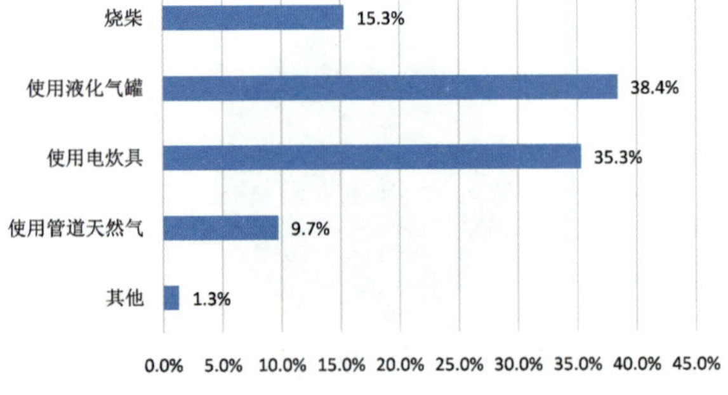

图 30 村民做饭方式

当前村民冬天取暖主要靠在室内生炉子，一些村民家中安装了管道暖气，还有少部分村民使用电暖器具、空调取暖。由图 31 可见，约四成（40.9%）村民冬天的取暖方式为生炉子，有近四分之一（24.1%）的村民家中已经有了暖气供应，而使用空调和电暖器具取暖的村民比例相近，都占到 16%左右。

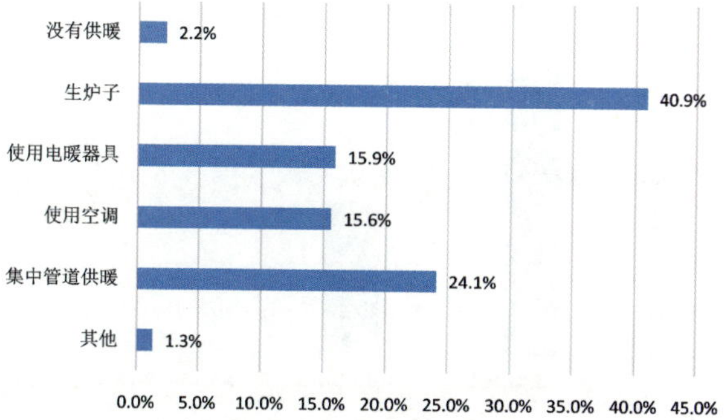

图 31 村民取暖方式

近年来网络在农村越来越普及，大部分村民家中使用上了互联网，可以很方便地使用网络。从图 32 可以看出，近九成（87.2%）的村民家中已经接通了宽带网线。

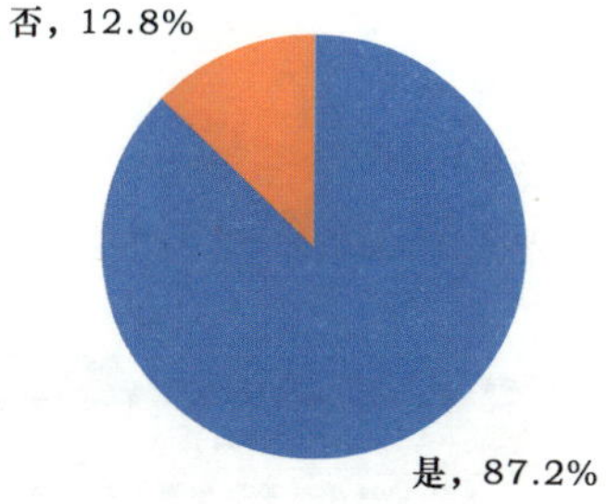

图 32 村民家中是否连接宽带网线

2. 村庄环境及基础设施状况

随着乡村振兴战略的实施，村庄环境及基础设施得到了较大改善。

首先，在村内道路方面，村庄道路已经达到较高的硬化率。从图33可见，在调研的600余位村民中，65%的村民表示村内大小道路都已进行过硬化处理，而35%的村民表示只有主路进行了硬化，没有村民表示本村公路还未硬化。

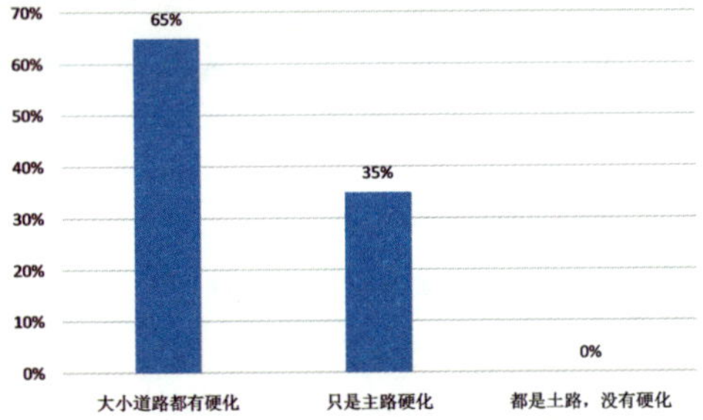

图 33 村庄道路硬化状况

其次，村民通往村外的公路及公共交通也相当便捷。从图34可见，本次调研中，超过七成（74.1%）的村民表示村内既有通往村外的公路，也有公交车运营。仅有不到三成的村民表示村内有通往村外的公路但没有公交车运营。无村民表示村内还没有公路通往村外。

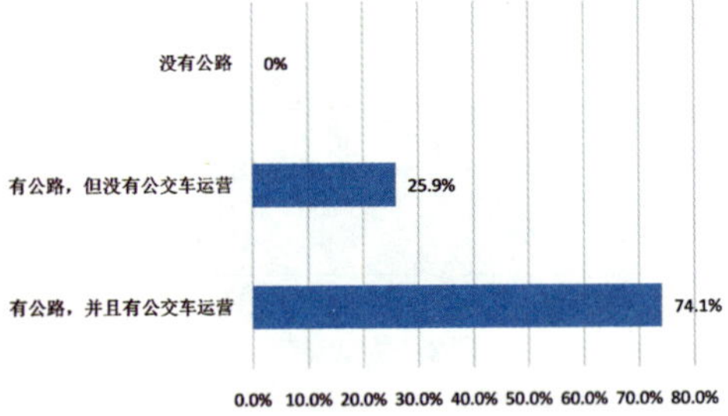

图 34 村庄通往村外公路状况

再次，村民对村庄绿化的满意度普遍较高。从图 35 可以看出，四成多（44.4%）的村民对本村绿化很满意，还有近四成（36.6%）的村民对本村绿化比较满意，17.5%的村民感觉村内绿化一般，而对本村绿化比较不满意以及很不满意的村民仅占 1.5%。

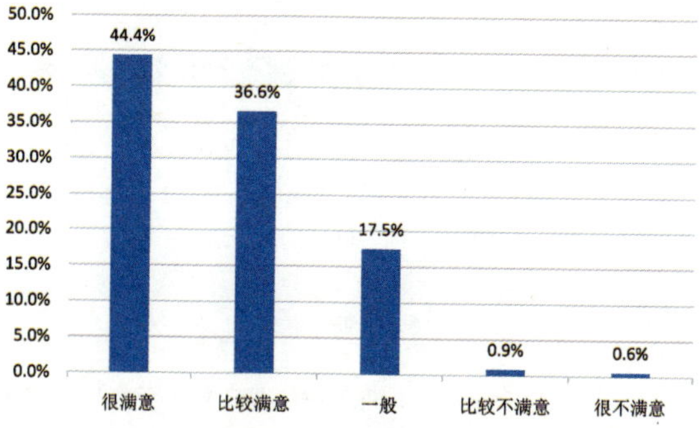

图 35 村民对村庄绿化满意度

最后，村庄照明状况也比较良好。从图 36 可以看出，本次调查的所有村民均表示村中安装有路灯，其中近八成（76.3%）的村民表示村里的路灯能够满足照明的需要，仅两成多（23.7%）的村民表示村内路灯不能满足照明需要。

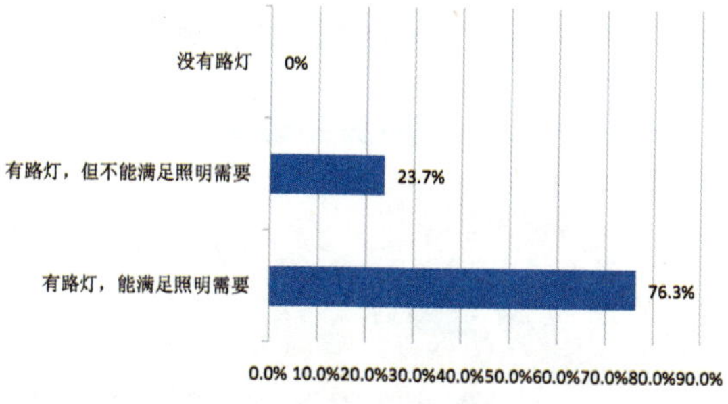

图 36 村庄路灯设施状况

3. 村庄垃圾、污水处理方式

在本次调研中，村民均表示村内垃圾采取了既卫生又方便的家庭收集、村里接收、镇县集中处理的垃圾处理方式（见图 37），村民们不再需要使用传统的焚烧、填埋等方式来处理家庭垃圾。

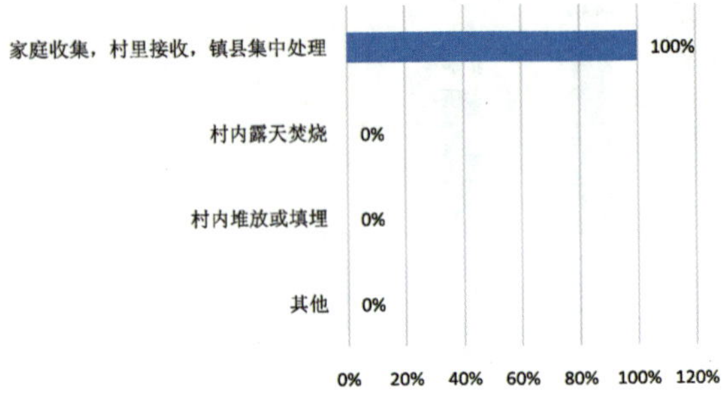

图 37 村庄家庭垃圾处理方式

由图 38 所示，在村庄生活污水处理方面，超过一半（55.9%）的村民表示家里的污水排入下水道后由村里集中统一处理，33.4%的村民的家庭污水通过下水道排入河沟，仅有少数村民采取就地倾倒等其他方式来处理家庭污水。

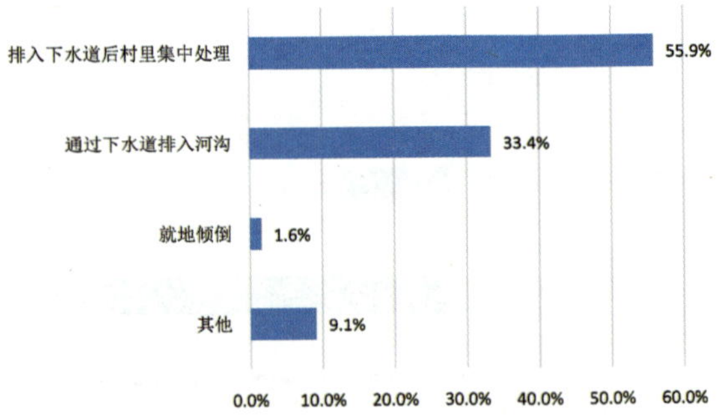

图 38 村庄家庭污水处理方式

（三）村民的生活水平方面

1. 家庭收入状况

由图 39 可见，2019 年村民全年家庭收入主要集中在 1 万—5 万元（不包含 5 万元）收入区间，这一收入水平的家庭占到调查总量的近一半（47.5%）。其次是家庭收入在 5 万—10 万元（不包含 10 万元）的村民，占到四分之一多（25.6%）。家庭收入在 10 万元及以上的村民占到 14.4%。仅有 12.5%的村民家庭收入在 1 万元以下。

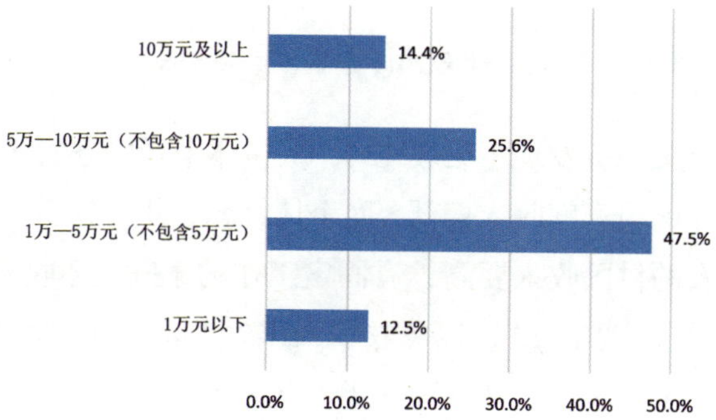

图 39 村民 2019 年家庭总收入

务农收入仍为村民主要家庭收入来源，但越来越多的村民通过个体经营、外出打零工及固定工作来获取收入。由图 40 可见，2019 年家庭收入来源以务农收入为主的村民，占到四成左右（40.6%），以个体经营及外出打零工收入作为主要家庭收入来源的村民占到三成多（33.1%），以固定工作工资收入作为主要家庭收入来源的村民占到一成多（15.9%）。

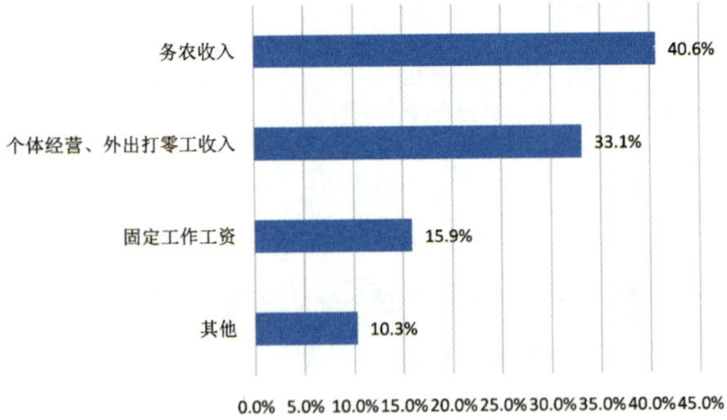

图 40 村民 2019 年家庭主要收入来源

通过交叉分析发现（见表 12），从整体来看以务农作为主要家庭收入来源村民的家庭收入偏低，而个体经营、外出打零工的村民家庭收入比务农的村民收入要高，有固定工作的家庭整体收入水平最高。

细分发现（见表 12）：以务农收入作为主要家庭收入来源的村民，年家庭收入主要集中在 1 万—5 万元（不包含 5 万元），占到一半以上（54.6%）。其次是 1 万元以下（20.8%）。也有少部分（13.1%）村民通过务农使得年家庭收入达到 10 万元以上。

以个体经营及外出打零工为主要家庭收入来源的村民，家庭年收入主要集中在 1 万—5 万元（不包含 5 万元），占到近一半（46.2%）。其次是 5 万—10 万元（不包含 10 万元），占到近四成（36.8%）。依靠个体经营、外出打零工获得收入的家庭，年收入均在 1 万元以上。

以固定工作工资作为主要家庭收入的村民，年家庭收入主要集中在 5 万—10 万元（不包含 10 万元）区间内，占到一半还多（52.9%）。其次是 1 万—5 万元（不包含 5 万元），占到近三成（27.5%）。

表 12 村民 2019 年家庭收入来源与收入状况关系（n=640）

			家庭总收入				总计
			1 万元以下	1 万—5 万元（不包含 5 万元）	5 万—10 万元（不包含 10 万元）	10 万元及以上	
家庭主要收入来源	务农收入	计数	54	142	30	34	260
		占家庭主要的收入来源的百分比	20.8%	54.6%	11.5%	13.1%	100.0%
	个体经营、外出打零工收入	计数	0	98	78	36	212
		占家庭主要的收入来源的百分比	0.0%	46.2%	36.8%	17.0%	100.0%
	固定工作工资	计数	2	28	54	18	102
		占家庭主要的收入来源的百分比	2.0%	27.5%	52.9%	17.6%	100.0%
	其他	计数	24	36	2	4	66
		占家庭主要的收入来源的百分比	36.4%	54.5%	3.0%	6.1%	100.0%
总计		计数	80	304	164	92	640
		占家庭主要的收入来源的百分比	12.5%	47.5%	25.6%	14.4%	100.0%

从图 41 可见，在村民家庭收入变化方面，近一成（8.1%）的村民表示最近几年家庭收入有了突飞猛进的增长，一成多（12.8%）的村民表示近年来家庭收入增长较快，有七成多（76.6%）的村民感觉家庭收入变化不大，仅有 2.5%的村民感觉近年来家庭收入有所下降。

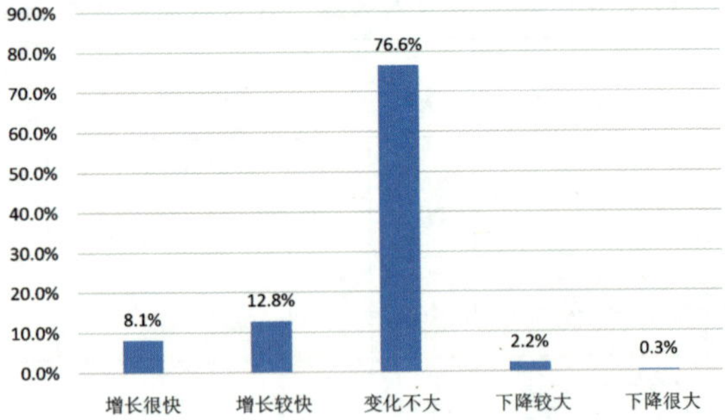

图 41 村民近年来家庭收入变化

与实际收入相比，村民对自己当前家庭收入的满意度普遍更为乐观（见图 42）：约 15%（14.7%）的村民对目前的家庭收入十分满意，近四成（36.9%）的村民对家庭收入比较满意，仅有 4%的村民对当前的家庭收入不太满意。

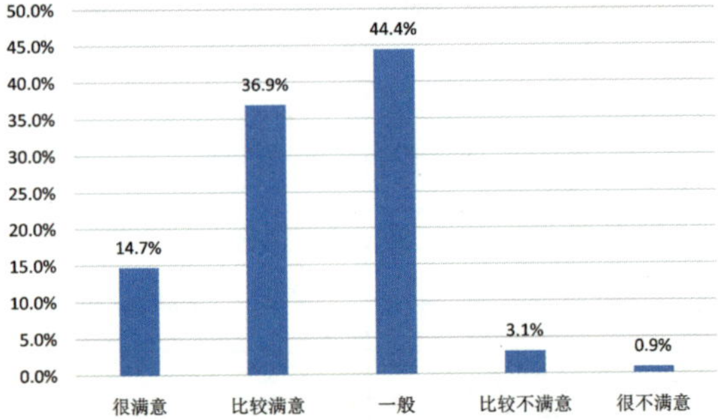

图 42 村民家庭收入满意度

通过交叉分析发现（见表 13），家庭收入增长越大的村民对家庭收入的满意度越高，收入增长很大的村民中八成多都对家庭收入表示很满意或比较满意（认为收入“下降很大”人群的总人数只有 2 人，统计结果偶然性很多，暂不考虑）。

通过细分发现（见表 13），家庭收入增长很大的村民中 61.5%的村民对家庭收入很满意，另有 23.1%的村民对家庭收入比较满意；家庭收入增长较大的村民中 22%的村民对家庭收入很满意，另有 61%的村民对家庭收入比较满意；而家庭收入变化不大或有所下降的村民对家庭收入大多持一般或不太满意的态度。

表 13 村民家庭收入变化与收入满意度关系（n=640）

			村民家庭总收入满意度					总计
			很满意	比较满意	一般	比较不满意	很不满意	
家庭收入变化	增长很大	计数	32	12	8	0	0	52
		占家庭收入变化的百分比	61.5%	23.1%	15.4%	0.0%	0.0%	100.0%
	增长较大	计数	18	50	14	0	0	82
		占家庭收入变化的百分比	22.0%	61.0%	17.1%	0.0%	0.0%	100.0%
	变化不大	计数	44	172	256	16	2	490
		占家庭收入变化的百分比	9.0%	35.1%	52.2%	3.3%	0.4%	100.0%
	下降较大	计数	0	2	6	4	2	14
		占家庭收入变化的百分比	0.0%	14.3%	42.9%	28.6%	14.3%	100.0%
	下降很大	计数	0	0	0	0	2	2
		占家庭收入变化的百分比	0.0%	0.0%	0.0%	0.0%	100.0%	100.0%
总计		计数	94	236	284	20	6	640
		占家庭收入变化的百分比	14.7%	36.9%	44.4%	3.1%	0.9%	100.0%

2. 新农合、新农保参合、参保状况

村民对于新型农村合作医疗保险的参合积极性较高，绝大多数村民都参加了该保险。从图 43 可以看出，约九成（89.4%）的村民参加了新农合，仅有约一成（10.6%）的村民未参保。

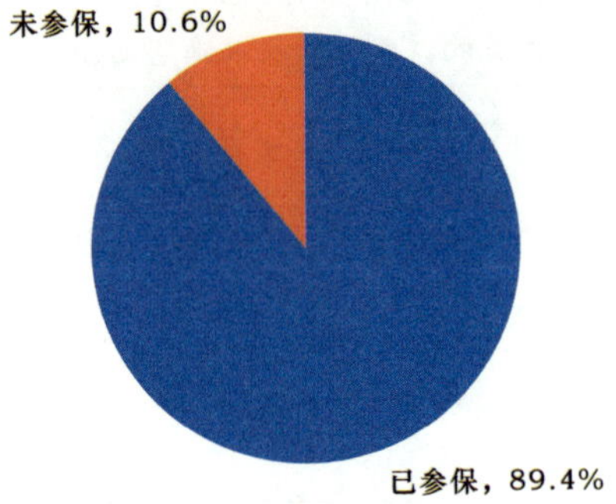

图 43 村民新型农村合作医疗参合状况

通过交叉分析发现（见表 14），各年龄段村民参与新型农村合作医疗的比例相差不大，但整体来看年龄越轻的村民参保率越较低。

通过细分发现(见表 14),61—70 岁村民参合率最高,达到 93.3%；其次是 41—50 岁的村民，参合率达 92.6%；31—40 岁、51—60 岁、71 岁以上年龄段的村民参合率皆在 90%左右；21—30 岁村民参合率较少，为 84.2%；参合率最少的年龄段是 16—20 岁，仅为 79.3%。

表 14 各年龄段村民参与新型农村合作医疗状况（n=640）

			村民参与新型农村合作医疗状况		总计
			是	否	
年龄	16—20 岁	计数	46	12	58
		占年龄的百分比	79.3%	20.7%	100.0%
	21—30 岁	计数	64	12	76
		占年龄的百分比	84.2%	15.8%	100.0%
	31—40 岁	计数	80	8	88
		占年龄的百分比	90.9%	9.1%	100.0%
	41—50 岁	计数	126	10	136
		占年龄的百分比	92.6%	7.4%	100.0%
	51—60 岁	计数	102	12	114
		占年龄的百分比	89.5%	10.5%	100.0%
	61—70 岁	计数	84	6	90
		占年龄的百分比	93.3%	6.7%	100.0%
	71 岁以上	计数	70	8	78
		占年龄的百分比	89.7%	10.3%	100.0%
总计		计数	572	68	640
		占年龄的百分比	89.4%	10.6%	100.0%

与新农合相比，村民们对新农保的参保积极性相对较低。从图 44 可以看出，村民新型农村社会养老保险的参保率约达到 50%（49.7%），仍有约一半的村民未参保。

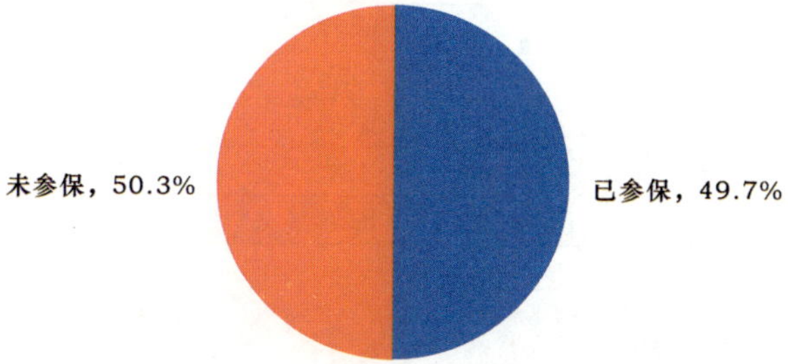

图 44 村民新型农村社会养老保险参保状况

从各年龄段村民参与新型农村社会养老保险的交叉分析来看（见表 15），40—60 岁年龄段村民的参保率最高（65%左右），而更年轻、更年长村民的参保率都呈现逐段下降的趋势。

细分表明（见表 15），41—50 岁、51—60 岁村民参保率皆超过六成，分别为 63.2%、66.7%；31—40 岁、61—70 岁村民参保率皆为四成多，分别为 45.5%、46.7%；而 16—20 岁、21—30 岁以及 71 岁以上三个年龄段的村民，参保率较少，都未达到 40%。

表 15 各年龄段村民参与新型农村社会养老保险状况（n=640）

			村民参与新型农村社会养老保险状况		总计
			是	否	
年龄	16—20 岁	计数	20	38	58
		占年龄百分比	34.5%	65.5%	100.0%
	21—30 岁	计数	24	52	76
		占年龄百分比	31.6%	68.4%	100.0%
	31—40 岁	计数	40	48	88
		占年龄百分比	45.5%	54.5%	100.0%
	41—50 岁	计数	86	50	136
		占年龄百分比	63.2%	36.8%	100.0%
	51—60 岁	计数	76	38	114
		占年龄百分比	66.7%	33.3%	100.0%
	61—70 岁	计数	42	48	90
		占年龄百分比	46.7%	53.3%	100.0%
	71 岁以上	计数	30	48	78
		占年龄百分比	38.5%	61.5%	100.0%
总计		计数（N）	318	322	640
		占年龄百分比	49.7%	50.3%	100.0%

3. 村庄医疗条件

村民对乡村卫生室的满意度普遍较高。从图 45 可以看出，近四成（36.6%）的村民对村内卫生室提供的医疗服务表示很满意，还有近四成的村民对村内卫生室提供的医疗服务比较满意，仅有 1.8%的村民对村内卫生室提供的医疗服务表示比较不满意或很不满意。

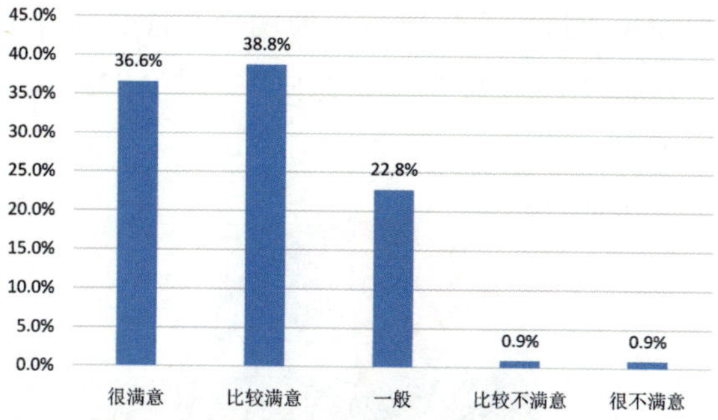

图 45 村民对村内卫生室医疗服务满意度

4. 村庄教育条件

从图 46 可以看出，七成多的村民表示本村内就有小学和幼儿园，近两成的村民表示邻近村有小学和幼儿园，约一成的村民表示村里孩子上小学和幼儿园要去镇上，所有村民都表示村里所有适龄儿童都可以在本村、邻近村或镇上就读小学和幼儿园。

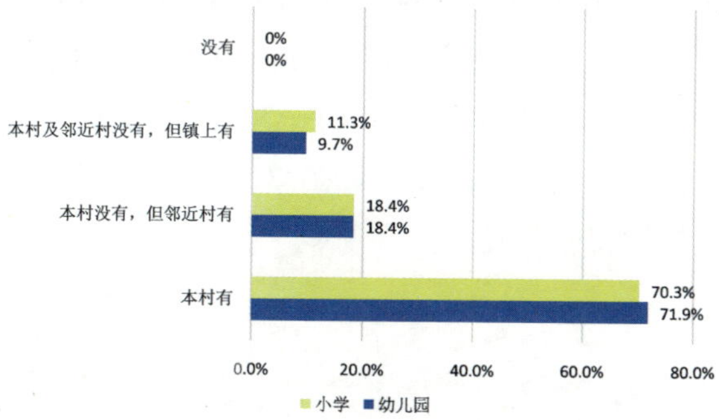

图 46 村庄及周边幼儿园、小学状况

5. 村民智能手机使用状况

智能手机在农村已经比较普及，大部分村民拥有智能手机，部分村民还通过智能手机进行手机付款、使用公共社交软件等。

由图 47 可以看出，在接受调查的村民当中，83.4%的村民都拥有并且使用智能手机。

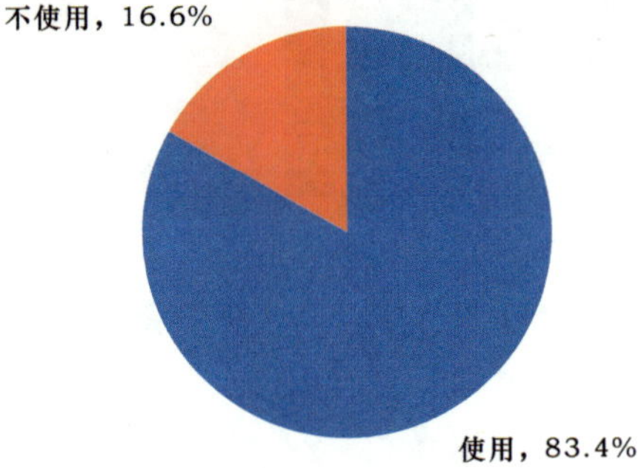

图 47 村民是否使用智能手机

通过交叉分析发现（见表 16），整体上来看越年轻者使用智能手机的比例越高，50 岁以下者几乎人人都用上了智能手机。

细分表明（见表 16），以 60 岁为分界线，60 岁以下各个年龄段的村民中，九成以上都在使用智能手机；60 岁以上的村民使用智能手机的比例相对较少，其中年龄在 61—70 岁之间的村民，有近六成（57.8%）在使用智能手机；而年龄在 71 岁以上的村民当中，仅有 28.2%的村民使用智能手机。

表 16 各年龄段村民智能手机使用状况（n=640）

			村民使用智能手机状况		总计
			是	否	
年龄	16—20 岁	计数	58	0	58
		占年龄的百分比	100.0%	0.0%	100.0%
	21—30 岁	计数	74	2	76
		占年龄的百分比	97.4%	2.6%	100.0%
	31—40 岁	计数	88	0	88
		占年龄的百分比	100.0%	0.0%	100.0%
	41—50 岁	计数	136	0	136
		占年龄的百分比	100.0%	0.0%	100.0%
	51—60 岁	计数	104	10	114
		占年龄的百分比	91.2%	8.8%	100.0%
	61—70 岁	计数	52	38	90
		占年龄的百分比	57.8%	42.2%	100.0%
	71 岁以上	计数	22	56	78
		占年龄的百分比	28.2%	71.8%	100.0%
总计		计数	534	106	640
		占年龄的百分比	83.4%	16.6%	100.0%

在村民使用智能手机付款的状况方面，由图 48 可以看出，43.1%的村民经常使用智能手机付款，31.6%的村民偶尔会使用智能手机付款，仅有约四分之一（25.3%）的村民未曾有过智能手机付款的体验。

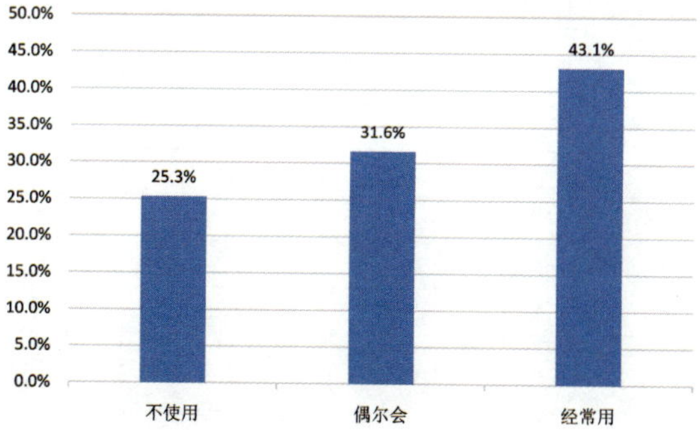

图 48 村民使用智能手机付款状况

对各年龄段村民使用手机付款状况的交叉分析发现（见表 17），除了 16—20 岁年龄段以外，村民使用手机付款的比例基本上随着年龄增大而逐渐降低，71 岁以上近九成村民不使用手机付款这一功能。

细分发现（见表 17），使用手机付款占比最多的村民在 21—30 岁年龄段，31—40 岁、16—20 岁年龄段的村民经常使用手机付款的占比皆在六成多，在 41—50 岁的村民当中，有一半多（51.5%）的村民经常使用手机付款。而 51—60 岁的村民中经常使用手机付款的占比仅为 26.3%，另有 52.6%的村民偶尔会使用手机付款，61 岁以上的村民使用手机付款的占比较少，经常使用的村民占比不到一成。

表 17 各年龄段村民使用手机付款状况（n=640）

			村民使用手机付款状况			总计
			不使用	偶尔会	经常用	
年龄	16—20 岁	计数	2	20	36	58
		占年龄的百分比	3.4%	34.5%	62.1%	100.0%
	21—30 岁	计数	0	8	68	76
		占年龄的百分比	0.0%	10.5%	89.5%	100.0%
	31—40 岁	计数	4	24	60	88
		占年龄的百分比	4.5%	27.3%	68.2%	100.0%
	41—50 岁	计数	6	60	70	136
		占年龄的百分比	4.4%	44.1%	51.5%	100.0%
	51—60 岁	计数	24	60	30	114
		占年龄的百分比	21.1%	52.6%	26.3%	100.0%
	61—70 岁	计数	56	28	6	90
		占年龄的百分比	62.2%	31.1%	6.7%	100.0%
	71 岁以上	计数	70	2	6	78
		占年龄的百分比	89.7%	2.6%	7.7%	100.0%
总计		计数（N）	162	202	276	640
		占年龄的百分比	25.3%	31.6%	43.1%	100.0%

由图 49 可以看出，25.9%的村民经常通过智能手机使用公共社交软件，四成的村民偶尔会使用，仅 34.1%的村民没有通过手机使用过公共社交软件。

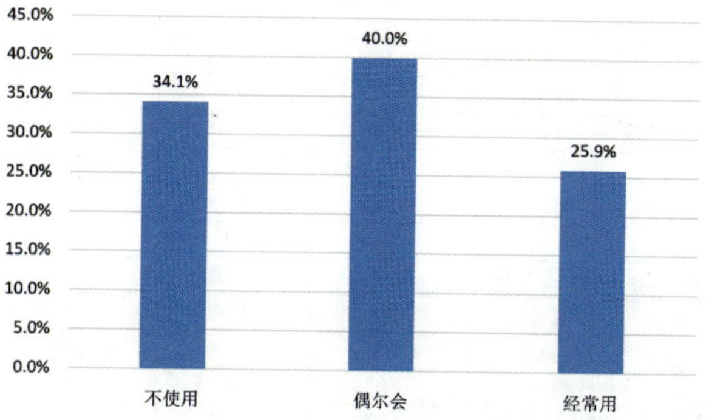

图 49 村民使用手机公共社交软件状况

对各年龄段村民使用手机公共社交软件状况的交叉分析发现（见表 18），除了 16—20 岁年龄段以外，村民手机公共社交软件的使用比例基本上随着年龄增大而逐渐降低，近九成 71 岁以上的村民不使用手机公共社交软件。

细分发现（见表 18），使用比例最高的年龄段为 21—30 岁，所有村民都在使用手机公共社交软件，其中 81.6%的村民经常使用。16—20 岁和 31—40 岁年龄段的村民使用手机公共社交软件的比例相对较少。41 岁至 70 岁的村民中很少有经常使用手机公共社交软件的，但有部分村民偶尔会使用。71 岁以上的村民当中，只有一成左右（10.3%）的村民使用手机公共社交软件。

表 18　各年龄段村民使用手机公共社交软件状况（n=640）

			村民使用手机公共社交软件状况			总计
			不使用	偶尔会	经常用	
年龄	16—20 岁	计数	8	18	32	58
		占年龄的百分比	13.8%	31.0%	55.2%	100.0%
	21—30 岁	计数	0	14	62	76
		占年龄的百分比	0.0%	18.4%	81.6%	100.0%
	31—40 岁	计数	10	40	38	88
		占年龄的百分比	11.4%	45.5%	43.2%	100.0%
	41—50 岁	计数	16	98	22	136
		占年龄的百分比	11.8%	72.1%	16.2%	100.0%
	51—60 岁	计数	54	54	6	114
		占年龄的百分比	47.4%	47.4%	5.3%	100.0%
	61—70 岁	计数	60	26	4	90
		占年龄的百分比	66.7%	28.9%	4.4%	100.0%
	71 岁以上	计数	70	6	2	78
		占年龄的百分比	89.7%	7.7%	2.6%	100.0%
总计		计数	218	256	166	640
		占年龄的百分比	34.1%	40.0%	25.9%	100.0%

6. 村民旅游状况

由图 50 可见，在调查对象中，63.4%的村民有过外出旅游的经历，其中 60.6%的村民旅游过但不经常去，2.8%的村民经常外出旅游，未曾外出旅游的村民占 36.6%。

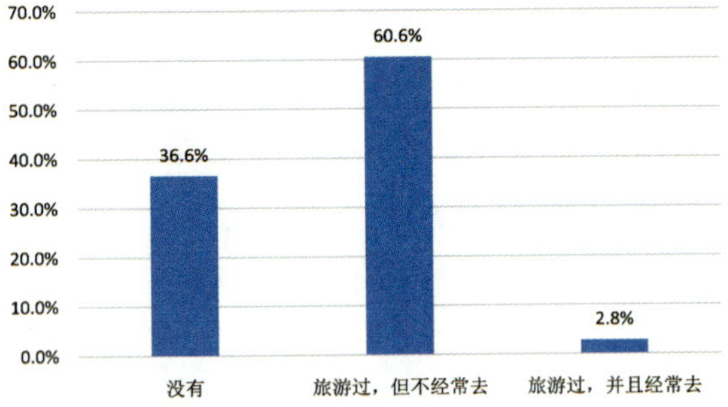

图 50　村民外出旅游状况

通过交叉分析发现（见表 19），除 16—20 岁年龄段外（此年龄段学生多，有其特殊性），年轻的村民比年长的村民有过外出旅游经历的比例普遍更高。通过细分发现（见表 19），21—30 岁的村民外出旅游过的比例最高，达八成以上。31—50 岁的村民外出旅游的比例较高，达到七成以上。16—20 岁年龄段的村民，外出旅游过的比例达到六成多。61 岁以上的村民外出旅游的比例较少，一半以上的村民未外出旅游过。

表 19 各年龄段村民外出旅游状况（n=640）

			村民外出旅游状况			总计
			没有	旅游过，但不经常去	旅游过，并且经常去	
年龄	16—20 岁	计数	20	36	2	58
		占年龄的百分比	34.5%	62.1%	3.4%	100.0%
	21—30 岁	计数	12	52	12	76
		占年龄的百分比	15.8%	68.4%	15.8%	100.0%
	31—40 岁	计数	18	68	2	88
		占年龄的百分比	20.5%	77.3%	2.3%	100.0%
	41—50 岁	计数	34	100	2	136
		占年龄的百分比	25.0%	73.5%	1.5%	100.0%
	51—60 岁	计数	50	64	0	114
		占年龄的百分比	43.9%	56.1%	0.0%	100.0%
	61—70 岁	计数	46	44	0	90
		占年龄的百分比	51.1%	48.9%	0.0%	100.0%
	71 岁以上	计数	54	24	0	78
		占年龄的百分比	69.2%	30.8%	0.0%	100.0%
总计		计数	234	388	18	640
		占年龄的百分比	36.6%	60.6%	2.8%	100.0%

7. 村民私家车拥有状况

当前越来越多的村民家中拥有了私家车。由图 51 可知，一半以上（52.8%）的村民家中拥有私家车。

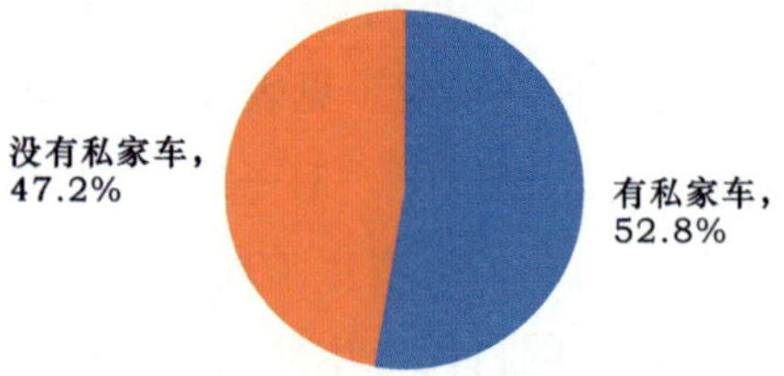

图 51 村民家中私家车拥有状况

村民家庭私家车拥有状况与家庭收入相关，家庭年收入在 10 万元以上的村民近八成家里都有私家车，家庭收入越高的村民家里拥有私家车的比例越高（见表 20）。家庭收入在 1 万元以下的村民当中，只有 7.5%的村民家中拥有私家车，家庭收入在 1 万至 5 万元的村民家庭中拥有私家车的比例上升到了近一半（47.4%），收入在 5 万至 10 万元收入的村民家庭中，拥有私家车的占比达到了 70.7%，而家庭收入在 10 万元以上的村民这一比例更高，达到 78.3%。

表 20 村民家庭收入区间与私家车拥有状况关系（n=640）

			家庭是否有私家车		总计
			是	否	
2019 年家庭总收入	1 万元以下	计数	6	74	80
		占 2019 年家庭总收入的百分比	7.5%	92.5%	100.0%
	1 万—5 万元（不包含 5 万元）	计数	144	160	304
		占 2019 年家庭总收入的百分比	47.4%	52.6%	100.0%
	5 万—10 万元（不包含 10 万元）	计数	116	48	164
		占 2019 年家庭总收入的百分比	70.7%	29.3%	100.0%
	10 万元以上	计数	72	20	92
		占 2019 年家庭总收入的百分比	78.3%	21.7%	100.0%
总计		计数	338	302	640
		占 2019 年家庭总收入的百分比	52.8%	47.2%	100.0%

（四）农村的乡风民俗方面

1. 村里矛盾纠纷事件

村民间的矛盾纠纷整体上与以往相比变得更少了。由图 52 可以看出，近五成（48.1%）的村民感觉现在村里村民间的矛盾纠纷比之前少了，另有 46.3%的村民感觉矛盾纠纷事件和以往差不多，仅有 5.6%的村民感觉村里矛盾纠纷比之前多。

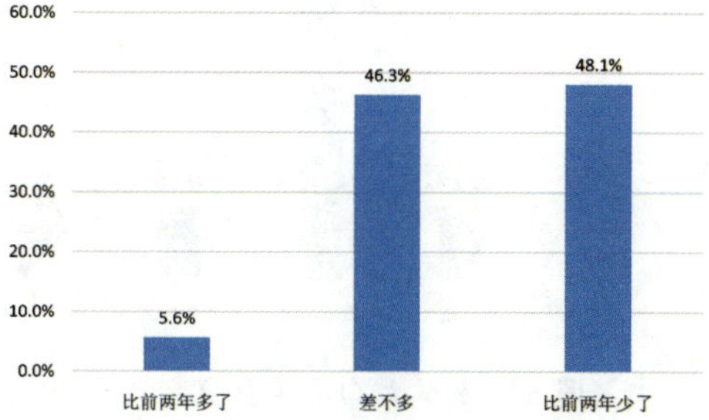

图 52 村里矛盾纠纷事件变化

在村民间矛盾纠纷的解决渠道方面，由图 53 可以看出，近四成（39.1%）村民认为村民之间的矛盾纠纷主要靠村干部调解来解决，近三成（28.7%）的村民认为矛盾纠纷依靠亲戚调解来解决，而认为通过报警、自己和解等其他和解方式解决纠纷的村民所占皆不太多。

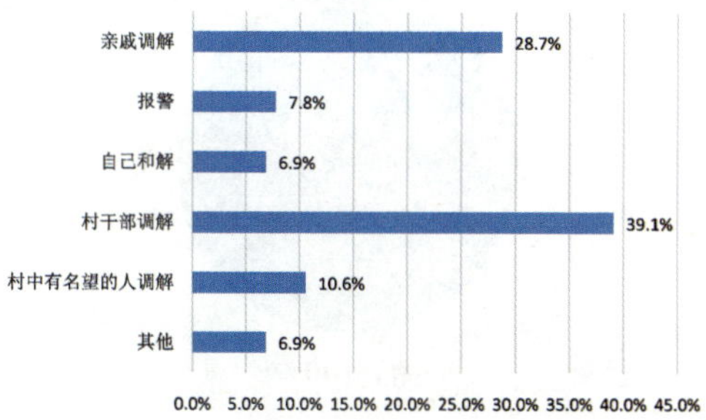

图 53 村民眼中的矛盾纠纷主要解决渠道

2. 红白喜事花费变化

由图 54 可见，在 600 余位被调查的村民当中，22.5%的村民感觉村内红白喜事花费有所下降，近六成（59.4%）村民表示变化不大，18.1%的村民感觉花费有所上升。

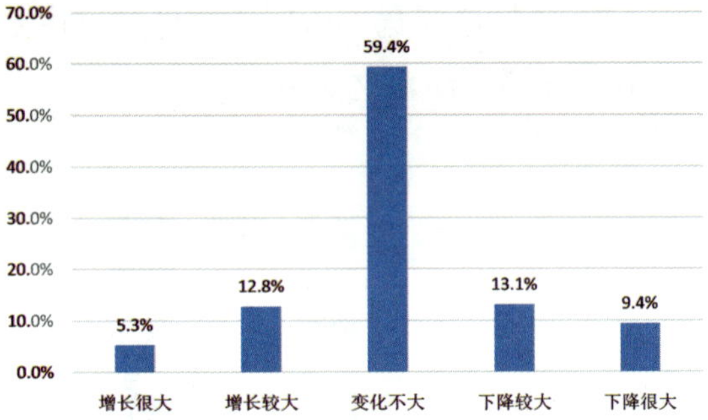

图 54 村民红白喜事花费变化

3. 村内文化娱乐设施状况

当前农村的文化娱乐设施已经比较完善，从图 55 可以看出，所有被调查的村民皆表示自己村内有文化广场、棋牌室、图书室等文化娱乐场所。

图 55 村内是否有文化娱乐场所

在村民对村内文化娱乐设施的满意度方面，从图 56 可以看出，近五成（46.9%）的村民对村内的文化娱乐设施十分满意，三成多（33.1%）的村民对文化娱乐设施比较满意，对文化娱乐设施比较不满意的村民仅占 0.9%。

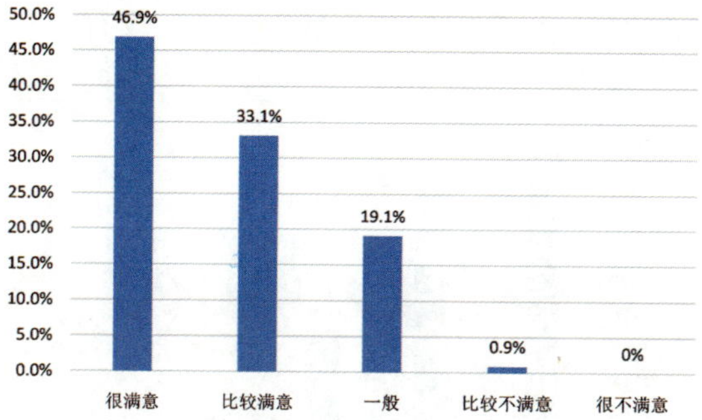

图 56 村民对村内文化娱乐设施满意度

4. 村民教育娱乐支出变化

村民们在教育及娱乐方面的花费有所提高，从图 57 可以看出，15%的村民近年来教育娱乐支出增长很大，近三成（28.1%）的村民该类支出增长比较大，在教育娱乐方面花费有所下降的村民仅占 1.8%。

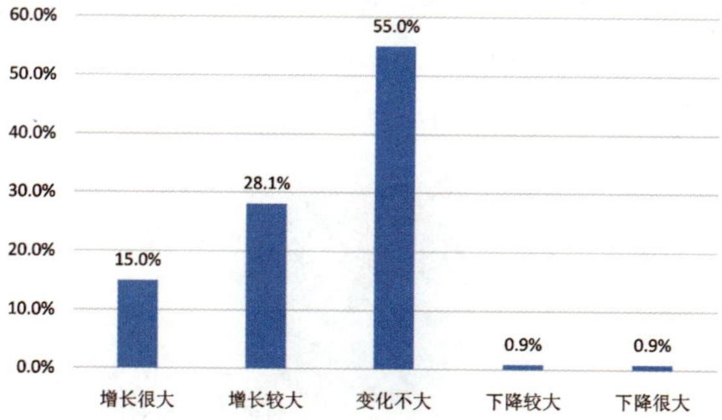

图 57 近年来村民教育娱乐支出变化

5. 村内的治安状况

近年调研地村庄的治安得到了较大改善，村民们对村庄治安状况的满意度相当高。从图 58 可以看出，超过四成（40.9%）的村民对村内治安状况很满意，另外四成多（40.6%）的村民对村内治安状况比较满意，17.2%的村民认为村内治安状况一般，仅有 1.2%的村民对村内治安状况不太满意。

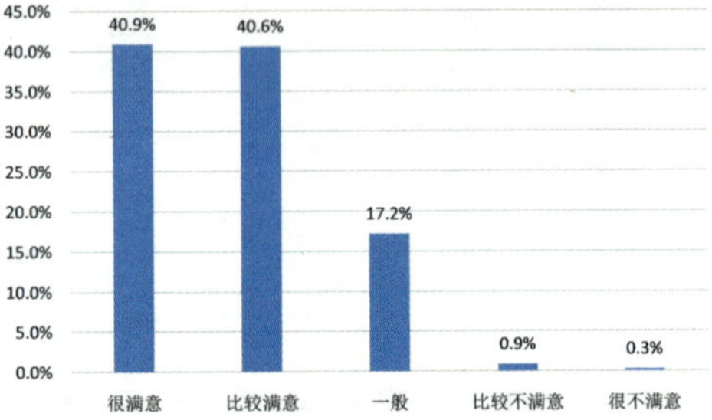

图 58 村民对村内治安状况满意度

6. 弘扬传统道德活动的开展状况

当前村庄在弘扬传统道德活动开展方面比较普及，村民对这类活动的参与度也普遍较高。

从图 59 可以看出，近九成（88.4%）的村民表示村内组织过像文明户评选和五好家庭评选等弘扬传统道德的活动，一成多（11.6%）的村民表示村内未举行过类似的活动。

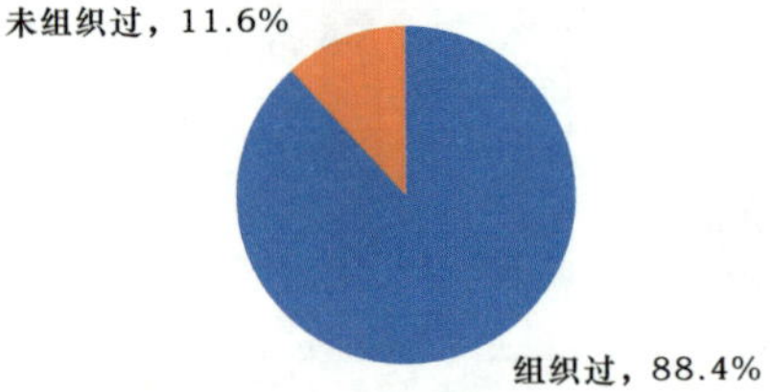

图 59 村内弘扬传统道德活动的组织情况

从图 60 可以看出，近八成（78.8%）村民表示家庭参与过村里组织的弘扬传统道德的活动。

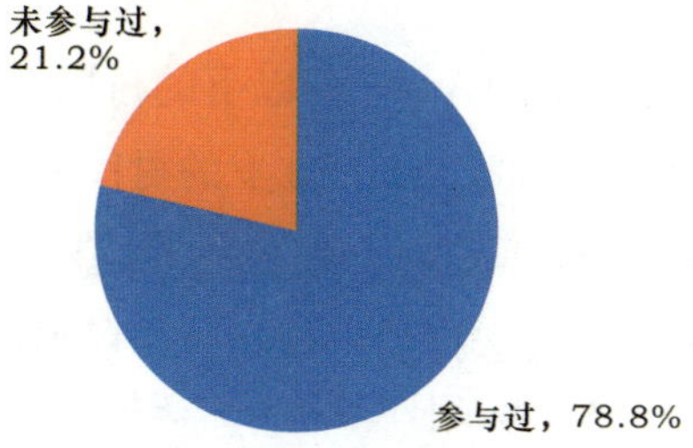

图 60 村民家庭弘扬传统道德活动的参与情况

7. 村民业余活动

当前村民业余生活十分丰富。由图 61 可见，在村民的闲暇时间里，四分之一的村民选择通过手机或电脑来消遣时间，近两成（19.1%）的村民选择看电视，15.6%的村民选择和亲朋好友聊天，通过下棋、打牌、打麻将以及进行体育锻炼消遣时间的村民占比相似，均占到一成多一点，选择读书看报的村民相对较少，仅占到 7.8%。

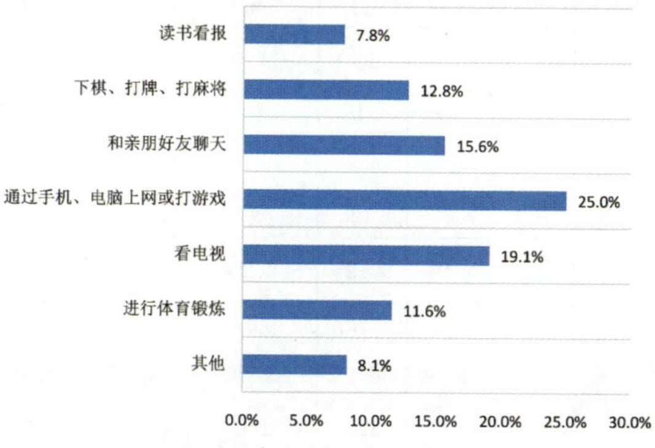

图 61 村民业余活动

通过交叉分析发现（见表 21），年轻的村民更偏爱手机、电脑上网或打游戏，而年龄较大的村民则更喜欢看电视、聚在一起聊天或者玩棋牌麻将。

细分发现（见表 21）：40 岁以下的村民在业余时间里主要通过手机、电脑上网或打游戏，51—60 岁的村民业余活动安排比较平均，61—70 岁的村民中有四成多（42.2%）都喜欢在闲暇时候看电视，71 岁以上的村民更多会选择看电视、玩棋牌麻将或聊天。

表 21 各年龄段村民主要业余活动状况（n=640）

			村民主要业余活动							总计
			读书看报	进行体育锻炼	看电视	通过手机、电脑上网或打游戏	和亲朋好友聊天	下棋、打牌、打麻将	其他	
年龄	16—20岁	计数	10	6	0	24	2	4	12	58
		占年龄的百分比	17.2%	10.3%	0.0%	41.4%	3.4%	6.9%	20.7%	100.0%
	21—30岁	计数	6	12	2	42	6	2	6	76
		占年龄的百分比	7.9%	15.8%	2.6%	55.3%	7.9%	2.6%	7.9%	100.0%
	31—40岁	计数	6	4	10	36	14	10	8	88
		占年龄的百分比	6.8%	4.5%	11.4%	40.9%	15.9%	11.4%	9.1%	100.0%
	41—50岁	计数	14	18	22	40	24	10	8	136
		占年龄的百分比	10.3%	13.2%	16.2%	29.4%	17.6%	7.4%	5.9%	100.0%
	51—60岁	计数	12	16	28	14	20	18	6	114
		占年龄的百分比	10.5%	14.0%	24.6%	12.3%	17.5%	15.8%	5.3%	100.0%
	61—70岁	计数	0	8	38	2	18	18	6	90
		占年龄的百分比	0.0%	8.9%	42.2%	2.2%	20.0%	20.0%	6.7%	100.0%
	71 岁以上	计数	2	10	22	2	16	20	6	78
		占年龄的百分比	2.6%	12.8%	28.2%	2.6%	20.5%	25.6%	7.7%	100.0%
总计		计数	50	74	122	160	100	82	52	640
		占年龄的百分比	7.8%	11.6%	19.1%	25.0%	15.6%	12.8%	8.1%	100.0%

村民们与远方亲朋联系的方式也更加多样化，并且以网上视频聊天和打电话为主。由图 62 可见，和见不到面的亲戚朋友进行沟通交流，四成的村民选择通过网上视频通话的方式，也有近四成（38.4%）的村民通过打电话来与远方的亲朋取得联系，近两成（16.9%）的村民选择网上语音文字聊天的方式，仅 1.6%的村民通过发手机短信与亲朋联系。

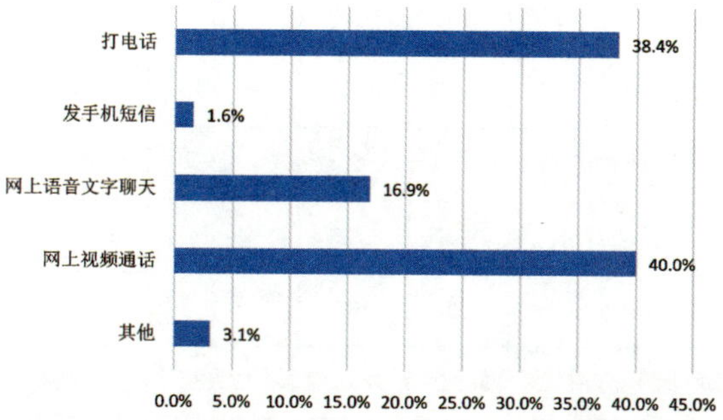

图 62 村民与远方亲戚朋友主要沟通方式

通过交叉分析发现（见表 22），从整体来看，越年轻的村民越喜欢通过网上视频通话或网上语音文字聊天与远方亲朋沟通，而越年长的村民则更喜欢通过打电话的方式与远方亲朋交流。

细分发现（见表 22），30 岁以下的村民中约五成选择网上视频通话的方式与远方亲朋沟通，另有三成多的村民选择网上语音文字聊天，仅有少数该年龄段村民选择打电话；41—60 岁之间的村民主要选择网上视频通话以及打电话的方式与远方亲朋交流，并且随着年龄段的增加，选择网上视频通话的村民减少，而选择打电话的村民则逐渐增多；61 岁以上的村民超半数都选择打电话的方式，还有部分村民选择网上视频通话等其他方式与远方亲戚朋友沟通。

表 22　各年龄段村民与远方亲戚朋友沟通方式状况（n=640）

			村民与远方亲戚朋友沟通方式					总计
			打电话	发手机短信	网上语音文字聊天	网上视频通话	其他	
年龄	16—20岁	计数	6	0	20	32	0	58
		占年龄的百分比	10.3%	0.0%	34.5%	55.2%	0.0%	100.0%
	21—30岁	计数	10	0	28	36	2	76
		占年龄的百分比	13.2%	0.0%	36.8%	47.4%	2.6%	100.0%
	31—40岁	计数	26	2	12	48	0	88
		占年龄的百分比	29.5%	2.3%	13.6%	54.5%	0.0%	100.0%
	41—50岁	计数	52	0	24	60	0	136
		占年龄的百分比	38.2%	0.0%	17.6%	44.1%	0.0%	100.0%
	51—60岁	计数	52	2	16	44	0	114
		占年龄的百分比	45.6%	1.8%	14.0%	38.6%	0.0%	100.0%
	61—70岁	计数	60	4	4	20	2	90
		占年龄的百分比	66.7%	4.4%	4.4%	22.2%	2.2%	100.0%
	71岁以上	计数	40	2	4	16	16	78
		占年龄的百分比	51.3%	2.6%	5.1%	20.5%	20.5%	100.0%
总计		计数	246	10	108	256	20	640
		占年龄的百分比	38.4%	1.6%	16.9%	40.0%	3.1%	100.0%

（五）农村的社会治理方面

1. 村民村庄事务参与状况

在村委会选举参与度方面（见图 63），近七成（67.2%）的村民参与过本村村委会选举，仍有约三成（32.8%）的村民未曾参与过村委会成员的选举。

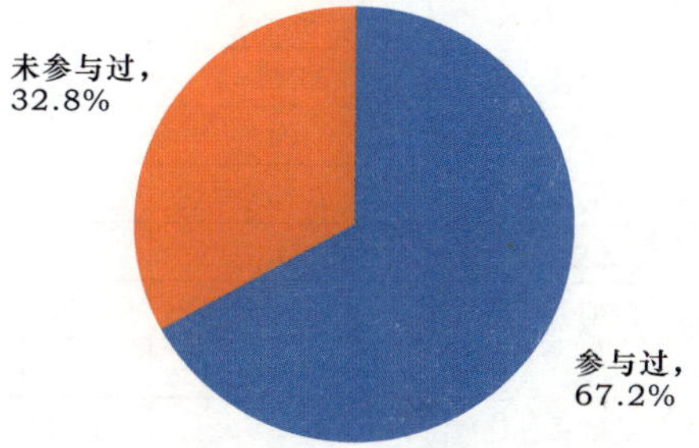

图 63 村民委员会选举的村民参与状况

通过交叉分析发现（见表 23），从整体上来看，越年轻的村民村委会选举的参与度越低。

细分发现（见表 23）：61—70 岁的村民参与度最高，达 88.9%；30 岁以下的村民村委会选举的参与度较低，其中 16—20 岁年龄段的村民仅有 27.6%的人参与过村委会选举，而 21—30 岁的村民也只有一半参与过；除此之外的其他年龄段村民参与村委会选举的占比均在六七成左右，相差不大。

表 23 各年龄段村民参与村委会选举状况（n=640）

			村委会选举的村民参与状况		总计
			是	否	
年龄	16—20 岁	计数	16	42	58
		占年龄的百分比	27.6%	72.4%	100.0%
	21—30 岁	计数	38	38	76
		占年龄的百分比	50.0%	50.0%	100.0%
	31—40 岁	计数	58	30	88
		占年龄的百分比	65.9%	34.1%	100.0%
	41—50 岁	计数	104	32	136
		占年龄的百分比	76.5%	23.5%	100.0%
	51—60 岁	计数	74	40	114
		占年龄的百分比	64.9%	35.1%	100.0%
	61—70 岁	计数	80	10	90
		占年龄的百分比	88.9%	11.1%	100.0%
	71 岁以上	计数	60	18	78
		占年龄的百分比	76.9%	23.1%	100.0%
总计		计数	430	210	640
		占年龄的百分比	67.2%	32.8%	100.0%

在性别方面（见表 24），男性村民在村民委员会选举活动的参与度为 71%，比女性村民（62.5%）略高。

表 24 村民性别与参与村委会选举状况关系（n=640）

			是否参加过村民委员会选举		总计
			是	否	
性别	男	计数	250	102	352
		占性别的百分比	71.0%	29.0%	100.0%
	女	计数	180	108	288
		占性别的百分比	62.5%	37.5%	100.0%
总计		计数	430	210	640
		占性别的百分比	67.2%	32.8%	100.0%

从图 64 可以看出，86.2%的村民表示本村设有村民会议或开展重大事项的公开讨论，仅一成多（13.8%）的村民给出相反的答案。

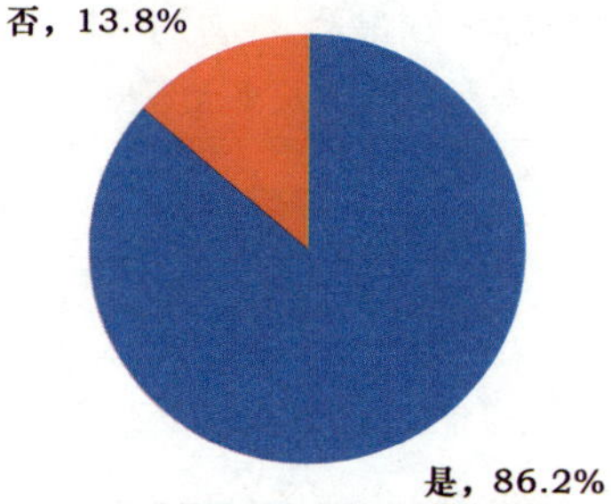

图 64 本村是否设有村民会议或开展重大事项的公开讨论

从图 65 可以看出，六成多（60.9%）的村民参加过村民会议或开展重大事项公开讨论，而另外近四成（39.1%）的村民表示自己未曾参加过此类活动。

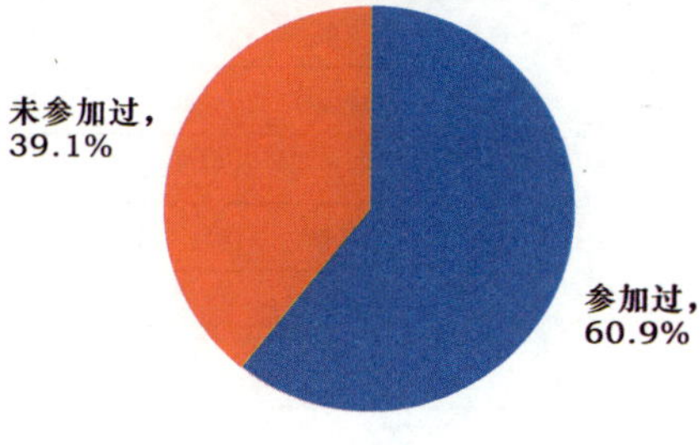

图 65 村民会议或开展重大事项公开讨论的村民参与状况

通过交叉分析发现（见表 25），在村民会议或开展重大事项公开讨论方面，各年龄段（41—50 岁除外）村民参与度基本呈现出年龄越大参与度越高的态势，51 岁以上的村民参与度达到了 70%左右。

细分发现（见表 25）：在 16—20 岁之间的村民中，仅 31%的村民参与过村民会议或重大事项公开讨论，21—30 岁的村民中这一比例达到了 44.7%，31 岁至 70 岁各年龄段村民参与过村民会议或重大事项公开讨论的比例皆在 60%以上，71 岁以上村民中参与过村民会议或重大事项公开讨论的比例最高，达到 74.4%。

表 25 各年龄段村民参与村民会议或重大事项公开讨论状况（n=640）

			村民参与村民会议或重大事项公开讨论状况		总计
			是	否	
年龄	16—20岁	计数	18	40	58
		占年龄的百分比	31.0%	69.0%	100.0%
	21—30岁	计数	34	42	76
		占年龄的百分比	44.7%	55.3%	100.0%
	31—40岁	计数	58	30	88
		占年龄的百分比	65.9%	34.1%	100.0%
	41—50岁	计数	82	54	136
		占年龄的百分比	60.3%	39.7%	100.0%
	51—60岁	计数	78	36	114
		占年龄的百分比	68.4%	31.6%	100.0%
	61—70岁	计数	62	28	90
		占年龄的百分比	68.9%	31.1%	100.0%
	71岁以上	计数	58	20	78
		占年龄的百分比	74.4%	25.6%	100.0%
总计		计数	390	250	640
		占年龄的百分比	60.9%	39.1%	100.0%

在性别方面（见表 26），男性和女性村民在村民会议或重大事项公开讨论活动的参与度上相差不大，皆占到该性别村民的六成多一点。

表 26 村民性别与参与村民会议或重大事项公开讨论状况关系（n=640）

			是否参与过村民会议或重大事项公开讨论		总计
			是	否	
性别	男	计数	212	140	352
		占性别的百分比	60.2%	39.8%	100.0%
	女	计数	178	110	288
		占性别的百分比	61.8%	38.2%	100.0%
总计		计数	390	250	640
		占性别的百分比	60.9%	39.1%	100.0%

2. 村规民约状况

村规民约是营造良好社会风尚的有效载体，当前村规民约在村庄已经相当普及。由图 66 可知，在村民对于村规民约了解状况的调查中，30%的村民表示本村有村规民约，并且自己很了解；还有近六成（58.8%）的村民知道村内有村规民约，但自己不太了解；仅有 11.2%的村民对此不太清楚。

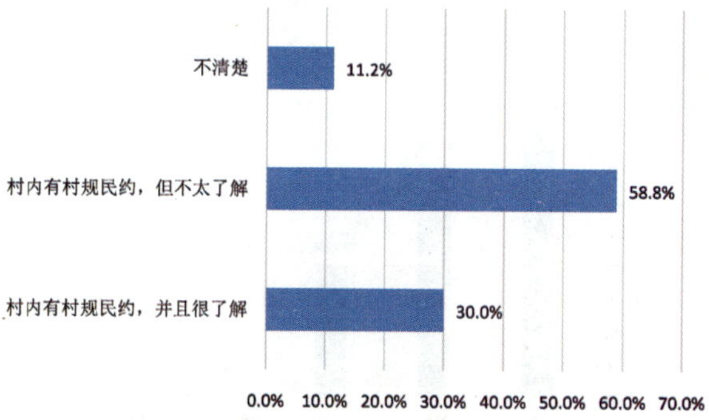

图 66 村民对村规民约的了解状况

通过交叉分析发现（见表 27），党员对村规民约的了解程度比非党员村民普遍要高。

细分发现（见表 27）：身为中共党员的村民有六成多（63.4%）对本村的村规民约很了解，而这个占比在非党员的村民那里只有 25%左右。

表 27 村民政治面貌与对村规民约的了解状况关系（n=640）

			对村规民约的了解状况			总计
			村内有村规民约，并且很了解	村内有村规民约，但不太了解	不清楚	
政治面貌	中共党员	计数	52	22	8	82
		占政治面貌的百分比	63.4%	26.8%	9.8%	100.0%
	共青团员	计数	12	22	14	48
		占政治面貌的百分比	25.0%	45.8%	29.2%	100.0%
	群众	计数	128	332	50	510
		占政治面貌的百分比	25.1%	65.1%	9.8%	100.0%
总计		计数	192	376	72	640
		占政治面貌的百分比	30.0%	58.8%	11.3%	100.0%

3. 村民对村干部满意度

随着村委会治理能力的提升，当前村民对于村干部的管理能力以及廉政程度的满意度普遍比较高。

从图 67 可见，对于村干部的管理能力，四成多（41.9%）的村民表示很满意，35.9%的村民对此比较满意，20.3%的村民态度一般，表现出比较不满意以及很不满意的村民仅占到 1.8%。

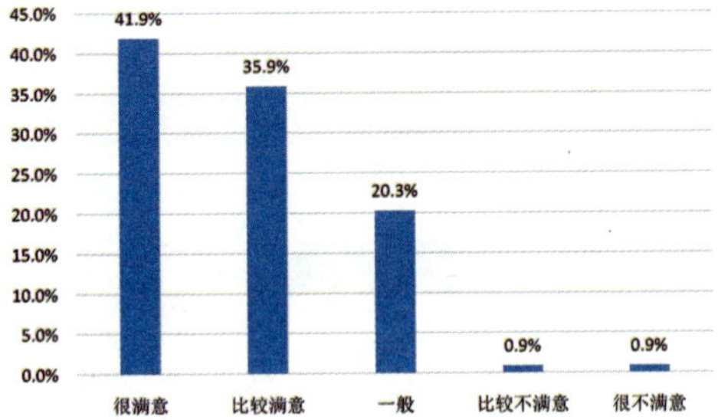

图 67 村民对村干部管理能力满意度

从图 68 可见，对于本村村干部的廉政程度，四成多（43.4%）的村民感觉很满意，34.1%的村民表示比较满意，20.9%的村民态度一般，仅有 1.5%的村民表示不太满意。

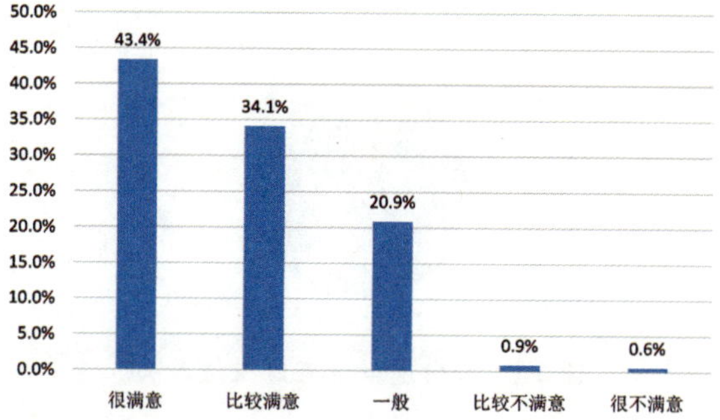

图 68 村民对村干部廉政程度满意度

4. 村民对村务了解状况

由图 69 可见，对村级账务、集体资产表示很了解的村民占到近一成（8.4%），表示比较了解的占到近两成（18.4%），表示一般了解的村民所占比重最大，占到 44.1%。此外，还有 18.1%的村民表示比较不了解，10.9%的村民表示很不了解。

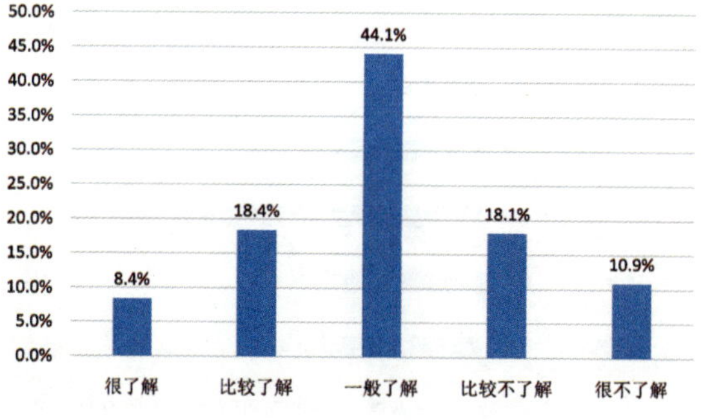

图 69 村民对村级账务、集体资产了解状况

5. 村内是否设有监控摄像头

村内公共场所监控摄像头的使用已经相当普遍。由图 70 可见，九成多的村民表示村内已经安装上了监控摄像头，仅有 9.4%的村民给出了相反答案。

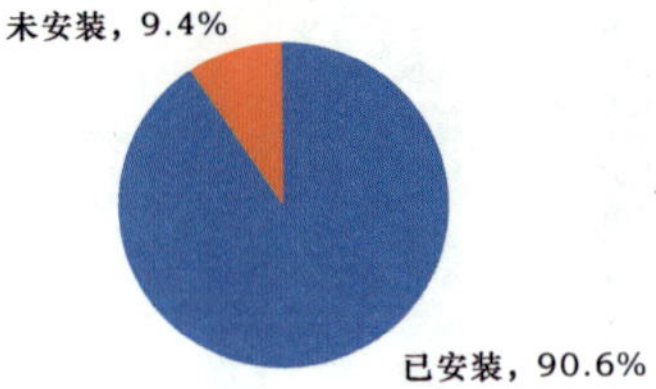

图 70 村内是否设有监控摄像头

三、村民眼中的乡村振兴

（一）对乡村振兴的所知

由图 71 可知，通过对村民关于乡村振兴战略了解情况的调查，发现对乡村振兴非常熟悉的村民占到 16.6%，对乡村振兴战略比较熟悉的村民占到近两成（19.7%），听说过乡村振兴战略并且有大致了解的村民所占比重最多，有近四成（38.4%），仅仅听说过乡村振兴战略但不太了解的村民占到 19%，此外还有 6.3%的村民表示没有听说过乡村振兴战略。

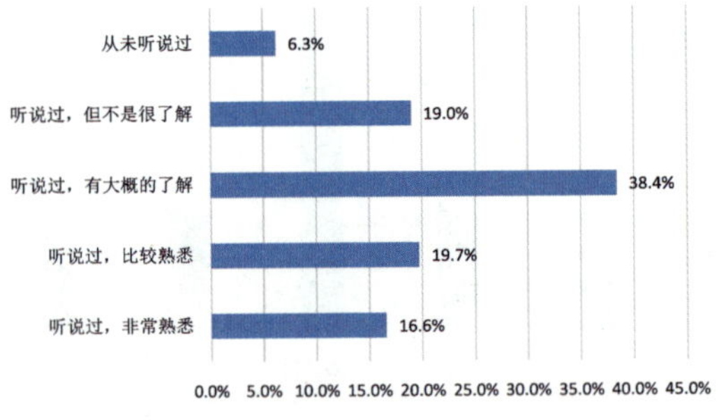

图 71 村民对乡村振兴的了解状况

通过交叉分析发现（见表 28），党员对乡村振兴战略的了解程度比非党员村民要高。

细分发现（见表 28），党员中 34.1%的村民对乡村振兴战略非常熟悉，还有 29.3%的村民对乡村振兴战略比较熟悉，而从数据来看非党员村民对乡村振兴战略的了解程度与党员村民相比相形见绌。

表 28 村民政治面貌与对乡村振兴战略了解状况关系（n=640）

			是否了解乡村振兴战略					总计
			听说过，非常熟悉	听说过，比较熟悉	听说过，有大概的了解	听说过，但不是很了解	从未听说过	
政治面貌	中共党员	计数	28	24	16	8	6	82
		占政治面貌的百分比	34.1%	29.3%	19.5%	9.8%	7.3%	100.0%
	共青团员	计数	4	10	22	12	0	48
		占政治面貌的百分比	8.3%	20.8%	45.8%	25.0%	0.0%	100.0%
	群众	计数	74	92	208	102	34	510
		占政治面貌的百分比	14.5%	18.0%	40.8%	20.0%	6.7%	100.0%
总计		计数	106	126	246	122	40	640
		占政治面貌的百分比	16.6%	19.7%	38.4%	19.1%	6.3%	100.0%

在村民对乡村振兴战略的了解渠道方面（见图 72），六成多（63.4%）的村民是通过村委会、村干部的宣传知道的，此外还有约三成的村民通过与亲朋、邻居交谈或上网了解到乡村振兴战略，有 3.8%的村民通过看电视得知，通过看报纸了解的村民最少，占到 0.3%。

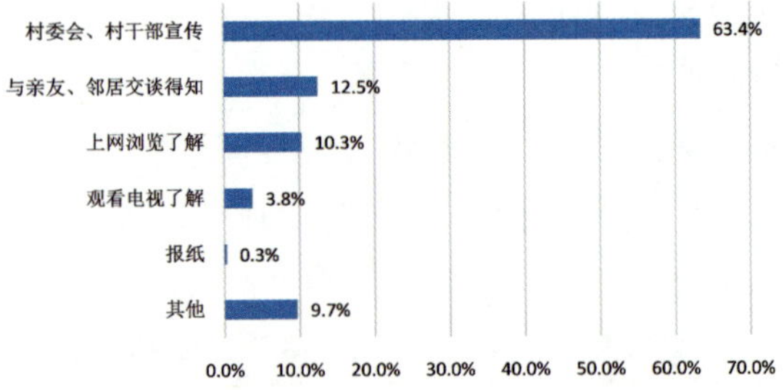

图 72 村民对乡村振兴战略的了解渠道

从图 73 可知，近三成（27.8%）的村民对生活富裕比较感兴趣，村民们第二感兴趣的内容是生态宜居，占到 22.5%，对产业振兴和乡村文明感兴趣的村民所占比例差不多，均占到约 18%，对治理有效感兴趣的村民最少，占到 14.1%。

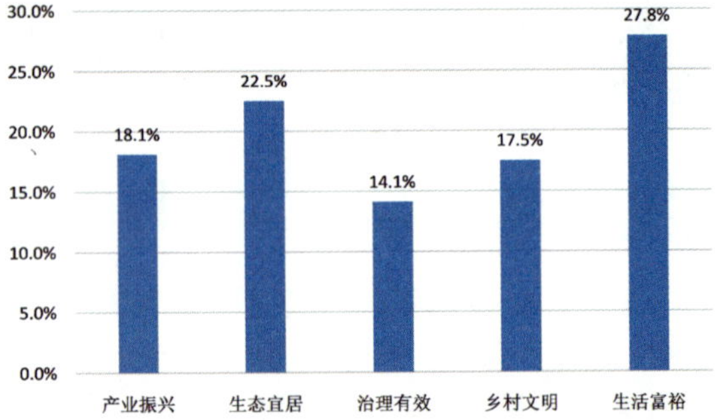

图 73 村民对乡村振兴五部分内容的感兴趣程度

（二）对乡村振兴的所感

从图 74 可知，对于乡村战略带来村庄变化的感受，三成多（30.6%）的村民认为村庄发生了翻天覆地的变化，53.4%的村民认为村庄变化比较大，10.6%的村民表示村庄有变化但较小，仅 5.4%的村民没有感受到乡村振兴战略所带来的村庄变化。

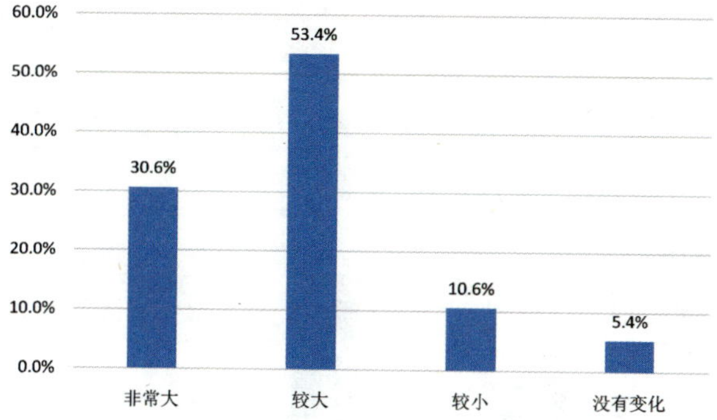

图 74 村民对乡村振兴战略实施以来村庄变化的感受

从图 75 可知，28.1%的村民表示乡村振兴战略带来最突出的变化在于村民们的收入得到了稳步的提升，生活更加富裕了；认为村庄公共设施增加以及居住条件得到大大改善的村民占比相同，皆为 21.3%；认为乡村振兴战略使得村民精神面貌健康向上的村民占到 16.6%，还有 7.2%的村民感觉到乡村振兴战略促进了村集体治理水平的提升。

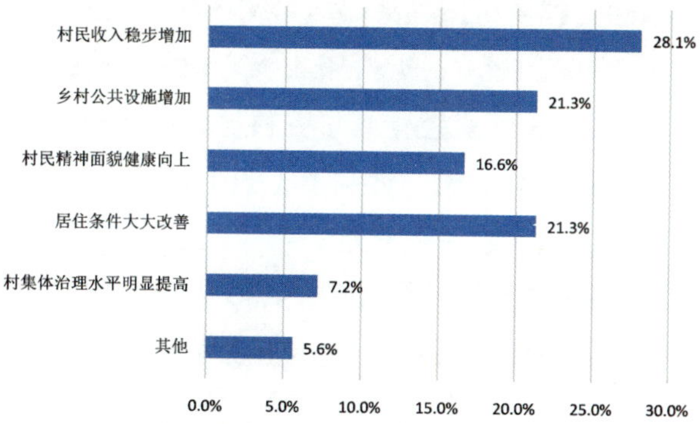

图 75 村民眼中乡村振兴战略带来变化的内容

从图 76 可知，近四成（39.1%）的村民觉得乡村振兴战略带来了很多的机遇与实惠，51.6%的村民表示乡村振兴战略为村民们带来了机遇与实惠，但不太多，仅不到一成（9.4%）的村民没有感受到乡村振兴战略给村民们带来的机遇与实惠。

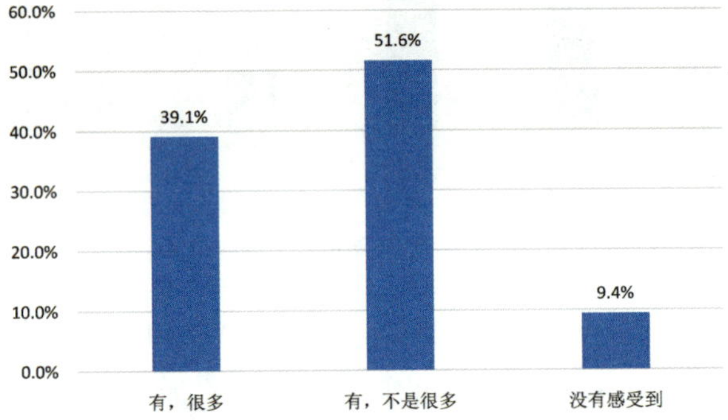

图 76 村民对乡村振兴战略带来机遇与实惠的感受

通过交叉分析发现（见表 29），从整体来看，个人收入提高越大的村民越能感受到乡村振兴战略所带来的机遇与实惠。

细分发现（见表 29）：近两年收入有很大提高的村民当中，九成多（90.5%）的村民切实感受到了乡村振兴战略所带来的机遇与实惠；收入提高比较大的村民，近一半（47.1%）感受到乡村振兴战略带来了很多的机遇与实惠，还有近一半（47.1%）的村民觉得乡村振兴战略带来的机遇与实惠不是很多；而收入没有得到较大提高的村民，对乡村振兴战略所带来机遇与实惠的感受则没有那么深切。

表 29 村民个人收入变化与对乡村振兴战略感受关系（n=640）

			有没有感受到乡村振兴战略带来的机遇与实惠			总计
			有，很多	有，不是很多	没有感受到	
个人收入变化	提高很大	计数	38	4	0	42
		占收入变化的百分比	90.5%	9.5%	0.0%	100.0%
	提高较大	计数	32	32	4	68
		占收入变化的百分比	47.1%	47.1%	5.9%	100.0%
	变化不大	计数	176	284	54	514
		占收入变化的百分比	34.2%	55.3%	10.5%	100.0%
	下降较大	计数	4	8	2	14
		占收入变化的百分比	28.6%	57.1%	14.3%	100.0%
	下降很大	计数	0	2	0	2
		占收入变化的百分比	0.0%	100.0%	0.0%	100.0%
总计		计数	250	330	60	640
		占收入变化的百分比	39.1%	51.6%	9.4%	100.0%

（三）对乡村振兴的期盼

村民们对于乡村振兴的期盼主要在于能够为他们带来收入和生活水平的提高，其次是村容村貌及居住环境的改变。由图 77 可以看出，一半以上（54.1%）的村民希望乡村振兴战略的实施可以使自己的生活水平和收入得到提高，还有近三成（29.1%）的村民希望通过乡村振兴战略的实施，可以改变农村以往的面貌，加强乡村基础设施建设。除此之外，还有一些村民希望能够增加政务透明度、发扬乡间文化、加强生态建设和环境治理等，但所占比例均未超过 10%。

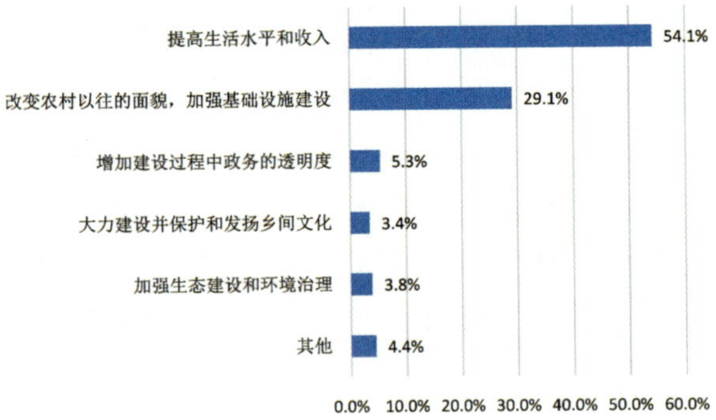

图 77 村民对乡村振兴带来改变的期盼

（四）对未来生活的预期

村民对村庄未来发展普遍持乐观态度，对今后的家庭生活也充满了信心。

由图 78 可以看出，36.3%的村民认为村庄未来五年里将会发生非常大的改变，还有一半多（51.2%）的村民认为未来五年村庄将会有比较大的发展，10.3%的村民觉得村庄未来五年里会有发展，但不会太大，仅 2.2%的村民对村庄的发展前景不抱希望，认为不会有变化。

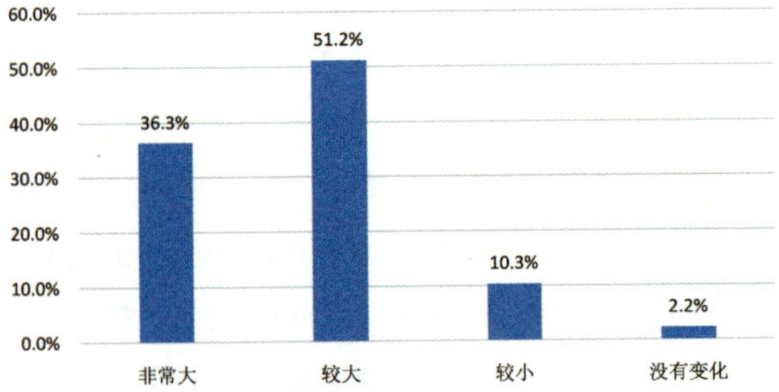

图 78 村民对村庄未来五年发展的预期

从图 79 可以看出，六成以上（60.6%）的村民对未来家庭生活会变得更好信心十足，34.7%的村民对未来家庭生活变得更好有比较大的信心，4.4%的村民信心不太大，仅有 0.3%的村民没有信心。

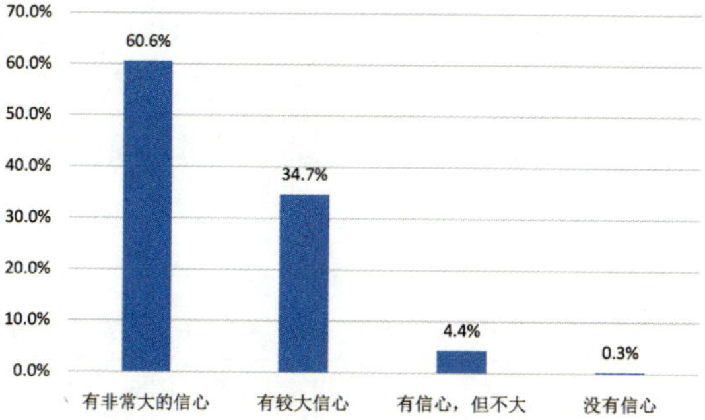

图 79 村民对家庭未来生活变好的信心

（五）对进城生活的态度

村民们对后代能够进城生活有着较大的愿望，但不少村民自己不太愿意进城生活，并且村民进城生活的意愿跟村民的年龄大小相关，越是年轻的村民越希望进城生活，而年长的村民进城生活的意愿普遍不大。

从图 80 可以看出，超过八成（81.6%）的村民希望家里后代长大后不再留在村里，能够进城生活，仅不到两成（18.4%）的村民希望家里孩子长大后还留在村里生活。

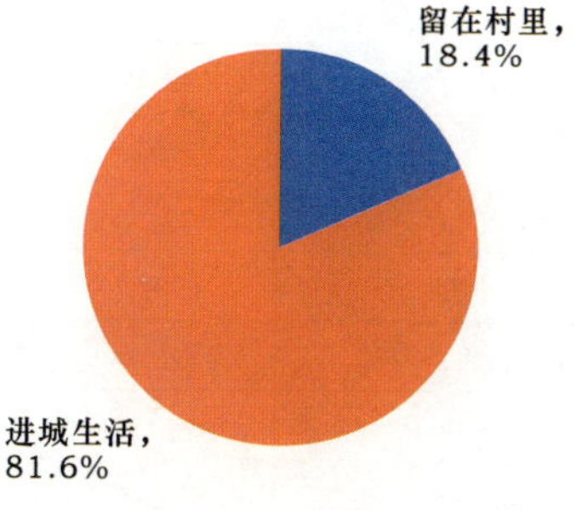

图 80 村民希望家里后代长大后在哪里生活

通过交叉分析发现（见表 30），从整体上来看，虽然各年龄段村民希望家里后代能进城生活的占到大多数，但年龄越大的村民希望家里后代留在村里生活的比例则更高。

细分发现（见表 30）：30 岁以下的村民希望家里后代长大后留在村里的占比皆在一成以下，31—40 岁年龄段的村民中 11.4%的人希望家里后代长大后留在村里，41 岁以上的村民希望家里后代长大后留在村里的占比都在 20%以上，其中 71 岁以上年龄段村民希望家里后代长大后留在村里的占比最高，达到 28.2%。

表 30 各年龄段村民对家里后代长大后生活地的态度（n=640）

			更希望家里后代长大后在哪里生活		总计
			留在村里	进城生活	
年龄	16—20 岁	计数	4	54	58
		占年龄的百分比	6.9%	93.1%	100.0%
	21—30 岁	计数	4	72	76
		占年龄的百分比	5.3%	94.7%	100.0%
	31—40 岁	计数	10	78	88
		占年龄的百分比	11.4%	88.6%	100.0%
	41—50 岁	计数	32	104	136
		占年龄的百分比	23.5%	76.5%	100.0%
	51—60 岁	计数	26	88	114
		占年龄的百分比	22.8%	77.2%	100.0%
	61—70 岁	计数	20	70	90
		占年龄的百分比	22.2%	77.8%	100.0%
	71 岁以上	计数	22	56	78
		占年龄的百分比	28.2%	71.8%	100.0%
总计		计数	118	522	640
		占年龄的百分比	18.4%	81.6%	100.0%

与对家里后代进城生活的意愿相比，村民们对自己进城生活的意愿则没有那么强烈。从图 81 可见，对进城生活持肯定态度和否定态度的村民相差不大，有 52.2%的村民希望能够进城生活，而不想进城生活的村民则略少一点，占到 47.8%。

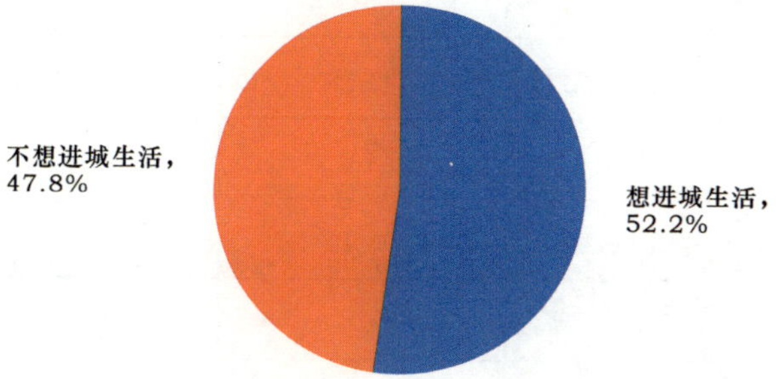

图 81 村民对进城生活的意愿

通过交叉分析发现（见表 31），从整体来看，年龄越小的村民越希望进城生活，30 岁以下特别是 20 岁以下的村民几乎都希望能够进城生活。

细分发现（见表 31）：30 岁以下的村民中有九成以上都希望能够到城里去生活，31—40 岁年龄段的村民中近七成（68.2%）希望进城生活，41—50 岁、51—60 岁两个年龄段的村民皆有四成多想进城生活。61 岁以上村民想进城生活的占比偏少，仅有两成多的村民希望能够去城里生活。

表 31　各年龄段村民对进城生活的态度（n=640）

			村民对进城生活的态度		总计
			想进城生活	不想进城生活	
年龄	16—20 岁	计数	54	4	58
		占年龄的百分比	93. 1%	6. 9%	100. 0%
	21—30 岁	计数	70	6	76
		占年龄的百分比	92. 1%	7. 9%	100. 0%
	31—40 岁	计数	60	28	88
		占年龄的百分比	68. 2%	31. 8%	100. 0%
	41—50 岁	计数	62	74	136
		占年龄的百分比	45. 6%	54. 4%	100. 0%
	51—60 岁	计数	48	66	114
		占年龄的百分比	42. 1%	57. 9%	100. 0%
	61—70 岁	计数	24	66	90
		占年龄的百分比	26. 7%	73. 3%	100. 0%
	71 岁以上	计数	16	62	78
		占年龄的百分比	20. 5%	79. 5%	100. 0%
总计		计数	334	306	640
		占年龄的百分比	52. 2%	47. 8%	100. 0%

四、基本结论

通过对本次齐鲁乡村振兴调研所收集到资料的统计分析情况，课题组主要得出如下结论：

（一）村民的基本信息方面

1. 样本构成状况

关于本次调研的640位村民的性别、年龄、文化程度等方面的基本构成，大致呈现出如下状况：

（1）性别构成方面

本次调查的村民中，男性（55%）略多于女性（45%）。

（2）年龄构成方面

16 岁以上的村民的年龄分布基本呈现正态分布状态，中间（41—50 岁）高两边低，但右侧多于左侧，年龄大的人多于年轻人。

从村民老龄化程度方面来看，样本村民（16 岁及以上）老龄化率（60 岁以上人口占比）达 26.3%，全员老龄化率约为 22.3%，这说明当前村庄老龄化问题较为严重。

（3）婚姻状况方面

村民的婚姻状况以已婚为主，占到近八成，其次是近两成的村民未婚，离异和丧偶的村民寥寥无几，占比皆不到一成。

（4）政治面貌方面

近八成的村民政治面貌为群众，中共党员占比 12.8%，还有 7.5%为共青团员。

（5）文化程度方面

一半以上的村民文化程度为小学或初中学历，高中及以上学历的村民占到 34.1%，总体来看，91.9%的村民都接受过教育，村民的总体受教育程度当前已达到了一个较为不错的水平。

从各年龄段来看，年轻的村民普遍学历更高，30 岁以下的村民当中有两成多文化程度在本科及以上，并且 40 岁以下的村民当中已经没有未接受过教育的人，由此看来村民整体教育水平呈现出向好的发展趋势。

从性别来看，男女受教育程度有一定差距，未接受过教育的女性村民占比是男性村民的 2 倍多，学历在初中及以上的男性达到 73.8%，而这一比例在女性村民中只达到 59.9%。由此可见不同性别的村民受教育程度不平衡，男性村民比女性村民受教育程度普遍要高。

（6）家庭人口数方面

村民家庭人口数在 1—6 人之间，其中以 2—4 人居多，占到近九成，农村家庭呈现出小型化的状态。

2. 村民的基本生活状况

（1）从业类型及主要收入来源

当前村民从事的职业及获取收入的来源呈现出多元化的状态，虽然从单项构成来说从事农业的人数依然占比最多，但越来越多的村民开始通过个体经营、外出打零工等其他形式获取收入。其中 41.6%的村民从事农业生产，从事个体经营、外出打零工的村民占到近三成，在企事业单位有固定工作的村民有一成多，还有近两成村民为学生、军人、自由职业者等。

从各年龄段来看，20 岁以下的村民基本上是没有固定收入的学生等“其他”从业类型。从 21 岁开始村民们开始从事务农、个体经营等赚钱职业，并且随着年龄的增大，从事农业生产的村民逐渐增加，到 61—70 岁年龄段达到顶峰，务农村民占到该年龄段村民七成还多，是农业生产的主力军。从事个体经营及外出打零工的村民主要集中在 21—50 岁，而从事固定职业的村民则分布较为平均，其中以 21—

30 岁最多，但也仅占到该年龄段村民的三成多一点。

（2）个人收入状况

从 2019 年村民的个人收入分布来看，收入在 1 万元以下的村民占到 35%，近四成的村民收入在 1 万—3 万元，收入在 3 万—6 万元的村民占比达 15%，还有近一成村民收入在 6 万—10 万元，年收入在 10 万元以上的村民占到 2.4%。从村民年收入分布来看，收入在 1 万元以上的村民占到大多数，但仍有部分村民年收入在 1 万元以下，10 万元以上的高收入村民较少。

从各类主要收入来源的村民收入状况来看，以农业生产作为主要收入来源的村民年个人收入一般不超过 3 万元，并且以 1 万—3 万元收入居多；以个体经营、外出打零工收入为主要收入来源的村民，虽然年收入也以 1 万—3 万元收入居多，但有近三成村民收入在 3 万—6 万元区间内；以固定工作工资作为主要收入的村民收入主要分布在 1 万—6 万元，但也有两成多村民年收入达到 6 万元以上；而以学生为主的“其他”收入类型的村民近九成收入都在 1 万元以下。

（3）个人收入变化及满意度

村民收入整体来看变化不大，但可喜的是有部分村民表示收入有所提高。根据调研数据显示，约八成的村民表示收入没有太大变化，表示收入有所提高的村民占到近两成，其中 6.6%的村民表示收入提高很大，10.6%的村民表示收入提高比较大，而表示收入有所下降的仅占 2.5%。

与实际收入相比，村民对自己当前收入的满意度更为乐观，有四成多的村民对收入感到满意，其中表示很满意的村民占一成多，仅有 7.9%的村民不满足于当前的收入状况。

此外，村民个人收入满意度与收入变化也有一定关系，从整体来看，个人收入提高越大的村民对收入的满意度也越高。

（4）主要生活地

村民当中有一成多已在城中购置了房产，而完全生活在城里的村民仅占 2.2%，高达 56.9%的人却是“城乡双栖”，完全生活在村里的村民占四成左右。

从各年龄段村民主要生活地状况来看，整体上来说越年轻的村民在城里生活的时间越长，但大多数并未在城里定居，只是处于“城乡双栖”的状态。

从各从业类型村民主要生活地状况来看，从事农业生产为主的村民绝大部分都在村里生活，从事个体经营、外出打零工以及固定职业的村民虽然大多数主要在村里生活，但也有部分村民主要生活在城里，而从事固定职业的村民中有近一成已在城里定居。

（5）对总体生活状况的满意度

当前村民对生活的满意度整体比较高，近八成村民表现出对当前生活的满意态度。

（二）村民眼中的村庄变化方面

1. 农村的生产方面

（1）村民从事农业状况

当前越来越多的村民不再单纯从事农业生产，经常干农活的村民仅占 26.3%，但干农活依旧是大部分村民生活中必不可少的一部分，完全不干农活的村民仅占 15.9%。

各年龄段村民干农活的状况也有所差异：20 岁以下的村民干农活的比例越来越少，20 岁至 40 岁的村民大多偶尔会干一些农活，40 至 70 岁的村民是农业生产的主力军，70 岁以上的村民也是只偶尔干些农活或不再干农活了。

（2）农业机械化状况

当前农民在从事农业生产过程中越来越依靠机械，在本次调研中多数村民都表示本村在农业生产中机械的利用率已经达到较高水平。

（3）农业商品化状况

当前村民的农业成果呈现出较高的商品化率，多数农产品被村民作为商品出售，仅少部分留作自用。本次调研中约六成村民表示农业生产成果已全部或大部分作为商品出售。

（4）农业用水用电状况

当前村民们对农业生产用水用电的满意度普遍较高，调研中八成多村民表示农业用水用电很方便或比较方便。

（5）村民从事二、三产业状况

调研的村民表示家中有人从事开工厂、搞乡村旅游及电子商务等二、三产业的均占到近一成，说明二、三产业在农村地区存在但还不是很普遍。

（6）村民合作社参与状况

在本次调研中，有一半村民的家庭参加了合作社。

（7）村民新型职业农民培训参与状况

四分之一的村民表示家中有人参加了新型职业农民培训，说明目前新型职业农民培训在农村中需进一步普及。

（8）村民利用网络平台推广状况

当前村民对网络平台的利用率还比较低，仅有约6%的村民了解并使用了这一新型推广方式。

（9）村民家庭农业、非农业收入状况

从村民家庭年收入整体状况看，在农业收入和非农业收入这两个收入来源上，如果单纯依靠农业收入，很难达到3万元以上，而来自非农业收入的则集中在3万—6万元。并且，如果想获取更高的收入，从事非农业比从事农业要容易得多。但可喜的是，随着更多职业农民、种粮大户的出现，也有仅从事农业生产就可获得年均十多万元收入的家庭。

2. 农村的环境方面

（1）村民家庭居住状况

村民的住房类型主要集中于平房或砖瓦房和楼房两种类型，其中近一半村民生活在平房或砖瓦房里，另有一半村民生活在楼房里。

村民家庭中自来水的使用已经相当普及，本次调研的村民家中已经全部使用上了自来水。

村民卫生厕所的使用率也达到较高水平，本次调研中九成以上村民家中使用上了卫生厕所。

当前村民做饭主要依靠液化气罐和电炊具，占到调研村民总人数的73.7%，传统烧柴做饭的方式已经不再普遍，仅一成多的村民家中仍然保留着传统烧柴做饭的习惯，有近一成的村民家里安装了管道天然气。

村民冬天取暖主要靠在室内生炉子（40.9%），还有一些村民家中安装了管道暖气（24.1%），少部分村民通过空调和电暖器具取暖。

调研地村庄的村民家中网络已经比较普及，近九成的村民家中已经接通了宽带网线。

（2）村庄环境及基础设施状况

调研地六村庄的环境及基础设施得到了较大改善，村民对此满意度普遍较高。

在村内道路方面，道路已经达到较高的硬化率，调研中65%的村民表示村内大小道路都已进行过硬化处理，而35%的村民表示只有主路进行了硬化，没有村民表示本村公路还未硬化。

村民通往村外的公路及公共交通也相当便捷，超过七成（74.1%）的村民表示村内有公交车通往村外。

在村庄绿化方面，村民满意度普遍较高。调研中有81%的村民对村庄绿化很满意或比较满意。

村庄照明状况也比较良好。本次调查的所有村民均表示村内安装有路灯，并且近八成（76.3%）的村民表示村里的路灯能够满足照明的需要。

（3）村庄垃圾、污水处理方式

在家庭垃圾处理方面，村民均表示村内垃圾采取了既卫生又方便的家庭收集、村里接收、镇县集中处理的垃圾处理方式。

在家庭生活污水处理方面，大多数村民家里的污水由村里集中统一处理，排在第二的处理方式为通过下水道排入河沟，仅有少数村民采取就地倾倒等其他方式来处理家庭污水。

3. 村民的生活水平方面

（1）家庭收入状况

近一半的村民2019年全年家庭收入在1万—5万元，25.6%的村民家庭收入在5万—10万元收入区间，家庭收入在10万元以上的村民占14.4%，仅12.5%的村民家庭收入在1万元以下。

在家庭主要收入来源方面，务农仍为村民主要家庭收入来源，占到被调查村民的四成左右；33.1%的村民主要家庭收入来源为个体经营、外出打零工；以固定工资收入作为主要家庭收入来源的村民占到15.9%。

在各主要收入来源类型的家庭收入状况方面，依靠农业生产收入的家庭，年收入基本在1万—5万元，依靠个体经营及外出打零工收入的家庭，年收入也多在1万—5万元，但也有部分达到5万元以上，依靠固定工作工资的家庭年收入在5万—10万元的居多。

村民家庭收入整体来说变化不大，但可喜的是，仍有近一成的村民家庭收入有了突飞猛进的增长，一成多的村民家庭收入提高较大。

与实际收入相比，村民对自己当前家庭收入的满意度更为乐观，一半以上的村民表示对家庭收入很满意或比较满意。

此外，从整体看来，家庭收入增长越多的村民对家庭收入的满意度越高。

（2）新农合、新农保参合、参保状况

村民对于新型农村合作医疗保险的参合积极性较高，绝大多数（89.4%）的村民都参加了该保险。

从各年龄段村民新型农村合作医疗保险的参合率来看，各年龄段村民参合率相差不大，但30岁以下村民的参合率较其他年龄段偏低，61—70岁村民参合率最高，达到了93.3%。

与新农合相比，村民对新农保的参保积极性相对较低，整体参保率仅为49.7%。

从各年龄段村民参与新型农村社会养老保险的参保率来看，参保率呈现出中间高两边低的状态，40—60岁村民参保率达到60%以上，而30岁以下及70岁以上的村民参保率仅为30%多。

（3）村庄医疗条件

村民对乡村卫生室的满意度普遍较高，75.4%的村民对村内卫生室医疗服务表示很满意或比较满意。

（4）村庄教育条件

本次调研中发现，调研地村里所有适龄儿童都可以在本村、邻近村或镇上就读小学和幼儿园。其中七成多的村民表示本村内就有小学和幼儿园，近两成的村民表示邻近村有小学和幼儿园，约一成的村民表示村里孩子上小学和幼儿园要去镇上。

（5）村民智能手机使用状况

智能手机在村民里面比较普及，83.4%的村民拥有智能手机，部分村民还通过智能手机进行付款、使用公共社交软件等。

从各年龄段村民使用手机状况来看，整体表现为越年轻的村民智能手机的使用越普遍，而不同年龄段村民对手机付款功能及手机公共社交软件的使用也呈现出相同的规律。

（6）村民旅游状况

从统计数据来看，大多数村民都有过外出旅游的经历，其中 2.8%的村民经常外出旅游，60.6%的村民旅游过但不经常去。

不同年龄段的村民旅游状况也有所不同，整体表现为年轻（16—20 岁年龄段除外）的村民中外出旅游过的比例比年长的村民要高一些。

（7）村民私家车拥有状况

村民家中的私家车目前已经比较普及，52.8%的村民家中拥有私家车。

此外，村民家庭私家车拥有状况与家庭收入相关，家庭收入越高的村民家里拥有私家车的比例越高。

4. 农村的乡风民俗方面

（1）村里矛盾纠纷事件

村民间的矛盾纠纷整体上与以往相比变得更少了。调研中表示村民间的矛盾纠纷比之前少了的村民占到 48.1%，另有 46.3%的村民感觉矛盾纠纷事件和以往差不多，仅有 5.6%的村民感觉村里矛盾纠纷比之前多。

当前村民间的矛盾纠纷主要依靠村干部来调解，然后是亲戚的调解，还有少数通过报警等其他途径解决。

（2）红白喜事花费变化

本次调研发现，村民眼中本村的红白喜事花费变化不大：近六成村民表示红白喜事花费没有太大变化，22.5%的村民感觉花费有所下降，但也有 18.1%的村民表示花费有所上升。

（3）村内文化娱乐设施状况

调研中所有村民均表示自己村内有文化广场、棋牌室、图书室等文化娱乐场所，并且村民对村内文化娱乐设施的满意度普遍较高，80%的村民对村内的文化娱乐设施很满意或者比较满意。

（4）村民教育娱乐支出变化

近年来村民们在教育及娱乐方面的花费有所提高：在调研中虽然55%的村民表示教育娱乐支出变化不大，但有 43.1%的村民表示近年来个人教育娱乐支出增长很大或增长较大。

（5）村内的治安状况

当前村民们对村庄治安状况的满意度相当高：在本次调研中，81.5%的村民对村内治安状况很满意或者比较满意。

（6）弘扬传统道德的活动开展状况

当前乡村地区在弘扬传统道德活动开展方面比较普及，调研中88.4%的村民表示村内组织过像文明户评选和“五好家庭”评选等弘扬传统道德的活动。并且村民对这类活动的参与度也普遍较高，78.8%村民家庭参与过村里组织的弘扬传统道德的活动。

（7）村民业余活动

村民的业余生活十分丰富，用手机或电脑上网打游戏、看电视、聊天、下棋、打牌、打麻将等都是村民们在业余生活中常从事的活动。

各年龄段村民的主要业余活动也有所差别，40 岁以下的村民更偏爱手机、电脑上网或打游戏，而年龄较大的村民则更喜欢看电视、聚在一起聊天或者玩棋牌、麻将。

村民们与远方亲朋联系的方式也更加多样化，并且以网上视频聊天和打电话为主。

各年龄段村民与远方亲戚朋友沟通方式也有所不同，50 岁以下的村民中选择网上视频通话的比例最高，而 50 岁以上的村民选择与远方亲友打电话沟通的比例最高。

5. 农村的社会治理方面

（1）村民村庄事务参与状况

在村委会选举参与度方面，本次调研的村民中有 67.2%的人参与过本村的村委会选举活动。

各年龄段的村民参与村委会选举的比例有差别：整体看来年轻的村民中参与过本村的村委会选举活动的占比比年长的村民要小，并且参与度最高的年龄段为 61—70 岁，该年龄段中 88.9%的村民都参与过村委会选举。

在不同性别方面，男性村民在村民委员会选举活动的参与度为 71%，比女性村民（62.5%）略高。

在本次调研中，86.2%的村民表示本村设有村民会议或开展重大事项的公开讨论，并且参加过本村的村民会议或开展重大事项公开讨论的村民占 60.9%。

村民会议或开展重大事项公开讨论的各年龄段村民参与度基本呈现出年龄越大参与度越高的态势；而在性别方面，男性与女性村民的参与度几乎差不多。

（2）村规民约状况

本次调查中近九成的村民都表示本村有村规民约，但其中三成村民对本村的村规民约很了解，另有近六成的村民对村规民约不太了解。

此外，从村民的政治面貌差别来看，党员整体上对本村村规民约的了解程度要远大于非党员的村民。

（3）村民对村干部满意度

当前村民对于村干部的管理能力以及廉政程度的满意度普遍比较高，本次调研中近八成的村民对村干部管理能力以及廉政程度表示很满意或者比较满意。

（4）村民对村务了解状况

据统计数据显示，村民对村级账务、集体资产的了解状况一般，对本村村级账务、集体资产很了解或比较了解的村民仅占不到三成。

（5）村内是否设有监控摄像头

村庄在村内公共场所监控摄像头的使用已经相当普遍，本次调研九成多村民表示村内已经安装上了监控摄像头。

（三）村民眼中的乡村振兴

1. 对乡村振兴的所知

村民们整体上对乡村振兴战略的了解程度比较高，74.7%的村民对乡村振兴战略有所了解（包括非常熟悉、比较熟悉和有大概了解）。

此外，从村民的政治面貌方面来看，党员对乡村振兴战略的了解程度要远高于非党员的村民。

村民们对乡村振兴的了解渠道主要是村委会、村干部的宣传，本次调研中六成多的村民都是通过这一途径了解到乡村振兴战略的，此外还有少数村民通过上网、看电视等途径对乡村振兴战略有所了解。

村民们对乡村振兴 5 个方面（产业振兴、生态宜居、生活富裕、乡风文明、治理有效）的感兴趣程度差别不大，但生活富裕是村民们最感兴趣的内容。

2. 对乡村振兴所感

据统计资料显示，村民们普遍感受到了乡村振兴战略实施以来村庄发生的较大发展变化。对于变化的内容，村民主要认为是村民的收入得到稳步提升，还有部分村民认为是乡村的公共设施增加、村民精神面貌焕然一新、居住条件也得到了改善，少数村民认为是村集体的治理水平得到了提高。

有近四成的村民对乡村振兴带来的机遇与实惠感受颇深，51.6%的村民略有感受。并且，村民对乡村振兴的感受与其个人收入变化有一定关系，个人收入提高越多的村民对乡村振兴带来的机遇与实惠的感受越真切。

3. 对乡村振兴的期盼

村民对于乡村振兴的期盼首先集中在能够提高生活水平和收入方面，其次还有部分村民希望村貌能够得到改变，基础设施建设得到加强。

4. 对未来生活的预期

村民对村庄未来发展普遍持乐观态度，对今后的家庭生活也充满了信心。87.5%的村民表示村庄未来五年发展变化会非常大或者比较大，而 60.6%的村民对家庭未来生活有非常大的信心，对家庭未来生活有较大信心的村民占到 34.7%。

5. 对进城生活的态度

村民对家里后代能够进城生活的意愿比较强烈，81.6%的村民希望家里后代长大后能够进城生活，并且年龄越小的村民当中希望家里后代能进城生活的比例越高。

与对家里后代进城生活的意愿相比，村民们对自己进城生活的意愿则没有那么强烈，有进城生活意愿的村民占到52.2%，并且越年轻的村民越希望能够进城生活。

结论、思考与展望

泥安儒

实施乡村振兴战略，是党的十九大做出的重大决策部署，是新时代党和政府解决“三农”问题的总抓手。乡村振兴也是个重大的理论和实践问题，需要社会各界积极探讨，勇于实践。我们通过对山东省6个具有典型意义的村庄进行实地调研，对调查点的乡村振兴工作形成了初步看法，得出了初步结论。另外，我们还在此基础上广泛关注了学界的不同观点，对乡村振兴的理论问题进行了一定的反思，并从实际出发，尝试性地对山东省乡村振兴工作的可持续发展提出了初步建议。

一、调研结论

中国农村情况千差万别，各地乡村振兴要振兴什么？怎么振兴？谁来振兴？通过近两年来对山东省进行的乡村调研，我们看到了各级党委、政府的统筹规划和政策引导，看到了各地的积极探索和认真实践，看到了山东省农业农村的新面貌、新气象，看到了乡村振兴给村民带来的成就感。

（一）各级党委、政府高度重视乡村振兴工作，着力规划引领，加大政策支持，完善制度保障

山东省各级党委、政府对乡村振兴工作予以高度重视，认真贯彻落实中央部署要求，积极制订乡村振兴发展规划，加大政策支持力度，完善制度保障措施，着力解决各地“三农”问题。

1. 规划引领

为深入贯彻落实乡村振兴战略，高质量推进乡村全面振兴，山东省各级党委、政府立足本地实际纷纷制订出台了具有各地特色的乡村振兴战略规划。2018 年 5 月 14 日，山东省委、省政府颁发了《山东省乡村振兴战略规划(2018—2022 年)》;从 2018 年 6 月到 2019 年 1 月，威海市、潍坊市、淄博市、泰安市、临沂市、菏泽市相继制订了各自的乡村振兴战略规划；从 2018 年 8 月到 2019 年 11 月，荣成市、寿光市、岱岳区、沂源县、沂水县、东明县 6 个县（市、区）也推出了各自的乡村振兴战略规划；有的乡镇如荣成市人和镇也制订了本镇的乡村振兴规划和实施方案。

各县市以 2022 年为时间节点，都从产业振兴、人才振兴、文化振兴、生态振兴、组织振兴以及实现共同富裕等方面明确了各自的发展目标，制订了指标体系，提出了保障措施。

以东明县、荣成市为例。在产业振兴方面，除了较为常规的农作物机械化率、节水灌溉面积、农业科技进步贡献率等指标外，东明县作为粮食生产大县，将高标准农田建成面积、土地经营规模化率等指标也写入发展目标中。而荣成市由于地处海滨，则将国家级海洋牧场示范区个数、水产品总量、休闲渔业总收入等具有地方特色的指标列入了规划目标；在生态振兴方面，两地在乡村道路硬化、自来水改造、厕所改造、垃圾回收等方面制订了符合各自基本情况的目标。此外，东明县还增添了农作物秸秆综合利用率等与种植业有关的环境指标，而荣成市则将海岸线治理列入指标体系；在文化振兴方面，两地在基础教育、乡村文化基础设施建设、移风易俗等方面设立了发展指标，包括学前儿童入园率、村级综合文化中心覆盖率、节地生态安葬率等具体指标，两地皆计划于 2022 年实现村级综合文化中心村村全覆盖；

在组织振兴方面，东明县侧重基层组织能力的建设，将村级综治中心建设达标率作为衡量治理成效的标准，而荣成市在此基础上又增添了村规民约普及率、农村党群社区服务中心普及率等建设目标，计划在2022 年达到全面普及的程度；在人才振兴方面，两地都将培养新型职业农民、建设农技推广人才队伍、引进农业高端科技人才、吸引在外人才返乡创业等纳入指标体系。东明县还注重乡村人才发展环境的优化，计划通过设置人才“一站式”服务窗口、制定优化人才评聘政策、柔性引进人才等措施营造人才发展的良好环境。荣成市则强调充分挖掘培养本土乡村人才，在第一书记选派、妇女培训、农村电商人才培养等方面设置了具体指标；在共同富裕方面，东明县计划 2022 年农村人均可支配收入达到 1.7 万元，而荣成市则计划达到 2.8 万元。此外，两地的乡村振兴规划还通过设置缩小城乡居民收入差距方面的约束性指标来特别关注农村居民生活水平的提高。

2. 政策支持

为积极推进乡村振兴战略的实施，山东省各级党委、政府积极发挥主观能动性，出台各项针对性政策措施，从人才、技术和资金三个方面为乡村振兴战略的落实提供政策性支持。我们调研的 6 县（市、区）也都出台了一系列助力乡村振兴的政策。

人才是乡村振兴的第一资源，6 县（市、区）都在人才惠村方面制定了诸多支持政策，包括大力培育新型职业农民，积极引进专业技术人才，吸引支持各类能人返乡发展，等等。为加强农村人才队伍的建设，沂源县计划完善培训政策，采用“田间课堂”、送科技下乡、冬春科技大培训等形式，建立一批综合培育基地、田间学校和实训基地，开展“沂源县乡村之星”评选活动选拔农村实用人才；为吸引人才入村，沂水县着力提升乡村振兴人才待遇，采取“一人一策”“一事一议”的方式为外来人才提供良好待遇。沂水县还实施“大学生凤回沂蒙计划”“村村都有好青年”计划，以吸引青年人才回乡创业。

在技术支持方面，6县（市、区）不断提升农业科技创新能力，深化农业科技“展翅”行动（给农业科技插上展翅高飞的翅膀）。泰安市岱岳区实施农业科技创新工程，运用“互联网+”、大数据、云计算、人工智能等新技术发展智慧农业、设施农业、数字农业，加强新品种、新技术、新模式的研发。同时，岱岳区还加强与山东农科院、山东农业大学、泰山学院等院校的合作，加快农业科技成果的转化；寿光市则致力建设“中国蔬菜硅谷”，推动寿光蔬菜产业由“种菜卖菜”向“育种卖苗”转变，不断推进中国（寿光）智慧农业装备产业园区建设。寿光市还注重强化与国内外高端种业科研院所和企业的合作，以整体提升寿光蔬菜种业的技术创新水平。

此外，在乡村振兴战略的实施过程中，6县（市、区）不断加大对乡村振兴工作的资金投入力度，坚持把农业农村置于财政保障和预算安排的优先领域。在我们开展调研的6个县（市、区），近年来各地党委、政府在农村基础设施、基本公共服务、扶贫工程等方面都有了较大的资金投入。

3. 制度保障

乡村振兴战略的成功需要制度的保障。六县（市、区）通过强化制度性供给，加快构建城乡融合发展机制，深化农村产权制度改革，强化农村资源要素支撑，为乡村振兴提供坚实的制度保障。

积极推动构建城乡融合发展体制机制，促进城乡要素合理流动与融合。岱岳区大力推进城乡产业融合发展，着力抓好满庄镇、大汶口镇、山口镇三个全国重点镇和省级示范镇建设工程，重点培养专业化特色小镇，将农村产业融合发展与新型城镇化有机结合起来。

在推进城乡融合的同时，各地政府也不断深化农村土地制度、产权制度改革，释放和激发农村发展活力。沂水县不断巩固完善农村集体土地所有权和农村土地承包经营权确权登记颁证成果，积极开展对“四荒地”等土地资源确权登记颁证工作。此外，沂水县还积极推进农村承包地“三权分置”制度，扩展“闲置农房激活”试点工作，允许村集体单独开发利用或采取长期出租、合资合股方式与社会资本共同开发，共享相关收益。寿光市推进“空心村”整治和耕地占补平衡政策紧密结合，允许将通过村庄整治、宅基地整理等方法节约下来的建设用地采取入股、联营等方式，支持乡村休闲旅游、康养等产业和农村“三产”融合发展。

乡村振兴战略规划的顺利实施也离不开领导推进机制和责任落实机制，各地党委政府致力健全领导推进体制机制，强化责任落实，加强法治保障，切实推进规划落实。沂水县成立农村工作领导小组，健全各级乡村振兴专家咨询委员会，深化细化各级各部门的实施计划，将有关重点工作纳入全县督察体系，明确县、镇、村三级责任，有力推动乡村振兴工作的顺利实施。

（二）各地都进行了积极的实践探索，初步形成了各具特色的乡村振兴典型

1. 竹林新村：通过浇筑村台、合建新村、发展滩区特色农业实现脱贫奔小康

竹林村是黄河入鲁第一县——东明县的一个普通村庄，地处黄河滩区。历史上，此地由于长期遭受黄河水患之苦，致使经济落后，村民生活不便，村庄一直处于欠发达状态，甚至存在着较为严重的贫困问题。近年来，竹林村以新村建设为突破口，在各级党委、政府的政策指导和资金支持下，广大干部群众群策群力、艰苦奋斗，利用黄河

水抽沙淤地建成了占地 800 余亩的大型“村台”。在此基础上，又经过数年的不懈努力，2016 年在村台上建成了新型社区——竹林新村。竹林新村的建设永久性地解决了村民的居无定所问题，让广大村民得以长久“安居”。之后，竹林新村又开始着力解决“乐业”问题。从 2016 年开始，竹林新村村民开始专心在当地发展生产，他们利用滩区的相对自然优势，大力发展种植养殖业，搞多种经营，逐渐消除了长期困扰他们的贫困问题，初步走上了致富路。在增产增收的同时，竹林新村利用合建新村的契机，以较高的标准在新村中建设交通、通信等基础设施，提供较高标准的医疗、教育、文化、娱乐等公共服务，使得村容村貌、民风民俗都得到了较大改观，乡村治理水平也得到了很大的提升。近年来，特别是党的十九大以来，在全体干部群众的共同努力下，竹林新村已经初步走上了乡村振兴的快车道。

2. 丰山村：通过外来公司、本村合作社大力发展山茶、黄精种植、加工业，实现一、二产业融合发展

近年来，丰山村以产业发展为关键点，积极寻求转型之路。2012 年，丰山村引进外来资金成立了泰山茶溪谷农业发展有限公司，通过土地的承包和反承包大力发展山茶种植和茶叶加工业，提高了产业的发展水平和村民的生产积极性，帮助村民从农民转型为农业产业化工人，提高了村民收入。随后，丰山村又成立了丰草苑中药材专业合作社，合作社发动村民种植泰山特有的中药材（如黄精），初步完成从种植粮食作物到种植经济作物的转变，推动了传统产业的升级和增值。同时，丰山村还积极推动其他产业发展，通过承包经营、涉足旅游业等多种方式创收。在经济发展的同时，丰山村也积极寻求村民生活环境的改善，因地制宜改善大环境，多措并举治理小环境，改善基础设施，使丰山村变为一个极具地方特色的生态宜居社区。丰山村以支部建设

为突破口，建立党群服务中心，通过幸福院和老年人日间照料中心等公共服务设施的建设和运营打通了改善村民生活质量的“最后一公里”，同时通过举办各种文娱活动丰富村民的文化和精神生活，提高村民的文化素质。丰山村通过积极探索，找到了一条升级第一产业、兴办第二产业，多措并举实现村民致富的发展道路，正在乡村振兴的快车道上稳步前进。

3. 桃棵子村：深挖本地资源，大力发展红色文旅，着力通过加强第三产业助力乡村振兴

桃棵子村地处沂蒙山区，位于沂水、沂南、蒙阴三县交界地带，由散落在一条大山坳里的 16 个自然村组成，是闻名全国的“红嫂”故事的发源地之一，深厚的红色文化底蕴成为桃棵子村乡村发展最重要的资源。桃棵子村曾经是生产、生活困难的山区贫困村，近年来，桃棵子村致力于发展特色乡村旅游产业，着力打造“中国红色旅游文化村”，充分发挥红色文化的资源优势，以文旅产业引领乡村发展，走出了一条颇具特色的乡村振兴之路。通过“红农旅”的融合发展，桃棵子村将红色文化与农业、旅游业密切结合起来，创办了山东红嫂故里旅游文化产业有限公司，并创立“红嫂故里·鱼水情乡”品牌，通过重点建设沂蒙红嫂祖秀莲纪念馆讲好红色故事，以红色旅游推动当地特色农产品展销，以大力发展特色精品民宿让游客深入体验红色文化，以旅游发展与扶贫开发一体化推进精准脱贫。除了发展红色文旅，桃棵子村还瞄准了本村山林茂密、泉水潺潺的生态资源优势，在保护环境的前提下进行农村人居环境整治，走“以红为主，红绿结合”的复合型旅游发展道路，并特别强化村级党组织建设和乡风文明建设，硬件和软环境一起抓。桃棵子村在实践中创造的不菲成绩激励其在乡村振兴的道路上越走越远，越走越好。

4. 龙庄社区：立足山区特点，改善种植结构，通过发展特色林果的种植和营销实现富民兴村

千百年来，耕地一直是农民赖以生存的根本。位于鲁中丘陵地带的龙庄社区只有很少的耕地，周边都是拦路的山丘。但是龙庄社区的村民不等不靠，合村合力通过艰苦奋斗走出了一条自己的山村经济振兴之路。

龙庄社区位于鲁中丘陵地区，该村依据地处山区的地理特点探索出了一条以苹果、樱桃等山果种植和营销为主的特色农业发展之路。该村以市场为导向，在农业专家的指导下，立足当地实际，逐步探索出以种植红富士苹果、大樱桃等果树大力发展乡村果园业的产业发展之路，实现了种植结构调整，种植效益明显提高。为了解决销售问题，村里建立了果品市场，成立了产、供、销一体化的专业合作社，并特别支持龙头企业打造自己的品牌，提高本村果品市场知名度，逐步占领城市超市，实现了农业增产、村民增收。在农民收入提高的同时，龙庄社区通过大力开展村内村外环境整治，逐步提高了村民的环境意识，为打造美丽宜居乡村打下了坚实的基础。此外，龙庄社区还大力推进移风易俗工作，通过开展健康文明的文娱活动、修建多功能的文化广场等方式丰富村民的精神文化生活，使得村民的精神面貌焕然一新。龙庄社区依靠独具特色的山果种植及特色农产品营销，改变了村庄传统的种植结构和生产方式，撑起了村民的腰包，刷新了乡村的风貌。今天的龙庄人，在让更多的人吃上放心实惠的瓜果的同时，也在一步一个脚印地实现着乡村的振兴目标。

5. 崔岭西村：坚持通过技术、管理创新实现蔬菜种植“智慧化”，主要靠“一产”现代化走上乡村振兴快车道

崔岭西村地处鲁东平原，是全国“蔬菜之都”寿光市的一个颇具

典型意义的蔬菜种植村。优良的自然条件以及悠久的蔬菜种植历史为崔岭西村的蔬菜种植业打下了坚实的基础。近年来，崔岭西村紧跟农业现代化潮流，坚持蔬菜产业的技术改造和管理创新，走出了一条独具特色的农业现代化发展之路。村里将旧村复垦出的 230 亩土地外加周边 200 亩的大田地全部规划为现代农业园区，通过对大棚种植技术的持续改良，集中建设现代化“智慧大棚”，主要种植西红柿、甜瓜和五彩椒，崔岭西村大棚达到了 320 个，大棚总面积 1 105 亩。随着崔岭西村蔬菜产销量的大幅提升，村民收入也大幅提高，2019 年全村人均收入达到 4.2 万元。依靠农业的现代化实现了初步富裕之后，崔岭西村适时利用优惠政策进行旧村改造，并成功实施了环境优化、基础设施改造工程。经过几年的努力，崔岭西村基本建成了基础设施和公共服务齐全、环境优美的新社区。同时，村党支部在上级党委的领导下狠抓党建工作，完善乡村治理，与全体村民一起制订新的乡规民约，弘扬文明和谐的村风，让广大村民精神文明和物质文明一起“奔小康”。总之，崔岭西村通过大力践行农业、农村现代化，探索出了一条具有寿光特点的乡村振兴之路。

6. 院夼村：利用沿海优势大力发展特色养殖、海产品深加工，发扬渔村文化，实现一、二、三产业融合发展，振兴乡村经济

院夼村是坐落于山东半岛东端的一个依山傍海、风景秀丽的小渔村。近年来，院夼村在努力保持渔业稳定的同时，大力发展以集体经济为主导、以水产品深加工为主要特点的现代工业，因地制宜推进特色旅游业的发展。院夼村在产业发展过程中，主动谋求科技创新带动，不断拓展产业类型，提高科技含量。特色养殖业、海产品深加工业、渔港渔船服务业、国际国内货物运输业、渔村旅游业……各类产业在院夼村争芳斗艳，竞相发展。在产业发展、村民致富的同时，院夼村

的传统文化也焕发出了新的生机与活力。一堂、一寺、一庙比邻共居，儒家、道家、佛家思想和谐交融，孝亲、包容、拼搏的渔港文化在这里传承、升华。近年来，院夼村加快了人居环境整治的步伐，通过环境综合整治工程、污水处理工程、环卫系统工程、公益设施建设工程的开展，使得村容村貌得到极大改善。院夼村正以乡村振兴战略为契机，适时转换发展方式，调整产业结构，在稳定第一产业的同时，大力发展海产品深加工和乡村特色旅游业，逐步实现一、二、三产业融合发展，走出了一条以现代产业融合推动乡村现代化发展的振兴之路。

（三）广大村民充分肯定乡村发展的成果，期待乡村振兴带来更美好的生活

当前乡村振兴已经取得了初步成效，大大改变了农村面貌，提高了广大农民的满足感。基于对 6 村统计调查的数据，我们发现：

农村产业得到了一定程度的发展。农业机械化和商品化都呈现出较高水平，一半以上的村民（53.5%）从事农业生产都以使用机械为主，近六成（58.2%）村民将其生产的农产品主要用于出售；村民对农业生产用水用电的满意度普遍较高，八成以上的村民（约 85%）都表示村里农业生产用水用电比较方便或很方便，只有 2%左右的村民认为不方便；当前，越来越多的村民不再单纯从事农业生产（以农业为主要收入来源的村民只占全体村民的四成，30 岁以下的村民中仅有一成左右的人以农业生产为主要收入来源），他们逐步转入工业、乡村旅游业、电商产业等其他行业，二、三产业在农村得到了较快的发展；专业合作社在农村的产业发展方面作用明显，有一半的村民加入了各类合作经济组织。

农村环境得到了明显改善。首先，村民的生活环境得到了很大改善。所有村民家都用上了自来水，绝大多数村民（93.1%）的家里用

上了卫生厕所，液化气（罐装）和电已取代煤炭、柴火成为村民做饭的主要能源，一些村民家中还使上了电暖气或管道暖气等清洁能源进行冬季取暖。其次，村庄的基础设施也得到了很大改善。所有村民都表示村内道路得到了硬化，多数村民（74.1%）反映村里建成了通往村外的公路，通上了进城的公交。绝大多数村民（80%左右）对村庄绿化、亮化（路灯照明）感到满意。所有村庄都对生活垃圾采取了统一收集处理的环保模式（家庭收集、村里接收、镇县集中清运处理），一半以上的村民（55.9%）表示生活污水也进行了集中统一处理。农村的通信网络得到普及，绝大多数村民家里（87.2%）接通了宽带网线。最后，村庄的公共服务得到了较大改善，约九成村民（89.4%）参加了新型农村合作医疗，多数村民（75.4%）对乡村医疗卫生条件表示满意。村里所有适龄儿童都可以在本村、邻村或镇上就读小学和幼儿园。

农民生活水平有了一定程度的提高。在个人收入方面，近二成村民（17.2%）认为近两年个人收入有较大或很大提高，八成（80.3%）村民认为收入变化平稳，只有 2.5%的村民认为收入有较大或很大下降。四成多的村民（41.3%）对个人收入很满意或比较满意，只有 7.9%的村民对个人收入比较不满意或很不满意。在家庭收入方面，两成左右的村民（20.9%）认为近两年家庭收入增长较快，一半以上的村民（51.6%）对家庭收入很满意或比较满意；此外，半数以上的家庭（52.8%）购买了私家汽车，六成以上的村民（63.4%）都外出旅游过，八成以上（83.4%）的村民拥有智能手机，部分村民还通过智能手机进行手机线上消费，使用公共社交软件进行社交和休闲娱乐活动。

农村的乡风更加文明。近一半的村民（48.1%）表示近两年村民间的矛盾纠纷与以往相比变少了，四成半多的村民（46.3%）表示变化不大，只有 5.6%的村民认为村民纠纷比两年前多了。村庄的治安也得到了较大改善，八成以上村民（81.5%）对村庄治安状况表示很满意或较满意，只有 1.2%的村民表示较不满意或很不满意。所有村庄都有文化广场、棋牌室、图书室等文化娱乐场所，且这些场所也在逐步完善中，八成村民（80%）对村内文化娱乐设施表示十分满意或比较满意，不满意者只占不到百分之一（0.9%）。随着生活水平的提高，村民们在教育及娱乐方面的花费有所提高，四成多的村民（43.1%）表示此类花费近两年增加很多或较多，认为此类花费减少的只占 1.8%，村民的娱乐生活更加丰富多彩。近九成（88.4%）的村民表示村内组织过像文明户评选、五好家庭评选等弘扬传统道德的活动，近八成（78.8%）村民表示家庭成员参与过村里组织的这类活动。

村庄的社会治理也有了较大进步。近七成（67.2%）的村民参与过本村村委会选举，六成多村民（60.9%）表示参与过村民会议或重大事项公开讨论等公共活动。近九成的村民（88.8%）表示村里有村规民约，并认为它对有效管理村庄有较大帮助。随着村委会治理能力的提升，当前村民对于村干部的管理能力以及廉政程度的满意度普遍较高，近八成的村民（77%左右）对此表示很满意或比较满意。

广大村民对当前生活较为满意，对未来生活充满信心。近八成村民（79%）表示对当前生活满意，两成村民（20.9%）表示目前生活状况一般。村民对村庄未来发展普遍持乐观态度，对今后的家庭生活也充满了信心，绝大多数村民（87.5%）表示村庄未来会有较大或很大改变，九成五以上的村民（95.3%）对自己家庭的未来生活充满信心。

绝大多数村民（94.6%）已经感受到了乡村振兴给乡村带来的积极影响，而且有近四成的村民（39.1%）也从乡村振兴中看到了巨大的发展机遇，广大村民对乡村振兴有着广泛的期许，他们尤其渴望乡村振兴工作在提高村民生活水平、改善乡村面貌方面有更大的作为。

二、思考与展望

我们在调研中发现，尽管近年来农村发展取得了巨大成就，农村面貌发生了很大改变，农民的满足感也有了大幅提高，但农业相对弱化、村民年龄结构老化、农村空心化的问题仍未从根本上得到解决，在个别地方甚至还出现了日趋加重的不良势头。

近年来，学术界和社会公众都对新时代农村发展倍加关注，大家都基于自身经验，依各自的理念提出了不同的意见建议。综合分析，所有争论主要关涉三类问题：一是乡村的定位问题，二是乡村发展的动力机制问题，三是乡村振兴的保障政策和实施措施问题。我们结合对山东6地的实地调研就相关问题进行了较为深入的思考，并试图在几个前提条件下对山东乡村振兴工作做出尝试性展望：

（1）我们在现代化视角下基于山东经验做出展望；

（2）我们以尊重农民主体性为基本原则，遵循广大村民的意志进行展望；

（3）我们主要在政策层面而非学理层面做出展望；

（4）我们就近15年的乡村振兴工作进行展望。

（一）乡村定位问题

讨论乡村振兴面临的第一个问题就是乡村定位。这个问题看似已经明确，其实在行政干部眼中，特别是专家学者话语中常常有大不相同甚至截然相左的乡村愿景。一直以来关于乡村定位就存在两种基本对立的看法，我们姑且称为“城乡二元论”观点和“城乡一元论”观点。

“城乡二元论”观点认为农村具有不可替代的价值，农村就是农村，不需城乡融合，更反对城乡一体化；农民就是农民，农民有独特的生活方式，农民就应当与土地紧密结合起来；小农经济在当前农村具有普适性，它不仅有存在的经济价值，还有其存在的政治价值。乡村政策的重点应当服务于家家户户，在乡村振兴过程中也应该采用“撒胡椒面”式的国家资源下乡方式，尽量照顾到所有村庄。有些学者认为，目前唯一正确的乡村发展方向是保底式的乡村建设，乡村振兴的重点在于保障农民生产和生活的底线，维持农村基本秩序，故应以保守稳健为要旨。他们认为，农村和农民是中国现代化的“稳定器”和“蓄水池”，正是由于中国一直以来实行的保护型城乡二元体制保证了广大农民进可入城务工退可回村种地，才避免了失地农民的产生和大规模城市贫民窟的出现。

而“城乡一元论”者则认为现代化是经济社会发展的大势，而现代化的基本形式就是农业工业化、农村城市化。在他们眼里，农村、农业、农民多多少少是与封闭、落后联系在一起的，他们主张乡村发展的方向就是城乡一体化。

那么，乡村到底应该是什么样的呢？作为乡村振兴的主体——广大村民心里是怎么想的呢？我们在实地调研时深深地感受到广大村民对乡村面貌的改变有着殷切的渴望，简单地说，他们希望过上“像城里人一样的生活”，全面地说就是“像城里一样环境好”“像城里一样生活方便”“像城里人一样生活富裕”……我们认为，未来15年山东乡村发展的目标应该是初步建立现代化的新型乡村。

将来，山东的乡村应该是既保留了乡村特色，又在基础设施（如交通通信、照明绿化、垃圾污水处理、住房配套等）和基本公共服务方面（如教育、医疗、养老、娱乐休闲、水电暖供应等）实现了初步现代化的新型社区。

从山东的实际看，乡村振兴不能简单地理解为村庄振兴，更无法做到现存的每个村庄都要振兴。山东省将来应该以县域为基本单元进行乡村振兴规划和实施。在县域内，政府应以城乡融合发展为基本原则，统筹考虑城乡布局和乡村规划（当然，省市也要进行城乡统筹规划，但那是高级单元）。城中村和城郊村应率先接受城市辐射，完成城乡一体化进程；规模较大的中心村和其他有发展优势的村庄，应作为乡村振兴的重点，着力完成改造升级；一些具有历史、自然特色的村庄应在做好保护的基础上进行现代化改造；而那些自然条件差、生态脆弱、交通极为不便的村庄可以就近搬迁或适时进行村庄合并。

但必须强调的是，乡村发展定位一定要从实际出发，因村制宜、因时制宜。此外，还应该做到因势利导，不能急功近利，不能搞一哄而起和“一刀切”。除了因城市扩展、产业带动、工程或生态移民等原因进行村庄整合外，其他情形的合村并居都要至少具备三个条件：一是村民的生产方式已经基本改变，农村劳动力已基本不以自耕自种为主业；二是充分尊重村民的意愿；三是不增加村民负担。

（二）动力机制问题

除了乡村定位，接下来我们要面对的就是乡村振兴的动力机制问题，其是关乎乡村发展的基本问题，目前在学界有关此问题的观点主要有两种，即“外铄论”和“内生论”。

“外铄论”者认为，仅依靠乡村自身无法实现乡村振兴。农村资金匮乏、人才流失、技术落后，根本无力靠自身力量得到较快发展，必须要依靠政府或外来资本等外部力量的介入才能完成乡村振兴。他们强调外部激发，主张用政策支持、技术帮扶、资源调控等手段推进农业、农村发展。这种观点侧重于自上而下地帮助和激发乡村的发展，将政府资源、市场资源和社会资源注入乡村，促进乡村发展和农民生活水平的提高。从欧美到日韩，世界上多数国家和地区都是依靠这种动力机制来发展乡村现代化的。20 世纪 30 年代以来，美国政府通过实行增加对农民和乡村的财政补贴、发展大规模现代化农业、投入大量资金进行基础设施建设等措施来推进乡村发展；20 世纪 60 年代后期，为了缩小城乡收入差距，日本政府实施了“造乡运动”，实行土地规模化经营、农业保护和工业分散化战略。以产业发展为核心，为农民提供兼业机会，提高农业生产率，初步解决了城乡居民收入差距问题。伴随着城市化水平的进一步提高，日本政府又在农村建立了大量的交通网和信息网，为城乡经济往来提供了条件。同时，日本政府通过“一村一品”等运动鼓励乡村合理利用土地，开发现代化农业，发展地方经济和文化，挖掘乡村多元功能。在政府的支持下，日本在消除城乡发展差距的同时，保全了乡村的特色和文化传统。

“内生论”者则认为，依靠外部力量来促进乡村振兴并不能取得长久的、可持续的成效，乡村振兴的实现要充分发挥农民的主动性、自发性和积极性。他们主张要加强对农民的教育，帮助农民掌握相关的农业知识和技能，使农民认识到自身的价值和能力。他们重视培养农村和农民的组织能力，主张通过各类乡村组织、民间组织来实现农民对乡村振兴事务的参与和管理，保证乡村振兴的可持续发展。德国就是主要依靠培育乡村内生动力来实现乡村的可持续发展的。德国主要通过制订乡村内生发展目标、进行内生发展动力实践来提高乡村居民的认同感和主体性。广大村民充分认识、积极参与，实现了乡村现代化。

我们通过实地调研发现，勤劳、质朴的广大村民有强烈的通过自身努力改变生活状况的自觉性和主动性。但是，同时我们也清醒地意识到，农业毕竟是相对弱势的产业，比较效益不可能太高，农村的二、三产业发展在短期内也不能被寄予过高期望，所以单靠农村自身的力量是难以顺利实现乡村振兴目标的。

从欧美到日韩，20 世纪都相继实施了“乡村建设”工程，基本做法都是政府利用公共财政改善乡村的基础设施和基本公共服务状况，实现城乡融合发展。当前，我国的工业化、城市化已经发展到了反哺农业、农村的历史时期，政府公共财力已经足够强大。在未来 15 年，国家发展的政策方针完全应该进一步向农村倾斜，以深层次解决基础设施特别是公共服务（如教育、医疗、养老等）的城乡失衡问题。

我们认为，我国乡村振兴的动力机制应该是一方面充分发挥村民的主动性、创造性，激发乡村发展的内生动力；另一方面重点加大乡村公共投入和政策支持的力度，以外为主、内外结合，共同实现乡村振兴的总目标。

具体来看，在未来 15 年内，应通过进一步加大公共投入解决乡村的生态宜居问题；应主要依靠政策支持（包括农产品价格政策、农村老年人生活补助政策、农业补贴政策等）和农村产业增收来提高农民的收入和生活水平；应在广大村民勤奋劳动的基础上，加大政府、社会对其的外部支持，通过管理、技术创新实现产业兴旺；应该充分发挥村民的原创性和自主性，在党和政府的指导与帮助下建设乡风文明、治理有效的社会主义新社区。

（三）保障政策与实施措施问题

我们在 6 村的实地调查中时时处处都会被乡村日新月异的发展面貌所感染和鼓舞，但也看到了一些形式主义的形象工程、政绩工程等。我们认为，乡村振兴要健康、顺利地实施需要进一步制定和落实必要的保障政策和具体实施措施。只有这样才能形成乡村振兴的长效机制，保证其可持续发展，最终保质保量地实现乡村振兴的总目标。

1. 保障政策方面

通过实地调查我们发现，乡村振兴的难点主要在资金和人才，所以，保障政策应该主要围绕解决这两个方面的问题而制定。

第一，有关资金方面的政策。资金是乡村振兴的第一大问题。我们认为，要解决农村建设和发展的资金问题，下一步至少应该在如下三个方面有政策突破。

一是公共支出倾斜政策。经过以前一二十年的持续高投入，我国城市建设现已取得了举世瞩目的成就，在硬件设施方面甚至已经接近发达国家的水平；而与此形成鲜明对比的是，广大农村地区的破败落后依然没有较大改变，反而农村空心化趋势愈加严重。由此我们认为，下一步各级政府都要逐步加大对乡村的公共投入，优先建设和发展乡村经济。

二是农村集体土地的收益分配政策。土地是财富之母。近年来，专家学者们对农村集体土地的流通问题展开了不同层面的讨论，其中部分学者对农村土地能否直接入市发表了不同的意见。有人认为，我们需要做出一些努力促进农村集体土地入市，而且卖地收入完全由该村村民所有。也有人对于农民土地权利提出了不同的观点。他们认为，在我国农村，个体农户的土地权利越多集体行动就越难，农村的面貌也就越无法改善。甚至有人认为，扩大农民土地权利实则是倡导土地私有化的信号，这可能会招致资本对农村的剥夺。我们认为，下一步应该在保证基本农田不被非法、无序占用的前提下，在如下两个方面适时有序地推出新的改革政策：首先，在制定新的土地利用总体规划时增加农村建设用地指标；其次，允许农村集体土地中的所有建设用地不论是工矿用地还是宅基地都可以直接入市。入市收益除了留足村里自用外，其他主要用于乡村建设而非城市建设。

三是资本下乡政策。近年来，资本下乡渐成潮流。对于资本是否应该下乡的问题，有些人认为一家一户小农经济造成土地利用率和收益率都比较低，以龙头企业为代表的资本下乡是生产要素城乡双向自由流动的重要表现，它为农村发展带来了急需的资金，将有利于乡村振兴。但也有人认为，资本下乡可能造成“大户吃小户”的恶劣局面，冲击农村小农经营的主体地位，威胁我国农村社会的和谐稳定。同时，他们还认为，资本下乡在种植领域的优势其实比不上小农，如果没有国家补贴，资本下乡难有大的作为。

我们认为，资本下乡能在一定程度上解决农村发展资金不足的问题，它不仅可以为农村输入资金，而且还能引来技术、人才等其他生产要素，能激活农村生产力，促进农村生产方式发生深刻变革。下一步，各级政府一方面，要制定政策解除资本下乡的种种限制（如村企矛盾、劳资矛盾等）；另一方面，也要清醒地认识到资本的弊端，制定相应政策对资本下乡进行有效管控。

第二，有关人才方面的政策。人才问题是乡村振兴事业面临的另一个关键问题。当前，广大农村人才总量不足、素质不高问题比较突出，高技能人才、“双创”带头人更是奇缺，谁来实现乡村振兴成了令人头疼的问题。我们认为，下一步应围绕留住人、增能人、育新人等方面来制定一系列保障政策。具体表现在三个方面。

一是留住人才的政策。当前，人才外流特别是劳动力外流在农村地区仍然普遍存在。有些学者鼓励农村人口向城市流动，认为这既有利于城市快速发展也有利于农民增收；另一些学者则认为人才外流造成了农村的衰落，也影响了离乡农民的正常家庭生活（如带来夫妻关系问题、子女和老人照顾问题等），弊多利少。当然，乡村人才外流是个带有普遍性的问题，世界各国都多多少少存在，但像我国这样大规模的外流除了有发展阶段方面的原因外，更主要的是我们过去所施行的农村政策存在明显的问题。解决这一问题难度很大，但如果人才外流趋势不被有效控制住，就会造成乡村振兴缺少人才基础，成为无源之水、无本之木。

我们认为，解决这一问题需要综合施策，需要从舆论宣传、利益引导等多个方面入手，从创业空间、工作条件、生活待遇等多方面制定相关优惠优待政策。

二是吸引人才返乡下乡的政策。除了留住人，还要引来人，既要吸引本土外流人才返乡也要吸引其他人才下乡。由于城乡生活条件、工资待遇等方面存在现实差异，青年人从事农业工作意愿不强、业务能力不过硬的瓶颈依然存在。乡村建设的关键在人才，特别是观念新、有活力、有文化技术的青年人才。近年来，各地实施了一些人才引进计划，为招徕各类人才返乡、下乡创业做了不少尝试。但现有的政策框架还不足以扫清资金短缺、融资困难、市场风险、生活不便等阻碍人才返乡、下乡创业的不利因素，还需统筹建立更细致的扶持体系，为各类人才在乡村大展拳脚提供充足的条件。

我们认为，吸引村外人才返乡、下乡也是一项综合性的工作。因此，接下来需要在税收金融、用地用电、科技创新、生活保障等方面推出一整套保障政策，如搭建“双创”平台、设立特殊岗位、建设绿色通道、建立稳定的城乡合作机制、推进相关专业人员定期下乡服务、鼓励志愿参与，等等。除了为返乡、下乡人才提供吸引人的工作条件外，也要为他们解决生活环境、生活条件等方面的诸多问题，保证他们及其家人在乡村有尽可能舒适、方便的生活。

三是农民教育培训方面的政策。育新人就是要大力培养观念新、有知识、会经营的新型农民。我们认为，山东应进一步加大培育“新型职业农民”工作的力度，为实施乡村振兴战略破解人才制约难题。要创新思路、广聚财源，加强农村职业教育基础建设，强化师资队伍建设，建立和完善培训机构绩效评估与新型职业农民参培激励并举机制。构建政府主导、多元参与、线上线下结合的灵活高效的培养模式，为乡村振兴培养量多质优的新型职业农民。

此外，村干部作为乡村振兴中的关键人才应该受到特别的关注。有些学者指出，现在的村干部大多是以“能人”的身份出现的，他们往往在发展乡村经济、带动村民致富方面兴趣高，成效大；但在公共管理方面却相对着力不够，办法不多。我们在实地调查中也多多少少看到了这一问题，我们认为，下一步选配村干部应更多关注候选者的政治觉悟、思想境界、道德品行，把真心为群众，又确实有管理才能的人才延揽到村干部队伍中来，为乡村振兴打下坚实的干部基础。

2. 具体措施方面

乡村振兴战略，最终还是要从发展定位与模式等宏观问题落实到政策与措施层面。我们认为，应主要围绕“农业弱化、农民老化、农村空化”这三大问题提出乡村振兴的具体措施。

“农业弱化”中提到的农业是泛指，不仅是指第一产业，也包括第二、三产业。在解决种植业弱化问题方面，不少学者提出在乡村发展高度集约化的规模化种植；也有学者指出当前实际中的规模经营大多带有形式主义色彩，他们主张经营规模的“适度化”，有的人甚至认为分户经营是最适合我国农村实际的种田方式。我们认为，在山东，特别是在山东的平原和低丘地区（这是山东主要的地理特点），下一步应适度发展农村新型经营主体，鼓励龙头企业、专业大户（如种粮大户）、家庭农场进行规模化经营，鼓励各种经济合作社（如种子、收割合作社、销售合作社）进行专业化、社会化服务。应进一步鼓励新型农业经营主体在推动农村三产融合上发挥核心作用，以提高农业资源的整合力度，实现农业现代化和农民增收。

“农民老化”问题具体包含两个层次：一是农村老年人口比重过高，二是农村老年人面临紧迫的养老问题。这样，解决“农民老化”问题就应该从两个方面入手：一是采取措施留住本地年轻人甚至吸引外地年轻人。这一问题前文已有论述，此不赘言；二是解决老年人面临的养老问题。我们通过实地调查发现：当前，由于老年人积蓄较少，其晚年生活主要靠子女提供经济保障。虽然农村现在已经不存在忍饥挨饿问题，但事事向子女要钱也给很多老年人带来了较重的心理负担，也影响了他们对自身老年生命价值的积极评价。我们认为，下一步应该逐步解决农村老年人基本生活的经济来源问题。应该由各级政府利用公共财政对 70 岁以上的老年人（该年龄的人大多不能参与有报酬的工作，一般失去了劳动收入）每月提供 300 元的基础养老金，以保证老年人可以通过养老金而不是“向子女伸手”解决基本的日常消费问题。我们在六村调查时还发现：一些高龄老人（80 岁以上的老人）已经处于半失能状态，他们虽能自己穿衣、吃饭，但已经难以独立洗衣、做饭。由于子女常年在外地打工，农村养老设施又不健全，加之老年人认为有儿有女去养老院也丢人，所以他们只能独自留在家里。目前，这些只有半自理能力的老人的日常生活照料已经面临困难，未来十五年会有更多这样的老人日常生活需要别人照料，这在以后将成为农村生活的一道难题。针对此我们认为，应该充分利用乡村的特有优势，在市县统一管理下建立互助式高龄老人日常生活照料模式。初步设想可以这样做：市县统筹规划和管理，发行“养老券”，由“年轻老人”（70—80岁，生活能完全自理）为高龄老人洗衣、做饭，其服务工时计入养老券。待他们进入高龄需要别人提供照料时，可持券向那时的“年轻老人”购买相应工时的照料服务。这种做法在农村具有特别的可行性。因为与城市相比农村是熟人社会，邻里都是一个大家族的人，可以通过宗亲情谊而非法律诉讼解决相互之间的问题。这样，如果在照料过程中有言差语错或出现一定闪失，也不会面临在城市中常碰到的烦琐的法律纠纷。另外，农村的“年轻老人”虽不能干较重的体力活，但他们大都身体不错，加之勤快了大半辈子也愿意做些力所能及的活。所以，在农村搞半制度化互助养老应该能与机构养老一起共同解决将来农村高龄老人的日常生活照料问题。

“农村空心化”问题的解决。针对农村空心化日益严重的问题，除了适度合村并居外，根本上还是一方面要减少农村人口的外流，另一方面尽力吸引外来人口。这些问题我们在前文中已经讨论过，此处我们结合实地调查感受，提出另一条具体措施，那就是农村房屋自由买卖。我们认为，接下来，各地应逐步有序放开农村住宅的买卖，允许城里人到农村购买住房。这样做好处很多：一是可以提高农民的财产性收入，提高其生活水平。二是有情怀、有技术的城里人在农村购房后他们更愿意长期驻扎在乡村，他们可以利用技术和信息在农村从事多种经营。现在欧美各国都有青壮年辞掉城市的工作、卖掉城市的住房到乡村买房落户从事绿色种植、生态养殖和其他特色劳作，这一方面减缓了农村的空心化趋势，另一方面也有利于乡村产业发展。三是有些人会到农村购买老房进行改造，甚至建造新房用于搞特色旅游。装修一新的村宅会成为旅游景点，如此既能为村民带来经济收入，也能为乡村生活带来活力。四是有些 50—70 岁的城里人会到城市近郊乡村、自然环境比较好的乡村、历史文化元素积淀深厚的乡村购房长居，这也能在一定程度上缓解农村的空心化问题。

附录一

个案研究访谈员工作手册

一、研究目标

了解村庄历史与现状，了解各村的乡村振兴事迹，了解村民的所做（实践）、所思（疑问）、所想（期待）。

二、主要工作项目

（一）选择深度访谈对象

（二）文献收集与阅读

（三）半参与观察

（四）深度访谈

（五）撰写本调查点《个案研究报告》

三、好的工作态度

（一）认真负责、精益求精

（二）平易近人、和蔼可亲

（三）吃苦耐劳、诚实守密

（四）多说多听、不妄评论

四、工作进程与技巧

（一）调研准备（进点之前）（参考时间：2019 年 8 月 10 日—8 月 20 日）

1. 知识准备

国家、省、市、县、乡、村乡村振兴方面的政策、规划、措施。

2. 调查点背景方面的准备

从互联网和同事朋友处了解该点的情况，例如家族关系等。

3. 物品准备

居住、盥洗、餐饮、卫生、安全等方面的必备物品。

另外，要充分预想到调查难度，抱定正确态度。

（二）进点与初步取得信任（参考时间：2019 年 8 月 20 日—8 月 30 日）

顺利进入调查点是个案研究的第一步。由于实地研究有一个较为漫长的过程，所以取得信任非常关键。而建立了良好的信任关系，实地研究就成功了一半。

进入方式有正式和非正式两种，我们开始采用正式进入的方式进点，以后逐渐采取非正式方式选择调研对象。

正式进入方式进点要警惕“访谈偏差”。

基本工作：

绘制村庄位置图和平面示意图；

通过与村负责人的会谈了解村庄历史和当前概况；

获取村庄人口构成数据以便选择访谈对象。

（三）收集、分析资料（参考时间：2019 年 9 月 1 日—12 月 30 日）

这是个案研究的主要阶段，用时最长，工作最为辛苦。

1. 文献研究

通过查阅文献了解调查点的发展史，了解该调查点在乡村振兴中的所作所为。

文献包括：档案、志书、文史资料、会议记录、宣传画、音像制品等。

2. 半参与观察

通过半参与观察查看调查点的现状和变化。如果允许，可以拍照。

3. 深度访谈

这是个案研究主要的收集资料方法。

（1）寻找访谈对象

采用立意或典型调查的方法选择访谈对象。

（2）访问、分析

白天现场访谈、记录，晚上整理并转录到电子稿的《访谈记录表》中。

注意随时填写《被访者登记表》。

（四）叙事写作（参考时间：2020 年 2—3 月）

即撰写《××村个案研究报告》，这是个案研究的最后一步，调研成果就体现在《个案研究报告》中了。

基本要求：

（1）报告要反映出该村的历史、现状

（2）报告要反映该调查点乡村振兴的变迁过程

（3）报告要反映出村民的所做、所思、所想

（4）报告要反映出该调查点的特色

（5）报告要通俗、流畅，有可读性

民盟山东省委员会乡村调研课题组

2019 年 8 月

附录二

统计调查村民调查问卷

县（区、市）　　　　　　　　村（社区）　问卷编号：

<table>
<tr><td colspan="5">调查时间</td><td>访员</td><td>复审员</td></tr>
<tr><td>月</td><td>日</td><td></td><td>时</td><td>分</td><td rowspan="2"></td><td rowspan="2"></td></tr>
<tr><td rowspan="2"></td><td rowspan="2"></td><td>开始</td><td></td><td></td></tr>
<tr><td>结束</td><td></td><td></td><td colspan="2">被访者电话：</td></tr>
</table>

尊敬的受访者：

您好！

这里是山东大学“山东乡村发展状况调查”调查组，非常感谢您接受我们的访问。

我们想通过您了解：您、您的家庭、您的村庄近年来各方面的变化情况。

本调查采用不记名方式，我们承诺对您回答的信息严格保密，不会泄露任何您的个人信息，请您放心填写。

本问卷答案无对错之分，您只需要如实、认真、全面地回答即可！

填表说明：本问卷的选择题皆为单项选择，请您在最合乎您情况的答案上画√，数字请填写阿拉伯数字格式。

山东大学“山东乡村发展状况调查”课题组

联系电话：

2020 年 7 月 12 日

一、您的基本信息	
Q1. 您的性别？	①男　②女
Q2. 您的年龄？______岁	
Q3. 您的婚姻状况？	①未婚　②已婚　③离异　④丧偶
Q4. 您的政治面貌？	①中共党员　②民主党派人士 ③共青团员　④群众
Q5. 您的文化程度？	①没上过学　②小学　③初中　④高中 ⑤中专技校　⑥大专　⑦本科及以上
Q6. 您家里（自己小家庭）有几口人？______人	
Q7. 最近两三年，您用时最多的工作是？	①务农（种植业、养殖业等） ②个体经营、外出打零工 ③固定职业（工人、企事业单位员工等） ④其他（军人、学生、自由职业者、无业等）
Q8. 您在城里是否拥有房产？	①有　②没有
Q9. 最近两三年，您主要生活在哪里？	①都在村里　②主要在村里 ③主要在城里　④都在城里
Q10. 最近两三年，您个人最主要的收入来源是？	①务农收入 ②个体经营、外出打零工收入 ③固定工作（工厂、企事业单位等）工资 ④其他
Q11. 您个人去年的所有收入有多少？	①1 万元以下 ②1 万—3 万元（不包含 3 万元） ③3 万—6 万元（不包含 6 万元） ④6 万—10 万元（不包含 10 万元） ⑤10 万—15 万元（不包含 15 万元） ⑥15 万—20 万元（不包含 20 万元） ⑦20 万元及以上
Q12. 您去年收入与前年相比有什么变化？	①提高很大　②提高较大　③变化不大 ④下降较大　⑤下降很大
Q13. 您对您个人目前的收入满意吗？	①很满意　②比较满意　③一般 ④比较不满意　⑤很不满意

二、农村的变化情况	
（1）农村的生产方面	
Q14. 近两三年您还干农活（包括种植、养殖、捕鱼等）吗？	①经常干 ②偶尔干 ③基本不干了 ④完全不干了 ⑤其他
Q15. 据您了解，您村里人现在干农活使用机械吗？	①全部机械化了 ②大部分农活都靠机械 ③一半农活靠机械，一半农活靠人力 ④部分靠人力 ⑤基本全部靠人力
Q16. 据您了解，现在您村村民农业劳动成果一般怎么处理？	①全部作为商品出售 ②大部分作为商品出售 ③一半商品出售，一半自家用 ④大部分自家用 ⑤全部自家用
Q17. 据您了解，现在您村村民农业生产用电方便吗？	①很方便 ②比较方便 ③一般 ④比较不方便 ⑤很不方便
Q18. 据您了解，现在您村村民农业生产用水方便吗？	①很方便 ②比较方便 ③一般 ④比较不方便 ⑤很不方便
Q19. 您家有人在村里办厂子吗？	①有 ②没有
Q20. 您家有人搞乡村旅游（农家乐、果蔬采摘园等）吗？	①有 ②没有
Q21. 您家有人做过电商（在网上卖东西）吗？	①有 ②没有
Q22. 您家参加过合作社吗？	①有 ②没有
Q23. 您家有人参加过新型职业农民培训吗？	①有 ②没有
Q24. 您是否使用过网络（抖音、微博等）进行农副产品的推广？	①有 ②没有
Q25. 您家去年从事农业生产（包括种地、养殖、捕鱼等）的收入大约有多少？______元	
Q26. 您家去年除农业生产收入外的其他收入大约有多少？____元	
（2）农村的环境方面	
Q27. 您农村的家里是否使用上了卫生厕所？	①是 ②否
Q28. 您农村家里的生活污水主要怎么处理的？	①就地倾倒 ②通过下水道排入河沟 ③排入下水道后村里集中处理 ④其他

Q29. 您农村家里的生活垃圾主要怎么处理的？	①村内堆放或填埋　②村内露天焚烧 ③家庭收集，村里接收，镇县集中处理 ④其他
Q30. 您村里道路硬化状况如何？	①大小道路都有硬化　②只是主路硬化 ③都是土路，没有硬化
Q31. 您对您村的道路绿化情况是否满意？	①很满意　②比较满意　③一般 ④比较不满意　⑤很不满意
Q32. 您村里是否安装路灯？	①有路灯，能满足照明需要　②有路灯，但不能满足照明需要　③没有路灯
Q33. 您农村家里是否连接上了宽带网线（中国联通、中国移动等宽带）？	①是　②否
Q34. 您村通往村外公路状况如何？	①有公路，并且有公交车运营　②有公路，但没有公交车运营　③没有公路
Q35. 您农村家里是否用上了自来水？	①是　②否
Q36. 您农村家里的住房类型是？	①土坯房　②平房或砖瓦房 ③楼房　④其他
Q37. 您农村家里主要通过什么方式来做饭？	①烧柴　②烧煤（包括使用煤球炉） ③使用液化气罐　④使用电炊具（电磁炉、电饭煲等）　⑤使用沼气 ⑥使用管道天然气　⑦其他
Q38. 您农村家里冬天主要靠什么来供暖？	①没有供暖　②生炉子 ③使用电暖器具　④使用空调 ⑤集中管道供暖　⑥其他
（3）农村的生活水平方面	
Q39. 去年您全家总收入有多少？	①1 万元以下 ②1 万—5 万元（不包含 5 万元） ③5 万—10 万元（不包含 10 万元） ④10 万—30 万元（不包含 30 万元） ⑤30 万—50 万元（不包含 50 万元） ⑥50 万元及以上
Q40. 去年您家庭总收入中最主要的收入来源是？	①务农收入　②个体经营、外出打零工收入　③固定工作（工厂、企事业单位等）工资　④其他
Q41. 近年来您家庭总收入有什么变化？	①增长很大　②增长较大　③变化不大 ④下降较大　⑤下降很大

Q42. 您对您目前的家庭总收入满意吗？	①很满意　②比较满意　③一般 ④比较不满意　⑤很不满意
Q43. 您是否参与新农村合作医疗（简称新农合）？	①是　②否
Q44. 您是否参与新型农村社会养老保险（简称新农保、社会保险，不是60岁以上村民领取120多元的救助金）？	①是　②否
Q45. 您对村内卫生室提供的医疗服务是否满意？	①很满意　②比较满意　③一般 ④比较不满意　⑤很不满意
Q46. 您村及附近是否设有幼儿园？	①本村有　②本村没有，但邻近村有 ③本村及邻近村没有，但镇上有　④没有
Q47. 您村及附近是否设有小学？	①本村有 ②本村没有，但邻近村有 ③本村及邻近村没有，但镇上有　④没有
Q48. 您外出旅游过吗？	①没有　②旅游过，但不经常去 ③旅游过，并且经常去
Q49. 您家里是否有私家车？	①是　　②否
Q50. 您是否使用智能手机？	①是　　②否
Q51. 日常生活中您是否使用手机付款？	①不使用　②偶尔会用　③经常用
Q52. 日常生活中您是否使用公共社交软件（微信、微博等）？	①不使用　②偶尔会用　③经常用
（4）农村的乡风民俗方面	
Q53. 近两年您村里矛盾纠纷事件有什么变化？	①比前两年多了 ②差不多 ③比前两年少了
Q54. 如果村民发生矛盾或纠纷，那么一般的纠纷解决方式是什么？	①亲戚调解　②村中有名望的人调解 ③村干部调解　④自己和解 ⑤报警　⑥其他
Q55. 近年来您感觉村民红白喜事花费变化如何？	①增长很大　②增长较大　③变化不大 ④下降较大　⑤下降很大
Q56. 您村里是否有文化广场、棋牌室、图书室等文化娱乐场所？	①是　②否
Q57. 您对村内文化娱乐设施是否满意？	①很满意　②比较满意　③一般 ④比较不满意　⑤很不满意

Q58. 近年来您用在教育娱乐方面的支出变化如何？	①增长很大 ②增长较大 ③变化不大 ④下降较大 ⑤下降很大
Q59. 您对村内的治安状况是否满意？	①很满意 ②比较满意 ③一般 ④比较不满意 ⑤很不满意
Q60. 您村内是否组织过弘扬传统道德的活动（如“文明户”和“五好家庭”等模范评选活动）？	①是 ②否
Q61. 您家里是否有参与过弘扬传统道德的活动？	①是 ②否
Q62. 您业余时间一般干什么？	①读书看报 ②进行体育锻炼 ③看电视 ④通过手机、电脑上网或打游戏 ⑤和亲朋好友聊天 ⑥下棋、打牌、打麻将 ⑦其他
Q63. 您和见不到面的亲戚朋友沟通交流一般使用什么方式？	①写信 ②打电话 ③发手机短信 ④网上语音文字聊天 ⑤网上视频通话 ⑥其他
（5）农村的社会管理方面	
Q64. 您是否参加过村民委员会选举？	①是 ②否
Q65. 您对村规民约有什么了解？	①村内有村规民约，并且很了解 ②村内有村规民约，但不太了解 ③村内没有村规民约 ④不清楚
Q66. 您感觉周围人对村干部的管理能力是否满意？	①很满意 ②比较满意 ③一般 ④比较不满意 ⑤很不满意
Q67. 您感觉周围人对村干部的廉政程度是否满意？	①很满意 ②比较满意 ③一般 ④比较不满意 ⑤很不满意
Q68. 您村内是否设有村民会议或开展重大事项的公开讨论？	①是 ②否
Q69. 您是否参与过村民会议或重大事项公开讨论？	①是 ②否
Q70. 您对村级账务、集体资产状况是否了解？	①很了解 ②比较了解 ③一般了解 ④比较不了解 ⑤很不了解
Q71. 您村内是否设有监控摄像头？	①是 ②否

三、关于乡村振兴战略的意见态度	
Q72. 您是否了解乡村振兴战略？	①听说过，非常熟悉 ② 听说过，比较熟悉 ③听说过，有大概的了解 ④听说过，但不是很了解 ⑤从未听说过
Q73. 您是通过何种渠道知道乡村振兴战略的？	①村委会、村干部宣传 ②与亲友、邻居交谈得知 ③上网浏览了解 ④观看电视了解 ⑤报纸 ⑥其他
Q74. 在乡村振兴战略实施过程中，您对哪部分最感兴趣？	①产业振兴 ②生态宜居 ③治理有效 ④乡村文明 ⑤生活富裕
Q75. 随着乡村振兴战略的实施，您觉得乡村发展变化大吗？	①非常大 ②较大 ③较小 ④没有变化
Q76. 您觉得乡村振兴战略带来的最突出变化是什么？	①农民收入稳步增加 ②乡村公共设施增加 ③村民精神面貌健康向上 ④居住条件大大改善 ⑤村集体治理水平明显提高 ⑥其他
Q77. 您有没有感受到乡村振兴战略带来的机遇与实惠？	①有，很多 ②有，不是很多 ③没有感受到
Q78. 您最希望乡村振兴战略带来哪些发展变化？	①提高生活水平和收入 ②改变农村以往的面貌，加强基础设施建设 ③增强建设过程中政务的透明度 ④大力建设并保护发扬乡间文化 ⑤加强生态建设和环境治理 ⑥其他
Q79. 您对您现在各方面生活的总体状况满意吗？	①很满意 ②比较满意 ③一般 ④比较不满意 ⑤很不满意
Q80. 您觉得您村未来五年里发展变化的程度将会如何？	①非常大 ②较大 ③较小 ④没有变化
Q81. 您更希望家里后代长大后在哪里生活？	①留在村里 ②进城生活
Q82. 如果有机会，您是否希望去城里生活？	①是 ②否
Q83. 您对未来家庭生活变得更好有信心吗？	①有非常大的信心 ②有较大信心 ③有信心，但不大 ④没有信心

本问卷到此结束，再次由衷感谢您的参与！

参考文献

1. 论文期刊

[1]徐勇、徐增阳:《中国农村和农民问题研究的百年回顾》,《华中师范大学学报》(人文社会科学版)1999 年第 6 期。

[2]李培林:《从“农民的终结”到“村落的终结”》,《传承》2012 年第 15 期。

[3]曹锦清:《中国土地制度、农民工与城市化》,《中国农业大学学报》(社会科学版)2016 年第 1 期。

[4]杨宜勇、吴香雪:《中国扶贫问题的过去、现在和未来》,《中国人口科学》2016 年第 5 期。

[5]张晓佳、谷栗、宋玉丽、董雪艳:《以公众满意度为导向的政府精准扶贫绩效评价研究——基于山东省的调查问卷分析》,《经济论坛》2017 年第 8 期。

[6]李昌平:《中国乡村复兴的背景、意义与方法——来自行动者的思考和实践》,《探索与争鸣》2017 年第 12 期。

[7]刘志阳、李斌:《乡村振兴视野下的农民工返乡创业模式研究》,《福建论坛》(人文社会科学版)2017 年第 12 期。

[8]陈锡文:《实施乡村振兴战略，推进农业农村现代化》,《中国农业大学学报》(社会科学版)2018 年第 1 期。

[9]韩长赋:《大力实施乡村振兴战略》,《中国农业文摘·农业工程》2018 年第 1 期。

[10]董祚继:《“三权分置”——农村宅基地制度的重大创新》,《中国土地》2018 年第 3 期。

[11]林聚任、刘佳、梁亮:《乡风文明与当前农村新型社区建设——以山东省“乡村文明行动”为例》,《中国农业大学学报》(社会科学版)2018年第3期。

[12]王立胜、刘岳:《乡村振兴战略:新时代农业农村工作的总遵循》,《红旗文稿》2018年第3期。

[13]王轶、熊文:《返乡创业:实施乡村振兴战略的重要抓手》,《中国高校社会科学》2018年第6期。

[14]刘振伟:《乡村振兴中的农村土地制度改革》,《农业经济问题》2018年第9期。

[15]韦家华、连漪:《乡村振兴评价指标体系研究》,《价格理论与实践》2018年第9期。

[16]贾晋、李雪峰、申云:《乡村振兴战略的指标体系构建与实证分析》,《财经科学》2018年第11期。

[17]迟旭:《新生代农民工返乡意愿与返乡性质影响因素比较分析》,《浙江农业科学》2018年第12期。

[18]沈黎哲:《空心化背景下村民养老问题研究的文献综述》,《农村经济与科技》2018年第21期。

[19]林聚任、梁亮、刘佳:《乡村振兴战略背景下的乡村文明建设——基于山东省的调查》,《山东大学学报》(哲学社会科学版)2019年第1期。

[20]李昌平、杨嘉翔:《村社内置合作金融促进乡村振兴及扩大内需的实践报告与政策性建议》,《当代世界社会主义问题》2019年第2期。

[21]曹亚雄、刘雨萌:《新时代视域下的共同富裕及其实现路径》,《理论学刊》2019年第4期。

[22]林星、王宏波:《乡村振兴背景下农村基层党组织的组织力:内涵、困境与出路》,《科学社会主义》2019年第5期。

[23]刘岳:《作为方法的县》,《文化纵横》2019年第5期。

[24]吴洪成、岳五妹:《晏阳初平民教育思想及其对乡村振兴战略的启示》,《海南热带海洋学院学报》 2019年第6期。

[25]易莹:《乡村振兴战略背景下城乡共生发展的实现路径研究》,《三峡大学学报》(人文社会科学版)2019 年第 6 期。

[26]刘海林:《正确认识乡村生态振兴》,《农村·农业·农民》(A 版)2019 年第 12 期。

[27]曲延春、宋格:《乡村振兴战略下的乡土文化传承论析》,《理论导刊》2019 年第 12 期。

[28]汪圣、田秀娟:《乡村文化振兴中的基层文化机构参与策略研究》,《图书馆》2019 年第 12 期。

[29]陈华、刘朋虎、王义祥、翁伯琦:《乡村绿色振兴与生态文明建设融合发展的对策研究》,《农业科技管理》2020 年第 1 期。

[30]倪博文:《乡村振兴:农民富裕的战略新部署》,《河北农机》2020 年第 1 期。

[31]张树林、袁永胜、王一鹏、张苗:《关于乡村产业振兴"寿光模式"实现路径的调查与思考》,《农业科技通讯》2020 年第 1 期。

[32]韩卫平、任美妮:《乡村振兴战略的生态之维论析》,《理论导刊》2020 年第 2 期。

[33]王立胜、张弛:《不断完善农村基本经营制度:乡村振兴战略的制度基础》,《理论学刊》2020 年第 2 期。

[34]王立胜:《以县为单位整体推进:乡村振兴战略的方法论》,《中国浦东干部学院学报》2020 年第 4 期。

[35]左停、苏青松:《农村组织创新:脱贫攻坚的经验与对乡村振兴的启示》,《求索》2020 年第 4 期。

[36]贺雪峰:《未来十五年乡村振兴的时空维度、社会条件及预测》,《党政研究》2020 年第 5 期。

[37]骆雪娇、王玉堂:《乡村振兴视域下乡村人才队伍建设的对策思考》,《中共南昌市委党校学报》2020 年第 5 期。

[38]安晓明:《新时代乡村产业振兴的战略取向、实践问题与应对》,《西部论坛》2020 年第 6 期。

[39]刘媛媛、吴玲：《精准扶贫对推进乡村振兴的价值及实现路径研究》，《农业经济》2020 年第 8 期。

[40]陶晶：《乡村振兴视域下农村公共文化服务体系建设的路径选择》，《农业经济》2020 年第 8 期。

[41]田书芹、王东强：《乡村人才振兴的模式比较及其延伸——基于整体性治理的多案例研究》，《当代经济管理》2020 年第 8 期。

[42]王富忠：《乡村振兴战略视域下乡村人才机制建设研究》，《农业经济》2020 年第 8 期。

[43]曾东霞：《青年反哺与回归：破解乡村振兴短板之道》，《中国青年研究》2020 年第 8 期。

[44]黄延信：《构建乡村振兴的思路框架和政策体系》，《财经问题研究》2020 年第 9 期。

[45]向松祚：《实施乡村振兴战略要落实三个核心问题》，《财经问题研究》2020 年第 9 期。

[46]张晓莉、朱盈：《产业兴旺能力评价指标体系构建》，《北方园艺》2020 年第 15 期。

[47]石慧：《乡村振兴战略视角下提升基层党组织的组织力路径探究》，《农村经济与科技》2020 年第 20 期。

[48]李善峰：《民国乡村建设实验的“邹平方案”》，《山东社会科学》2020 年第 12 期。

2. 著作

[1]费孝通：《乡土中国 生育制度》，北京大学出版社 1998 年版。

[2]郑大华：《民国乡村建设运动》，社会科学文献出版社 2000 年版。

[3]陆学艺：《“三农论”——当代中国农业、农村、农民研究》，社会科学文献出版社 2002 年版。

[4]贺雪峰：《乡村治理的社会基础——转型期乡村社会性质研究》，中国社会科学出版社 2003 年版。

[5]温铁军：《三农问题与世纪反思》，生活·读书·新知三联书店 2005 年版。

[6]刘岳:《国家政策在农村实践过程的理解社会学》，云南人民出版社 2006 年版。

[7]温铁军主编:《新农村建设理论探索》，文津出版社 2006 年版。

[8]林聚任、刘玉安、泥安儒:《社会科学研究方法》(第二版)，山东人民出版社 2008 年版。

[9]王立胜:《中国农村现代化社会基础研究》，人民出版社 2009 年版。

[10]王立胜:《中国农村现代化：思路与出路》，人民出版社 2009 年版。

[11]韩长赋:《中国现代化进程中的“三农”问题》(修订版)，中国农业出版社 2010 年版。

[12]温铁军主编:《中国新农村建设报告》，福建人民出版社 2010 年版。

[13]梁漱溟:《乡村建设理论》(第 2 版)，上海人民出版社 2011 年版。

[14]刘彦随等:《中国乡村发展研究报告——农村空心化及其整治策略》，科学出版社 2011 年版。

[15]王立胜:《农村研究的中度视野：以县为中心的思考——王立胜中国乡村学演讲与对话集》，人民出版社 2011 年版。

[16]徐勇主编:《中国农村调查》(2011 年卷)，中国社会科学出版社 2011 年版。

[17]费孝通著，戴可景译:《江村经济》，北京大学出版社 2012 年版。

[18]泥安儒、林聚任主编:《社会调查研究方法纲要》，山东人民出版社 2012 年版。

[19]风笑天:《社会研究方法》(第 4 版)，中国人民大学出版社 2013 年版。

[20]贺雪峰:《新乡土中国》(修订版)，北京大学出版社 2013 年版。

[21]林聚任等:《一个北方村落的百年变迁》，社会科学文献出版社 2013 年版。

[22]【英】雷蒙・威廉斯著，韩子满、刘戈、徐珊珊译:《乡村与城市》，商务印书馆 2013 年版。

[23]范丽珠、谢遐龄、刘芳主编:《乡土的力量：中国农村社会发展的内在动力与现代化问题》，上海人民出版社 2014 年版。

[24]夏森:《当代中国乡村文明建设研究》，中国社会科学出版社 2014 年版。

[25]刘豪兴主编:《农村社会学》(第三版),中国人民大学出版社2015年版。

[26]陈锡文、韩俊主编:《经济新常态下破解"三农"难题新思路》,清华大学出版社2016年版。

[27]【美】明恩溥著,陈午晴、唐俊译:《在中国的乡村生活:社会学的研究》,电子工业出版社2016年版。

[28]樊明等:《土地流转与适度规模经营》,社会科学文献出版社2018年版。

[29]孔祥智等:《乡村振兴的9个维度》,广东人民出版社2018年版。

[30]林聚任等:《当前村落变迁与新型城镇化研究》,山东人民出版社2018年版。

[31]中共中央、国务院编:《乡村振兴战略规划(2018—2022年)》,人民出版社2018年版。

[32]贺雪峰:《大国之基:中国乡村振兴诸问题》,东方出版社2019年版。

[33]刘儒:《乡村善治之路:创新乡村治理体系》,中原农民出版社2019年版。

[34]刘岳:《农业供给侧结构性改革研究——以推进马铃薯主粮化为例》,人民出版社2019年版。

[35]徐勇:《乡村治理的中国根基与变迁》,中国社会科学出版社2019年版。

[36]贺雪峰:《乡村治理的社会基础》,生活·读书·新知三联书店2020年版。

[37]洪文滨、王健:《乡村振兴看浙江》,社会科学文献出版社2020年版。

[38]姜长云等:《乡村振兴战略:理论、政策和规划研究》(第2版),中国财政经济出版社2020年版。

[39]李昌平:《村社内置金融与内生发展动力:我的36年实践与探索》,中国建筑工业出版社2020年版。

[40]温铁军:《乡建笔记:新青年与乡村的生命对话》,东方出版社2020年版。

[41]杨彦峰、吕敏、龙飞等:《乡村旅游:乡村振兴的路径与实践》,中国旅游出版社2020年版。

[42]张立库:《中国乡村振兴案例研究》,经济科学出版社2020年版。

写在后面的话

山东省政协副主席、民盟山东省委主委　王修林

《山东省乡村振兴调研——六个典型案例探析》这本书终于要跟读者见面了。从我第一次召集大家动议此事到现在成书，差不多两年时间过去了。这其中，仅我主持的座谈研讨等各类会议就近 20 次，6 个市委会主委积极推动落实，众多专家、盟员持续深入农村蹲点调研，最终形成了 30 多万字的成果。整个调研组、编委会付出巨大心血。在此期间，又受新冠肺炎疫情的影响，团队克服了诸多困难，尤其不易。本书付梓之际，我有四点感想与大家分享。

一、脱贫攻坚与乡村振兴要相统筹

本书的出版恰逢一个历史性的重要节点——决战脱贫攻坚的收官之年，也是实现“两个一百年”奋斗目标的历史交汇之年。如期打赢脱贫攻坚战，中华民族千百年来存在的绝对贫困问题历史性地得到了解决，扶贫规模之大、脱贫力度之大、减贫成效之大在世界上都是绝无仅有的。然而，脱贫摘帽不是终点，而是群众幸福生活的又一起点。习近平总书记在决战决胜脱贫攻坚座谈会上强调，“乡村振兴从来不是另起炉灶，而是在脱贫攻坚的基础上推进”。对山东而言，乡村振兴如何接稳全面脱贫的接力棒，对于彻底打赢脱贫攻坚战、打造乡村振兴的齐鲁样板至关重要。作为参政党地方组织，如何积极助力山东脱贫攻坚决战决胜？如何为乡村振兴齐鲁样板的探索者画像，给其他地区的发展以借鉴？如何给研究者、给后人提供一份原汁原味的

信息？经过对这几个问题的认真思考，我们自 2019 年初在全省范围内精心选择了 6 个不同类型的村庄展开调研，这是这个项目的“初心”，是为山东脱贫攻坚进行社会服务的一次成功尝试，也是为“乡村振兴”树立“齐鲁样板”寻找“里程碑”的有益探索。下一步，我们还要继续在乡村振兴与脱贫攻坚的有机衔接上深入思考和探索，继续贡献民盟的力量。

二、个案麻雀解剖与“面上”调研要相结合

“奔走国是、关注民生”，注重调研是民盟的优良传统。民盟中央原主席、著名社会学家费孝通先生从“江村调查”开始，半个多世纪以来，深入民间，走进乡土，开创了“微观社会学”的研究方法，为不断深入探索中国乡土社会向现代社会转化孜孜以求。正是“江村调查”和后来在此基础上写成的《江村经济》，奠定了费老在世界社会学领域的学术地位，也让我们看到费老对调查研究的执着。循着前辈的足迹，在调研中我们时刻提醒自己要有历史的视野，能够把遇到的问题放到历史的纵深中去认识；要有比较的眼光，能够把问题放到全国乃至世界的范围内去思考；要有扎实的作风，能够深入基层倾听民声、了解民情、洞悉民意。农村是脱贫攻坚和乡村振兴的主战场。因此，我们力戒走马观花式、蜻蜓点水式等调研。一方面，积极探索开展“微调研”，花足够时间在一个村蹲点“解剖麻雀”，眼睛向内、双腿向下、身子下沉，在工作局面好和先进的地方注意探索总结经验，在困难较多、情况复杂、矛盾突出的地方注意分析研究问题，掌握大量翔实的第一手资料。另一方面，对案例综合起来进行“面上”的研究，我们对 6 个调研村居进行纵向的深入分析与横向的比较研究，努力尝试透过现象看到本质。“调查”和“研究”相辅相成，使得我们的这本书做到了持之有据、言之有物、有的放矢，也使得我们对先贤精神有了继承和发扬。

三、省市两级民盟组织要上下联动

为了做好这次调研工作，我们在实践中加强机制建设，形成省市盟组织上下联动的工作格局，实行了统分结合的工作模式。我们特别注意把握好民盟山东省委的“顶层设计”和各市委会“基层探索”的关系，唱响上下呼应互动的“二重奏”。努力做到省市统分结合，分头行动，同步进行。在工作落实中注意多方联动、优势互补、协同攻关，齐心协力完成调研工作。经过这次调研摸索，我们发现上下联动、左右互动、内外协同，发挥整体优势，寻求效益最大化，是参政议政提质增效的重要途径。以后，我们要进一步统筹多方协同工作机制建设，优化资源配置，保障参政议政工作的系统推进。

四、专家、基层盟员和机关工作人员要互相配合

为了做好这次调研工作，我们精选调研组成员，将专业能力强，调研能力、分析能力、文字能力出众的盟员吸纳进来，也注意吸收在农口、基层一线工作的同志参与研究。专家负责将总的调研提纲和调查问卷设计出来，并对调研组成员进行了系统培训。调研组成员主要由基层盟员组成，他们在培训的基础上充分发挥主观能动性，把走出去调研和请进来调研、实地调研和情况分析结合起来，深入了解情况。这其中，民盟组织的机关工作人员充分发挥了穿针引线、协调推进的作用。难能可贵的是，这次乡村调研，我们将参政议政与社会服务紧密结合，在广袤的乡村，社会服务既是参政议政的延伸和拓展，也是参政议政的基础和源泉。

总结这次乡村调研，整个过程中系统观念是具有基础性的思想和工作方法，各种“统筹”“结合”“联动”“配合”不断实现。党的十九届五中全会吹响了向第二个百年奋斗目标进军的号角。此次全会提出的坚持系统观念这一原则，具有十分重要的意义，这将有利于加强对各领域发展的前瞻性思考、全局性谋划、战略性布局、整体性推进，定会把贯彻新发展理念的实践不断引向深入。我们将按照习近平总书记“要接续推进全面脱贫与乡村振兴有效衔接”的要求，找准在推动乡村振兴上履职尽责的切入点，继续深入实践探索系统观念，用实际行动为打造乡村振兴齐鲁样板不断努力！